O FUTURO DAS ELEIÇÕES E AS ELEIÇÕES DO FUTURO

RODRIGO MARTINIANO AYRES LINS
KAMILE MOREIRA CASTRO
Organizadores

Prefácio
Sérgio Silveira Banhos

O FUTURO DAS ELEIÇÕES E AS ELEIÇÕES DO FUTURO

Belo Horizonte

2023

© 2023 Editora Fórum Ltda.

É proibida a reprodução total ou parcial desta obra, por qualquer meio eletrônico, inclusive por processos xerográficos, sem autorização expressa do Editor.

Conselho Editorial

Adilson Abreu Dallari
Alécia Paolucci Nogueira Bicalho
Alexandre Coutinho Pagliarini
André Ramos Tavares
Carlos Ayres Britto
Carlos Mário da Silva Velloso
Cármen Lúcia Antunes Rocha
Cesar Augusto Guimarães Pereira
Clovis Beznos
Cristiana Fortini
Dinorá Adelaide Musetti Grotti
Diogo de Figueiredo Moreira Neto (*in memoriam*)
Egon Bockmann Moreira
Emerson Gabardo
Fabrício Motta
Fernando Rossi
Flávio Henrique Unes Pereira
Floriano de Azevedo Marques Neto
Gustavo Justino de Oliveira
Inês Virgínia Prado Soares
Jorge Ulisses Jacoby Fernandes
Juarez Freitas
Luciano Ferraz
Lúcio Delfino
Marcia Carla Pereira Ribeiro
Márcio Cammarosano
Marcos Ehrhardt Jr.
Maria Sylvia Zanella Di Pietro
Ney José de Freitas
Oswaldo Othon de Pontes Saraiva Filho
Paulo Modesto
Romeu Felipe Bacellar Filho
Sérgio Guerra
Walber de Moura Agra

FÓRUM
CONHECIMENTO JURÍDICO

Luís Cláudio Rodrigues Ferreira
Presidente e Editor

Coordenação editorial: Leonardo Eustáquio Siqueira Araújo
Aline Sobreira de Oliveira

Rua Paulo Ribeiro Bastos, 211 – Jardim Atlântico – CEP 31710-430
Belo Horizonte – Minas Gerais – Tel.: (31) 99412.0131
www.editoraforum.com.br – editoraforum@editoraforum.com.br

Técnica. Empenho. Zelo. Esses foram alguns dos cuidados aplicados na edição desta obra. No entanto, podem ocorrer erros de impressão, digitação ou mesmo restar alguma dúvida conceitual. Caso se constate algo assim, solicitamos a gentileza de nos comunicar através do *e-mail* editorial@editoraforum.com.br para que possamos esclarecer, no que couber. A sua contribuição é muito importante para mantermos a excelência editorial. A Editora Fórum agradece a sua contribuição.

Dados Internacionais de Catalogação na Publicação (CIP) de acordo com ISBD

F996	O futuro das eleições e as eleições do futuro / Rodrigo Martiniano Ayres Lins, Kamile Moreira Castro. Belo Horizonte: Fórum, 2023.
	338p. 14,5x21,5 cm
	ISBN 978-65-5518-611-6
	1. Direito eleitoral. 2. Populismos. 3. Processo eleitoral. 4. Futuro das eleições. 5. Eleições do futuro. 6. Abuso de poder. 7. Tecnologia e eleições. 8. Inteligência artificial e eleições. I. Lins, Rodrigo Martiniano Ayres. II. Castro, Kamile Moreira. III. Título.
	CDD: 341.28
	CDU: 342.8

Ficha catalográfica elaborada por Lissandra Ruas Lima – CRB/6 – 2851

Informação bibliográfica deste livro, conforme a NBR 6023:2018 da Associação Brasileira de Normas Técnicas (ABNT):

LINS, Rodrigo Martiniano Ayres; CASTRO, Kamile Moreira (Org.). *O futuro das eleições e as eleições do futuro*. Belo Horizonte: Fórum, 2023. 338p. ISBN 978-65-5518-611-6.

SUMÁRIO

PREFÁCIO
Sérgio Silveira Banhos 11

APRESENTAÇÃO
Rodrigo Martiniano Ayres Lins, Kamile Moreira Castro 15

AS NARRATIVAS E AS NECESSIDADES: O SISTEMA ELETRÔNICO DE VOTAÇÃO BRASILEIRO A PARTIR DE UMA ANÁLISE DE POLÍTICA PÚBLICA 17
Ana Cláudia Santano 17
1   Integridade eleitoral e sistema eletrônico de votação no Brasil .. 17
2   Esclarecimento sobre a terminologia que já foi utilizada ao longo do debate 20
3   Como chegamos aonde chegamos? A polarização em torno do tema 22
4   Análise com base nas etapas de uma política pública 27
4.1   Etapa 1 – identificação e definição do problema 27
4.2   Etapa 2 – formulação da política pública 31
4.3   Etapa 3 – adoção da decisão de implantação do comprovante de voto físico 38
4.4   Etapa 4 – implementação da política pública 39
4.5   Etapa 5 – avaliação da política pública 39
         Considerações finais 40
         Referências 41

O ABUSO DO PODER DECORRENTE DO COMPARTILHAMENTO DE *FAKE NEWS* EM REDES SOCIAIS: ANÁLISE DO ENTENDIMENTO FIRMADO PELO TSE 47
Anna Paula Oliveira Mendes 47
1   Apontamentos iniciais sobre a teoria do abuso do poder no direito eleitoral 47
1.1   A discussão jurídica sobre as supostas formas atípicas do abuso do poder 48
2   O posicionamento firmado pelo TSE no RO nº 0603975-98 49
2.1   Breve exposição fática do acórdão 49

2.2	A tese jurídica adotada	51
3	A tese firmada pelo TSE no julgamento das AIJEs nº 0601968-80 e 0601771-28	52
4	Considerações a respeito do entendimento firmado pelo TSE a respeito do abuso do poder decorrendo do compartilhamento de *fake news* nas redes sociais: a tipicidade fechada do abuso e parâmetros para aferição da gravidade	53
	Referências	56

CONTROLE DA JUSTIÇA ELEITORAL SOBRE CANDIDATURAS POPULISTAS ... 59
André Garcia Xerez Silva ... 59

	Introdução	59
1	Considerações sobre o populismo	60
2	Democracia e verdade	63
3	Controle da Justiça Eleitoral	68
	Considerações finais	74
	Referências	75

POPULISMOS E A REJEIÇÃO DOS RESULTADOS DAS ELEIÇÕES NO GOVERNO BOLSONARO ... 77
Carina Barbosa Gouvêa, Pedro H. Villas Bôas Castelo Branco ... 77

	Referências	95

INTELIGÊNCIA ARTIFICIAL, DEMOCRACIA E *FAKE NEWS*: COMO EQUALIZAR AS DISTORÇÕES NA ERA DA PÓS-VERDADE ... 97
Dayane Nayara Alves Colaço, Hian Silva Colaço, Bleine Queiroz Caúla ... 97

	Introdução	97
1	Desafios democráticos no contexto de intensa polarização: da morte do debate ao nascimento do monólogo digital	100
2	Pós-verdade, manipulação da esfera pública e *fake news*: será possível frear a erosão democrática?	105
3	O paradoxo da inteligência artificial (veneno e antídoto) e a democracia *by design*: alternativas à correção do déficit democrático a partir da regulação metatecnológica	111
	Considerações finais	118
	Referências	119

RISCO E VULNERABILIDADE NAS POLÍTICAS DE MORTE MODERNAS ... 125
Fernando Manuel Alves Mendonça Pinto da Costa ... 125

	Introdução...	125
1	Necropolítica como sacrifício a um "Deus obscuro" – risco e vulnerabilidade...	127
2	Dos vulneráveis na política e no direito..	132
	Considerações finais..	136
	Referências	137

O FUTURO DAS ELEIÇÕES E AS ELEIÇÕES DO FUTURO..................... 141
Giuseppe Dutra Janino 141

	Introdução	141
1	Primeira estação – gratidão dos excluídos	142
2	Segunda estação – por que ela?..	143
3	Terceira estação – mais *bits*, menos papel	145
4	Quarta estação – mais avanços tecnológicos	146
5	Quinta estação – registro digital do voto	150
6	Sexta estação – biometria	152
7	Sétima estação – testes públicos de segurança	155
	Considerações finais: ... e o futuro?...	159

ACESSIBILIDADE ELEITORAL: PERSPECTIVAS E DESAFIOS PARA A PROMOÇÃO DOS DIREITOS POLÍTICOS DAS PESSOAS COM DEFICIÊNCIA 163
Joelson Dias, Ana Luísa Junqueira... 163

	Introdução	163
1	Participação política inclusiva como substrato da democracia...	164
2	Acessibilidade eleitoral...	167
2.1	Art. 29 da Convenção Internacional sobre os Direitos das Pessoas com Deficiência...	169
2.2	Comitê da ONU sobre os Direitos das Pessoas com Deficiência	170
2.3	Lei Brasileira de Inclusão e Programa de Acessibilidade do Tribunal Superior Eleitoral (TSE)..	172
2.4	Relatório do TSE: Acessibilidade na Justiça Eleitoral – ano-base 2019	174
	Considerações finais..	175
	Referências	176

GÊNERO, RAÇA E PARTICIPAÇÃO POLÍTICA DA MULHER NEGRA: DA VISIBILIZAÇÃO À INCLUSÃO... 179
Jéssica Teles de Almeida, Raquel Cavalcanti Ramos Machado 179

	Introdução...	179

1	Participação política e sub-representatividade: detectando o problema a partir da articulação dos fatores gênero e raça.........	182
2	Modelo normativo de proteção à participação política da mulher, interseccionalidade e o gerenciamento administrativo da política..	186
3	A participação da mulher negra na política: da visibilização à inclusão	192
	Considerações finais...	196
	Referências..	198

A OBRIGATORIEDADE DO EXERCÍCIO DO VOTO EM FACE DO ESTADO DEMOCRÁTICO DE DIREITO.. 203

Jonas Mota Oliveira, Dayse Braga Martins, Bleine Queiroz Caúla 203

	Introdução...	203
1	Impactos do voto obrigatório no primado da liberdade	206
2	Voto obrigatório – uma tradição brasileira.....................................	210
2.1	Atributos e natureza do voto	214
2.2	Participação eleitoral e abstenções...	216
2.3	Voto obrigatório e comparecimento obrigatório............................	218
3	Implicações do sistema eleitoral brasileiro atual	223
3.1	Perspectivas de mudanças...	224
3.2	Constitucionalidade do voto obrigatório..	227
3.3	Violação de princípios constitucionais e eleitorais	231
	Considerações finais...	234
	Referências..	239

O PRESENTE E O FUTURO DA GOVERNANÇA DIGITAL NO BRASIL 241

Kamile Moreira Castro, Fernando Manuel Alves Mendonça Pinto da Costa 241

	Introdução	241
1	Governança digital	244
1.1	Como operacionalizar a governança digital..................................	245
1.2	Governança digital no Brasil...	246
1.3	Problemas na governança digital no Brasil...................................	251
1.4	Breve comparação de dados da governança digital do Brasil com outros países	252
2	O futuro da governança digital	254
	Considerações finais...	257
	Referências..	258

NOVAS TECNOLOGIAS, ANTIGOS FORMATOS: LOCALIZAÇÃO
DO CNPJ NAS PROPAGANDAS DIGITAIS DO FACEBOOK 261
Lígia Vieira de Sá e Lopes 261
    Introdução 261
1   Propaganda eleitoral como exercício democrático e legislação
    eleitoral 262
2   Apresentação do CNPJ nas mídias digitais do Facebook 264
3   Enfrentamento da matéria nos tribunais eleitorais 266
    Considerações finais 270
    Referências 271

AS CONTRATAÇÕES PÚBLICAS SUSTENTÁVEIS NAS ELEIÇÕES
E A IMPLEMENTAÇÃO DA META 12.7 DOS OBJETIVOS PARA O
DESENVOLVIMENTO SUSTENTÁVEL (ODS) NO BRASIL 275
Olivia Eliane Lima da Silva, Patrícia Fortes Attademo Ferreira 275
    Introdução 275
1   As contratações públicas sustentáveis para as eleições e o
    impacto no produto interno bruto (PIB) 277
2   Experiências do Poder Executivo federal e as possibilidades
    das contratações públicas sustentáveis nas eleições 280
3   As contratações públicas sustentáveis nas eleições
    como implementação da meta 12.7 dos Objetivos para o
    Desenvolvimento Sustentável (ODS) no Brasil 282
    Considerações finais 284
    Referências 286

ABUSO DE PODER ALGORÍTMICO: CONSIDERAÇÕES INICIAIS 289
Rodrigo Martiniano Ayres Lins 289
    Introdução 289
1   Ferramentas eletrônicas de manipulação do debate público 290
1.1   *Microtargeting* 290
1.2   Câmaras de eco (*"echo chambers"*) 292
1.3   *Social bots* 292
2   As plataformas digitais de informação e comunicação social e
    sua influência no processo eleitoral 293
2.1   Redes sociais 293
2.2   Buscadores de conteúdo 295
2.3   ChatGPT 296
3   Abuso de poder algorítmico 297
    Considerações finais 302
    Referências 303

CONSTRUÇÃO DO CONCEITO DE VIOLÊNCIA POLÍTICA DE
GÊNERO NAS CAMPANHAS ELEITORAIS 307
Vânia Siciliano Aieta 307
      Introdução 307
1   Considerações históricas acerca da problemática 308
2   A evolução jurídica dos direitos eleitorais das mulheres 309
3   A candidatura objeto de análise – estudo de caso 313
4   A violência sofrida pela candidata 313
5   A pioneira construção do conceito da violência política
      de gênero: o reconhecimento da violência sofrida pela
      Procuradoria Regional Eleitoral 314
      Considerações finais 316
      Referências 317

O ELEITOR NARCISISTA E A BUSCA PELO VOTO IMPRESSO: UMA
CONJURAÇÃO CONTRA A DEMOCRACIA BRASILEIRA? 319
Volgane Oliveira Carvalho 319
      Introdução 319
1   Um espelho desfocado: o eleitor narcisista e sua incansável
      busca pelo protagonismo 320
2   Dom Quixote e os moinhos de vento: a busca do voto
      impresso 325
3   Quem poderá nos salvar do voto impresso? A Constituição,
      oras! 328
      Considerações finais 332
      Referências 333

SOBRE OS AUTORES 335

PREFÁCIO

A presente obra – *O Futuro das Eleições e as Eleições do Futuro* – organizada pelos eminentes juristas Dr. Rodrigo Martiniano Ayres Lins e Dra. Kamile Moreira Castro, é um inarredável convite à reflexão de temas da contemporaneidade, magistralmente apresentados por renomados autores. Para mim, uma imensa honra e alegria ter sido convidado a prefaciar tão relevante obra.

É do Professor André Rufino do Vale[1] a expressão *fair play* eleitoral. Tornou-se claro para mim, desde então, que, como nos esportes, devemos procurar prestigiar o jogo limpo, valorizando aqueles candidatos que buscam, no jogo franco, na boa disputa, o seu lugar ao sol.

É que há, na pauta do *Futuro das Eleições*, um compromisso inescapável: garantir que o processo eleitoral transcorra de modo regular, no qual sejam observadas as balizas constitucionais contemporâneas, para que as candidaturas efetivamente legítimas, garantida a participação das minorias, sejam as escolhidas nas *Eleições do Futuro*.

Em um Brasil traumatizado pelos acontecimentos recentes, deve ser compromisso de todos, eleitores, candidatos, advogados, publicitários, jornalistas, juízes e membros do Ministério Público, professar, como missão de fé, a lealdade, o jogo limpo, o *fair play* eleitoral.

É claro que não se espera um comportamento ingenuamente impecável, uma conduta totalmente isenta de estratégias, de astúcia e de certa engenhosidade política. O *fair play* eleitoral não condena uma forte participação política dos candidatos e dos partidos. Ao contrário: respeita a utilização das estratégias de comunicação e propaganda eleitorais e é a favor da promoção de uma disputa acirrada, marcada pela contundência do debate e dos discursos acalorados.

De fato, as eleições configuram festa cívica que, como tal, tem que ser dinâmica, organizada, levada a sério, mas entusiasmante. O que o *fair play* eleitoral reivindica é a lealdade recíproca, imbuída pela boa-fé e ética dos candidatos que participam do certame.

---

[1] RUFINO DO VALE, André. Democracia brasileira depende do *fair play* eleitoral em 2018. Brasília: *Revista eletrônica Consultor Jurídico*, 03 de fevereiro de 2018, Disponível em: www.conjur.com.br/2018-observatorio-constitucional.

O *fair play* eleitoral é demasiadamente importante nos tempos de hoje, dado que as mídias sociais multiplicaram a velocidade da comunicação. Qualquer informação sem fundamento pode ser desastrosa. A utilização da Internet como arma de manipulação do processo eleitoral dá vez à utilização sem limites das chamadas *fake news*, da desinformação. A prática da desinformação é estratégia eleitoral antiga. Como a recepção de conteúdos pelos seres humanos é seletiva e o boato reverbera mais que a verdade, o uso da desinformação é antigo mecanismo, de todo eficaz para elevar o alcance da informação e, como consequência, angariar mais votos. A significativa diferença no mundo contemporâneo é que, com as redes sociais, a disseminação dessa informação maliciosa passou a ser mais rápida, mais fácil, mais barata e em escala exponencial.

É que vivemos hoje em um mundo extremamente conectado e interativo. O uso das redes sociais segue uma tendência de crescimento no planeta. De acordo com os dados, a quantidade de usuários da Internet em 2023 chegou a 5,16 bilhões, número que representa 64,4% da população mundial. Não há, portanto, como não considerar essa realidade. São muitas novas fronteiras. E devemos estar preparados para participar ativamente dessa quebra de paradigmas.

Os tempos de agora são de desafios. A Sociedade do Espetáculo, já retratada em livro pelo filósofo francês Guy Debord[2] em 1968 – ou seja, muito antes da Internet -, cobra seu preço vil. A alienação do espectador em proveito do objeto contemplado é explícita: quanto mais contempla, menos vive.

No mundo de hoje, ninguém viaja apreciando, mas fotografando; ninguém mais aproveita os prazeres de uma refeição, seja da comida, seja das companhias, mas fica preocupado em registrar digitalmente a "experiência" e divulgar aquela imagem imediatamente ao maior número de seguidores possível. Os espectadores não se sentem mais presentes em lugar nenhum, porque o espetáculo está em toda a parte.

É a época da Pós-verdade, na qual, segundo o jornalista Matthew D'Ancona,[3] autor do livro *Post-Truth*, "a certeza predomina sobre os fatos, o visceral sobre o racional, o enganosamente simples sobre o honestamente complexo". Nosso tempo, sem dúvida, prefere "a imagem à coisa, a cópia ao original, a representação à realidade. Enfim: a aparência ao ser".

---

[2] DEBORD, Guy. *A Sociedade do Espetáculo*. São Paulo: Contraponto Editora, 1997.
[3] D'ANCONA, Matthew. *Post Truth – the new war on truth and how to fight back*. London: Ebury Press, 2017.

A verdade humana mais profunda é emocional, subjetiva e prescinde dos fatos. Notícias distorcidas com forte viés ideológico, trazidas pelas mídias sociais, no mais das vezes, ganham mais atenção que as reportagens realizadas pela imprensa séria. As matérias falsas, de cunho sensacionalista, tendem a repercussão fácil, a viralizar, a tornar-se *trend topics* mais rapidamente do que aquelas produzidas por jornalistas zelosos que praticam a checagem dos fatos. É a força da mentira vencendo os fatos, que estimula a polarização política desmedida, gerando terreno fértil para a desinformação do eleitor.

Vivemos em tempos líquidos. Segundo o filosofo polonês Zygmunt Bauman,[4] nosso mundo está cheio de incertezas: tudo ao nosso redor é precário; tudo se transforma de forma cada vez mais rápida. A nossa realidade é, portanto, líquida. Nada é feito para durar, para ser sólido. É um mundo de incertezas. E tudo isso, toda essa realidade, tende a gerar a manipulação do debate político nas redes sociais, fenômeno que atinge escala crescente nas *Eleições do Futuro*, com o potencial de comprometer o *Futuro das Eleições*. São tempos de transição, que nos impõem cautela redobrada. Nessa nova trajetória, devemos ter como aliadas antigas armas da humanidade: o bom-senso, a noção de ética, de respeito ao próximo, de fraternidade e de prestígio às regras do jogo. Este é o *fair play* eleitoral almejado.

Daí porque deve ser compromisso de todos promover o regular transcurso do processo eleitoral, condição necessária e indispensável para a legitimação dos eleitos. Devemos estar dispostos e engajados em promover nas disputas eleitorais leais, com incondicional respeito às regras do certame eleitoral, demonstrando fidelidade às instituições e ao regime democrático, agindo como fiscais dos comportamentos adotados pelos candidatos nas campanhas, para, ao analisarmos a conduta dos contendores, premiar aqueles que jogarem o jogo limpo, aqueles que estabelecerem como regra o *fair play* eleitoral.

O compromisso com o *fair play* eleitoral traduz-se na melhor e mais eficaz ferramenta para se buscar a aderência do resultado eleitoral à real vontade dos eleitores. É de cidadania e legitimidade que isso se trata. Deve, portanto, ser compromisso de todos a fiscalização e o combate ao exercício de comportamentos inadequados nas campanhas eleitorais. E temos que ficar mesmos atentos com as nossas atitudes. As redes sociais fornecem um canal de comunicação assustadoramente poderoso e por vezes perverso. Curtimos, clicamos, retuitamos, compartilhamos

---

[4] BAUMAN, Zygmunt. *Tempos Líquidos*. São Paulo: Zahar Editora, 2007.

dados e informações sem checar. Esse proceder muitas vezes sem reflexão enseja consequências. Conspiramos, conscientes ou não, para desvalorizar a verdade.

O *Futuro das Eleições* encontra-se pautado nas *Eleições do Futuro*, em cada uma delas. A eleição de 2024, a próxima, constitui-se em mais um caminho democrático para a escolha legítima das autoridades que guiarão os cidadãos brasileiros nos próximos anos. Um Brasil que lamentavelmente se encontra dividido, tristemente polarizado. Nessa quadra, estamos distanciados de nossa vocação fraterna, pluralista, sem preconceitos e fundada na harmonia social, que não apenas dá a tônica de nossa brasilidade, mas se encontra consagrada no preâmbulo de nossa Carta Maior.

Não há, como se diz, bala de prata contra a desinformação. Não há estratégias, mesmo que coordenadas, que tenham eficácia para a extinção definitiva da propagação de notícias falsas, ainda mais quando considerada a utilização cada vez mais habitual de robôs, de fazenda de robôs, algumas deliberadamente estabelecidas fora do país. A pressão sobre os provedores e a punição dos propagadores das mentiras, embora necessárias, não são ferramentas suficientes para tão difícil combate.

A solução passa necessariamente pela educação dos usuários. É esperar que, com o passar do tempo, aquele que divulga desinformação venha a ser comparado pelos eleitores a alguém que se permite jogar lixo na rua ou que goste de passar os outros para trás, como um estelionatário. E que, ao assim agir, o candidato que se utiliza dessa estratégia espúria, que não exercita o *fair play* eleitoral seja compreendido pelos eleitores como alguém que não tem o comportamento moral e ético esperado para o exercício da função pública almejada.

Vamos às urnas, nas *Eleições Futuras*, como deve ser: atentos, vigilantes, críticos, mas, acima de tudo, juntos, unidos, como brasileiros irmãos de um mesmo sonho. E que vençam os verdadeiramente melhores. Só assim o *Futuro das Eleições* estará garantido.

Aproveitem, caros leitores, os conhecimentos e reflexões contidas nesta valorosa obra. Tenham todos uma proveitosa leitura.

Sérgio Silveira Banhos
Ministro do Tribunal Superior Eleitoral (2017-2023).
Subprocurador-Geral do Distrito Federal (1999- 2022).
Pós-doutor em Direito pela Universidade de Coimbra.
Doutor e Mestre em Direito do Estado pela Pontifícia Universidade Católica de São Paulo – PUC-SP. Mestre em Políticas Públicas pela Universidade de Sussex, Inglaterra.
Advogado.

APRESENTAÇÃO

Temos a satisfação e a honra de apresentar-lhe o fruto de um trabalho exaustivo e cuidadoso, que se debruça sobre um tema de suma relevância em nosso atual contexto social e político: *o futuro das eleições e as eleições do futuro*.

O título da obra se desdobra em dois convites complementares à reflexão. Em *As eleições do futuro*, somos instigados a explorar as possibilidades de como as próximas eleições se desenvolverão e de como seus mecanismos e processos evoluirão no contexto de uma sociedade em constante transformação pela tecnologia. Aqui, questões como segurança cibernética, privacidade e proteção de dados, disseminação de desinformação e influência dos algoritmos são abordadas sob uma perspectiva jurídica e política, com o objetivo de elucidar possíveis cenários do que está por vir no panorama eleitoral.

No convite à reflexão sobre *o futuro das eleições*, somos desafiados a entender como as decisões tomadas nos processos eleitorais de hoje podem moldar a sociedade de amanhã. Nesse aspecto, são analisadas as repercussões de temas como populismos, a representatividade de gênero na política e o debate em torno do voto impresso. Buscamos compreender como as escolhas feitas no presente, tanto na esfera legislativa como na judicial, influenciarão a qualidade e eficácia de nossa democracia no futuro.

Cada capítulo desta obra oferece uma contribuição substancial ao debate, fundamentada em análises criteriosas e respaldada por uma vasta literatura acadêmica. Ao interseccionar direito, política e tecnologia, buscamos proporcionar uma visão holística e bem fundamentada sobre como serão as eleições do futuro e como as eleições de hoje moldarão esse futuro.

Assim, esta obra aspira ser uma valiosa contribuição para acadêmicos, profissionais do direito, tomadores de decisão política e, certamente, cidadãos comprometidos e interessados em entender e participar ativamente na construção do futuro de nossa democracia.

Boa leitura!

Rodrigo Martiniano Ayres Lins
Kamile Moreira Castro

AS NARRATIVAS E AS NECESSIDADES: O SISTEMA ELETRÔNICO DE VOTAÇÃO BRASILEIRO A PARTIR DE UMA ANÁLISE DE POLÍTICA PÚBLICA

ANA CLÁUDIA SANTANO

1 Integridade eleitoral e sistema eletrônico de votação no Brasil

Realizar eleições por si só pode não ser suficiente para validar resultados. O mero procedimento eleitoral, ao maior estilo minimalista e "schumpteriano" (SCHUMPETER, 1984, p. 346-348), não concede aos vencedores a legitimidade necessária para o exercício do cargo. É nesse sentido que se entende que as eleições devem ter integridade por meio de governança e boas práticas que garantam que os procedimentos foram devidamente seguidos, culminando, assim, em uma consulta amparada na credibilidade, tanto interna quanto externamente (KOFI ANNAN FOUNDATION, 2017).

A democracia sempre dependeu de um cenário de confiança. A cidadania, para se sentir ouvida e incluída, deve também confiar que todos os votos emitidos foram devidamente registrados, sem que isso se traduza na identificação de quem votou e em quem se votou.[1] Trata-se

---

[1] Nessa linha, a democracia possui três aspectos, segundo os ensinamentos de Sartori: o primeiro é que a democracia é um princípio de legitimidade; já o segundo é a democracia como um sistema político chamado a resolver problemas de exercício e de titularidade do

de algo que compõe o conceito de integridade eleitoral, que envolve tópicos relacionados: à administração eleitoral e ao formato da autoridade eleitoral; à forma como as eleições são organizadas e realizadas; ao grau de equilíbrio entre os competidores eleitorais; e à aceitação e legitimidade dos resultados (ALVIM, 2015, p. 219).

Também é necessário compreender que a democracia passa pela confiança e legitimidade da autoridade eleitoral, que, independentemente de ser um ou dois órgãos,[2] deve poder responder às demandas da sociedade em caso de quebra dessa fidúcia. A escuta cidadã e a autocrítica das instituições são elementos vitais para o fomento da integridade eleitoral desde sua dimensão subjetiva (NOHLEN, 2015, p. 66-69), retroalimentando a confiança social, essencial para que um processo eleitoral seja, de fato, pacífico (KOFI ANNAN FOUNDATION, 2017). Dentro desse contexto, o sistema de votação aqui ganha magnitude máxima.

Seja por cédula de papel, seja por via eletrônica, em ambos os casos a cidadania deve dar a sua confiança, que dependerá bastante da postura dos atores políticos e da autoridade eleitoral para funcionar. Não existe um melhor sistema que o outro, o que existe é um que mais se adeque às necessidades daquele dado país para que exista confiança nos resultados e que, por isso, possam ser considerados legítimos. Nesse ponto, encontra-se o debate[3] sobre o sistema eletrônico de votação brasileiro. Já se acompanha há algum tempo o discurso de que esse sistema precisa ser aprimorado. Utilizando-se do raciocínio de que "as coisas precisam se modernizar", há vozes que entendem

---

poder; e o terceiro é a democracia como um ideal. É dentro dessa perspectiva que surgem temas como a confiança nos resultados das urnas (SARTORI, Giovanni. *Elementos de teoria política*. Madrid: Alianza Editorial, 2008. p. 29).

[2] Sobre os diversos tipos de modelo de administração eleitoral, cf. SESIN, Domingo; PÉREZ CORTI, José María. *Organismos electorales*. Buenos Aires: Advocatus, 2006; SALGADO, Eneida Desiree. *Administración de las elecciones y jurisdicción electoral*: un análisis del modelo mexicano y una crítica a la opción brasilera. México: Universidad Nacional Autónoma de México; Instituto de Investigaciones Jurídicas (2016); OROZCO HENRÍQUEZ, José de Jesús. El contencioso electoral en América Latina. *In*: NOHLEN, Dieter *et al*. *Tratado de derecho electoral comparado de América Latina*. México: Fondo de Cultura Económica, 2007. Disponível em: http://www.corteidh.or.cr/tablas/12231.pdf. Acesso em: 14 fev. 2022.

[3] Como posição pessoal desta autora, entende-se, neste trabalho, que há um debate sobre o sistema eletrônico de votação que não se inaugurou nos últimos anos, mas que vem de antes. Isso, no entanto, não elimina o fato de que foi construída uma narrativa, por meio desse legítimo debate, para minar a confiança nas urnas eletrônicas. Debate supõe colaboração entre agentes e busca de soluções para problemas reais. Já a narrativa é uma versão de algo, que pode ou não se embasar sobre fatos.

que a urna eletrônica, vigente no Brasil desde 1996, precisaria também se reinventar para manter a sua legitimidade e, consequentemente, a sua confiança na sociedade.[4]

Contudo, aqui cabe a primeira advertência: o debate sobre o aprimoramento do sistema eletrônico de votação não passa pela volta da votação em cédulas de papel, como se cogitou nas audiências havidas na Câmara dos Deputados, em 2021, para discutir o teor da PEC nº 135/19. O Brasil possui um histórico complicado de fraudes eleitorais que minaram por décadas tanto a confiança quanto a legitimidade dos resultados, causando situações em que a cidadania somente fingia exercer os seus direitos políticos sem, no entanto, poder de fato influenciar sobre quem ocuparia os cargos eletivos do país.[5]

Portanto, quando se fala em aprimoramento da urna eletrônica, refere-se também à permanência em um sistema que conseguiu grandes avanços na democracia brasileira, no sentido de coibir fraudes ao ponto de não haver registros delas e nem comprovação disso até os dias de hoje. Esse é, assim, o vetor que deve guiar esse debate, não para abandonar o sistema eletrônico de votação, mas, sim, melhorá-lo a fim de assegurar e renovar a confiança cidadã nos resultados eleitorais.

Outro detalhe que não se pode perder de vista é que a própria concepção de segurança mudou nas pessoas. Nas palavras de Diogo Rais, se, antes, a segurança era transmitida como algo que está longe dos olhos de todos, algo que está escondido e que não é de conhecimento público, parece que o século XXI fez com que essa noção tivesse uma mutação. Segurança, nos tempos atuais, transmite-se com a transparência, com a demonstração de que algo é seguro aos olhos de todas e de todos para que não seja apenas uma alegação, mas, sim, que possa ser comprovado que de fato é algo seguro, inviolável, confiável.[6] É com essa

---

[4] Como exemplo, falas da deputada federal Bia Kicis (PSL-DF), autora da Proposta de Emenda à Constituição (PEC) nº 135/2019. Cf. KICIS, Bia. *Voto auditável é um jeito de fortalecer a urna eletrônica, escreve Bia Kicis*. 2021. Disponível em: https://www.poder360.com.br/opiniao/voto-auditavel-e-um-jeito-de-fortalecer- a-urna-eletronica-escreve-bia-kicis/. Acesso em: 20 fev. 2022.

[5] Sobre o tema, cf. NICOLAU, Jairo. *História do voto no Brasil*. 2. ed. Rio de Janeiro: Zahar, 2004; LEAL, Victor Nunes. *Coronelismo, enxada e voto*: o município e o regime representativo do Brasil. São Paulo: Companhia das Letras, 2012.

[6] Frase proferida por Diogo Rais em evento na Academia Brasileira de Direito Eleitoral e Político (ABRADEP). Cf. URNA eletrônica: especialistas garantem nível de confiabilidade no processo eleitoral brasileiro. *Abradep*, [2022]. Disponível em: https://abradep.org/midias/noticias/urna-eletronica-especialistas-garantem-nivel-de-confiabilidade-no-processo-eleitoral-brasileiro/. Acesso em: 20 fev. 2022.

mudança de paradigma que o sistema eletrônico de votação brasileiro precisa ser analisado e, eventualmente, melhorado.

Agora, se algo precisa ser melhorado, significa ao mesmo tempo dizer que não se pode retroceder no que já foi alcançado. Aprimorar a segurança é também adotar medidas que a implementem e não que a vulnerem, pois isso faria com que se perdesse a segurança já adquirida, levando o modelo todo ao descrédito. Esse ponto é muito importante se a intenção é levar o debate da melhoria do sistema eletrônico de votação a sério.

É com essas premissas que se enfrentará o debate sobre o que vem se chamando de "voto impresso", nome este que não é o mais apropriado para denominar o que ele realmente é. Para tanto, utilizar-se-á uma metodologia de análise de política pública porque, afinal, aprimorar o sistema eletrônico de votação é também falar de uma política pública direcionada para a manutenção da democracia via fomento da confiança cidadã nos resultados eleitorais e na estabilidade dos sistemas políticos. Nesse ponto, embora se possa assumir que todo o procedimento de utilização desse sistema atenda a uma ampla fiscalização por parte dos partidos e de instituições como o Ministério Público, a Ordem dos Advogados do Brasil etc., isso não significa que aperfeiçoamentos não possam ser implementados nem que não estejam sendo na direção da renovação da legitimidade dos resultados e, consequentemente, no aumento da qualidade da democracia no Brasil (SALGADO, 2020).

Não se questiona o fato de que as eleições já gozem de solidez; pelo contrário, o que se busca é que essa solidez volte a gozar também de confiança e credibilidade para que a democracia como ideal, como valor, também se consolide.

2 Esclarecimento sobre a terminologia que já foi utilizada ao longo do debate

Algumas denominações que vêm sendo utilizadas no debate merecem o seu devido esclarecimento, considerando que elas desviam o problema para outros que não se identificam com o real, que é a melhoria do sistema eletrônico de votação. Essa conceituação fixa exatamente a localização do debate sem que se possa direcioná-lo semanticamente, instrumentalizando-o para a construção de uma narrativa que parece ter outros objetivos.

A terminologia do "voto impresso" é de fácil apreensão por parte da população, mas não traduz o que realmente se mira no debate, que é a implantação de um mecanismo de auditoria paralelo ao eletrônico já existente nas urnas eletrônicas. O voto impresso leva a crer que este ou será em cédula (o que não confere, já que em todas as propostas já havidas para a implantação da impressão do voto consta que este continuará eletrônico), ou que a pessoa poderá levar o voto para casa. Na verdade, trata-se aqui do que se conhece por *voter verifiable paper* (BRITANNICA PROCON, 2022), que permanece na urna, em compartimento próprio, para eventual auditoria cruzada posterior. Assim, refuta-se a denominação de "voto impresso" para guiar esse debate devido à sua imprecisão.[7]

Houve também o uso da denominação "comprovante de voto", que se aproxima mais do que se está tratando nesse debate. O eleitorado vota e, após, é emitido um comprovante de seu voto. Nesse sentido, haveria a indicação em quem ele ou ela votou sem a sua própria identificação para fins de sigilo de voto. O comprovante, contudo, não é entregue ao votante e permanece em compartimento separado próprio para, eventualmente, auditoria cruzada posterior.

Por outro lado, a denominação "cédula impressa" definitivamente não corresponde a esse debate. Cédula impressa é o voto em papel, depositado em urna física sem qualquer auxílio eletrônico. Era o que havia antes da urna eletrônica. Como já ficou esclarecido neste texto, não se objetiva com esse debate a volta do voto com cédula de papel e, com isso, não se considerará correta essa denominação por se desviar do objeto de debate.

Também ficou popular a denominação de "voto auditável", terminologia que desvirtua o debate. Como não se aponta que tipo de voto, a expressão pode indicar o voto eletrônico como auditável, algo que ele já é por diversos procedimentos. No entanto, o debate vai em torno de um mecanismo alternativo de auditoria de voto, o que não significa que não exista procedimento de auditoria já. Busca-se um complementar

---

[7] Esse debate sobre os possíveis registros do voto faz parte da área de tecnologia e atende ao que se conecta com as "gerações" de urnas eletrônicas. Para mais detalhes, cf. TEIXEIRA, Rodrigo Alves da Silva; SHIMANUKI, Mario Tadashi. Desenvolvimento de uma urna eletrônica educacional similar ao do TSE. *In*: CONGRESSO DE EDUCAÇÃO PROFISSIONAL E TECNOLÓGICA – CONEPT, 4., set. 2018, *Anais* [...]. [s.n.]: Araraquara, 2018. Disponível em: http://ocs.ifsp.edu.br/index.php/conept/iv-conept/paper/viewFile/3953/740. Acesso em: 21 fev. 2022.

para auditoria cruzada para o aprimoramento do sistema eletrônico de votação atual. Vale lembrar que os procedimentos de auditoria da urna eletrônica nunca devem ser analisados isoladamente, já que cada fase de preparação das urnas, emissão de voto e apuração/totalização é passível de auditorias distintas, que se complementam.

O real objeto do debate é o que se chama de *independent voter verifiable record* (NIST, 2022), que produz dois registros de votos independentes entre si e que permitem auditoria cruzada, não precisando esse ser exclusivamente em papel. No entanto, essa não é a única alternativa para se ter um registro independente confiável e que permita essa auditoria. Portanto, limitar o debate à exigência absoluta do registro do voto em papel é também desviá-lo de seu real objetivo, que é a melhoria do sistema eletrônico de votação.

Assim, antes de começar a análise propriamente dita, é necessário percorrer o caminho das propostas que abordaram o debate para a implantação de uma impressora na urna eletrônica, possibilitando a compreensão sobre como o debate acabou se tornando, em alguns casos, uma bandeira política e de desinformação, para além de uma discussão técnica salutar.

3 Como chegamos aonde chegamos? A polarização em torno do tema[8]

Ao longo dos anos, alguns atores políticos arguiram a falta de segurança da urna eletrônica utilizando-se do discurso como forma de manifestação ou estratégia política, ainda que em situações pontuais. Como exemplo, mencionam-se as eleições de 2006 para o governo do estado do Paraná, em que o eleito, Roberto Requião, declarou publicamente a sua suspeita à segurança da urna eletrônica devido à apertada diferença de votos para a sua vitória (50,1%) (G1, 2016). Outro caso emblemático ocorreu nas eleições de 2014, quando o então candidato Aécio Neves pediu formalmente ao Tribunal Superior Eleitoral (TSE) uma auditoria no sistema eletrônico de votação (G1, 2014) após sua derrota para Dilma Rousseff. Como resultado, não foram identificados elementos que pudessem evidenciar ou indicar fraude (TSE, 2014).

---

[8] Resumo feito a partir do histórico constante em: SANTANO, Ana Claudia *et al.* (Coord.). *Relatório final Missão de Observação Eleitoral Nacional 2020*. Brasília: Transparência Eleitoral Brasil, 2021. (Recurso eletrônico).

Porém, foi a partir de 2018 que se observou o crescimento da intensidade das contestações sobre a integridade do sistema eletrônico de votação, fundamentando, assim, a pressão pela adoção do "voto impresso", referindo-se claramente a um comprovante físico em papel do voto após a pessoa emiti-lo na urna eletrônica.

Nesse sentido, a proposta do "voto impresso" já foi em três ocasiões aprovada pelo Congresso Nacional (art. 4º da Lei nº 10.408/2002;[9] art. 5º da Lei nº 12.034/2009;[10] art. 12 da Lei nº 13.165/2015),[11] mas julgada inconstitucional pelo Supremo Tribunal Federal – STF (ADIs nº 4.543 e 5.889). O art. 5º da Lei nº 12.034/09 nem chegou a ser posto em prática devido à ADI nº 4.543, de relatoria da ministra Cármen Lúcia, na qual houve concessão de pedido liminar para suspender a sua eficácia em 2011, sendo a ação julgada procedente em 2014. Na própria ementa, consta a afirmação de que "a manutenção da urna em aberto põe em risco a segurança do sistema, possibilitando fraudes, impossíveis no atual sistema [...]". Assim, na ótica exposta pelo STF constante também no inteiro teor do acórdão da ADI em questão, o modelo já usado se garantia por si só e, por ser ato personalíssimo do eleitor sem que precise prestar contas disso, a impressão dos votos somente violaria o seu segredo, sem agregar em nada a legitimidade dos resultados.[12] Esse posicionamento prevalece até os dias de hoje na corte, com a sua reafirmação na ADI nº 5.889, quando da declaração de inconstitucionalidade do art. 59-A, aprovado em 2015.

Porém, já se realizou um projeto-piloto pelo TSE nas eleições de 2002 para a implementação do comprovante de voto físico.[13] A

---

[9] A conhecida Lei Jobim, devido a Nelson Jobim, então presidente do TSE, que colaborou com a redação. Projeto de Lei (PLS) nº 194/99, de autoria dos senadores Roberto Requião e Romeu Tuma.

[10] "Art. 5º Fica criado, a partir das eleições de 2014, inclusive, o voto impresso conferido pelo eleitor, garantido o total sigilo do voto e observadas as seguintes regras [...]."

[11] Conhecida como uma das "pautas bomba" no Congresso Nacional, em um momento de debilidade política visível da então presidenta Dilma Rousseff, que vetou o dispositivo para logo o Congresso rejeitar o veto. Assim, foi promulgado o art. 59-A da Lei nº 9.504/97: "Art. 59-A. No processo de votação eletrônica, urna imprimirá o registro de cada voto, que será depositado, de forma automática e sem contato manual do eleitor, em local previamente lacrado. Parágrafo único. O processo de votação não será concluído até que o eleitor confirme a correspondência entre o teor de seu voto e o registro impresso e exibido pela urna eletrônica".

[12] Tais alegações também constam no Projeto de Lei nº 2.789-A/11, de autoria do Senado Federal. Cf. íntegra do PLS (http://www.camara.gov.br/sileg/integras/953735.pdf).

[13] O próprio projeto da urna eletrônica, em 1996, contava com dispositivo para impressão. Porém, muitos problemas foram identificados, tais como travamento, não funcionamento

experiência envolveu cerca de 7,1 milhões de eleitores distribuídos em 150 municípios. No relatório que avaliou os resultados, o TSE concluiu que, além dos custos altos para implantação do sistema de urnas com voto impresso, os trabalhos foram dificultados em virtude do desconhecimento por parte de eleitores e de mesários quanto ao mecanismo. Ainda, o grande número de falhas devido à natureza mecânica do processo de impressão também impediu o transcurso fluente dos trabalhos nas seções eleitorais (BRASIL, 2021).

Outros problemas também foram identificados, como: (i) número significativo de eleitores que saíram da cabine sem confirmar o voto impresso; (ii) demora na votação, provocando filas; (iii) necessidade de procedimentos de transporte, de guarda e de segurança física das urnas de lona com os votos impressos; (iv) treinamento mais complexo para os mesários, contrariando a orientação geral de simplificação do processo eleitoral, e ocorrência de problemas técnicos na porta de conexão do módulo impressor, o que a deixou vulnerável a tentativas de fraude; (v) contribuição para a quebra do sigilo constitucional do voto em algumas seções eleitorais devido ao travamento de papel na impressora, que exigiu intervenção humana; (vi) o travamento da impressora e a possível perda de alguns votos em determinada seção possibilitaram a ocorrência de divergência entre o resultado da urna eletrônica e o da urna de lona; (vii) maior tamanho das filas nas seções com a impressão de votos; (viii) o alto percentual de urnas que apresentaram defeito, além das falhas verificadas apenas no módulo impressor (BRASIL, 2021).

No entanto, o questionamento do sistema eletrônico de votação observado a partir de 2018 possui contornos distintos dos anteriores, que se baseavam muito mais na falta de transparência e de comunicação sobre o sistema como um todo. Desde 2018 (SANTOS, 2020), há um contexto de alta desinformação sobre o tema e que busca arregimentar a opinião pública não para a melhora do sistema, mas, sim, para incentivar a desconfiança sobre as urnas eletrônicas e, consequentemente, os resultados das votações realizadas com elas. A tentativa de descrédito no sistema alcançou o TSE, que vem sendo atacado desde então.

Pesquisa da Fundação Getulio Vargas mostra que, em quase sete anos (a partir de 2014), 337.204 publicações questionavam as eleições brasileiras, sendo que 335.169 foram publicadas no Facebook e somaram pouco mais de 16 milhões de interações *on-line*. Outros 2.035 *posts*

---

da máquina e demora no voto. Sobre o tema, cf. CAMARÃO, Paulo César Bhering. *O voto informatizado*: legitimidade democrática. São Paulo: Empresa da Artes, 1997.

publicados no YouTube tiveram quase 24 milhões de visualizações. A pesquisa também expõe que a disseminação de informações falsas sobre o processo eleitoral brasileiro tem sido uma prática constante desde 2014, com aumento expressivo nos anos em que ocorrem os pleitos, mas mantendo estabilidade nos anos não eleitorais (RUEDIGER; GRASSI, 2020).

Essa narrativa baseada em desinformação é reforçada por altas autoridades brasileiras, como é o caso da Presidência da República (FOLHA DE SÃO PAULO, 2021). As acusações de fraude eleitoral vêm se intensificando conforme as eleições de 2022 se aproximam, o que pode sugerir que, novamente, presencia-se uma estratégia política de contestação do sistema eletrônico de votação em caso de eventual derrota. Nesse sentido, já foi solicitado pelo TSE ao presidente da República que apresente provas da fraude que alega ter ocorrido, sem ter tido resposta formal até o momento da elaboração deste relatório (FALCÃO; VIVAS, 2021).

Foi nesse contexto que se desenvolveram os debates sobre a PEC nº 135/19 ao longo de 2021. Mesmo contando com a participação da sociedade civil por meio de audiências públicas, o que forçou a abertura do debate também para fora das instituições e da Câmara dos Deputados, a Comissão Especial instaurada para a tramitação da PEC era composta por nomes envolvidos tanto com desinformação (FALCÃO; VIVAS, 2021) quanto por defensores extremos do "voto impresso", como se fosse a única medida capaz de garantir a segurança da votação eletrônica no Brasil.[14] Foi durante esse período que a nomenclatura da proposta do comprovante de voto foi sendo adequada para o fim único de construção de narrativas, comprometendo um debate legítimo e que, atualmente, encontra-se bastante contaminado.

Como resposta institucional, o TSE envidou esforços para informar a sociedade sobre o sistema eletrônico de votação, bem como combater a desinformação em torno do tema. Foi criada uma página *web* específica de informação da cidadania sobre o sistema eletrônico de votação

---

[14] Caso do relator, deputado federal Filipe Barros, no relatório final da Comissão Especial que acabou sendo derrotado na Comissão Especial. No documento, o deputado Filipe Barros propôs a contagem pública e manual de votos obrigatoriamente impressos, bem como que futura lei sobre a execução e os procedimentos de votação teria aplicação imediata. Mais detalhes em: AGÊNCIA CÂMARA DE NOTÍCIAS. *Relator da proposta de voto impresso prevê apuração manual e pública*. 2021. Disponível em: https://www.camara.leg.br/noticias/790001-relator-da-proposta-de-voto-impresso-preve-contagem-manual-e-publica-de-votos-nas-eleicoes/. Acesso em: 22 fev. 2022.

a partir de uma linguagem mais acessível e facilitada,[15] assim como se determinou a produção de conteúdo de informação e de verificação de boatos para redes sociais (D'AGOSTINO, 2021). Como parte do diálogo institucional, houve a participação do presidente do TSE, ministro Luís Roberto Barroso, em audiência e atos públicos na Câmara dos Deputados para explicar detalhes sobre o sistema,[16] seguido do convite e recepção de um grupo de parlamentares ao TSE para uma visita técnica sobre o sistema eletrônico de votação.[17]

Ainda, o TSE elaborou uma agenda exclusiva em torno da integridade eleitoral para eleições futuras (alcançando 2022) por meio da instauração de uma Comissão de Transparência.[18] Dentre as medidas previstas, estão: (i) reformulação e ampliação da "votação paralela", que passará a ser chamada de "teste de integridade", com o correspondente aumento da amostragem, da publicidade e o reforço da auditoria, com a participação do TCU; (ii) abertura do código-fonte das urnas eletrônicas, que sempre ocorreu nas dependências do TSE, porém há a realização de projeto-piloto para o exame do código fora das instalações do TSE, sendo esta uma demanda de especialistas de tecnologia;[19] (iii) ampliação e maior divulgação do teste público de segurança, com mais participantes e mais visibilidade; (iv) certificação da segurança do processo de votação eletrônica por órgão ou empresa externa especializada, a exemplo do TCU; (v) ampliação do programa de enfrentamento à desinformação do TSE, que passará a ser um programa permanente; (vi) reforço do núcleo de cibersegurança do TSE; (vii) criação de ampla estratégia de comunicação destinada a aumentar o conhecimento da população sobre o processo de votação, demonstrando que o voto no Brasil é seguro, sigiloso e auditável. Todas essas

---

[15] Disponível em: https://www.justicaeleitoral.jus.br/spe/#spe-voce-fiscal. Acesso em: 20 fev. 2022.

[16] Vídeo da participação do ministro Luís Roberto Barroso em audiência pública no Plenário da Câmara dos Deputados: PLENÁRIO - comissão geral recebe ministro Luís Roberto Barroso - 09/06/2021. [S. l.: s. n.], 2021. 1 vídeo (315 min). Publicado pelo canal Câmara dos Deputados. Disponível em: https://www. youtube.com/watch?v=lxb60sv5Kcg. Acesso em: 9 jul. 2021.

[17] PRESIDENTE do TSE abre evento de apresentação do sistema eletrônico de votação a parlamentares. *Tribunal Superior Eleitoral*, 2021. Disponível em: https://www.tse.jus.br/imprensa/noticias-tse/2021/Junho/presidente-do-tse-abre-evento-de-apresentacao-do-sistema-eletronico-de-votacao-a-parlamentares. Acesso em: 9 jul. 2021.

[18] A Comissão é composta por todas as instituições do país, por especialistas em tecnologia e por representantes da sociedade civil. Mais detalhes na Portaria TSE nº 578/2021.

[19] Cf. Portaria TSE nº 107, de 2022.

medidas fazem parte do plano de ação desenvolvido e aprovado pela Comissão de Transparência.[20]

Portanto, o debate sobre a melhoria no sistema eletrônico de votação deixou de ser técnico para ser instrumentalizado politicamente, direcionando-o para outros fins que terminam por deslegitimar a integridade da urna eletrônica, principalmente no que se refere ao momento pós-eleições 2022 (GALLAS, 2021). É devido a isso que essa discussão não pode ser utilizada para romper com a democracia brasileira, mas, sim, para aperfeiçoar medidas que possam ser positivas. Para tanto, propõe-se uma análise com base na lógica de política pública.

4 Análise com base nas etapas de uma política pública

Entende-se que o tema pode ser abordado de forma mais pragmática e conectada com a realidade através do enfoque com base nos estudos de políticas públicas. Essa proposta pode ser útil para avaliar o que já é realizado, pensar em outras soluções alternativas que sirvam para os mesmos objetivos, e que possibilite a avaliação dessas medidas.[21]

Uma política pública tem cinco etapas, segundo a doutrina especializada (SALGADO, 2015): 1) identificação do problema; 2) formulação da política pública; 3) adoção da decisão; implementação da decisão; 5) avaliação da política pública (VALENCIA AGUDELO, 2012).

4.1 Etapa 1 – identificação e definição do problema

Como mencionado, tem-se que o debate é sobre a melhoria do sistema eletrônico de votação, que não se pretende abandonar. Não é voltar à votação em papel e também não é retroceder nos quesitos de segurança com os quais o sistema já conta. O que se busca é a implementação de um mecanismo a mais de auditoria independente que permita cruzar os mecanismos de segurança para reforçá-la, sem que se vulnere a urna. Cabe novamente frisar que os procedimentos de auditoria são complementares, não devendo ser analisados isoladamente.

---

[20] Cf. PLANO de ação da Comissão de Transparência das Eleições é apresentado nesta segunda (4). *Tribunal Superior Eleitoral*, 2022. Disponível em: https://www.tse.jus.br/imprensa/noticias-tse/2021/Outubro/plano-de-acao-da-comissao-de-transparencia-das-eleicoes-e-apresentado-nesta-segunda-4. Acesso em: 9 jul. 2021.

[21] Sobre esse enfoque, cf. RECK, Janriê Rodrigues; BITENCOURT, Caroline Müller. Categorias de análise de políticas públicas e gestão complexa e sistêmica de políticas públicas. *A&C – Revista de Direito Administrativo & Constitucional*, Belo Horizonte, ano 16, n. 66, p. 131-151, out./dez. 2016.

Já se estabeleceu que o problema é que, dentro de uma concepção de segurança atual, é preciso ter transparência para garantir a confiança dos resultados. Entende-se que somente a alegação de que a urna eletrônica é segura – como era a estratégia de resposta institucional da Justiça Eleitoral – talvez não mais atenda à necessidade de renovação da confiança cidadã. É preciso ver, de fato, que os resultados condizem com as urnas. Não se nega que havia um problema de transparência sobre o sistema eletrônico de votação, bem como de transmissão de mensagem à sociedade, explicando como tudo funciona.

Com isso, a discussão é conduzida para o registro independente e verificável de voto para que se permita a auditoria cruzada, segundo o que vem sendo debatido nos últimos anos. Esse registro, saliente-se, pode ser em papel ou mesmo eletrônico, desde que independente do registro original do voto.

Trabalhando com maior detalhe sobre as medidas que já existem, a fraude pode ocorrer antes da votação, com inseminação de votos artificiais na memória antes do dia da votação (urnas grávidas); e com a inseminação de *malware* que corrompa o *software* também antes da votação e com eventual condução de falha no sistema que impeça a votação. Em todos esses casos, há diversas oportunidades de fiscalização, como:

- os testes públicos de segurança, quando qualquer cidadão pode participar do evento que busca a colaboração da sociedade para o aperfeiçoamento do *software* e/ou *hardware* da urna eletrônica (TPS, 2022);
- as cerimônias de lacração das urnas e conferência das memórias, realizadas cerca de 30 dias antes do dia da eleição pelo TSE. Todos os sistemas de computador utilizados para os processos de votação, apuração e totalização são lacrados e assinados digitalmente em cerimônia pública, exigida por lei, acompanhada pelos fiscais de partidos, OAB e Ministério Público (BRASIL, 2021);
- a emissão da zerésima, que é um documento que se emite antes de iniciada a jornada eleitoral e que atesta que, na memória da urna, não há qualquer voto inseminado.[22]

---

[22] Cf. VOCÊ sabe o que é zerésima? O Glossário explica. *Tribunal Superior Eleitoral*, 2022. Disponível em: https://www.tse.jus.br/imprensa/noticias-tse/2020/Novembro/voce-sabe-o-que-e-zeresima-o-glossario- explica. Acesso em: 20 fev. 2022.

Para que uma fraude ocorra nessa fase, seria necessária a participação de diversas pessoas, principalmente servidores da Justiça Eleitoral, assim como ser realizada em larga escala para efetivamente ter impacto de alteração de resultado. Como a urna eletrônica opera *offline*, seria preciso fazer esses procedimentos em muitas delas separadamente para que a fraude pretendida pudesse de fato alcançar os objetivos de fraude nos resultados. Contudo, não é uma fase totalmente protegida de qualquer risco. Por isso que é importante a cadeia de procedimentos de auditoria para se certificar que cada etapa foi realizada devidamente.

Outro momento em que podem ocorrer fraudes é durante o dia da votação, algo que já é diminuído devido à presença de mesários, fiscais de partido e observadores eleitorais. Assim, para que uma suposta fraude pudesse ter efeito prático, seria preciso contar com a ajuda desses agentes ou de parte deles, principalmente do presidente de mesa, que é a autoridade eleitoral da seção e que possui todos os comandos sobre a urna, no atual modelo. Nessa fase, tem-se o teste de integridade, que é o sorteio aleatório de urnas, um dia antes da votação, para que pessoas emitam votos em cédulas normais de papel e que, no dia seguinte, esses sejam digitados na urna em sessão gravada e pública.[23] Nesse sistema de auditoria, qualquer pessoa pode aferir o correto funcionamento da urna eletrônica, já que os votos dados às cédulas devem corresponder com o resultado apresentado pela urna eletrônica.[24]

Já a outra etapa sujeita a fraudes é a apuração e totalização dos votos, atos considerados de grande importância. Há o envio dos arquivos gravados na memória de cada urna de todo o país por meio de uma central de transmissão para logo serem totalizados. Todos os votos que geraram dados ficam gravados em três dispositivos de memória acoplados à urna, sendo um *pendrive* (chamado de memória de resultado) e dois *flash cards* (semelhantes aos cartões das câmeras digitais). Com o fechamento da votação pelo(a) mesário(a), há a impressão dos boletins de urna (BU), que refletirão o que há na memória daquela máquina em específico, sendo esse um documento público que conta com QR code

---

[23] Cf. explicação total e esclarecimentos sobre o procedimento (https://www.tse.jus.br/eleicoes/urna-eletronica/seguranca-da-urna/seguranca).

[24] Para mais informações sobre esse procedimento, cf. VOTAÇÃO paralela e auditoria para verificação do funcionamento das urnas sob condições normais de uso. *Tribunal Regional Eleitoral-MT*, [2016]. Disponível em: https://www.tre-mt.jus.br/eleicoes/eleicoes-plebiscitos-e-referendos/eleicos-anteriores/eleicoes-2016/votacao-paralela-o-que-e. Acesso em: 20 fev. 2022.

para conferência de qualquer pessoa.[25] Nesse sentido, mesmo que exista alguma alteração posterior na memória da urna que foi transmitida ou transportada para transmissão, prevalece o resultado do BU.[26]

Cabe mencionar também que, nesse momento, há os fiscais de partido, os observadores das eleições devidamente credenciados[27] e diversos servidores da Justiça Eleitoral. Portanto, mesmo que fosse nessa etapa, a tentativa de fraude teria de contar com a colaboração desses agentes, sendo necessário isso para cada urna, já que ela continua sempre *offline*.

Já na transmissão dos dados, há a criptografia por meio de assinatura digital de todas as informações referentes à votação. A criptografia é a substituição por códigos que se convertem em chaves para acessar os dados. Nesse sentido, somente com a chave exata é possível se obter aquele dado específico, o que faz com que seja possível ver os dados sem poder, contudo, alterá-los, por conta da falta dessa "chavinha".[28] Aqui, a concepção atual de segurança é atendida, considerando que todos esses dados são plenamente visíveis, mas não são acessíveis para alteração, justamente por causa da criptografia.

Na totalização, o *software* (que já foi submetido publicamente ao teste citado na etapa pré-votação) vai conferir a autenticidade dos dados por meio da assinatura digital, contando-os em sistema aberto para verificação pública de fiscais de partido, observadores eleitorais, candidatas e candidatos, imprensa etc. Se fosse para ocorrer fraude nessa fase, haveria de ser uma invasão do sistema do TSE a partir da quebra da criptografia. Diante de qualquer tentativa disso, todo o sistema trava, ou seja, toda interferência externa que não seja por comando devido do sistema faz com que ele trave.

Foi justamente nesse argumento do reforço da segurança, no momento de totalização, que a Polícia Federal recomendou a concentração da totalização no TSE em 2020,[29] o que gerou especulações das

---

[25] Por meio de plataforma própria: CONSULTA do espelho do boletim de urna - versão:18.10.2. [2022]. Disponível em: http://inter04.tse.jus.br/ords/eletse/f?p=111:1::PESQUISAR:NO. Acesso em: 20 fev. 2022.

[26] Conforme art. 203, §5º, da Resolução nº 23.611/2019.

[27] Novidade desde as eleições 2020 e regulamentada pela Resolução nº 23.678/2021.

[28] CRIPTOGRAFIA: o que é e quando ela deve ser usada? *DocuSign*, 2019. Disponível em: https://www.docusign.com.br/blog/criptografia-o-que-e-e-quando-ela-deve-ser-usada. Acesso em: 20 fev. 2022.

[29] Antes de 2020, a totalização dos votos era feita em cada Tribunal Regional Eleitoral, e foi essa descentralização a indicada como um fator de risco para a higidez e proteção do sistema eletrônico de votação.

mais diversas ordens, sendo, inclusive, objeto de desinformação devido ao atraso ocorrido para a primeira divulgação de resultados parciais (BRASIL, 2020).

Com isso, a identificação do problema debatido neste estudo passa pela complementação desses mecanismos, que, em suas mais diversas etapas do processo de votação, já efetuam formas de fiscalização da integridade dos resultados. Constata-se que o contato humano para interferência externa foi reduzido ao mínimo possível justamente para diminuir as possibilidades de fraudes, que sempre se ampararam na eventualidade do contato direto ao sistema.

Já o problema identificado para a política pública aqui estabelecida é a implementação de um sistema que possibilite auditoria posterior ao término da votação caso exista contestação no momento da apuração e totalização dos votos. Esse sistema deve também garantir segurança no mesmo nível que os demais mecanismos, sob pena de inutilizar todos os progressos de proteção do sistema eletrônico de votação havidos até o momento.

4.2 Etapa 2 – formulação da política pública

Definido o problema a que se visa solucionar com a política pública, deve-se pensar nas soluções que são viáveis, possíveis e mais adequadas para o caso. Para isso, requer-se planejamento com cronograma possível e destinação orçamentária que cubra a política pública e eventuais consequências (CARVALHO, 2019).

Considerando os detalhes que devem constar nessa política pública, entende-se que uma proposta de emenda à Constituição não é a forma mais adequada, já que esse regramento deve contar com vários outros tantos detalhes que não cabem somente em um parágrafo determinando a implantação de um sistema independente de registro de voto, como foi tentado fazer em 2021. A PEC nº 135/19, nesse sentido, afetava praticamente toda a rotina do sistema eletrônico de votação e mereceria conjuntamente uma lei ordinária tratando de seus pontos de condução para que se mantivesse o nível de segurança que já existe. No entanto, não havia qualquer projeto de lei nessa linha.

Deve-se também atentar ao fato de que a Justiça Eleitoral (JE) não possui competência legislativa para decidir esses pontos,[30] devendo eles ser elaborados pelo Congresso Nacional para somente serem

---

[30] Sobre o poder regulamentar da Justiça Eleitoral, cf. SANTANO, Ana Claudia. Entre a (in) segurança jurídica, os direitos fundamentais políticos e o ativismo judicial: as deficiências

regulamentados via resolução da JE. Esse tema é importante para se evitar que existam tanto usurpação de competência legislativa quanto transferência de responsabilidades que são próprias do Congresso Nacional sobre as políticas públicas que elabora. Aqui, o Congresso deve formular devidamente a política pública, cabendo à Justiça Eleitoral executá-la, sem assumir o eventual ônus pela sua má formulação.

No caso do comprovante de voto discutido até então, propõe-se a instalação de uma impressora junto à urna, em que ambas não são conectadas na internet, mas entre si. Nesse sentido, ambos os *softwares* precisam se comunicar para que um resulte no registro do voto e que o outro o imprima. Ambos são produtos do *software* e devem atender às especificidades que já existem na urna, como o embaralhamento da ordem dos votos, sob pena do não respeito ao sigilo, sendo esse um direito humano internacionalmente reconhecido.[31]

Como é a Justiça Eleitoral a responsável pelo desenvolvimento do *software* de ambos os equipamentos, bem como pela decisão de que tipo de equipamento é o mais adequado, deve-se ter um cronograma possível e viável. Além disso, esse calendário não pode ser realizado em ano eleitoral, sob pena de ser inexequível, considerando todos os eventos eleitorais que já se iniciam no início desses anos. Essa programação também deve contar com as fases de fiscalização e de testes próprios de projetos-pilotos, muito mais sujeitos a falhas. Durante as eleições, não pode ser admissível falha ou equívoco nos procedimentos de votação; por isso, quando se está falando da implantação de algo, deve-se ter tempo hábil para testes que assegurem que falhas não ocorrerão. Contudo, como já dito, sistemas e rotinas novos são mais sujeitos a falhas, e isso deve ser levado em consideração.

É justamente devido a isso que uma política pública com esse objeto se vê obrigada a ser implantada gradativamente, de modo que seja possível consertar erros e reparar falhas que a torne cada vez mais robusta para logo passar para a sua adoção em 100%. Ocorreu assim com a própria urna eletrônica, com 32% de implantação nas eleições de 1996; 57,6%, em 1998; e 100% do eleitorado em 2000. O mesmo pode

---

da justiça eleitoral e seus efeitos sobre a democracia brasileira. *Revista Direito Público*, v. 12, p. 32-53, 2015.

[31] Como exemplos: art. XXI da Declaração Universal de Direitos Humanos; art. 25 do Pacto dos Direitos Civis e Políticos da ONU; art. XX da Declaração Americana de Direitos Humanos; art. 23 da Convenção Americana de Direitos Humanos; e art. 3º da Carta Democrática Americana.

ser dito sobre a biometria, que foi idealizada em 2006, porém, aplicada em 2008 em somente três municípios para logo abranger 100% do eleitorado pelo menos três eleições depois.[32]

Sobre os componentes que devem acompanhar a urna eletrônica e a impressora, deve-se também pensar sobre o visor em que será exposto o comprovante físico ao eleitorado após a votação para confirmação, bem como o seu local de armazenamento, de modo que esses comprovantes não caiam em sequência (para não vulnerar o segredo do voto). Deve-se pensar na segurança desse dispositivo de armazenamento físico dos comprovantes, no material que ele é composto, suas reações aos ambientes mais diversos do Brasil (seco, úmido, calor, frio, reações físicas em geral), sistema de isolamento e fechamento desse componente, sua segurança e tutela, transporte e dispêndio com forças de segurança para o seu transporte, que, a exemplo das urnas e das impressoras, exigirá espaço e logística, por terra, aéreo e vias fluviais. Aqui, portanto, a avaliação do protótipo deve ser criteriosa para que atenda a esses requisitos.

Ainda, deve-se também pensar que tipo de papel será utilizado. Pode parecer pouco, mas não é um detalhe menor. Papéis térmicos apresentam natural desgaste dependendo do ambiente em que são usados, bem como rasuras e imperfeições (algo que deve ser pensado com a impressora também). Eles também não devem facilitar o entupimento da impressora nem ser tão pesados ao ponto de inviabilizar o procedimento de voto.

Outro ponto de atenção é o tempo de armazenamento desses comprovantes. O papel deve atender a determinado prazo mantendo a nitidez da informação (se 6 meses, 1 ano ou mais). Também é preciso se atentar no corte, bem como no tamanho do papel e do mencionado corte – aspectos sensíveis na tutela desses documentos.

Nessa análise, questões de logística e de protocolos de segurança ganham muita relevância, considerando que o *kit* para a votação aumentará bastante, assim como a importância dos comprovantes de voto após as eleições. Aqui, cabe mencionar que já existem memórias digitais que são usadas e que poupam espaço, são de fácil transmissão e contam com criptografia. É o caso do Registro Digital do Voto (RDV), que faz exatamente as funções do comprovante de voto físico,

---

[32] Disponível em: https://www.justicaeleitoral.jus.br/spe/#linhaTempo. Acesso em: 21 fev. 2022.

ou seja, trata-se do arquivo digital no qual os votos dos eleitores são registrados na urna, da forma como o voto foi emitido na urna.[33] Já o papel vai em sentido contrário, pois ocupa espaço (ainda mais com os compartimentos de depósito), que deve ser somado à necessidade de zelo máximo que se deve ter em sua proteção e transporte, uma vez que a manutenção das informações sobre o papel em si e o resguardo desse material impresso são responsabilidades da Justiça Eleitoral. Devido aos diversos contextos existentes no Brasil, essa custódia é feita por TREs, pelo TSE e em colaboração com as forças de segurança.

É nesse ponto que parece que a inserção do quesito "papel" como elemento independente de registro de voto aporta dificuldades reais que não podem ser ignoradas na decisão de qual registro independente de voto se pretende ter. Qualquer evento que aconteça com os comprovantes, seja próprio do papel escolhido; dos defeitos de impressão que podem ocorrer; da sua eventual impossibilidade de utilização no dia da votação; da sua perda ou extravio (ou até mesmo roubo ou transferência voluntária maliciosa para seção diversa que a sua), leva à sua invalidação, o que faz com que se questione a viabilidade dessa política pública sem que se pense seriamente nas implicações de sua adoção na integridade das eleições.

Aliado a tudo isso, não cabem dúvidas de que o impacto ambiental dessa adoção deve ser considerado, já que é algo bastante em longo prazo e o uso do papel em si em diversas áreas da vida já vem sendo questionado e, muitas vezes, julgado desnecessário quando há uma alternativa digital que cumpra a mesma função.

Várias outras perguntas também se abrem. A votação poderá prosseguir sem o funcionamento correto da impressora? É natural e de certa forma esperado que exista substituição de máquinas durante a votação, inclusive porque ocorre com as próprias urnas. Mas, caso as urnas não funcionem, nem mesmo as de contingência, ainda há a possibilidade do voto manual. A substituição das urnas é algo muito pontual nos dias atuais (em 2020, somente 0,38% das urnas foram substituídas no primeiro turno, não havendo nenhuma votação manual).[34] No caso

---

[33] Cf. pergunta nº 7 (https://www.justicaeleitoral.jus.br/spe/#perguntas-frequentes).
[34] AGÊNCIA ESTADO. TSE diz que 1.700 urnas já foram substituídas em todo o País, 0,38% do total. *Correio Braziliense [on-line]*, [s. l.], 15 nov. 2020. Disponível em: https://www.correiobraziliense.com.br/politica/2020/11/4889006-tse-diz-que-1-700-urnas-ja-foram-substituidas-em-todo-o-pais-038--do-total.html. Acesso em: 22 fev. 2022.

do não funcionamento da impressora, mesmo as de contingência, mas não da urna, prossegue-se a votação?

Outro detalhe importante: a troca de impressoras deve ser inteira, ou seja, não será possível haver intervenção humana para além de sua conexão facilitada na urna.

Portanto, a chance de haver algum problema de substituição desse equipamento pode ser maior que a da própria urna, que basta ligar na tomada para que funcione, já que se encontra lacrada e preparada para votação. No caso da impressora, não é só isso, pois ela precisa se comunicar com a urna. Em caso de não comunicação entre esses dois dispositivos, prossegue-se a votação?

É importante notar que todos esses problemas podem ser objeto de reflexão para uma possível solução, mas precisam ser pensados e planejados para a implementação da política pública.

Ainda, é preciso pensar em uma forma de garantir a autenticidade dos comprovantes. Com os dados da urna, isso é feito com a assinatura digital e a criptografia. Já com os comprovantes de votos, haveria de ter outro mecanismo, no estilo de um papel-moeda, que também impactaria em vários quesitos que já foram aqui mencionados. A partir do momento em que se escolhe o papel como forma de registro independente do voto, é necessário garantir a sua autenticidade, sob pena de se abrir possibilidade de outros tipos de fraude, como trocas de comprovantes por falsos, imitações de comprovantes feitas por agentes externos, e assim por diante.

Para isso, deve-se pensar na integridade da urna repositora dos comprovantes de voto. Esta deve ser inviolável para se evitar a troca de comprovantes verdadeiros por falsos e adulterados. O material, como já fora mencionado, deve ser resistente aos mais variados ambientes do Brasil, temperaturas e impactos. Caso seja de plástico, ele pode reagir ao calor e rachar, ou pode refletir externamente os votos, dependendo da transparência do material. A urna repositora também deve ser fechada o suficiente para impedir que se retirem comprovantes de dentro, bem como segura para que não se possa violá-la. Deve atender a propriedades de transporte e conter um estudo sobre avarias no repositório. Será, na verdade, no estilo de cofres, que, como se sabe, são seguros, porém pesados, o que impacta na logística. Também se deve pensar em seu tamanho, justamente para garantir o embaralhamento dos comprovantes que ali cairiam. Cabe mencionar que soluções mais "caseiras" (como mexer a caixa de tempos em tempos) e que são feitas em outros países latino-americanos[35] podem ferir a confiança desse modelo, gerando ainda mais deslegitimação dos resultados aos olhos da sociedade.

Junto com a formulação da política pública, deve-se pensar nos procedimentos licitatórios que serão necessários para a aquisição de material. Para isso, é preciso elaborar um edital adequado e atrair empresas interessadas que possam atender aos prazos estabelecidos no cronograma. Essa dificuldade já foi presente no sistema eletrônico de votação e na fabricação das urnas eletrônicas e seus componentes, o que demandou tempo e planejamento. O mesmo deve ser considerado para a adoção do comprovante de voto físico, por exemplo.

Nesse assunto, há diversas dificuldades práticas que podem ocorrer, como a falta de interessados devido à rigidez dos editais, o encarecimento dos objetos licitados, a não entrega ou quebra de contrato com a empresa contratada, bem como a não assunção de responsabilidades por ela em um tema que envolva interesse e segurança nacionais. As empresas podem se sentir constrangidas em envolver sua reputação nesse aspecto e podem impor condições para a realização dos serviços que não estão de acordo com os propósitos de segurança do sistema eletrônico de votação, o que pode deixar a Justiça Eleitoral em uma situação complicada de ter que honrar com o determinado para a implantação do registro independente do voto em papel sem que existam meios possíveis para isso. O objeto pode se tornar inviável, obrigando a um novo planejamento da política pública segundo as dificuldades encontradas no caminho.

Nesse aspecto, orçamento é fundamental. É preciso analisar os recursos disponíveis para tanto. Em estudo realizado em 2020, o TSE afirma que a estimativa inicial seria de 2 bilhões de reais, custos que preveem a aquisição do módulo impressor de votos (R$2.719,12, cada); urna plástica descartável (R$19,37, cada); bobinas de papel (R$7,64, cada); lacres de segurança (R$7,94, cada); cabinas de votação (R$6,50, cada); transporte dos módulos impressores de votos (R$26,90, cada); custódia das urnas de plástico descartáveis com votos (R$139,66, cada), mais o contingente necessário de 20% sobre o total necessário, mantido o câmbio do dólar. A isso, devem-se somar despesas com pessoal para a custódia, emprego de forças de segurança para as urnas de plástico,

---

[35] Como Peru e Colômbia.

elaboração de *softwares* necessários, testes de segurança e demais gastos inerentes a qualquer formulação de uma política pública.[36]

Assim, o Poder Executivo deve garantir esses recursos, indicando a parte do orçamento geral que será destinada para esse fim. A alocação orçamentária necessária aqui é vital para viabilizar essa política pública.

Outras decisões também deverão ser tomadas ainda na fase de formulação da política pública de registro independente do voto em papel. É o caso, por exemplo, da possibilidade de votar novamente em caso de não reconhecimento por parte do eleitor ou eleitora de que aquele voto é seu. Também se deve pensar como o comprovante será impresso, se com todos os votos juntos em ordem de cargo ou se um por um. E, em qualquer dos casos, como viabilizar o novo voto em caso de não concordância.

Também se deve pensar em como proceder quando se realiza a auditoria cruzada com os dados da urna e os comprovantes em papel e for verificada divergência. Afinal, valerá a urna ou o papel? Se valer a urna, cabe o questionamento sobre a conveniência do papel como registro alternativo do voto. Se valer o comprovante em papel, é também prevalecer um mecanismo que está sujeito à falha humana por contagem.

Ainda, é necessário lembrar que esse procedimento de auditoria cruzada necessita ser bem elaborado, com fiscalização e método, algo que leva tempo, e isso deve ser compreendido pela sociedade. Resultados de eleição rápidos como são os atuais somente são viáveis eletronicamente. Com a interferência manual na contagem, assumindo-se os riscos dos erros humanos, não há como se basear em uma contagem só. Isso também deve ser objeto de esclarecimento da população, que pode passar dias esperando o resultado das eleições a depender do fluxo de impugnações pós-eleitorais que surjam. Em cenários de alta polarização, essa demora pode causar problemas de ordem social, fazendo com que os ânimos fiquem exaltados e que os competidores eleitorais possam ter ainda mais razão de não aceitarem os resultados mesmo após exaustiva contagem e recontagem de votos. Nesse ponto, o discurso da fraude pode fazer parte da rotina política, o que mina a confiança e a legitimidade no sistema como um todo.

---

[36] Estudo obtido diretamente com o TSE para a elaboração do relatório final da Missão de Observação Eleitoral Nacional 2020, realizada pela organização Transparência Eleitoral Brasil.

4.3 Etapa 3 – adoção da decisão de implantação do comprovante de voto físico

A decisão de adoção do mecanismo de registro de voto independente pode depender também da adequação da alternativa que se propõe. Nesse ponto, é recomendável analisar a possibilidade de se utilizarem outros meios para se conseguir o mesmo objetivo: o aprimoramento do sistema eletrônico de votação.

Como já dito, existem alternativas para o registro independente do voto que podem permitir da mesma forma auditoria cruzada. É o caso, por exemplo, do registro digital independente a partir de uma tela totalizadora de votos ao final da votação de cada eleitor.[37] Além de não contar com os inconvenientes do papel e a necessidade de uma impressora, na tela da própria urna eletrônica apareceriam as opções escolhidas pelo eleitor para ele confirmar ou votar novamente em um dos cargos que ele tenha ou votado errado ou tenha mudado de ideia. Isso poderia auxiliar na educação para o voto, além de dar mais opção ao eleitorado para votar em quem realmente se quer. Dessa tela seria gerado um arquivo *print* a ser guardado em memória separada, fazendo com que um voto tenha dois registros, sendo um direto dele (o RDV), e o outro, o *print* da tela obtido após o voto em todos os cargos em disputa. A autenticidade desses registros poderia também vir por assinatura digital e por tecnologia *blockchain*, prevenindo-os da intervenção humana, que vulneraria sua segurança.

Tal medida supriria a demanda pela melhora do sistema eletrônico de votação pela implantação de novo registro independente de votos, evitando-se novos componentes acoplados à urna; a demanda de papel e de sua tutela; espaço de armazenamento; logística; gastos públicos para além dos necessários; etc. É claro que, por ser uma política pública, também necessita de planejamento, cronograma, testes, tal como ocorreu com a biometria, por exemplo. Contudo, eliminaria diversas dificuldades já identificadas aqui, além de contribuir para a maior transparência do voto, para a posterior auditoria da votação e para a educação ao voto.

Há também a alternativa da melhora dos sistemas de auditoria já existentes, como a votação paralela. Além da melhora de sua divulgação, o aumento da amostra pode resultar em maior confiança por parte da

---

[37] Alternativa elaborada por Diogo Rais.

sociedade do bom funcionamento da urna eletrônica. Tais medidas, como mencionado, fazem parte do plano de ação elaborado pela Comissão de Transparência instaurada pelo TSE. Contudo, isso seria algo mais voltado à confiança do eleitorado sem gerar registro independente de voto para auditoria cruzada. É de grande valia considerando esse fator, mas não gera o registro independente da votação, algo que parece ser central aqui no debate que se travou ao longo dos anos.

Nesse teste de adequação, parece que a opção pelo papel pode não atender a todos os requisitos devido às dificuldades apontadas. Entretanto, é claro que o registro independente de voto via papel pode ser possível, desde que se deem respostas satisfatórias que tornem essa decisão a mais adequada para o enfrentamento do problema da necessidade de aprimoramento do sistema eletrônico de votação. Caso contrário, devem-se estudar e analisar outras medidas possíveis e já existentes. Por outro lado, análises jurídicas sobre a implantação do comprovante de voto em papel ainda seguem pendentes, principalmente devido ao sigilo do voto, que possui valor elevado para o ordenamento jurídico brasileiro e internacional (MACHADO; OLIVEIRA, 2021).

4.4 Etapa 4 – implementação da política pública

Nessa fase, todas as perguntas aqui listadas já devem estar respondidas, além do fato de já haver planejamento de implementação gradual do registro independente de voto por papel. Teoricamente, seria possível que fosse implementado logo em 100% das urnas eletrônicas pelo país (que correspondem a aproximadamente 470 mil), tal como constou no relatório final da Comissão Especial da PEC nº 135/19, que restou rejeitado. No entanto, isso não é nada recomendável, justamente por ser um projeto-piloto, muito mais sujeito a falhas e erros, o que pode afetar a legitimidade das eleições e a sua integridade.

4.5 Etapa 5 – avaliação da política pública

Como modo de avaliação dessa política pública de registro independente de voto por papel, há uma série de perguntas que devem ser feitas:

(i) A política pública serviu para o aumento ou o resgate da confiança da sociedade no resultado das eleições?

Esta resposta depende do sucesso ou não da experiência de implementação. Se a política pública contou com planejamento, cronograma possível e viável, testes de segurança, treinamento dos agentes envolvidos, licitação regular e exitosa, entrega dos resultados de modo eficiente e sem grandes incidentes, provavelmente a resposta para a pergunta será positiva.

(ii) A política pública causou mais problemas do que antes existiam?

Também se refere a uma questão de planejamento e de testes exaustivos de segurança. Até o momento, as perspectivas são pela inadequação da proposta.

(iii) A política pública causou um aumento da judicialização dos resultados?

Muito se fala sobre a judicialização da política (ARAÚJO; XIMENES, 2019), principalmente após o advento da Lei da Ficha Limpa (LC nº 135/2010), que alterou a Lei de Inelegibilidades, LC nº 64/90 (SALGADO; ARAÚJO, 2013). Nesse sentido, a confiança pode não estar sendo comprometida por causa do sistema eletrônico de votação, mas, sim, por outros fatores, como na própria dificuldade em seguir as regras do jogo democrático e no respeito ao resultado em si, que nunca vai agradar a todos os lados, não importa a lisura que o procedimento tenha. Portanto, o aumento da judicialização da política é real e deve ser considerado, transferindo novamente a palavra final ao Poder Judiciário. Essa situação viola ainda mais a soberania popular expressada por meio do voto, que já vem sendo comprometida com tantas anulações de eleição devido à declaração de nulidade de votos dados a candidaturas tidas como inelegíveis.

(iv) A política pública serviu como facilitadora de contestação dos resultados?

Aplica-se o mesmo raciocínio anterior. Nesse caso, pode ser um equívoco manter-se a política pública sem antes uma reflexão sobre suas consequências.

Considerações finais

Este artigo buscou trabalhar com o polêmico tema do sistema eletrônico de votação brasileiro, com enfoque na integridade eleitoral e a partir de uma metodologia de política pública. Para além dos argumentos jurídicos – que eventualmente possam se mostrar insuficientes para o resgate da necessária confiança social –, a questão é multidimensional, exigindo análises diversificadas envolvendo gestão (por ser algo também relacionado à administração e organização eleitoral) e tecnologia.

Como dito diversas vezes neste trabalho, é legítimo que o sistema eletrônico de votação seja objeto de escrutínio público. O debate, portanto, não pode ser desmerecido, como se não se pudessem questionar as escolhas até aqui feitas. No entanto, deve-se ter ânimo de melhora para que essa discussão renda frutos, não sendo possível que a partir dela se construa uma narrativa que capture a controvérsia, transformando-a em desinformação.

O sistema eletrônico de votação foi uma conquista muito importante para a história do país. Sua sumária exclusão não deve ser uma opção, muito menos os retrocessos que podem afetá-lo através de medidas pouco planejadas ou desviadas de seus reais objetivos, principalmente em momentos de elevada instabilidade política, que são os menos adequados para dar as devidas respostas.

É preciso agir para manter e melhorar os níveis de integridade eleitoral para robustecer a tão afetada democracia brasileira. Que tenhamos essa maturidade e discernimento em um futuro próximo.

Referências

AGÊNCIA CÂMARA DE NOTÍCIAS. *Relator da proposta de voto impresso prevê apuração manual e pública*. 2021. Disponível em: https://www.camara.leg.br/noticias/790001-relator-da-proposta-de-voto-impresso-preve-contagem-manual-e-publica-de-votos-nas-eleicoes/. Acesso em: 22 fev. 2022.

AGÊNCIA ESTADO. TSE diz que 1.700 urnas já foram substituídas em todo o País, 0,38% do total. *Correio Braziliense [on-line]*, [s.l.], 15 nov. 2020. Disponível em: https://www.correiobraziliense.com.br/politica/2020/11/4889006-tse-diz-que-1-700-urnas-ja-foram-substituidas-em-todo-o-pais-038--do-total.html. Acesso em: 22 fev. 2022.

ALVIM, Frederico Franco. Integridade eleitoral: significado e critérios de qualificação. *Revista Ballot*, v. 1, n. 2, p. 213-228, set./dez. 2015.

ARAÚJO, Eduardo Borges Espíndola; XIMENES, Júlia Maurmann. Contencioso eleitoral em tempos de judicialização da política: a disputa no Supremo e o Supremo na disputa. *Revista de Investigações Constitucionais*, Curitiba, v. 6, n. 2, p. 423-448, maio/ago. 2019.

BRASIL. Tribunal Superior Eleitoral. *Relatório eleições 2002*. Disponível em: https://static.poder360.com.br/2021/05/Relatorio-TSE-urnas-voto-impresso-2002.pdf. Acesso em: 9 jul. 2021.

BRASIL. Tribunal Superior Eleitoral. *Relatório eleições 2020*. Esclarecimentos sobre a higidez e a segurança do processo eletrônico de votação no Brasil. Enviado à Transparência Eleitoral Brasil devido aos questionamentos feitos por conta da Missão de Observação Eleitoral Nacional 2020.

BRITANNICA PROCON. *What is a Voter Verified Paper Audit Trail (VVPAT)?* Disponível em: https://votingmachines.procon.org/questions/what-is-a-voter-verified-paper-audit-trail-vvpat/. Acesso em: 21 fev. 2022.

CAMARÃO, Paulo César Bhering. *O voto informatizado*: legitimidade democrática. São Paulo: Empresa da Artes, 1997.

CARVALHO, Osvaldo Ferreira de. As políticas públicas como concretização dos direitos sociais. *Revista de Investigações Constitucionais*, Curitiba, v. 6, n. 3, p. 773-794, set./dez. 2019.

CRIPTOGRAFIA: o que é e quando ela deve ser usada? *DocuSign*, 2019. Disponível em: https://www.docusign.com.br/blog/criptografia-o-que-e-e-quando-ela-deve-ser-usada. Acesso em: 20 fev. 2022.

D'AGOSTINO, Rosanne. Nos 25 anos da urna eletrônica, TSE lança campanha sobre segurança do voto. *G1 [on-line]*, [s.l.], 14 maio 2021. Disponível em: https://g1.globo.com/politica/noticia/2021/05/14/nos-25-anos-da-urna-eletronica-tse-lanca-campanha-sobre-seguranca-do-voto.ghtml. Acesso em: 9 jul. 2021.

FALCÃO, Márcio; VIVAS, Fernanda. Ministro do TSE dá 15 dias para Bolsonaro apresentar evidências de fraude em eleições. *G1 [on-line]*, [s.l.], 21 jun. 2021. Disponível em: https://g1.globo.com/politica/noticia/2021/06/21/ministro-do-tse-da-15-dias-para-bolsonaro-apresentar-evidencias-de-fraude-em-eleicoes.ghtml. Acesso em: 9 jul. 2021.

GALLAS, Daniel. Voto impresso é tentativa de Bolsonaro de contestar eleição antecipadamente, diz cientista político. *Correio Brasiliense [on-line]*, [s.l.], 6 jul. 2021. Disponível em: https://www.correiobraziliense.com.br/politica/2021/07/4935899-voto-impresso-e-tentativa-de-bolsonaro-de-contestar-eleicao-antecipadamente-diz-cientista-politico.html. Acesso em: 9 jul. 2021.

GOMES CANOTILHO, José Joaquim. *Direito constitucional e teoria da constituição*. 3. ed. reimp. Coimbra: Almedina, 1999.

KOFI ANNAN FOUNDATION. *Final report*: electoral integrity in Latin America. México City: Kofi Annan Foundation, 2017. Disponível em: http://www.kofiannanfoundation.org/app/uploads/2018/05/180522_KAF_Electoral-IntegrityEII-Conference-in-Mexico_english_web.pdf. Acesso em: 21 fev. 2022.

LEAL, Victor Nunes. *Coronelismo, enxada e voto*: o município e o regime representativo do Brasil. São Paulo: Companhia das Letras, 2012.

MACHADO, Raquel Cavalcanti Ramos; OLIVEIRA, Flávio Moreira de. Idas e vindas do voto impresso. *In*: ALVIM, Frederico Franco; BARREIROS NETO, Jaime; SANTIAGO, Marta Cristina Jesus. *25 anos da urna eletrônica*: tecnologia e integridade nas eleições. Salvador: TREBA, 2021. p. 69-100.

NICOLAU, Jairo. *História do voto no Brasil*. 2. ed. Rio de Janeiro: Zahar, 2004.

NOHLEN, Dieter. Arquitectura institucional, contexto sociocultural e integridad electoral. *Cuadernos Manuel Giménez Abad.*, n. 10, p. 66-92, 2015.

NOTÍCIAS falsas sobre urnas eletrônicas são as mais compartilhadas nas redes sociais. *Tribunal Superior Eleitoral*, 2020. Disponível em: https://www.tse.jus.br/imprensa/noticias-tse/2020/Novembro/noticias-falsas-sobre-urnas-eletronicas-sao-as-mais-compartilhadas-nas-redes-sociais-1. Acesso em: 9 jul. 2021.

OROZCO HENRÍQUEZ, José de Jesús. El contencioso electoral en América Latina. *In*: NOHLEN, Dieter *et al*. *Tratado de derecho electoral comparado de América Latina*. México: Fondo de Cultura Económica, 2007. Disponível em: http://www.corteidh.or.cr/tablas/12231.pdf. Acesso em: 14 fev. 2022.

PARANÁ fecha apuração com diferença de dez mil votos para Requião. *G1 [on-line]*, [s.l.], 30 out. 2006. Disponível em: https://g1.globo.com/Noticias/Eleicoes/0,,AA1330636-6282-736,00.html. Acesso em: 9 jul. 2021.

PLENÁRIO do TSE: PSDB não encontra fraude nas Eleições 2014. *Tribunal Superior Eleitoral*, 2022. Disponível em: https://www.tse.jus.br/imprensa/noticias-tse/2015/Novembro/plenario-do-tse-psdb-nao-encontra-fraude-nas-eleicoes-2014. Acesso em: 9 jul. 2021.

PRESIDENTE do TSE abre evento de apresentação do sistema eletrônico de votação a parlamentares. *Tribunal Superior Eleitoral*, 2021. Disponível em: https://www.tse.jus.br/imprensa/noticias-tse/2021/Junho/presidente-do-tse-abre-evento-de-apresentacao-do-sistema-eletronico-de-votacao-a-parlamentares. Acesso em: 9 jul. 2021.

PSDB pede ao TSE auditoria para verificar 'lisura' da eleição. *G1 [on-line]*, [s.l.], 30 out. 2014. Disponível em: http://g1.globo.com/politica/noticia/2014/10/psdb-pede-ao-tse-auditoria-para- verificar-lisura-da-eleicao.html. Acesso em: 9 jul. 2021.

RECK, Janriê Rodrigues; BITENCOURT. Caroline Müller. Categorias de análise de políticas públicas e gestão complexa e sistêmica de políticas públicas. *A&C – Revista de Direito Administrativo & Constitucional*, Belo Horizonte, ano 16, n. 66, p. 131-151, out./dez. 2016.

RELEMBRE ataques de Bolsonaro ao sistema eleitoral sem apresentar provas. *Folha de S.Paulo [on-line]*, [s.l.], 8 jan. 2021. Disponível em: https://www1.folha.uol.com.br/poder/2021/01/veja-o-que-bolsonaro-ja-disse-sobre-urnas-eletronicas-e-fraude-em-eleicao-sem-apresentar-provas.shtml. Acesso em: 9 jul. 2021.

RUEDIGER, Marco Aurélio; GRASSI, Amaro (Coord.). *Desinformação on-line e processos políticos*: a circulação de links sobre desconfiança no sistema eleitoral brasileiro no Facebook e no YouTube (2014-2020). Policy paper. Rio de Janeiro: FGV; DAPP, 2020. Disponível em: http://bibliotecadigital.fgv.br/dspace/bitstream/handle/10438/30085/%5bPT%5d%20Estudo%201%20%281%29.pdf?sequence=1&isAllowed=y. Acesso em: 9 jul. 2021.

SALGADO, Eneida Desiree. *Administración de las elecciones y jurisdicción electoral*: un análisis del modelo mexicano y una crítica a la opción brasilera. México: Universidad Nacional Autónoma de México; Instituto de Investigaciones Jurídicas, 2016.

SALGADO, Eneida Desiree. Intra-party democracy index: a measure model from Brazil. *Revista de Investigações Constitucionais*, Curitiba, v. 7, n. 1, p. 107-136, jan./abr. 2020.

SALGADO, Eneida Desiree. Políticas públicas, inclusão social e desenvolvimento democrático. *Revista Eurolatino americana de Derecho Administrativo*, Santa Fe, v. 2, n. 1, p. 89-99, ene./jun. 2015.

SALGADO, Eneida Desiree; ARAÚJO, Eduardo Borges. Do legislativo ao Judiciário: a Lei Complementar nº 135/2010 ("Lei da Ficha Limpa"), a busca pela moralização da vida pública e os direitos fundamentais. *A&C – Revista de Direito Administrativo & Constitucional*, Belo Horizonte, ano 13, n. 54, p. 121-148, out./dez. 2013.

SANTANO, Ana Claudia *et al.* (Coord.). *Relatório final Missão de Observação Eleitoral Nacional 2020*. Brasília: Transparência Eleitoral Brasil, 2021. (Recurso eletrônico).

SANTANO, Ana Claudia. Entre a (in)segurança jurídica, os direitos fundamentais políticos e o ativismo judicial: as deficiências da justiça eleitoral e seus efeitos sobre a democracia brasileira. *Revista Direito Público*, v. 12, p. 32-53, 2015.

SANTOS, Gustavo Ferreira. Social media, disinformation, and regulation of the electoral process: a study based on 2018 Brazilian election experience. *Revista de Investigações Constitucionais*, Curitiba, v. 7, n. 2, p. 429-449, maio/ago. 2020.

SARTORI, Giovanni. Elementos de teoria política. Madrid: Alianza editorial, 2008.

SCHUMPETER, Joseph A. *Capitalismo, socialismo y democracia*. Barcelona: Folio, 1984.

SESIN, Domingo; PÉREZ CORTI, José María. *Organismos electorales*. Buenos Aires: Advocatus, 2006.

TEIXEIRA, Rodrigo Alves da Silva; SHIMANUKI, Mario Tadashi. Desenvolvimento de uma urna eletrônica educacional similar ao do TSE. *In*: CONGRESSO DE EDUCAÇÃO PROFISSIONAL E TECNOLÓGICA – CONEPT, 4., set. 2018, *Anais* [...]. [s.n.]: Araraquara, 2018. Disponível em: http://ocs.ifsp.edu.br/index.php/conept/iv-conept/paper/viewFile/3953/740. Acesso em: 21 fev. 2022.

URNA eletrônica: especialistas garantem nível de confiabilidade no processo eleitoral brasileiro. *Abradep*, [2022]. Disponível em: https://abradep.org/midias/noticias/urna-eletronica-especialistas-garantem-nivel-de-confiabilidade-no-processo-eleitoral-brasileiro/. Acesso em: 20 fev. 2022.

VALENCIA AGUDELO, Germán Darío. Incidencia de la sociedad civil en el ciclo de las políticas públicas. *Papel político*, v. 17, n. 2, p. 469-496, dez. 2012. Disponível em: http://www.scielo.org.co/scielo.php?script=sci_arttext&pid=S0122-44092012000200004&lng=en&nrm=iso. Acesso em: 22 fev. 2022.

VOLUNTARY voting system guidelines (VVSG) recommendations to the EAC, August 31, 2007. *NIST*, 2022. Disponível em: https://www.nist.gov/itl/voluntary-voting-system-guidelines-vvsg-recommendations-eac-august-31-2007. Acesso em: 20 fev. 2022.

ZARUR, Camila; CAETANO, Guilherme; SACONI, João Paulo. Bia Kicis usa verba parlamentar para contratar empresa que divulga desinformação sobre urna eletrônica. *O Globo [on-line]*, [s.l.], 24 maio 2021. Disponível em: https://oglobo.globo.com/politica/bia-kicis-usa-verba-parlamentar-para-contratar-empresa-que-divulga-desinformacao-sobre-urna-eletronica-1-25030962. Acesso em: 20 fev. 2022.

Informação bibliográfica deste texto, conforme a NBR 6023:2018 da Associação Brasileira de Normas Técnicas (ABNT):

SANTANO, Ana Cláudia. As narrativas e as necessidades: o sistema eletrônico de votação brasileiro a partir de uma análise de política pública. In: LINS, Rodrigo Martiniano Ayres; CASTRO, Kamile Moreira (Org.). O futuro das eleições e as eleições do futuro. Belo Horizonte: Fórum, 2023. p. 17-45. ISBN 978-65-5518-611-6.

O ABUSO DO PODER DECORRENTE DO COMPARTILHAMENTO DE *FAKE NEWS* EM REDES SOCIAIS: ANÁLISE DO ENTENDIMENTO FIRMADO PELO TSE

ANNA PAULA OLIVEIRA MENDES

1 Apontamentos iniciais sobre a teoria do abuso do poder no direito eleitoral

O art. 14, §9º, da CRFB prevê que deverão ser protegidas a normalidade e a legitimidade das eleições contra a influência do poder econômico ou do abuso do exercício de função, cargo ou emprego na Administração direta ou indireta. Para isso, determinou que tais condutas seriam sancionadas com inelegibilidade, conforme previsto em lei complementar.

Assim, o art. 22, *caput*, da LC nº 64/90 prevê que "qualquer partido político, coligação, candidato ou Ministério Público Eleitoral poderá representar à Justiça Eleitoral, diretamente ao Corregedor-Geral ou Regional, relatando fatos e indicando provas, indícios e circunstâncias e pedir abertura de investigação judicial *para apurar uso indevido, desvio ou abuso do poder econômico ou do poder de autoridade, ou utilização indevida de veículos ou meios de comunicação social, em benefício de candidato ou de partido político*".

A grave consequência jurídica para o caso de procedência da ação de investigação judicial instaurada para apurar a prática abusiva é a inelegibilidade para as eleições que se realizarem nos 8 (oito) anos subsequentes à eleição em que se verificou, além da cassação do registro ou diploma do candidato diretamente beneficiado (art. 22, XIV, da LC nº 64/90).

Dos dispositivos acima se extraem os três tipos clássicos de abuso do poder no direito eleitoral: o abuso do poder econômico, o abuso do poder político e o abuso dos meios de comunicação social.

Diante da complexidade da realidade fática que nos é imposta todos os dias, a discussão sobre a tipicidade do rol das condutas abusivas – isto é, se se trata de tipicidade aberta ou fechada – segue sendo atual na doutrina e na jurisprudência.

1.1 A discussão jurídica sobre as supostas formas atípicas do abuso do poder

Frederico Alvim e Volgane Carvalho entendem que existem formas típicas de abuso do poder, previstas na legislação, e formas atípicas, que não têm previsão legal, mas igualmente se prestam a comprometer a integridade eleitoral. Para eles, o poder tem caráter "multiforme", detendo uma natureza fluida, "sendo apto a apresentar-se mediante fórmulas praticamente infinitas". Assim, entendem que a melhor solução para a problemática seria uma alteração legislativa que suprimisse o rol das espécies de abuso do poder constantes do art. 14, §9º, da CRFB e do art. 22 da LC nº 64/90 (ALVIM; CARVALHO, 2018, p. 169-203). Por outro lado, há posicionamento doutrinário que defende que o rol legislativo das práticas abusivas é meramente exemplificativo (BIM, 2003).

Em livro de minha autoria recentemente publicado, defendo que há duas formas de se coibirem as chamadas espécies atípicas de abuso do poder: "i) encarando que estas não são atípicas, mas representam novas roupagens das formas típicas, ou ii) mediante alteração legislativa que expressamente altere a temática e inclua eventual nova forma de abuso do poder no ordenamento" (MENDES, 2022, p. 89).

Tal posicionamento está amparado na ideia de que a elegibilidade é um direito fundamental, de modo que "eventuais restrições a ela somente podem ser impostas por leis, que devem ser gerais e abstratas e devem respeitar o princípio da proporcionalidade" (*ibid.*, p. 88). Destarte, tem-se que o Judiciário não poderia, por meio de uma postura ativista e sem amparo na lei, sancionar uma conduta com a severa pena da inelegibilidade, que constitui restrição a direito político fundamental.

Essa discussão foi diretamente revisitada no julgamento do RESP nº 8.285/GO, de relatoria do ministro Edson Fachin, em que a corte fixou a tese de que o abuso do poder religioso não existe, de modo autônomo, no ordenamento brasileiro.[1] De modo indireto, a discussão foi pano de fundo do julgamento do RO nº 0603975-98, no qual a disseminação de desinformação pela rede social Facebook foi analisada sob o prisma do uso indevido dos meios de comunicação social. Desse modo, o TSE precisou definir se o abuso praticado pela internet se enquadrava – ou não – em forma típica já prevista na legislação eleitoral, conforme será detalhadamente exposto no tópico a seguir.

2 O posicionamento firmado pelo TSE no RO nº 0603975-98

2.1 Breve exposição fática do acórdão

O Ministério Público interpôs o Recurso Ordinário Eleitoral nº 0603975-98.2018.6.16.0000, cuja relatoria foi atribuída ao ministro Luis Felipe Salomão, em face do acórdão do Tribunal Regional Eleitoral do Paraná, que, ao julgar ação de investigação judicial eleitoral que analisava práticas de abuso do poder político e de uso indevido de meios de comunicação social perpetradas pelo então deputado federal Fernando Francischini, entendeu pela sua total improcedência.[2]

A AIJE tinha como objeto uma *live* realizada pelo investigado em sua página no Facebook, às 16h38 do dia em que ocorreu o primeiro turno das eleições gerais de 2018, para denunciar, de maneira mentirosa, fraude em duas urnas eletrônicas, ocorridas no estado do Paraná, que supostamente haviam sido comprovadas por "documentos da Justiça Eleitoral". De acordo com os dados externados no acórdão, a *live* foi transmitida ao vivo para mais de 70 mil pessoas e, até o dia 12.11.2018, teve mais de 105 mil comentários, 400 mil compartilhamentos e seis milhões de visualizações. Dentre as falas proferidas na ocasião, destaca-se o seguinte trecho que as sintetiza, constante da ementa:

---

[1] Tribunal Superior Eleitoral. Recurso Especial Eleitoral nº 8.285/GO. Relator Ministro Edson Fachin. DJe de 06.10.2020.

[2] Tribunal Superior Eleitoral. Recurso Ordinário Eleitoral nº 0603975-98.2018.6.16.0000. Relator Ministro Luis Felipe Salomão. DJe de 10.12.2020.

(a) "já identificamos duas urnas que eu digo ou são fraudadas ou adulteradas. [...], eu tô com toda a documentação aqui da própria Justiça Eleitoral"; (b) "nós estamos estourando isso aqui em primeira mão pro Brasil inteiro [...], urnas ou são adulteradas ou fraudadas"; (c) "nosso advogado acabou de confirmar [...], identificou duas urnas que eu digo adulteradas"; (d) "apreensão feita, duas urnas eletrônicas"; (e) "não vamos aceitar que uma empresa da Venezuela, que a tecnologia que a gente não tem acesso, defina a democracia no Brasil"; (f) "só aqui e na Venezuela tem a porcaria da urna eletrônica"; (g) "daqui a pouco nós vamos acompanhar [a apuração dos resultados], sem paradinha técnica, como aconteceu com a Dilma"; (h) "eu uso aqui a minha imunidade parlamentar, que ainda vai até janeiro, independente dessa eleição, pra trazer essa denúncia".

O Tribunal Regional Eleitoral do Paraná afastou a prática de uso indevido dos meios de comunicação social por entender que esse tipo *"requer a comprovação da utilização de veículos de imprensa, como rádio, jornal ou televisão*, em benefício de determinado candidato, seja pela concessão, em seu favor, de espaço privilegiado na mídia, ou pela crítica abusiva aos demais concorrentes", não obstante restar demonstrada a natureza falsa das informações passadas. Por fim, a ementa foi categórica ao estipular que "aplicativos de mensagens e contas pessoais em redes sociais não se enquadram no conceito legal [de uso indevido dos meios de comunicação]". Em relação à prática de abuso do poder de autoridade, restou entendido pela sua configuração, mas houve o afastamento da punição em razão da ausência de prova do benefício eleitoral auferido.

O Tribunal Superior Eleitoral, ao apreciar o recurso, precisou se debruçar sobre cinco pontos: (i) se a manifestação proferida pelo parlamentar, então candidato, estaria coberta pelo manto da imunidade parlamentar; (ii) se a sua conduta configuraria abuso do poder de autoridade; (iii) se a fala veiculada via rede social representaria uso indevido dos meios de comunicação social; e, neste caso, (iv) se essa interpretação seria uma inovação do entendimento jurisprudencial sujeita à anualidade (art. 16, CRFB); por fim, se (v) restando configurado, em tese, abuso do poder, haveria, no caso concreto, a gravidade das circunstâncias apta a atrair a reprimenda legal. O presente artigo apenas analisará a posição firmada pela corte em relação aos pontos iii e iv.

2.2 A tese jurídica adotada

O relator, ministro Luis Felipe Salomão, foi o primeiro a entender que a veiculação de *fake news* em rede social do candidato configura uso indevido dos meios de comunicação social. Conforme assentado em seu voto, "o *caput* do art. 22 da LC 64/90 fornece um conceito aberto de meios de comunicação social, sem restrições de enquadramento quanto ao formato ou eventual autorização do poder público para o seu funcionamento ou operação". Desse modo, consignou que a lei permite enquadrar as condutas praticadas por intermédio dos instrumentos de comunicação em massa como ilícitas.

No que pertine à suposta violação ao princípio da anualidade, que preconiza que inovações nas normas que regem o processo eleitoral, mesmo que fruto da jurisprudência, apenas podem ser aplicadas a casos ocorridos um ano após a sua implementação, entendeu o relator, recorrendo para tanto ao parecer da Procuradoria-Geral Eleitoral, que tal vedação alcança apenas a novas teses jurídicas, e não a inovações fáticas, "mormente se tipificada por dispositivos legais a muito existentes".

Esse entendimento foi acompanhado integralmente pelo ministro Mauro Campbell Marques, que, em seu voto, consignou que não só concorda com a subsunção do termo internet ao conceito de "meios de comunicação social" ao qual aduz o art. 22 da LC nº 64/90, como fez constar que, nas eleições de 2018, esse foi o meio mais utilizado pelas campanhas eleitorais. No mesmo sentido também votaram os ministros Sérgio Banhos, Edson Fachin, Alexandre de Moraes e Luis Roberto Barroso.

O ministro Carlos Horbach foi o único a votar divergente e, portanto, restou vencido, sob o argumento de que seria imprudente englobar as redes sociais no conceito legal de meios de comunicação social, pois estas seriam, igualmente, uma ferramenta para o exercício da liberdade de expressão, bem como tendo em vista que nelas a dinâmica pela busca de informação se dá por uma "postura ativa do cidadão quando comparada à passividade ínsita aos meios de comunicação tradicionais". Portanto, entendeu que tais fatores deveriam ser levados em consideração no momento da aferição da gravidade da conduta.

Ainda, entendeu que houve mudança no entendimento jurisprudencial, cujos efeitos deveriam ser diferidos no tempo.

O tribunal, por maioria, concordou pela configuração do abuso do poder de autoridade e do uso indevido dos meios de comunicação social, o que resultou na cassação do mandato do investigado e em sua inelegibilidade por oito anos a contar do pleito de 2018. Na oportunidade, igualmente restou fixado o entendimento de que a internet e as redes sociais configuram meio de comunicação social apto a atrair a incidência do art. 22 da LC nº 64/90.

3 A tese firmada pelo TSE no julgamento das AIJEs nº 0601968-80 e 0601771-28

As AIJEs nº 601968-80 e 0601771-28, de relatoria do ministro Luis Felipe Salomão e julgadas em 28.10.2022,[3] foram ajuizadas em desfavor da chapa vencedora da eleição presidencial de 2018 (Bolsonaro-Mourão) e de terceiros, e versavam sobre a prática de abuso do poder econômico e uso indevido dos meios de comunicação. As ações tinham como objeto a contratação de disparo em massa de mensagens de WhatsApp, durante o período da campanha, em benefício da chapa vencedora e com conteúdo desfavorável ao outro candidato.

O julgado buscou responder a indagação se a internet, mais especificamente as redes sociais e aplicativos de mensagens, enquadra-se no conceito de "veículos ou meios de comunicação social" ao qual alude o art. 22 da LC nº 64/90.

Nos termos do voto do relator, entendeu-se que, "ao trazer tipo aberto e se referir de modo expresso a 'meios de comunicação social', a *Lei das Inelegibilidades permite enquadrar como ilícitas condutas praticadas por intermédio de instrumentos de comunicação de difusão em massa, dentre os quais se enquadram a toda evidência os aplicativos de mensagens instantâneas*".

Na oportunidade, a corte fixou a tese segundo a qual "a exacerbação do uso de aplicativos de mensagens instantâneas para realizar disparos em massa, promovendo desinformação, diretamente por candidato ou em seu benefício e em prejuízo de adversários políticos, pode configurar abuso do poder econômico e uso indevido dos meios de comunicação social, nos termos do art. 22 da LC 64/90, *a depender da gravidade da conduta, que será examinada em cada caso concreto*".

Ademais, definiu o seguinte, nos termos do voto do relator: "A gravidade deve ser aferida com base nos seguintes parâmetros que entendo preponderantes: *(a) teor das mensagens e, nesse contexto, se*

---

[3] Tribunal Superior Eleitoral. AIJE nº 0601968-80.2018.6.00.0000/DF e AIJE nº 0601771-28.2018.6.00.0000/DF, Relator Ministro Luis Felipe Salomão, julgamento em 28.10.2021.

continham propaganda negativa ou informações efetivamente inverídicas; (b) de que forma o conteúdo repercutiu perante o eleitorado; (c) alcance do ilícito em termos de mensagens veiculadas; (d) grau de participação dos candidatos nos fatos; (e) se a campanha foi financiada por empresas com essa finalidade".

Isso se deu porque, nos termos 22, XVI, da LC nº 64/90, com a redação dada pela LC nº 135/2010, a configuração de um ato como abusivo não mais requer a potencialidade de alteração do resultado do pleito, mas, sim, a gravidade das circunstâncias. Consignou-se, ademais, que o entendimento do TSE requer, para a aferição da gravidade, a observância de critérios qualitativos (ligados à reprovabilidade da conduta) e de critérios quantitativos (magnitude de influência na disputa).

Assim, a corte entendeu que a parte autora da AIJE não logrou comprovar nenhum dos parâmetros para a gravidade do ato, vez que não foi possível identificar, na instrução probatória, (i) o teor das mensagens, (ii) o modo pelo qual o conteúdo repercutiu perante o eleitorado e (iii) o alcance do ilícito em termos de disparos efetuados. Restou assentado que a maior parte das alegações se fundou em matéria jornalística, não se revestindo, portanto, de força probante para justificar a condenação na seara eleitoral.

Destarte, as AIJEs foram julgadas improcedentes por unanimidade; no entanto, na oportunidade, houve a fixação da tese acima narrada, no sentido de que o disparo em massa de conteúdo em aplicativo de mensagens instantâneas pode se enquadrar no conceito de uso indevido dos meios de comunicação social e abuso do poder econômico. O ministro Carlos Horbach ficou vencido a respeito da fixação da tese.

4 Considerações a respeito do entendimento firmado pelo TSE a respeito do abuso do poder decorrendo do compartilhamento de *fake news* nas redes sociais: a tipicidade fechada do abuso e parâmetros para aferição da gravidade

O Tribunal Superior Eleitoral avançou bastante ao firmar posicionamento no sentido de que as ações levadas a cabo na internet, por meio das redes sociais, não são alheias ao controle do Poder Judiciário e igualmente devem obediência ao postulado da legitimidade do pleito. Ademais, ao afastar a incidência da anualidade, especificamente no julgamento do caso Francischini, fixou-se que tal entendimento não se trata de interpretação legal extensiva ou de analogia legal. Ao revés, tem-se que o que poderia ser chamado de "abuso das *fake news*" nada mais é do que uma forma típica de abuso do poder, já prevista no *caput* do art. 22 da LC nº 64/90.

A norma proibitiva do art. 22, *caput*, da LC nº 64/90 faz menção à possibilidade de abertura de investigação judicial eleitoral em razão da "utilização indevida de veículos ou meios de comunicação social". Essa redação ampla demonstra a intenção do legislador de resguardar a lisura do pleito em face do uso abusivo de todo e qualquer meio de comunicação social, e não apenas daqueles praticados no rádio e na televisão, veículos que estariam sujeitos a um regime de concessão pública, por exemplo.

Embora a disseminação das *fake news* como a entendemos hoje seja um fenômeno tipicamente atual, a internet funciona como um importante meio de comunicação, razão pela qual os abusos por meio dela cometidos são vedados em razão da mera interpretação gramatical da legislação eleitoral.

Assim, o tribunal acertadamente manteve a sua linha jurisprudencial de negar que novas formas de abuso do poder podem ser criadas por uma inovação julgadora, exatamente nos termos do julgado recente que rechaçou a figura do abuso do poder religioso (RESP nº 8.285/GO). Destarte, houve uma reafirmação do posicionamento no sentido de que o abuso, no direito eleitoral, obedece a uma tipicidade fechada.

No julgamento da chapa Bolsonaro-Mourão, o TSE expressamente indicou que o disparo em massa de conteúdo, por meio de aplicativos de mensagens instantâneas, contendo desinformação em benefício de determinada candidatura pode se enquadrar no conceito de uso indevido dos meios de comunicação social e abuso do poder econômico, a depender da gravidade das circunstâncias.

Nesse caso, nos termos do voto do relator, de modo muito positivo, buscou-se trazer parâmetros para a aferição da gravidade, conjugando-se os aspectos qualitativos e quantitativos, o que merece uma análise mais aprofundada.

A corte expressamente assentou, entre outras coisas, que serão analisados, nos casos de disseminação de disparo em massa, "(a) teor das mensagens e, nesse contexto, se continham propaganda negativa ou informações efetivamente inverídicas; (b) de que forma o conteúdo repercutiu perante o eleitorado; (c) alcance do ilícito em termos de mensagens veiculadas; (d) grau de participação dos candidatos nos fatos; (e) se a campanha foi financiada por empresas com essa finalidade".

Inicialmente, defende-se que tais parâmetros não são taxativos, mas exemplificativos. Caberá ao julgador, no caso concreto, formar o seu livre convencimento a respeito da gravidade das circunstâncias, nos termos do art. 23 da LC nº 64/90. No entanto, destaca-se a busca por mais segurança jurídica na temática de abuso do poder.

Como se sabe, o termo "abuso do poder" é um conceito aberto e, desde a alteração no art. 22, XVI, da LC nº 64/90, provocada pela LC nº 135/2010, encontra na ideia de "gravidade das circunstâncias", igualmente um conceito aberto, o elemento para a sua configuração. Tem-se que, para que a conduta seja considerada abusiva, não se buscará mais a potencialidade para alterar o resultado do pleito, mas, sim a sua gravidade. Assim, o tema do abuso, balizado por conceitos indeterminados, é permeado por insegurança jurídica. Nos termos da doutrina de Lopez Zilio, a gravidade deve ser perquirida por meio de critérios quantitativos e qualitativos. Para ele, a alteração legislativa provocada pela LC nº 135/10, que abandonou a previsão da potencialidade, não teria tido o condão de afastar por completo a análise do impacto da conduta no resultado do pleito, haja vista o bem jurídico tutelado pelo instituto, que é a legitimidade das eleições.[4] Não obstante, a jurisprudência do TSE, muitas vezes, não sopesou, com a devida importância, o grau do impacto da conduta no eleitorado. Nesse sentido, Frederico Alvim leciona que o entendimento preponderante da corte é no sentido de que não mais se exige, para o reconhecimento do abuso, que fique comprovado que a conduta tenha efetivamente desequilibrado o pleito (ALVIM, 2019, p. 362-363). Tal entendimento não está ileso às críticas da doutrina, que pondera que a decisão de cassação de mandato eletivo tem natureza contramajoritária e que apenas deve se dar quando tiver sido afetada a lisura do processo eleitoral (MENDES, op. cit., p. 28-29).

Feitas tais considerações, tem-se que, no julgamento das AIJEs nº 0601968-80 e 0601771-28, o TSE caminhou no sentido de privilegiar o bem jurídico protegido pelo instituto do abuso, que é a legitimidade

---

[4] Para o professor: "O critério quantitativo de votos entre os candidatos é elemento a ser devidamente sopesado, não de modo isolado, mas a partir de uma avaliação conjuntural com as demais circunstâncias inerentes à qualidade do ato praticado. Assim importa – e é fator a ser sopesado pelo juízo – o desempenho eleitoral do candidato em eleições passadas e, até mesmo, a comparação de dados obtidos em pesquisa eleitoral com o resultado do pleito" (ZILIO, 2011).

do pleito, nos termos do art. 14, §9º, da CRFB, bem como a segurança jurídica, estipulando parâmetros para a aferição da gravidade.

O julgado traz, de modo expresso, que a gravidade deverá ser analisada com base *na forma que o conteúdo repercutiu perante o eleitorado e no alcance do ilícito em termos de mensagens veiculadas*, ou seja, com base também em critérios quantitativos. Ademais, a corte consagra, como critérios qualitativos, vinculados à aferição da reprovabilidade da conduta, *o teor das mensagens, se houve participação do candidato e se o financiamento foi feito por pessoa jurídica*, que é considerada fonte vedada.

Diante de todo o exposto, tem-se que o TSE, no julgamento dos casos Francischini e da chapa Bolsonaro-Mourão, casos paradigmas no tema do abuso do poder em decorrência da veiculação de desinformação na internet, andou muito bem ao importar mais segurança jurídica ao tema.

A corte foi extremamente coerente com o seu posicionamento já firmado, no sentido de que o rol das condutas abusivas obedece a uma tipicidade fechada, bem como trouxe parâmetros para aferição de uma das questões mais complexas quando se fala em abuso do poder, que é a definição de gravidade, elemento que separa o joio do trigo no abuso, isto é, separa a conduta que será punida com a severa penalidade de cassação de registro ou diploma e inelegibilidade de oito anos (art. 22, XIV, LC nº 64/90) daquela que não será enquadrada no instituto.

Referências

ALVIM, Frederico Franco; CARVALHO, Volgane Oliveira. Da cruz aos códigos: novas formas de abuso de poder e mecanismos de proteção da integridade eleitoral no arquétipo brasileiro. *Revista do TRE – RS*, Rio Grande do Sul, n. 44, p. 169-203, 2018.

ALVIM, Frederico Franco. *O abuso do poder nas competições eleitorais*. Juruá, 2019. 408p.

BRASIL. Tribunal Superior Eleitoral. Recurso Ordinário Eleitoral nº 0603975-98.2018.6.16.0000. Relator Ministro Luis Felipe Salomão. DJe de 10/12/2020.

BRASIL. Tribunal Superior Eleitoral. Recurso Especial Eleitoral nº 8285/GO. Relator Ministro Edson Fachin. DJe de 06/10/2020.

BRASIL. Tribunal Superior Eleitoral. AIJE nº 0601968-80.2018.6.00.0000/DF e AIJE nº 0601771- 28.2018.6.00.0000/DF, Relator Ministro Luis Felipe Salomão, Julgamento em 28/10/2021.

BIM, Eduardo Fortunato. O polimorfismo do abuso do poder no processo eleitoral: o mito de Proteu. *Revista do TRE-RS*, Porto Alegre, v. 8, nº 17, jul./dez. 2003.

MENDES, Anna Paula Oliveira. *O abuso do poder no direito eleitoral*: uma necessária revisitação ao instituto. Fórum: 2022. 137p.

ZILIO, Rodrigo López. Potencialidade, gravidade e proporcionalidade: uma análise do art. 22, inciso XVI, da Lei Complementar n. 64/90. *Revista do TRE-RS*, Porto Alegre, v. 16, n. 33, p. 13-36, jul./dez. 2011. Disponível em: https://bibliotecadigital.tse.jus.br/xmlui/handle/bdtse/7422. Acesso em: 13 jun. 2022.

Informação bibliográfica deste texto, conforme a NBR 6023:2018 da Associação Brasileira de Normas Técnicas (ABNT):

MENDES, Anna Paula Oliveira. O abuso do poder decorrente do compartilhamento de fake news em redes sociais: análise do entendimento firmado pelo TSE. In: LINS, Rodrigo Martiniano Ayres; CASTRO, Kamile Moreira (Org.). O futuro das eleições e as eleições do futuro. Belo Horizonte: Fórum, 2023. p. 47-57. ISBN 978-65-5518-611-6.

CONTROLE DA JUSTIÇA ELEITORAL SOBRE CANDIDATURAS POPULISTAS

ANDRÉ GARCIA XEREZ SILVA

Introdução

Um dos fenômenos que têm ganhado cada vez mais a atenção de pesquisadores e estudiosos da democracia na contemporaneidade é a ascensão do populismo nas disputas eleitorais e seus impactos na subsistência das instituições democráticas. Diversos são seus elementos, e suas características podem ser variáveis, mas algumas peculiaridades têm sido identificadas como principais padrões de comportamentos de líderes populistas mundo afora.

Assim, faz-se necessário examinar as faces dos populismos e suas formulações teóricas a fim de problematizar seus aspectos com as diretrizes do regime democrático. Para tanto, investiga-se como a tradição democrática conviveu e convive com dirigentes que pretendem manipular e deformar o convencimento dos cidadãos para corromper a soberania popular. Por fim, cabe analisar o panorama da grade de proteção da democracia contra as ameaças populistas, notadamente no que diz respeito à legislação e à atuação da Justiça Eleitoral no enfrentamento das candidaturas que atentam contra as instituições democráticas.

Na consecução desta pesquisa, será utilizada a técnica monográfica, utilizando como ferramentas os artigos, livros e decisões judiciais consultados. A pesquisa terá natureza predominantemente bibliográfica e jurisprudencial.

1 Considerações sobre o populismo

Com o consagrado discurso de Gettysburg proferido por Abraham Lincoln em 1863, quando se proclamou um "governo do povo, pelo povo e para o povo", veio à tona uma perspectiva do governo democrático que Christopher Achen e Larry Bartels (2016) denominaram como *folk theory* ou ideal populista de democracia. Nessa dimensão da democracia, enfatiza-se o papel do cidadão na determinação das políticas públicas, seja através de seus representantes, seja por meio de sua participação direta, razão pela qual os autores acentuam um viés populista, ainda que próprio do regime democrático.

Contudo, há uma distinção entre conceber a centralidade na vontade dos indivíduos enquanto critério definidor das ações estatais e outras vertentes de populismos, que, ao contrário, contribuem para deformar essa premissa basilar do governo democrático. Apesar de se tratar de conceito que comporta diferentes variáveis e múltiplos significados, alguns elementos do fenômeno adquirem particular importância para a pesquisa que se pretende levar a efeito nesta oportunidade.

Segundo Jan Werner Müller (2016, p. 101), populismo não é uma parte autêntica da moderna democracia política nem uma patologia causada por cidadãos irracionais. É a sombra permanente da política representativa, na medida em que populistas não são contra os princípios da representação política, mas insistem que somente eles são os representantes legítimos da população. Ademais, a crítica às elites políticas não é suficiente para identificar um comportamento populista, pois, além de serem antielitistas, populistas são antipluralistas. Apenas eles representam o povo, e todos os outros competidores políticos são ilegítimos. O povo, para eles, é uma entidade moral homogênea cuja vontade não erra.

Por isso, argumenta Müller (2016, p. 103) que populistas devem ser criticados não apenas como antiliberais, mas, sobretudo, como um real perigo para a democracia, de modo que sua participação no debate político seria condicionada à que se mantenham na legalidade e não incitem a violência. Assim, populismo não deve ser encarado como um corretivo para a democracia liberal no sentido de trazer os políticos para mais perto do povo ou mesmo reafirmar a soberania popular, ainda que possa vir a ser útil para deixar claro que segmentos da população realmente são sub-representados e obrigar os defensores da democracia liberal a refletir e aperfeiçoar as fragilidades da representação política.

Perfilha linha de compreensão similar Nicanor Komata (2020), que salientou como o populismo pode vir a despertar a ideia de inclusão dos setores excluídos da sociedade com maior intensidade na esfera política e econômica, mas, ao mesmo tempo, costuma indicar um cenário de supressão das liberdades em contradição com as conquistas alcançadas pelas democracias liberais.

Daí por que se afigura essencial distinguir o fenômeno populista dos mecanismos de participação direta ou semidireta que constituições propõem como ferramentas de aprofundamento da soberania popular.

Alessandro de Oliveira Soares (2017, p. 28), em estudo comparativo entre a Constituição brasileira de 1988 e a Constituição venezuelana de 1999 e a equatoriana de 2008, concluiu que o modelo constitucional nacional se apresenta muito mais conservador em termos de instrumentos de democracia direta em relação aos países vizinhos, o que resulta, entre outras consequências, que há "grande potencial de serem utilizados de modo a implementar políticas populistas tendentes a pôr em risco direitos e garantias fundamentais". Logo, o problema para o regime democrático não seria a utilização dos mecanismos de participação direta da democracia em si, mas de sua instrumentalização com viés populista na contramão do texto constitucional, o que normalmente se verifica nas discussões no campo da política criminal, que costuma caracterizar o que chama populismo de direita.

Em recente pesquisa, Carine Barbosa Gouvêa e Rafael Beltrão Urtiga (2020) dedicaram-se a estudar especificamente outra face contemporânea do populismo relacionada à utilização das novas tecnologias e seus impactos na democracia. Em seu preciso diagnóstico acerca dos principais elementos que permitem identificar traços populista, eis os aspectos apontados (URTIGA; GOUVÊA, 2020, p. 53):

> (...) a governança populistase utiliza, dentre outras variáveis, do enfraquecimento e ataques às salvaguardas institucionais; da utilização maciça dos serviços de inteligência e de controle de dados e vigilância, da polarização da política sectária por líderes carismáticos; da rotinização do carisma; dos discursos retóricos e demagogos como particulares estilos de comunicação extremista; do comportamento antidemocrático; do uso retórico de políticas e ações governamentais; da exploração do sentimento popular de descrédito nas instituições; da política mítica; do uso sistemático do ambiente midiático em plataformas sociais como WhatsApp, Twitter, Facebook; do uso e impulsionamento desenfreado de desinformações e fake new, dentre outros comportamentos que se

enquadrem nos princípios antidemocráticos e iliberais (GOUVÊA; CASTELO BRANCO, 2020), no prelo. Estas variáveis se decantam através dos movimentos formais e informais de forma direta ou indireta no campo do iliberalismo democrático (GOUVÊA; CASTELO BRANCO, 2020).

Aqui ressoam características que a filosofia não seria capaz de antecipar com o avanço tecnológico e as ferramentas de interação social que dele advieram de maneira a transformar a lógica das relações humanas e, por conseguinte, revisitar as bases das premissas democráticas. Assim, o que se tem observado nas dimensões atuais do populismo, tanto na realidade brasileira quanto internacional, é, acima de tudo, o manifesto incitamento contra as instituições democráticas, que são acusadas de serem verdadeiros empecilhos à expressão da vontade soberana do povo encarnada exclusivamente pelo Poder Executivo, cuja principal ferramenta para concretizar essa tarefa se operacionaliza por meio do ambiente digital, haja vista sua ampla capacidade de difusão e alcance entre a grande maioria dos indivíduos.

Embora os líderes populistas costumem procurar corromper a governança democrática apostando no antagonismo do povo, na perspectiva referida de unidade homogênea e antipluralista, contra o *establishment* democrático, o ingresso do protagonismo do ambiente digital no cenário tem desafiado pensadores e atores políticos a encontrarem novas fórmulas de convivência harmônica entre os Poderes da República e de sua relação com a sociedade. Esse é um tema de profunda reflexão contemporânea que carece de respostas conclusivas, ainda que algumas circunstâncias da problemática venham sendo enfrentadas pelas instituições.

Gouvêa e Urtiga (2020, p. 56) explicam que há na literatura especializada um novo tipo específico de desinformação na questão política, "marcada por uma 'dubiedade factual com finalidade lucrativa' instrumentalizada especificamente em campanhas eleitorais, principalmente, para os altos cargos do Poder Executivo". Daí por que necessariamente entra em jogo a ideia de *fake news*, que pode se apresentar tanto em sua modalidade identificável, representada geralmente em sátiras de valor humorístico, como na modalidade não identificável, pois baseada em lastro factual duvidoso e suscita incerteza sobre a veracidade de seu conteúdo. É, sobretudo, nessa última dimensão que as *fake news* vêm se mostrando absolutamente perigosas ameaças aos postulados do regime democrático.

Isso porque a desinformação não acontece de maneira aleatória ou descoordenada no campo da disputa política. Existem ferramentas de monitoramento e captura de padrões de comportamento dos eleitores que são deliberadamente exploradas na formação do convencimento dos eleitores para alavancar e destruir candidaturas. Já se fala até mesmo em governo algorítmico, que se utiliza "da lógica de ferramentas tecnológicas para direcionar a ação de indivíduos, estruturando as interações entre o humano e a máquina em velocidade instantânea, com a disponibilização do máximo de informações sobre os interesses e necessidades dos seus usuários" (URTIGA; GOUVÊA, 2020, p. 57), que também opera na seara do processo eleitoral na propagação de dados massificados pelas redes sociais dos eleitores na tentativa de distorcer e manipular sua vontade.

Portanto, é possível compreender que a degradação do constitucionalismo pelo populismo atualmente não apresenta, de antemão, claramente elementos totalitários ou autoritários, mas pressupõe a ascensão de um líder carismático que pretende tensionar as relações com as instituições democráticas por meio de movimentos populistas, notadamente pelo uso sistemático do ambiente digital em plataformas sociais com impulsionamento desenfreado de desinformações. Sobre esse ponto, cabe analisar determinados aspectos da complexa relação entre democracia e verdade.

2 Democracia e verdade

Ian Shapiro (2006) propôs-se a estudar a democracia no contexto dos influxos dos projetos iluminista e anti-iluminista. Com raízes no século XVII, a influência do Iluminismo moldou todos os setores das atividades humanas e dominou a consciência intelectual do Ocidente, com base na ideia abrangente de que a fé no poder da razão humana seria o caminho para compreender a natureza do ser humano e de suas circunstâncias na direção do progresso. Apesar de filósofos da Antiguidade defenderem há muito o uso da razão a serviço do progresso humano, o Iluminismo implica a busca pelo conhecimento mediada pela ciência e alcançada por intermédio dela, ao passo que "o critério para pedir o progresso humano são os direitos individuais que personificam, e protegem, a liberdade humana" (SHAPIRO, 2006, p. 10).

Em sendo uma categoria que atualmente goza de amplo consenso, a teoria democrática não é desafiada abertamente nem mesmo por líderes autoritários ou totalitários, que sempre reivindicam agir em nome dela e jamais confessam seus escusos propósitos de asfixiá-la gradativamente. Com todas as variáveis possíveis de um governo democrático, Ian Shapiro (2006, p. 246) sustenta que é necessário abandonar as versões românticas do projeto iluminista, especialmente no que diz respeito à substituição de escolher políticas pelas técnicas, mas cuja solução não se encontra igualmente nas perspectivas anti-iluministas.

Assim, ressoa a tensão da confiança inegociável com a democracia e o ceticismo generalizado da aplicação prática de seus princípios. Contudo, é no âmbito do governo democrático que se oferece mais espaço para o convívio de um projeto iluminista maduro e que, ao mesmo tempo, comporte as críticas das correntes do anti-iluminismo.

Para resgatar os primórdios desse embate teórico, Ian Shapiro (2006, p. 248) volta-se para o estudo da filosofia de Platão, em que se discutia como a democracia poderia se comportar como inimiga da verdade, que deveria ser o fundamento da vida coletiva. Evidente que Platão formulou seu pensamento influenciado pela traumática experiência da execução de Sócrates, a qual reforçou seu desprezo pela corrupção política e pela democracia ateniense, cuja salvação se daria pelo governo de reis-filósofos que perseguissem a verdade no exercício do poder. Eis esclarecedora passagem explicativa da filosofia platoniana sobre essa problemática:

> A análise mais impressionante que Platão faz das tensões entre democracia e verdade aparece no livro seis de A República. Ele a leva a cabo por meio de uma analogia com um comandante de navio meio surdo, míope e incapaz, o qual podemos imaginar que simbolize os controladores burocráticos dos instrumentos do poder público: gente de visão limitada, extremamente apática e com uma capacidade reduzida de reagir a mudanças. A tripulação, que simboliza o povo, não consegue chegar a um acordo sobre o modo de conduzir o navio; cada um deles acredita que deveria estar no comando, embora ninguém conheça nada de navegação. Na verdade – e, levando em conta a morte de Sócrates, isto é o que mais preocupa Platão na democracia –, eles ameaçam matar qualquer um que ouse sugerir que exista algo chamado arte de navegar, quanto mais dizer que ela pode ser ensaiada. Pelo fato de não terem a menor ideia do que um verdadeiro navegador "deve estudar as estações do ano, o céu, as estrelas, os ventos e todos os outros assuntos próprios à sua profissão, se verdadeiramente quiser ter condições de pilotar um navio", consideraria que quem efetivamente tem tais habilidades é um

"palrador e nefelibata" que, seguramente, não lhes serve para nada (SHAPIRO, 2006, p. 250).

A crítica de Platão por meio da analogia do comandante do navio pretende demonstrar como a democracia pode ser capturada pela sedução rasa por discursos sofistas, que afastam a população do caminho para o conhecimento da verdade. Por isso, visto que a legitimidade da ordem política dependeria da busca pela verdade, bem supremo a ser perseguido pelos governos, a democracia não se prestaria a essa finalidade, pois, segundo Platão, seria baseada na bajulação das massas, que são incapazes de aceitar a verdade, especialmente quando confrontadas com seus preconceitos.

A preocupação do filósofo parece ser pertinente quando examinadas as considerações no tópico anterior acerca dos elementos dos populismos contemporâneos, em que se apontou a disseminação de disparos e campanhas em massa de desinformação da sociedade como um de seus principais aspectos. *Fake news* e manipulação da vontade do povo na condução da vida civil são problemas na República de Platão, que se acentuaram com os avanços tecnológicos e o amplo alcance das redes sociais. O empoderamento cada vez maior dos indivíduos no meio digital, que hodiernamente se afigura como a principal arena de disputa política e argumentativa entre os cidadãos, muitas vezes desafiando a técnica e o método científico na busca pela verdade, é um desafio ainda a ser mais bem conformado com a subsistência da tradição democrática.

A solução de Platão para o impasse, contudo, não fortalece as premissas de um governo verdadeiramente democrático, ao propor que uma oligarquia política mais bem favorecida pelo ensino da filosofia seja a única classe dirigente do Estado. Não é por outra razão que filósofos como Karl Popper consideraram o pensamento de Platão como totalitário e inimigo do projeto iluminista.

Popper (1987) suscita questões sobre a busca da civilização por humanidade, razoabilidade, igualdade e liberdade, que ainda não completou a transição de uma sociedade tribal, ou sociedade fechada, para uma sociedade aberta, que se funda na liberdade das faculdades críticas do homem. O choque dessa transição justifica o nascimento de movimentos reacionários que tentaram e ainda tentam um retorno ao tribalismo, de modo que o que se costuma denominar como totalitarismo é um fenômeno existente desde as mais antigas tradições, que acompanham o próprio surgimento da civilização.

Popper argumenta que no esquema filosófico de Platão é considerado justo o privilégio, ao passo que, na modernidade, justiça representa exatamente o contrário, ou seja, a ausência de privilégio. O Estado seria justo quando "o governante governa, o trabalhador trabalha e o escravo se deixa escravizar" (POPPER, 1987, p. 104), ideia que transparece o predomínio totalitário de classe. O pensador grego, ainda que bem intencionado na formulação da República, elegeu como inimigo em sua crítica o igualitarismo, o que é comprovado por Karl Popper, com base em três exigências de uma teoria humanitária da justiça: o princípio igualitário, na perspectiva de abolir os privilégios naturais; o princípio geral do individualismo; e o princípio de que incumbe ao Estado proteger a liberdade dos cidadãos. Em Platão, cada uma dessas propostas se materializa de maneira oposta: o princípio do privilégio natural; o princípio geral do coletivismo; e o princípio segundo o qual é missão do indivíduo garantir a estabilidade do Estado.

Mais importante do que provar a presença de marcas totalitárias nas ideias de Platão, a crítica à sua teoria de justiça é o ponto de partida pelo qual Karl Popper assenta o papel humanitário da intervenção estatal na garantia da liberdade dos indivíduos como etapa necessária à discussão sobre os fundamentos do exercício do poder na ordem democrática. Karl Popper analisa o problema fundamental da política proposto por Platão sobre quem deve dirigir o Estado, tarefa que caberia, segundo o filósofo grego, aos sábios, enquanto os "ignorantes" deveriam restringir-se a segui-los, também denominado como princípio da liderança. Essa indagação afigura-se absolutamente inútil para Popper (1987, p. 136), na medida em que resultaria em respostas óbvias quanto ao exercício do poder pelos melhores ou mais sábios, pois ninguém sustentaria a ideia de que os piores ou mais estúpidos governassem.

Mesmo que se defenda o governo dos melhores ou dos sábios, existirá a possibilidade permanente de que o poder nem sempre será exercido por alguém suficientemente dotado dessas qualidades e que não é fácil se deparar com um governo em que se possa confiar implicitamente em sua bondade e sabedoria. Isso desloca a pergunta do problema fundamental da política sobre "quem deve governar" pela questão: "Como poderemos organizar as instituições políticas de modo tal que os maus ou incompetentes governantes sejam impedidos de causar demasiado dano?" (POPPER, 1987, p. 136).

Se a democracia apresenta as falhas consistentes denunciadas por Platão, daí não se deve concluir apressadamente que alguma outra formulação institucional pode vir a funcionar melhor como mecanismo de governo cuja legitimidade política é a busca pela verdade. A concepção elitista de Platão, segundo a qual a filosofia é impossível no meio do povo e que somente os filósofos podem nela se aventurar, encontra uma máxima correspondente na direção contrária do projeto iluminista, que defende o acesso universal à razão.

E é no próprio ambiente democrático que Ian Shapiro revela existir espaço para conviver com as imperfeições do regime na busca pelo conhecimento verdadeiro, mas, ao mesmo tempo, ser seu maior aliado. Isso porque, ainda que seja possível acontecerem manipulações e distorções da realidade pelos candidatos e governantes na jornada pelo poder, "os líderes democráticos nunca conseguem se livrar completamente do compromisso de dizer a verdade" (SHAPIRO, 2006, p. 259). Com base em famosos escândalos de desonestidade e mentiras propagadas por políticos estadunidenses cujas consequências levaram ao seu fracasso eleitoral, Shapiro (2006, p. 259) sustenta que, "na política democrática, nem sempre a verdade vence, mas a fidelidade a ela é um importante ideal regulador do debate democrático".

Por essa razão, o forte estímulo que se desencadeia na disputa eleitoral na democracia entre opositores políticos a lançarem luzes sobre seus adversários na tentativa de desmascarar fraudes e corrupções, exibindo as falhas e hipocrisias uns dos outros, é uma das importantes ferramentas que funcionam como antídoto aos monopólios de poder. O embate político institucionalizado obriga os *players* a convencerem os olhos do público como a opção mais legítima na tentativa de conquistar sua simpatia eleitoral. Em uma democracia competitiva, portanto, os candidatos são forçados a justificarem suas ações perante o eleitoral, como precisam sobreviver às críticas de seus opositores.

Esse modo de compreender a democracia e seus limites a aproxima da postura científica perseguida pelo Iluminismo. É verdade que a população cultiva o preconceito, o fanatismo e a superstição como critérios de decisão e que não existem garantias de que o método científico na procura da verdade prevalecerá. Todavia, confiar em uma elite política, como sugeriu Platão, também não parece garantir que o governo da verdade reinará necessariamente. A postura democrática e a postura científica partilham afinidades recíprocas e se reforçam mutuamente porque ambas precisam sobreviver ao debate público, razão pela qual a democracia é o sistema que oferece melhores condições para que a verdade encontre eco.

3 Controle da Justiça Eleitoral

Segundo o que se pode depreender até aqui, resta claro para os pensadores contemporâneos da democracia que sua principal ameaça não é uma ideologia que negue sistematicamente os ideais democráticos. O perigo é o populismo, ou seja, o perigo vem de dentro do mundo democrático. Os atores políticos que representam o perigo se valem do discurso dos valores democráticos (MÜLLER, 2016, p. 6).

Na mesma linha de compreensão, na realidade atual, explicam Steven Levitsky e Daniel Ziblatt (2018, p. 16) que as "democracias ainda morrem, mas por meios diferentes". A maioria dos países continua aparentemente funcionando democraticamente por meio de eleições regulares, ao passo que são os próprios governos eleitos os responsáveis pelo colapso da democracia. Isso torna particular e perigosamente enganosa a via eleitoral, pois, como não há tanques nas ruas, órgãos do governo em chamas ou assassinatos dos mandatários do poder, supõe-se um absoluto estado de normalidade institucional. Não há restrição direta ao direito de votar, a Constituição e as instituições permanecem em vigor e "autocratas eleitos mantêm um verniz de democracia enquanto correm sua essência" (LEVITSKY; ZIBLATT, 2018, p. 14). Por isso, as medidas que destroem a democracia nesse contexto costumam ser aprovadas pelo Legislativo e chanceladas pelo Judiciário.

O primeiro desafio para conter uma ameaça antidemocrática é saber identificá-la, sobretudo quando seus sinais costumam não se manifestar de maneira clara na quadra atual. Ainda assim, propõem Levitsky e Ziblatt (2018, p. 32) quatro sinais de alerta que auxiliam na constatação de políticos autoritários: "1) rejeitam, em palavras ou ações, as regras democráticas do jogo; 2) negam legitimidade de oponentes; 3) toleram e encorajam a violência; e 4) dão indicações de disposição para restringir liberdades civis de oponentes, inclusive da mídia". É suficiente a incidência em apenas um dos quatro critérios formulados para justificar uma razoável preocupação, que normalmente está presente em candidatos com o perfil de *outsiders* populistas, que, proclamando-se a única voz legítima do povo contra o sistema político vigente, enfraquecem as instituições democráticas ao conquistarem o poder.

Diante desses principais elementos de identificação de políticos que representem ameaças ao regime democrático, cabe agora examinar a grade normativa brasileira destinada a coibir e punir referidos comportamentos de índole populista e antidemocrática, especialmente no campo da propaganda eleitoral e das modalidades de abuso de poder.

O Código Eleitoral estabelece categoricamente no art. 243, I, que não será tolerada propaganda de "preconceitos de raça ou classe", cuja regulamentação na Resolução TSE nº 23.610/2019 dispôs de maneira mais ampla que não se admite propaganda que "veicule preconceitos de origem, raça, sexo, cor, idade e quaisquer outras formas de discriminação", com referência, ainda, ao objetivo fundamental da República Federativa Brasileira, insculpido no art. 3º, IV, da Constituição Federal.

Consta ainda no código a proibição de veicular propaganda que "caluniar, difamar ou injuriar qualquer pessoa, bem como atingir órgãos ou entidades que exerçam autoridade pública" (art. 243, X), que foi utilizado como fundamento pelo Tribunal Superior Eleitoral para, em precedente das eleições de 2018, determinar a suspensão de vídeo veiculado por candidatos em rede social cujo conteúdo incitava a desconfiança no sistema eleitoral por meio de ataques à urna eletrônica de votação. Eis trecho do discurso impugnado:

> (...) Para eu conseguir aprovar o voto impresso, eu batia nas costas, deputado em deputado: "você acredita no voto eletrônico?". Uns diziam, "se não acreditasse eu não estaria aqui". "E para presidente?". "Ah, eu não sei". O grande argumento que eu usei, para basicamente, se eu não me engano, segundo Esperidião Amin, que me ajudou muito nesse projeto, ali de Santa Catarina, um abraço Esperidião Amin, tô com saudades de você. Nós tivemos, se eu não me engano, 443 votos para derrubar o veto. Isso é quase unanimidade. Nós derrubamos esse veto, e o argumento que eu usava, eu falava "deputado, pode ser, pode ser, em tese, que em 2018, não apenas tenhamos o voto fraudado para presidente, mas tenhamos também o voto para deputado federal, porque da mesma forma, na maioria das seções no Brasil, quem aparelhou o TSE, com todo o respeito que eu tenho aos senhores ministros, que não tem conhecimento de informática". Não é porque a pessoa é ministro que ela sabe de tudo. Eu falava para eles no TSE, esses programas podem inserir via fraude, uma média de 40 votos, para o PT – para o PT! –, na maioria das seções do Brasil, vão fazer uma bancada enorme de parlamentares, além de possivelmente ter o presidente lá. (TSE.

Recurso em Representação nº 060129842 – BRASÍLIA – DF. Rel. Min. Carlos Horbach. PSESS 25/10/2018)

Por sua vez, divergindo parcialmente do relator, o ministro Edson Fachin acolheu a representação para determinar a remoção do conteúdo nas redes sociais por haver verificado ofensa à honorabilidade da própria Justiça Eleitoral, nos seguintes termos:

> (...) Não creio que um juiz eleitoral possa, diante da serenidade que deva ter, também deixar de ter a firmeza para refutar qualquer possibilidade de fraude, até porque são vinte e dois anos de prática do sistema eletrônico e não há sequer uma demonstração de fraude. Portanto, não há dúvida alguma de que o pleito eleitoral transcorrerá com a normalidade e a legitimidade do procedimento. Aliás, cumprir a lei é o que o Tribunal Superior Eleitoral efetivamente tem feito, porque essa é uma determinação legislativa e a legislação que determinava o voto impresso teve sua eficácia suspensa por decisão do Supremo Tribunal Federal. Portanto, o Tribunal Superior Eleitoral e a Justiça Eleitoral estão cumprindo a lei e as decisões judiciais. Não se pode atribuir a essa prática qualquer ilicitude. Por isso, Senhora Presidente, com todo o respeito e a latitude que a crítica deve exigir, creio que a afirmação de que a possibilidade de fraude é concreta desborda da limitação da crítica e adentra o campo da agressão à honorabilidade da Justiça Eleitoral e, sem que isso vá para além da necessária serenidade que se deva ter na prestação jurisdicional, entendo que onde não há limite não há liberdade. Onde tudo é possível, a rigor, nada fica possível. (TSE. Recurso em Representação nº 060129842 – BRASÍLIA – DF. Rel. Min. Carlos Horbach. PSESS 25/10/2018)

Em seu voto, por sua vez, fez questão de salientar o ministro Alexandre de Moraes que a desconfiança suscitada contra a segurança dos mecanismos de votação eletrônica seria verdadeira *fake news*:

> Não há nenhuma comprovação de fraude. Há boatos desde as eleições anteriores e, com a tecnologia, os boatos se transformaram em fake news. Há diversas pessoas que simulam e fraudam vídeos, mas o que há, na verdade, é a constatação de que, desde o início das urnas eletrônicas, as eleições representam muito mais a vontade popular, a colidência entre a vontade do eleitor e o resultado, do que representavam anteriormente. (TSE. Recurso em Representação nº 060129842 – BRASÍLIA – DF. Rel. Min. Carlos Horbach. PSESS 25/10/2018)

O fato é que, embora reconhecida a ilicitude da propaganda eleitoral no que dizia respeito a supostas fraudes nas urnas eletrônicas, com fundamento no art. 243, X, do Código Eleitoral, não foi concedido o direito de resposta requerido com fundamento no art. 58 da Lei das Eleições (Lei nº 9.504/97), segundo o qual "é assegurado o direito de resposta a candidato, partido ou coligação atingidos, ainda que de forma indireta, por conceito, imagem ou afirmação caluniosa, difamatória, injuriosa ou sabidamente inverídica, difundidos por qualquer veículo de comunicação social", ainda que haja sido apontado expressamente que o conteúdo do vídeo questionado veiculava *fake news*.

Na realidade, a jurisprudência da Justiça Eleitoral permanece muito conservadora quanto a intervenções no debate eleitoral que findem por cercear a liberdade de expressão e de crítica, mesmo que ácidas, entre os atores do processo eleitoral. Para o Tribunal Superior Eleitoral, "o fato sabidamente inverídico a que se refere o art. 58 da Lei nº 9.504/97, para fins de concessão de direito de resposta, é aquele que não demanda investigação, ou seja, deve ser perceptível de plano" (TSE. Representação nº 139.448. Brasília/DF. Rel. Min. Admar Gonzaga. PSESS 02/10/2014). Esse conceito inverdade enquanto fato perceptível de plano contraria a noção atual de *fake news*, que, conforme demonstrado acima, caracteriza-se precipuamente por se basear em lastro factual duvidoso e que suscita incerteza sobre a veracidade de seu conteúdo. Enquanto não for revisitado o critério definidor do fato sabidamente inverídico para efeito de direito de resposta, o instrumento será cada vez menos eficiente na sua proposta de restabelecimento da verdade factual.

Por outro lado, o Tribunal Superior Eleitoral recentemente evoluiu sensivelmente sua jurisprudência no julgamento das AIJEs nº 0601968-80/DF e 0601771-28/DF, relatadas pelo ministro Luís Felipe Salomão, que versavam sobre abuso de poder econômico e uso indevido dos meios de comunicações, com base no art. 22, *caput*, da LC nº 64/90. A legislação eleitoral vinha, no decorrer do tempo, tentando se adequar ao funcionamento das novas tecnologias da informação e técnicas de veiculação de propaganda eleitoral nas redes sociais e, para tanto, estabelecendo diretrizes normativas na Resolução TSE nº 23.610/2019, tais como: "Art. 29. É vedada a veiculação de qualquer tipo de propaganda eleitoral paga na internet, excetuado o impulsionamento de conteúdos, desde que identificado de forma inequívoca como tal e contratado exclusivamente por partidos políticos, coligações e candidatos e seus representantes" (Lei nº 9.504/1997, art. 57-C, *caput*); "Art. 31. É vedada às pessoas relacionadas no art. 24 da Lei nº 9.504/1997, bem como às pessoas jurídicas de direito privado, a utilização, doação ou cessão de dados pessoais de seus clientes, em favor de candidatos, de partidos políticos ou de coligações" (Lei nº 9.504/1997, art. 24 e art. 57-E, *caput*; ADI nº 4.650; e Lei nº 13.709/2018, art. 1º e art. 5º, I). "§ 1º É proibida às pessoas jurídicas e às pessoas naturais a venda de cadastro de endereços eletrônicos, nos termos do art. 57- E, § 1º, da Lei nº 9.504/1997"; "Art. 41. Aplicam-se a esta Resolução, no que couber, as disposições previstas na Lei nº 13.709/2018" (Lei Geral de Proteção de Dados).

Embora já fosse uma realidade iminente o protagonismo das mídias digitais nas eleições desde as eleições de 2016, a estrita compreensão do que seriam os meios de comunicação cuja utilização indevida pudesse vir a configurar abuso de poder se limita à televisão, rádio, jornais e revistas. A redação originária do *caput* do art. 22 da LC nº 64 vige há três décadas e não antecipou certamente o fenômeno da digitalização das campanhas, que doravante o Tribunal Superior Eleitoral incorporou para a categoria de abuso de poder e fixou a seguinte tese no referido precedente: "O uso de aplicações digitais de mensagens instantâneas, visando promover disparos em massa, contendo desinformação e inverdades em prejuízo de adversários e em benefício de candidato, pode configurar abuso de poder econômico e/ou uso indevido dos meios de comunicação social para os fins do art. 22, *caput* e XIV, da LC 64/90".

Tratando-se de inovação jurisprudencial cujo tempo ainda permitirá amadurecer e aperfeiçoar toda a sua extensão e devidos critérios hermenêuticos, apontou ainda o ministro relator do caso os critérios pelos quais deve ser aferida a gravidade do ilícito para efeito de sancionamento ao candidato ou eleito: "(a) teor das mensagens e, nesse contexto, se continham propaganda negativa ou informações efetivamente inverídicas; (b) de que forma o conteúdo repercutiu perante o eleitorado; (c) alcance do ilícito em termos de mensagens veiculadas; (d) grau de participação dos candidatos nos fatos; (e) se a campanha foi financiada por empresas com essa finalidade". Ainda que a realidade fática de cada caso concreto possa revelar critérios outros ou distintos pesos para a melhor interpretação quanto à configuração do abuso de poder, houve, de fato, importante avanço na formulação de mecanismos de proteção da democracia com o advento do novel entendimento dessa justiça especializada.

Acredita-se, todavia, haver espaço e necessidade para ir além. Isso porque a tese fixada pelo Tribunal Superior Eleitoral abrange as categorias de abuso sob o viés econômico e/ou da utilização indevida dos meios de comunicação, mas podem acontecer situações e condutas que afrontam a legitimidade do processo eleitoral com ainda outra roupagem.

Mais importante do que a denominação normativa das categorias de abuso é perquirir se existem ou não normas que tutelem um bem jurídico cuja inobservância seja passível de ser enquadrada como abuso de poder sem que isso implique uma solução hermenêutica que proponha uma inovação legislativa sob as vestes do ativismo judicial. Frederico Franco Alvim (2019, p. 179) percebeu, acertadamente, o polimorfismo do abuso de poder, em virtude de sua natureza flúida, a se manifestar sob infinitas e imprevisíveis fórmulas. Logo, na medida em que a legislação nacional exteriorizou positivamente apenas a vedação ao abuso de poder apenas nas modalidades política, econômica e de comunicação social, deve ser buscado o reconhecimento de espécies atípicas ou anômalas, que, em sua ótica, abrangeriam ainda o abuso de poder religioso, abuso de poder coercitivo e abuso de poder no cenário virtual.

Assim, podem ser caracterizadas infrações à legislação eleitoral que, de forma qualificada, convertam-se em modalidade de abuso de poder sempre que, na forma do art. 14, §9º, da Constituição Federal, houver prejuízo à normalidade e à legitimidade da disputa eleitoral, bem como quebra da igualdade de chances entre os candidatos.

Por isso, defende-se que o *status* jurídico de candidato seja equiparado à condição de autoridade para efeito de abuso de poder, haja vista sua adesão ao seguinte regime jurídico: a) necessidade de filiação a partido político; b) obrigação de prestar contas dos recursos públicos e privados perante o Poder Judiciário; c) possibilidade de intervenção no domínio urbano sem a necessidade de licença municipal; d) acesso gratuito ao tempo de rádio e televisão; e) homologação da candidatura pela Justiça Eleitoral; f) o dirigente partidário poder ser considerado autoridade coatora no polo passivo de mandado de segurança e na jurisprudência do TSE sobre fraude à cota de gênero. Dessa forma, mesmo que não se enquadre em uma definição dogmática da doutrina administrativista de agente público, é inevitável reconhecer que o regime jurídico que decorre de uma candidatura acarreta para o candidato mecanismos de controle e prerrogativas próprias submetidas aos parâmetros de interpretação do direito público, uma vez que, materialmente, exercer a "função" de candidato representa uma condição jurídica de interesse imediato do Estado.

Portanto, propõe-se o reconhecimento de uma categoria jurídica de abuso de poder de autoridade com viés ideológico ou até mesmo abuso de poder no uso indevido dos meios de comunicação com viés ideológico, uma vez que os discursos de incitação e de desinformação contra as instituições democráticas de índole populista podem vir a se materializar não apenas por meio de disparos de mensagens no ambiente digital, mas também em comícios, caminhadas, passeatas e pela militância do candidato visando macular a legitimidade e normalidade do pleito e a liberdade do voto. Em suma, qualquer utilização da estrutura jurídica das prerrogativas da candidatura que forem desvirtuadas de sua finalidade pública para atentar contra a democracia deve ser passível de sancionamento sob a ótica do abuso de poder.

Considerações finais

A legislação eleitoral e a jurisprudência procuram estar atualizadas aos novos desafios que rondam a democracia, notadamente quanto às novas formas de tecnologia que adquiriram protagonismo na digitalização das campanhas. Com o advento das ferramentas de propaganda e massificação de informações durante o processo eleitoral, surge também a preocupação em compatibilizar a atuação dos candidatos com os princípios que sustentam a higidez e a lisura do pleito.

Embora o Tribunal Superior Eleitoral sinalize a intenção de evoluir seus entendimentos para adequar os instrumentos de preservação da democracia contra as novas faces do populismo contemporâneo, ainda há conceitos e comportamentos típicos de líderes populistas e sua militância que fogem do controle da Justiça Eleitoral. A característica típica das notícias falsas veiculadas no processo eleitoral é que elas são baseadas em lastro factual duvidoso a fim de suscitar incertezas, ou seja, não se apresentam como flagrantes inverdades ou fato sabidamente inverídico aferível de plano, o que, no limite, inviabiliza a concessão de qualquer direito de resposta por candidatos lesados.

Finalmente, há que se cogitar da possibilidade de os candidatos que patrocinarem comportamentos populistas que atentem contra as instituições democráticas por meio de suas estruturas de campanha praticarem abuso de poder sob o viés ideológico, com as devidas consequências legais de cassação do registro de candidatura ou posterior diploma, caso eleito.

Referências

ACHEN, Christopher H.; BARTELS, Larry M. *Democracy for realists*: why elections do not produce responsive government. New Jersey: Princeton University Press, 2016.

ALVIM, Frederico Franco. *Abuso de poder nas competições eleitorais*. Curitiba: Juruá, 2019.

KOMATA, Nicanor Barry. *A ascensão do populismo nas democracias contemporâneas*. 2020. Tese (Doutorado em Direito do Estado). Faculdade de Direito, Universidade de São Paulo, São Paulo, 2020.

LEVITSKY, Steven; ZIBLATT, Daniel. *Como morrem as democracias*. Rio de Janeiro: Zahar, 2018.

MÜLLER, Jan-Werner. *What is populism?* Philadelphia: University of Pennsylvania Press, 2016.

POPPER, Karl Raimund. *A sociedade aberta e seus inimigos*. Tradução de Milton Amado. Belo Horizonte: Itatiaia; São Paulo: Universidade de São Paulo, 1987.

SHAPIRO, Ian. *Os fundamentos morais da política*. São Paulo: Martins Fontes, 2006.

SOARES, Alessandro de Oliveira. *Os mecanismos da democracia direta no constitucionalismo ibero-americano*: análise comparada. 2017. Tese (Doutorado em Direito do Estado). Faculdade de Direito, Universidade de São Paulo, São Paulo, 2017.

URTIGA, Rafael Beltrão; GOUVÊA, Carina Barbosa. Infodemia e governo algorítmico: as novas tecnologias de bots afetam o populismo contemporâneo?. *Revista Acadêmica da Faculdade de Direito do Recife*, v. 92, n. 1, p. 52-66, 2020. Disponível em: https://periodicos.ufpe.br/revistas/ACADEMICA/article/view/248329. Acesso em: 30 nov. 2021.

Informação bibliográfica deste texto, conforme a NBR 6023:2018 da Associação Brasileira de Normas Técnicas (ABNT):

SILVA, André Garcia Xerez. Controle da justiça eleitoral sobre candidaturas populistas. In: LINS, Rodrigo Martiniano Ayres; CASTRO, Kamile Moreira (Org.). O futuro das eleições e as eleições do futuro. Belo Horizonte: Fórum, 2023. p. 59-75. ISBN 978-65-5518-611-6.

POPULISMOS E A REJEIÇÃO DOS RESULTADOS DAS ELEIÇÕES NO GOVERNO BOLSONARO

CARINA BARBOSA GOUVÊA
PEDRO H. VILLAS BÔAS CASTELO BRANCO

A erosão global dos sistemas democráticos foi percebida de forma contundente em eixos temáticos que representam núcleos fundamentais e a qualidade das democracias, tal como nas eleições livres e justas. Nos últimos quatro anos, para a Freedom House, os sistemas eleitorais sofreram um declínio e um prejuízo mais recorrente que ofensas às liberdades.

As eleições estão sendo esvaziadas pela descrença propagada por líderes autocratas e populistas que ininterruptamente põem em xeque o resultado das urnas por meio, prioritariamente, de plataformas sociais, como Facebook, Instagram, WhatsApp, TikTok e YouTube, que disseminam – em larga escala, pelo impulsionamento – desinformação e *fake news* ao declararem, sem nenhuma prova ou evidência, que as urnas não são auditáveis, são passíveis de fraude, alvo de ataques de *hackers* e objetos de complô dos inimigos disfarçados de adversários políticos.

Populistas são autocratas eleitos pelo sistema eleitoral contra o qual desferem seus ataques, explicitando sua rejeição à competição eleitoral, ao debate de ideias e a projetos político-partidários que não os seus. A insistência em fabricar conspirações para perseguir adversários políticos e os converter em inimigos do "povo" faz parte do método do qual se servem para minar a corrida eleitoral e justificar o uso da violência política contra a diferença de opiniões e visões de mundo.

Populismos representam certo tipo de estratégia, discurso, mobilização e ação política através de movimentos formais e informais, diretos e indiretos, por um líder carismático e que conduz e representa uma força *antiestablishment*, repousando suas crenças em instituições morais e éticas com a finalidade de consolidar um regime populista sob o manto da democracia e da soberania popular (GOUVÊA; CASTELO BRANCO, 2020). No entanto, alguns elementos aproximam os líderes autoritários e populistas autoritários: o discurso extremista, a rotinização do carisma, a violência política e a rejeição do resultado das eleições.

O contexto brasileiro vivido no governo Bolsonaro ressaltou a natureza altamente contestada da política democrática liberal. O ex-presidente populista Bolsonaro intensificou seu discurso em relação à "rejeição do resultado das eleições" com o intuito de atingir as eleições de 2022. Crítico extremista em relação às urnas eletrônicas, tem reafirmado de forma contundente, de acordo com as notícias veiculadas, que houve fraudes nas eleições de 2018 e que poderia, consequentemente, haver nas de 2022. Preliminarmente, um ponto merece consideração: Bolsonaro não apresentou provas ou impugnou o resultado das eleições nas quais se sagrou vencedor.

De acordo com Efraim, Bolsonaro e seus filhos disputaram, ao todo, 20 eleições. Em 19 ocasiões, foram eleitos para os cargos que tentaram. Dessa forma, a família tem 95% de aproveitamento em eleições com urnas eletrônicas que nunca foram contestadas.

No dia 29 de julho de 2021, Bolsonaro havia apresentado, durante transmissão ao vivo nas redes sociais, uma mistura de *fake news*, vídeos descontextualizados que circulam há anos na internet e análises enviesadas sobre números oficiais da apuração dos votos para atacar o atual sistema. Ao mesmo tempo, admitiu não ter provas, mas, sim, "indícios" de irregularidades.

Em outro discurso, realizado no dia 1º de agosto de 2021 e, novamente, sem apresentar provas de fraude nas eleições e urnas eletrônicas, Bolsonaro esbravejou que, "se preciso for", fará um convite para que o "povo de São Paulo" se pronuncie sobre mudanças no sistema de votação. Afirmou que "se o povo lá disser que o voto tem que ser auditado, que a contagem tem que ser pública, e que o voto tem que ser impresso, na forma como se propõe a PEC da deputada Bia Kicis, tem que ser desta maneira". A notícia nos alerta que o presidente não explicou os motivos, não se aprofundou sobre a questão, não forneceu argumentos que embasassem sua desconfiança e nem como seria feita uma eventual consulta à população de São Paulo sobre o voto impresso. Nas redes bolsonaristas, o pleito presidencial de 2014 em São Paulo é citado como "exemplo" de fraude eleitoral.

A ideia do voto impresso foi materializada na Proposta de Emenda à Constituição (PEC) nº 135/2019, de autoria da deputada Bia Kicis (PSL-DF), aliada política de Bolsonaro. A proposta pretendeu acrescentar o §12 ao art. 14 da Constituição Federal, dispondo que, "na votação e apuração de eleições, plebiscitos e referendos, seja obrigatória a expedição de cédulas físicas, conferíveis pelo eleitor, a serem depositadas em urnas indevassáveis, para fins de auditoria". A PEC foi derrubada pela Câmara dos Deputados.

O discurso extremista e em tom de ameaça, em fala por telefone a apoiadores de Brasília que saíram às ruas pela implementação do voto impresso no dia 1º de agosto de 2021, pode ser percebido através de vários tons:

> "Não está em hipótese alguma, querendo impor sua vontade e sim a vontade de vocês."
> "Quem fala que a eleição é auditada é mentiroso, é quem não tem amor à democracia."
> "Sem eleições limpas e democráticas, não haverá eleição."
> "Nós mais que exigimos, podem ter certeza, juntos porque vocês são de fato meu exército – o nosso exército – que a vontade popular seja expressa na contagem pública dos votos."

Em 16 de fevereiro de 2022, Bolsonaro voltou a atacar os ministros Luís Roberto Barroso, Edson Fachin e Alexandre de Moraes e afirmou em entrevista à rádio Jovem Pan que os ministros "se comportam como adolescentes" e insinuou que eles estão querendo eleger Lula para a presidência: "O que fica da ação desses três ministros do Supremo, que estão dentro do TSE, que parece que eles têm um interesse. Primeiro é buscar uma maneira de me tornar inelegível, na base da canetada. A outra é eleger o seu candidato, que é o Lula. Lamentavelmente, isso cada vez mais se torna bastante transparente para todo o Brasil".

No dia 18 de julho de 2022, Bolsonaro reuniu embaixadores, voltou a atacar os ministros do STF Luís Roberto Barroso, Edson Fachin e Alexandre de Moraes e afirmou novamente haver fraude nas urnas eletrônicas nas últimas eleições nas quais se sagrou vencedor, admitindo, portanto, não ter provas de que houve fraude nas eleições. Em todas essas situações, apresentam-se o discurso extremista, a rotinização do carisma e a rejeição do resultado das eleições, características comuns de líderes autoritários e populistas autoritários.

A atuação do TSE e do STF no contexto político populista brasileiro pretendeu desempenhar um importante papel na proteção da democracia sob ameaça de retrocesso? E por que os líderes populistas e autoritários rejeitam os resultados das eleições e procuram uma via alternativa com base em falsas evidências?

Os acontecimentos que envolveram a conduta impugnável de Bolsonaro incitaram respostas imediatas em nome das salvaguardas institucionais brasileiras. Em discurso proferido no dia 2 de agosto de 2021, o ministro presidente do Tribunal Superior Eleitoral afirmou *"que as democracias contemporâneas são feitas de votos,* são feitas do respeito aos direitos fundamentais e são feitas de debate público de qualidade. A ameaça à realização de eleições é uma conduta antidemocrática. Suprimir direitos fundamentais, incluindo os de natureza ambiental, é uma conduta antidemocrática. Conspurcar o debate público com desinformação, mentiras, ódio e teorias conspiratórias é conduta antidemocrática". Em outro ponto, destacou que "há coisas erradas acontecendo no país e todos nós precisamos estar atentos. Precisamos das instituições e precisamos da sociedade civil, ambas bem alertas. Nós já superamos os ciclos do atraso institucional, mas há retardatários que gostariam de voltar ao passado. Parte dessas estratégias inclui o ataque às instituições". Na sequência do discurso, Barroso afirmou que uma das manifestações do autoritarismo no mundo contemporâneo é o "ataque às instituições, inclusive às instituições eleitorais". Para ele, essas narrativas, fundadas na mentira e em teorias conspiratórias, destinam-se precisamente a pavimentar o caminho da quebra da legalidade constitucional.

Outras questões evidenciadas foram a fraude eleitoral e o transporte seguro das urnas. Disse que, até a adoção das urnas eletrônicas, em 1996, o Brasil vivia uma história de fraude eleitoral sistemática, em que fiscais eleitorais até "comiam votos durante a apuração". A história eleitoral brasileira carrega consigo o coronelismo, voto de cabresto, com a compra de votos, o mapismo, eleição a bico de pena. O voto impresso, nas atuais condições brasileiras, seria uma porta aberta para a quebra do sigilo do voto e o incentivo ao coronelismo e às milícias. Elencou, ainda, as dificuldades que o retorno das cédulas ou dos comprovantes de papel traria para o processo, como exemplo, o transporte e o armazenamento de urnas em locais remotos, passíveis de roubos. "Seriam 150 milhões de votos transportados num país das milícias e de roubos de carga."

A decisão tomada pelo pleno do TSE foi abrir inquérito administrativo por suspeita de abuso do poder econômico, corrupção ou fraude, abuso do poder político ou uso indevido dos meios de comunicação social, uso da máquina administrativa e propaganda eleitoral antecipada. A abertura do inquérito administrativo foi pedida pelo ministro Luis Felipe Salomão, corregedor-geral da Justiça Eleitoral, e tramitará em caráter sigiloso, que visa apurar "os relatos e declarações, sem comprovação, de fraudes no sistema eletrônico de votação, com potenciais ataques à democracia e à legitimidade das eleições".

Além disso, o ministro Barroso pediu a inclusão de Bolsonaro no Inquérito nº 4.781 em tramitação sob sigilo no Supremo Tribunal Federal, instaurado pela Portaria nº 69, de 14 de março de 2019, que tem o propósito de investigar, considerando a existência de notícias fraudulentas (*fake news*), denunciações caluniosas, ameaças e infrações revestidas de *animus caluniandi*, *diffamandi* ou *injuriandi*, que atingem a honorabilidade e a segurança do Supremo Tribunal Federal, que são frutos desses movimentos.

Em fevereiro de 2022, o então presidente do TSE, ministro Luís Roberto Barroso, afirmou na sessão de abertura do ano judiciário na corte que Bolsonaro vazou informações sigilosas do sistema eleitoral brasileiro, situação que auxilia milícias digitais e *hackers* de todo o mundo. Segundo o ministro, "faltam adjetivos para a atitude deliberada de facilitar a exposição do processo eleitoral brasileiro a ataques criminosos".

Em 25 de fevereiro de 2022, o ministro Alexandre de Moraes acolheu pedido da Receita Federal e autorizou que o procedimento investigatório instaurado na Petição nº 9.842, sobre eventuais delitos ocorridos em uma *live* do Bolsonaro, seja compartilhado com o Inquérito nº 4.874, que trata das milícias digitais antidemocráticas.

No Brasil, a impressão do voto, por unanimidade, já foi declarada inconstitucional pelo Supremo Tribunal Federal. Essa modalidade estava prevista na minirreforma eleitoral de 2015, mas, em 2018, foi suspensa de forma liminar. O entendimento que prevaleceu foi o voto de Gilmar Mendes, segundo o qual a medida "viola o sigilo e a liberdade do voto".

A medida cautelar proferida na ADI nº 5.889, em 2018, foi confirmada em 16 de setembro de 2020 pelo Plenário virtual do STF. O ministro Gilmar Mendes fundamentou seu voto, entre outros, a partir dos seguintes elementos nucleares: as urnas atuais contam com a impressora interna e, em sua maior parte, com porta de impressão; ao contrário do que possa parecer, as urnas atuais não podem ser usadas para imprimir o registro do voto; a impressora precisa ser um equipamento inexpugnável, à prova de intervenções humanas e que jogue o registro do voto em um compartimento inviolável. Se assim não for, em vez de aumentar a segurança das votações, a impressão do registro será frágil como meio de confirmação do resultado e, pior, poderá servir a fraudes e à violação do sigilo das votações. Além de ser inexpugnável, a impressora precisa ser praticamente à prova de falhas. A impressora é um dispositivo eletrônico e mecânico, que trabalha com insumos sensíveis – papel e, eventualmente, tinta. Dispositivos com peças móveis são muito mais sujeitos a falhas que equipamentos eletrônicos. Além de tudo, o papel é sujeito a alterações de características, na medida em que é exposto a variações de temperatura e umidade.

O sufrágio, na democracia brasileira, obedece, antes de tudo, ao art. 14 da Constituição, que o declara universal por intermédio do voto direto e secreto e, nesse ponto, surge outra hipótese a ser considerada: como manter a segurança, o secretismo do voto, por um lado, e impedir a adulteração do resultado, por outro.

Após três rodadas de auditorias, o Tribunal de Contas da União (TCU) aprovou por unanimidade, em 13 de julho de 2022, os mecanismos de gestão de riscos das urnas eletrônicas. Nas duas primeiras rodadas, foram verificadas a capacidade de auditoria das urnas, a gestão de riscos humanos e a segurança da informação com foco em pessoas e fatores externos que possam afetar a votação eletrônica. Na terceira rodada, foi avaliado se o TSE estabeleceu mecanismo de gestão de riscos adequado para garantir proteção aos processos críticos do processo eleitoral, de forma a evitar a interrupção da normalidade das eleições em caso de incidentes graves, falhas ou desastres, ou assegurar a sua retomada em tempo hábil a não prejudicar o resultado das eleições. Diante dos resultados apresentados, houve a conclusão de que "não foram identificados até o momento riscos relevantes à realização das eleições de 2022 dentro do escopo abordado".

É preciso observar que a integridade eleitoral só pode ser garantida se os eleitores também forem protegidos contra manipulações de origem interna (REZENDE, 2004). Se os agentes do sistema puderem favorecer a tal adulteração, significa que o primeiro sentido de segurança, um sentido legítimo que se alinha com o espírito da democracia, só pode ser acoplado à supressão do segundo. O voto deve ser secreto, da mesma forma, no sentido de ser anônimo e não identificável por nenhuma parte que componha o sistema eleitoral, e o resultado tem que ser publicamente demonstrável, ou melhor, tem que estar presente a hipótese de ser sujeito a *accountability* em nome da transparência democrática.

Fischer (2016) faz um alerta interessante à dimensão: as linguagens incendiárias desses líderes populistas tendem a enfraquecer os valores democráticos para ganho pessoal e acabam por ecoar a linguagem à dos ditadores que tomaram o poder pela força. Para Levitsky, rejeitar o resultado das eleições e tentar minar a sua legitimidade sem evidências, recusando-se, a exemplo, a aceitar os resultados eleitorais e sugerindo medidas antidemocráticas, como o cancelamento das eleições, tendem a causar a morte da democracia.

Em democracias fracas, os líderes políticos têm usado a mesma linguagem para erodir a fé popular na democracia. Ao colocar a culpa de sua provável perda na fraude eleitoral, ele está dizendo a seus partidários não apenas que os resultados são falhos, mas também que o processo democrático foi tomado por forças obscuras e que o estão usando como ferramenta de opressão (FISCHER, 2016).

Para Linz (1978), não são as características substantivas que representam a degradação, mas o contexto político em que ela surge, o condicionamento do regime e as alternativas oferecidas pela existência de uma ou mais oposições injustas e desleais que acabam por desencadear o processo de colapso.

Segundo Sheri Berman (1988), essa estratégia utilizada pelo líder populista ou autoritário é dupla: primeiro, ele apresenta a democracia como tão falha que um líder forte é necessário para restaurar a ordem; segundo, para gerar no sentimento popular um estado de desordem que o líder populista possa usar a seu favor. Essas técnicas enfraquecem as estruturas da continuidade democrática; correm o risco de transformar as premissas democráticas fundamentais de transferência pacífica de poder; e corroem a legitimidade das eleições e a fé popular nos processos eleitorais.

Outro fator que merece consideração é que as acusações de fraude eleitoral podem levar à violência política, o que impulsiona antagonismos violentos antissistema, das milícias e a polarização da política extremista.

Ponto problemático apresentado por Duso (2016) que é orientado pelas construções teóricas de Hobbes é que o conceito de representação no cerne da construção do corpo político foi demarcado como soberania absoluta. Nesse contexto, a ideia de soberania absoluta costuma ser apropriada por líderes populistas e autoritários e apresenta premissas muito distintas das que fundamentam o liberalismo pluralista, como a polarização da política em detrimento da busca de consenso; a homogeneização popular em detrimento do reconhecimento da heterogeneidade dos grupos da comunidade política; e a sobreposição de valores conservadores e excludentes sobre o progressismo (GOUVÊA; CASTELO BRANCO, 2020). Representa uma unidade política homogênea e antagônica (MUDDE, 2004).

A soberania materializada de forma absoluta pode trazer consigo elementos fundamentais potencializadores de crises, porque é desprovida de instância de controle, e de qualquer forma de resistência, porque sua natureza é representativa. O soberano atua sem controle ou resistência porque seus movimentos são as ações do corpo político, as ações do soberano. O soberano é uma máscara, um ator e o único a atuar na cena política. Assim, ser representante constitui um elemento essencial do soberano.

As ações que ele realiza em sua representação têm como autores os indivíduos que as autorizaram e acabaram por se tornar subordinados ao corpo político. A bem da verdade, não há corpo político exceto pela ação do representante e é ele quem vai direcionar seus movimentos com fúria e paixão. A aporia e perigo que se impõe, neste caso, é considerar o elemento representativo liberado das chamadas garantias democráticas e mecanismos eleitorais.

Questões presentes no contexto da representação, como Deus, povo e justiça, não são objetos da representação, mas ideais. Segundo Uitz (2015), "recessão democrática"[1] contribui para a ebulição de políticos

---

[1] Segundo Relatório da Freedom House, o impacto do declínio democrático de logo se tornou cada vez mais global por natureza, amplo o suficiente para ser sentido por aqueles que vivem sob as mais cruéis ditaduras, bem como por cidadãos de democracias antigas. Quase 75% da população mundial vivia em um país que experimentou a recessão democrática em 2020. À medida que a COVID-19 se espalhava durante o ano, governos em todo o espectro democrático recorreram repetidamente à vigilância excessiva, restrições discriminatórias às liberdades e aplicações arbitrárias ou violentas de tais restrições pela polícia e atores não estatais. A expansão de regimes populistas e autoritários combinada com o enfraquecimento e a presença inconsistente de grandes democracias no cenário internacional teve efeitos tangíveis na vida humana e na segurança, incluindo os recursos frequentes à força militar para resolver disputas políticas. (FREEDOM HOUSE. *Freedom in the world 2021*. Democracy

que não levam os fundamentos constitucionais a sério, que não veem as constituições como fontes de constrangimentos aos seus poderes e, em vez disso, usam a constituição e regras legais para se autoperpetuarem, para legitimar um governo arbitrário e se assegurarem que serão reeleitos quantas vezes for possível.

O cenário do jogo democrático impõe aos representantes a função de representar o povo. Na Constituição do Brasil, em seu artigo 1º, parágrafo único, "todo o poder emana do povo, que o exerce por meio de representantes eleitos ou diretamente". O ponto que merece destaque é que não há identidade senão pela representação. Ela dá forma e torna tangível a identidade do corpo político de um povo. Na assembleia constituinte, exemplificando, o que é representado é a nação em sua totalidade. As ações são voltadas para o todo. Não estamos a tratar de grupos particulares que votam a seu favor, mas de um representante eleito pelo povo, que acabará correspondendo ao conceito de unidade que emerge para aquela atividade que consiste na representação.

Essas problemáticas surgem na necessidade em se materializar a ação política do povo. Para Duso (2003), deve ser eliminada a função do ator que representa o povo, que acaba sendo um criador de enganos com uma falsa aparência. Os expectadores são expropriados de suas ações e das máscaras que representam sua liberdade e felicidade. Aos expectadores, deve ser dado o palco para que os faça atores e se vejam e se amem uns nos outros, para que sejam mais unidos (ROUSSEAU, 1970). Essa hipótese não mais estaria representando a soberania do representante, mas a realidade da vontade comum.

Como cidadãos, todos são soberanos e carregam consigo uma situação de clivagem profunda – "a vontade comum é a sua vontade" –, mesmo que entre em choque com sua ideologia e interesse. A dimensão do choque pode representar, ainda, uma divisão interna e luta, que não deixa de ser ações políticas próprias das contestações democráticas e que acabam desaguando no sistema como forma de revolução.

No sistema democrático, as trocas de governos ocorrem de forma temporal por eleições livres, legítimas e justas e se decantam quando a autoridade política passa de um conjunto de instituições políticas a outra, materializando a legitimidade do sistema.

---

under siege. Disponível em: https://freedomhouse.org/report/freedom-world/2021/democracy-under-siege. Acesso em: 04 mar. 2021).

Argumentos necrófilos, sentenciadores da morte da democracia, somente servem à amplificação do terrorismo eleitoral, que provoca a paralisia institucional, o que inexiste, uma vez que há reação a toda tentativa de ruptura institucional. O presidente Bolsonaro, no dia 18 de julho de 2022, tentou colocar novamente em xeque o sistema eleitoral brasileiro ao se reunir com embaixadores, apresentando uma série de desinformações e *fake news* e atacando frontalmente os ministros do STF, afirmando ter tido fraude nas urnas eletrônicas nas últimas eleições e incitando a comunidade internacional sobre um "iminente risco de ruptura eleitoral no país". A democracia brasileira vem se mostrando resiliente ao tentar impedir a legitimação do movimento populista de Bolsonaro por meio dos efeitos *backlashing* das instituições democráticas, sociedade civil e organizações não governamentais (GOUVÊA; CASTELO BRANCO, 2020).

Essa ação antidemocrática provocou um efeito de reação em cadeia de várias entidades que se manifestaram em defesa da Justiça Eleitoral brasileira, esboçando a plena confiança ao sistema eletrônico de votação e a convicção plena de que os resultados das eleições são seguros, verdadeiros e confiáveis, como: Organização dos Advogados do Brasil (OAB) – Conselho Federal; Instituto dos Advogados do Brasil (IAB); Conselho Nacional das Defensoras e Defensores Públicos-Gerais (CONDEGE); Associação dos Magistrados Brasileiros (AMAB); Associação dos Juízes Federais do Brasil (AJUFE); Conselho dos Presidentes dos Tribunais de Justiça do Brasil (CONSEPRE); Associação Nacional do Procuradores da República (ANPR); Academia Brasileira de Direito Eleitoral e Político (ABRADEP); Movimento de Combate à Corrupção Eleitoral (MCCE); Associação Nacional dos Magistrados da Justiça do Trabalho (ANAMATRA); Instituto Brasileiro de Direito Eleitoral (IBRADE); Instituto dos Advogados de São Paulo (IASP); Federação Nacional dos Institutos de Advogados do Brasil; Associação dos Magistrados do Paraná (AMAPAR); Associação Brasileira de Juristas pela Democracia (ABJD); Faculdade de Direito da Universidade Federal do Paraná (FD/UFPR); Frente Associativa da Magistratura e do Ministério Público/RS (FRENTAS/RS); Instituto Não Aceito Corrupção; Associação dos Magistrados da Justiça do Trabalho da 4ª Região (AMATRA IV); Associação dos Juízes Federais do Rio Grande do Sul (AJUFE/RGS); Associação do Ministério Público do Rio Grande do Sul (AMP/RS); Associação dos Juízes do Rio Grande do Sul (AJURIS); Subprocuradores-Gerais da República (assinado por 21 membros);

Associação dos Advogados de São Paulo (AASP); Associação Nacional dos Membros do Ministério Público (CONAMP); Faculdade de Direito da Universidade Federal de Minas Gerais (FD/UFMG); Universidade Católica de Pernambuco (REC); Associação Brasileira de Ciência Política (ABCP); Associação Nacional de Pós-Graduação e Pesquisa em Ciências Sociais (ANPOCS); Sociedade Brasileira de Sociologia (SBS); Associação Brasileira de Antropologia (ABA); Associação Nacional dos Delegados de Polícia Federal (ADPF); Associação Nacional dos Peritos Criminais Federais (APCF); Federação Nacional dos Delegados de Polícia Federal (FENADEPOL); Conselho Nacional de Pesquisa e Pós-Graduação em Direito (CONPEDI); Conselho Nacional dos Direitos Humanos (CNDH); Procuradoria Federal dos Direitos do Cidadão/MPF (PFDC/MPF); Defensoria Nacional de Direitos Humanos/DPU (DNDH/DPU); Comissão de Direitos Humanos e Minorias da Câmara dos Deputados (CDHM); Associação Paulista de Magistrados (APAMAGIS); Academia Brasileira de Ciências (ABC); Conselho Nacional dos Procuradores-Gerais dos Ministérios Públicos dos Estados e da União (CNPG); Observatório de Direitos Humanos do Poder Judiciário (CNJ); Assesssoria Jurídica Nacional (FENAJUFE); Colégio Permanente de Juristas da Justiça Eleitoral (COPEJE); Tribunal de Contas da União (TCU); Associação Nacional dos Dirigentes das Instituições Federais de Ensino Superior (ANDIFES); Academia Paranaense de Letras Jurídicas; Associação dos Professores da Universidade Federal do Paraná (APUFPR); Pacto pela Democracia; Movimento Nacional das Mulheres do Ministério Público (MNMMP); Centro de Estudos da Constituição (CCONS); Universidade Estadual do Norte Pioneiro (PPGD-UENP); Universidade Federal do Pará (UFPA); Fórum Nacional Permanente das Carreiras Típicas de Estado (FONACATE); Defesa da Democracia (Demos); Programa de Pós-Graduação UniBrasil; Federação Nacional dos Trabalhadores do Judiciário nos Estados (Fenajud); Associação Nacional dos Procuradores do Trabalho (ANPT); Conselho Nacional dos Corregedores do Ministério Público dos Estados e da União (CNCGMPEU); União dos Profissionais de Inteligência de Estado da ABIN (INTELIS); Faculdade de Direito da Universidade Federal da Bahia (FD-UFBA); Associação Brasileira dos Advogados Criminalistas (ABRACRIM); Instituto Brasileiro de Defesa do Consumidor (IDEC); Associação e Sindicato dos Diplomatas Brasileiros (ADB); Associação Nacional dos Procuradores de Municípios (ANPM); Instituto Paranaense de Direito Eleitoral (IPRADE); Faculdade de Direito do Recife/UFPE; Embaixada Britânica; Agência Brasileira de Inteligência (ABIN); Embaixada dos Estados Unidos no Brasil.

Por outro lado, deslegitimar o resultado das eleições pode levar a níveis extremos de polarização, o que tem efeitos diretos e prejudiciais sobre os fundamentos democráticos da sociedade. Quando a polarização se torna tóxica, os diferentes grupos, normalmente, começam a questionar a legitimidade moral de grupos distintos, vendo essa oposição como ameaças existenciais – inimigos a serem eliminados.

Nesse cenário, representantes populares tornaram-se personagens cuja atribuição política é propagar a guerra cultural e de narrativas sem precedentes, apoiados pela "massa popular". São aqueles eleitos por sua verborragia e que mantêm sua "pseudopopularidade" por meio de *likes* que recebem de seus seguidores irascíveis que nem sempre são humanos (*bots*), tornado essa massa uma cifra desconhecida, homogênea e que não difere o humano do não humano.

Pesquisas demonstram que cidadãos em contextos altamente polarizados, em muitas das vezes, estão dispostos a abandonar princípios democráticos, ou seja, a massa polarizada contribui para vitórias eleitorais de líderes antipluralistas, populistas e autoritários. As pesquisas mapeadas pela V-DEM[2] indicam que a polarização tóxica pode se decantar a partir de dois elementos constitutivos: a polarização da sociedade e a polarização da política. Ambas se materializam, principalmente, a partir dos discursos de ódio extremista e da violência.

Os atos golpistas podem ser caracterizados como a representação máxima do uso da força e da violência política, que introduziu uma propriedade inteiramente nova à concepção do movimento populista, no qual a polarização tóxica atinge o seu ápice, e seus movimentos serão direcionados pela fúria. Dessa forma, a polarização tóxica e a autocratização tendem a se reforçar mutuamente.

A princípio, percebem-se, nessas manifestações do presidente do Brasil, algumas propriedades variáveis manifestadas no movimento – nesse caso, a negação da legitimidade dos oponentes políticos e das eleições, encorajando a violência em suas mais variadas formas. Essa postura demonstra, conforme amplamente explanado pela doutrina populista, um plano estratégico para ascensão ou perpetuação no poder através da incitação aos atos golpistas.

---

[2] V-DEM. *The Trend of mobilization for autocracy*. Disponível em: https://www.v-dem.net/weekly_graph/the-trend-of-mobilization-for-autocracy. Acesso em: 15 dez. 2021.

Algumas conclusões podem emergir dessa discussão. Primeira, quaisquer condições que gerem um sentido de injustiça profunda podem servir de estopim para que o líder populista autoritário faça o seu recrutamento, o que pode incitar movimentos populistas ou atos golpistas. As queixas, sentimento de abandono ou orfandade, agem tanto como motivação para o indivíduo quanto para o grupo. Populistas moldam suas mensagens de acordo com os anseios dos grupos-alvo para canalizar e dirigir às emoções populares. Segunda, os grupos que recorrem a essas práticas acreditam que tais atos golpistas vão materializar a sua vontade com ou sem o uso da força extrema. Seu objetivo é atrair o apoio cada vez maior da massa que pretende representar um movimento social legítimo e dotado de influência política. Em terceiro lugar, essas condições acabam por facilitar a expansão transnacional do movimento.

Em 8 de janeiro de 2023, o Brasil presenciou, atônito, ataques perpetrados à democracia e às instituições republicanas que resultaram na invasão do Palácio do Planalto, do Congresso Nacional e do Supremo Tribunal Federal, com depredação do patrimônio público, símbolos democráticos da identidade política brasileira.

Tais atos golpistas foram conduzidos pelo movimento populista bolsonarista, que rejeitou o resultado das eleições e, consequentemente, foi em busca do rompimento do Estado Democrático de Direito. De acordo com o *Estadão*,[3] fotografias, vídeos e trocas de mensagens em grupos restritos comprovam que as invasões foram atos premeditados, já tinham um propósito golpista, foram organizadas em seus detalhes, e não uma ação espontânea. Nesse sentido e de acordo com o material analisado, os bolsonaristas que deflagraram os atos golpistas foram para Brasília dispostos a invadir as sedes dos Três Poderes. Esses atos não podem ser classificados como terroristas, embora se consiga enquadrar nas razões que foram inter-relacionadas e expostas por Crenshaw: o propósito de redefinir a agenda política de forma impositiva; minar a autoridade do governo adversário; provocar uma reação exagerada;

---

[3] AFFONSO, Julia; VALFRÉ, Vinícius; WETERMAN, Daniel, BORGES, André; FRAZÃO, Felipe; TELES, Levy. Imagens comprovam que invasão em Brasília foi premeditada; Estadão identificou 88 golpistas. *Estadão*, 10 jan. 2023. Disponível em: https://www.estadao.com.br/politica/imagens-invasao-brasilia-stf-congresso-planalto-golpistas-extremistas-presos-bolsonaro/?utm_source=instagram:linkinbio&utm_medium=social-organic&utm_campaign=redes-sociais:012023:e&utm_content=:::&utm_term=. Acesso em: 11 jan. 2023.

mobilizar potenciais apoiadores; e coagir o cumprimento de seus objetivos políticos.

É impertinente e conduz à despolitização sentenciar o fim do funcionamento das instituições, que, muito pelo contrário, vêm atuando com coragem e determinação, como é o caso do STF e do TSE, e de diversos partidos, governadores e prefeitos. A reação institucional e de segmentos da sociedade civil aos contínuos ataques e ameaças às instituições democráticas vem justamente permitindo a continuidade do Estado Democrático de Direito no Brasil. As reações se dão às custas do sofrimento de ameaças das milícias digitais e grupos violentos com ofensivas presenciais.

Descabe a afirmação segundo a qual não vivemos mais sob Estado Democrático de Direito, eis que parece haver desconhecimento do que seja uma autocracia, regime no qual não há a possibilidade de expressar a opinião, não há espaço para afirmação segundo a qual não vivemos mais na democracia. A imprensa é livre, o Judiciário e o Legislativo ainda são independentes. Se o Congresso não fosse independente, não precisaria haver um orçamento secreto bilionário para comprar boa parte do centrão, fato diariamente noticiado pelos meios de comunicação e redes sociais.

Nem sempre o movimento populista é bem-sucedido, como ocorreu no Brasil em 8 de janeiro de 2023. O sucesso percebido de uma estratégia de coerção foi ilusório e acabou por promover uma reação oposta: uma determinação revigorada de resistir a atos antidemocráticos extremistas. Essa resistência foi percebida com a junção de forças entre Estado e corpos intermediários.

No dia 30 de junho de 2023, o TSE declarou Bolsonaro inelegível por oito anos, contados a partir das eleições de 2022, reconhecendo o abuso de poder político e uso indevido dos meios de comunicação por reunião convocada e realizada no Palácio da Alvorada com embaixadores estrangeiros.

O julgamento teve duração de quatro sessões (dias 22, 27, 29 e 30 de junho de 2023) até ser concluído.[4] O ponto de partida foi a apresentação do relatório pelo corregedor-geral eleitoral, ministro Benedito Gonçalves. Na sequência, a sustentação oral foi feita pelo representante

---

[4] A descrição do conteúdo dos votos foi extraída do sítio oficial do TSE. Disponível em: https://www.tse.jus.br/comunicacao/noticias/2023/Junho/por-maioria-de-votos-tse-declara-bolsonaro-inelegivel-por-8-anos.

do Partido Democrático Trabalhista (PDT), autor da Ação de Investigação Judicial Eleitoral (AIJE), e a defesa foi feita pelo advogado que representou Bolsonaro e Braga Netto. Também foi anunciado o parecer do Ministério Público Eleitoral (MP Eleitoral) pelo vice-procurador-geral eleitoral Paulo Gonet Branco. Ele opinou pela inelegibilidade somente de Bolsonaro e para que fosse absolvido Braga Netto.

O relator da ação, ministro Benedito Gonçalves, votou pela inelegibilidade de Jair Bolsonaro e destacou que houve responsabilidade direta e pessoal do ex-presidente ao praticar "conduta ilícita em benefício de sua candidatura à reeleição". Ressaltou que o abuso de poder político se caracteriza como ato do agente público praticado mediante desvio de finalidade, com a intenção de causar interferência no processo eleitoral. Para o relator, o uso indevido dos meios de comunicação ficou caracterizado na exposição desproporcional de um candidato em detrimento dos demais, ocasionando desequilíbrio na disputa eleitoral. A AIJE possui balizas sólidas para a aferição da gravidade, desdobrando-se em dois aspectos: qualitativo, no alto grau de reprovabilidade da conduta; e quantitativo, na significativa repercussão sobre a disputa eleitoral.

Para o ministro Alexandre de Moraes, o discurso instigou o seu eleitorado e outros eleitores indecisos contra o sistema eleitoral e contra as urnas eletrônicas; lembrou que, independentemente do público que ali estava, a repercussão nas redes sociais era voltada especificamente a quem poderia votar no então candidato à reeleição; o desvio de finalidade foi patente, uma vez que a reunião como chefe de Estado serviu para autopromoção do candidato e para atacar o sistema eleitoral pelo qual ele mesmo foi eleito em 2018. "Não são opiniões possíveis, são mentiras fraudulentas", enfatizou. A ministra Cármen Lúcia apresentou voto que formou a maioria pela inelegibilidade na sessão. Para ela, o evento teve nítido caráter eleitoreiro.

Ao acompanhar o relator, o ministro Floriano de Azevedo Marques dissecou o discurso do ex-presidente no evento com embaixadores e identificou quatro linhas de retórica, todas com conotação eleitoral, ressaltando ainda que o enquadramento jurídico está focado no artigo 22 da Lei Complementar nº 64/1990 (Lei de Inelegibilidade), particularmente em condutas que caracterizem desvio ou abuso de poder ou utilização indevida dos veículos ou meios de comunicação. "Diz a lei: apurada essa conduta abusiva, a Justiça Eleitoral aplicará a sanção de inelegibilidade para as eleições que se realizarem nos oito anos subsequentes à eleição que se verificou", destacou. O ministro analisou detalhadamente a fala do ex-presidente na ocasião da reunião e destacou sete pontos:

1) O evento em questão não se inseriu nas atividades diplomáticas de representação do país perante autoridades estrangeiras.
2) A organização da reunião não ficou a cargo dos órgãos que seriam competentes para fazê-lo, o que demonstra não se tratar de um ato regular de governo.
3) O evento foi realizado fora dos lugares próprios e adequados para atos de governo, sendo realizado na residência oficial (Palácio da Alvorada).
4) O discurso proferido teve nítido caráter de estratégia eleitoral para valorizar a imagem do candidato, bem como para manchar a imagem do principal opositor e tentar criar empatia com o eleitorado, apresentando-se como candidato perseguido e contra o sistema.
5) O discurso teve também caráter voltado a deslegitimar e colocar sob suspeita o processo eleitoral, gerando potencialmente um desincentivo à participação do eleitor com vistas à obtenção de benefícios.
6) O discurso primou pela desinformação e por acusações sabidamente falsas ou no mínimo improváveis.
7) O discurso visava trazer benefício eleitoral.

"Houve desvio de finalidade, na medida em que o primeiro investigado usou das suas competências de chefe de Estado para criar uma aparente reunião diplomática com o objetivo, na verdade, de responder ao TSE e construir uma *persona* de candidato, servindo-se dos meios e instrumentos oficiais, inclusive de comunicação social, para alcançar o seu real destinatário, o eleitor, seja o já cativado ou aquele a conquistar", afirmou. Ainda de acordo com o ministro, houve abuso de poder político, pois o primeiro investigado mobilizou todo o poder de presidente da República para emular sua estratégia eleitoral em benefício próprio, agindo de maneira anormal, imoral e, principalmente, grave. "Portanto, para mim, o abuso e o desvio da autoridade estão claros", asseverou.

Na mesma linha, o ministro André Ramos Tavares votou pela inelegibilidade de Bolsonaro. Segundo ele, houve o uso indevido dos meios de comunicação para promover a reunião, e o impacto social do uso das redes digitais nesse contexto não deve ser menosprezado. "É grave quando o caos informacional se instala na sociedade, e é ainda mais grave se esse estado é planejado e advém de um discurso do presidente da República", advertiu o ministro, ao destacar que "a confiança dos eleitores nas instituições democráticas deixa de existir e, com isso, a própria liberdade de voto fica viciada", acrescentou.

O ministro ainda pontuou que não se ignora, no caso, que o acusado se beneficiou da liberdade de expressão para expor ideias que atacavam a democracia, "por mais incisivas que sejam determinadas colocações, críticas, discordâncias e embates ideológicos". André Ramos Tavares também esclareceu que o foco do discurso da AIJE são os ataques "comprovadamente infundados e absolutamente falsos, sistemáticos e notórios contra a urna eletrônica, o processo e a Justiça Eleitoral". Dessa forma, considerou não ser possível se convencer da tese de que o discurso teria ocorrido no sentido de melhoramento do sistema eleitoral.

Ele lembrou que Bolsonaro questionou o sistema eleitoral brasileiro por pelo menos 23 vezes no ano de 2021. De acordo com o ministro, é inviável ignorar esses fatos. "É possível constatar ataques infundados que se escoraram em boatos", enfatizou. Outro impacto evidenciado pelo ministro diz respeito aos receptores das falas proferidas por Bolsonaro na reunião. "O discurso foi dirigido para todo e qualquer interessado. Resta em total desacordo com as provas dos autos a afirmativa de que o discurso dirigia-se apenas a embaixadores estrangeiros", finalizou.

Ao votar pela inelegibilidade de Jair Bolsonaro, acompanhando o relator, a vice-presidente do TSE, ministra Cármen Lúcia, afirmou que a reunião entre o então presidente e embaixadores estrangeiros, em julho de 2022, foi um monólogo de caráter eleitoreiro, em que Bolsonaro lançou dúvidas, sem qualquer prova, sobre a confiabilidade das urnas eletrônicas e da Justiça Eleitoral, condutora das eleições. A ministra destacou os ataques agressivos feitos por Bolsonaro à honradez de ministros do Supremo Tribunal Federal (STF) e do próprio TSE.

"Não há democracia sem o Poder Judiciário independente. Os ataques não tinham razão de ser, a não ser desqualificar a Justiça Eleitoral, o próprio Poder Judiciário e atacar a própria democracia", disse Cármen Lúcia.

A ministra salientou que, na ótica qualitativa da gravidade da conduta, o então presidente fez uso indevido dos meios de comunicação, com a transmissão do evento feita ao vivo pela emissora estatal TV Brasil e também em redes sociais. No aspecto quantitativo, Cármen Lúcia disse que a divulgação do encontro de Bolsonaro com os diplomatas alcançou um número expressivo de pessoas que votariam nas eleições, que ocorreriam dali a três meses.

"Isso tudo de desqualificar, essa consciência de perverter, faz com que não apenas o ilícito tenha acontecido, mas coloca em risco a normalidade e a legitimidade do processo eleitoral e, portanto, da própria democracia. Mas isso [o discurso de Bolsonaro] foi divulgado, ou seja, com o uso indevido dos meios de comunicação, para solapar a confiabilidade de um processo sem o qual nós não teríamos sequer o Estado de Direito, porque a Constituição não se sustentaria", afirmou Cármen Lúcia.

O ministro Alexandre de Moraes também acompanhou integralmente o relator. Ele lembrou que Bolsonaro violou parâmetros definidos pelo tribunal desde 2021 sobre condutas em que eventuais candidatos às Eleições 2022 não deveriam incorrer, no sentido de tentar desacreditar o sistema eletrônico de voto perante a população, em um ataque direto à Justiça Eleitoral e à própria democracia. O Plenário já havia *definido* que tal conduta poderia ser considerada abuso de poder.

"Isso ficou pacificado e como um alerta para se evitar exatamente o que estamos fazendo hoje, que é evitar que o descumprimento do que já era pacífico gerasse a inelegibilidade daqueles que insistissem em praticar esses ilícitos eleitorais", explicou Moraes.

Durante o episódio debatido na AIJE, de acordo com o ministro, o então candidato à reeleição fez mau uso da função para o qual foi eleito e deturpou a atribuição a ele conferida quando:

> (1) organizou o evento, convocou embaixadores utilizando-se do cargo e do cerimonial da Presidência a menos de três meses do primeiro turno das Eleições Gerais de 2022;
> (2) empregou recursos públicos e a estrutura do Palácio da Alvorada;
> (3) transmitiu o encontro com estrangeiros ao vivo pela TV Brasil;
> (4) propagou o vídeo pelas redes sociais com o objetivo de levantar dúvidas sobre o voto eletrônico e insuflar eleitores contra a Justiça Eleitoral e as demais candidaturas.

"Um presidente da República que ataca a Justiça Eleitoral, ataca a lisura do sistema eleitoral que o elege há 40 anos? Isso não é exercício de liberdade de expressão. Isso é conduta vedada, e, ao fazer isso utilizando-se do cargo de presidente, do dinheiro público, da estrutura do Alvorada e da TV pública, é abuso de poder. Ao preparar tudo isso para imediatamente bombardear o eleitorado via redes sociais, é uso indevido dos meios de comunicação", pontuou.

Todos os atos, segundo Moraes, ocorreram de forma encadeada, seguindo um plano traçado com claro objetivo de atacar a credibilidade das instituições democráticas brasileiras e influenciar negativamente o eleitorado. Na avaliação do ministro, a resposta dada pelo TSE durante a análise do caso confirma a fé no Estado Democrático de Direito e na democracia, além de demonstrar repúdio ao populismo "renascido a partir das chamas" dos discursos de ódio e que disseminam desinformação.

Ataques ao sistema político em geral sem evidências, aos partidos e políticos de forma particular, difamação sistemática dos políticos dos sistemas, obstrução constante do processo parlamentar, apoio a propostas apresentadas por outros partidos presumidamente desleais com fins desestabilizadores são todas ações típicas de uma oposição desleal. São os estilos, a intensidade e o uso da má-fé dessas condutas que marcam a distinção entre oposição leal e desleal. E esse é o sinal de alerta que precisa ter acesso em democracias consolidadas: a necessidade de conter de forma imediata as forças políticas desleais, porque podem mover-se na direção do autoritarismo.

Referências

AFFONSO, Julia; VALFRÉ, Vinícius; WETERMAN, Daniel, BORGES, André; FRAZÃO, Felipe; TELES, Levy. Imagens comprovam que invasão em Brasília foi premeditada; Estadão identificou 88 golpistas. *Estadão*, 10 jan. 2023. Disponível em: https://www.estadao.com.br/politica/imagens-invasao-brasilia-stf-congresso-planalto-golpistas-extremistas-presos-bolsonaro/?utm_source=instagram:linkinbio&utm_medium=social-organic&utm_campaign=redes-sociais:012023:e&utm_content=:::&utm_term=. Acesso em: 11 jan. 2023.

BERMAN, Sheri. *The social democratic moment*. Harvard University Press, 1998.

CASTELLS, Manuel. *Ruptura*: a crise da democracia liberal. Editora Schwarcz – Companhia das Letras, 2018.

DUSO, Giuseppe. *La rappresentanza politica*: genesi e crisi Del concetto. Franco Angeli, 2003.

ESTADO DE MINAS GERAIS. *Bolsonaro*: convidarei povo de são Paulo para falar se voto tem que ser auditado. 01 ago. 2021. Disponível em: https://www.em.com.br/app/noticia/politica/2021/08/01/interna_politica,1291862/bolsonaro-convidarei-povo-de-sao-paulo-para-falar-se-voto-tem-que-ser-audi.shtml. Acesso em: 01 ago. 2021.

FISCHER, Max. Donald Trump's Threat to Reject Election Results Alarms Scholars. *The New York Times*, 23 out. 2016.

GOUVÊA, Carina Barbosa; CASTELO BRANCO, Pedro Hermílio Villas Bôas. *Populismos*. Belo Horizonte: Casa do Direito, 2020.

HOBBES, Thomas; MISSNER, Marshall. *Thomas Hobbes*: Leviathan (Longman Library of Primary Sources in Philosophy). Routledge, 2016

LEVITSKY, Steven; ZIBLATT, Daniel. *Como as democracias morrem*. Editora Schwarcz – Companhia das Letras, 2018.

LINZ, Juan J. et al. *The breakdown of democratic regimes*. Johns Hopkins University Press, 1978, p. 55.

MIRANDA, Wilfredo. Ortega e Murillo selam uma eleição sob medida para si na Nicarágua. *El País*, 03 ago. 2021. Disponível em: https://brasil.elpais.com/internacional/2021-08-03/ortega-e-murillo-selam-uma-eleicao-sob-medida-para-si-na-nicaragua.html?mid=DM74802&bid=670138929#?sma=newsletter_brasil_diaria20210804. Acesso em: 03 ago. 2021.

MUDDE, Cas. The populist zeitgeist. *Government and opposition*, v. 39, n. 4, 2004, p. 541-563. Disponível em: https://www.cambridge.org/core/services/aop-cambridge-core/content/view/2CD34F8B25C4FFF4F322316833DB94B7/S0017257X00002372a.pdf/populist_zeitgeist.pdf. Acesso em: 25 out. 2017.

UITZ, Renáta. Can you tell when an illiberal democracy is in the making? An appeal to comparative constitutional scholarship from Hungary. *International Journal of Constitutional Law*, v. 13, n. 1, p. 279-300, 2015.

Informação bibliográfica deste texto, conforme a NBR 6023:2018 da Associação Brasileira de Normas Técnicas (ABNT):

GOUVÊA, Carina Barbosa; CASTELO BRANCO, Pedro H. Villas Bôas. Populismos e a rejeição dos resultados das eleições no governo Bolsonaro. In: LINS, Rodrigo Martiniano Ayres; CASTRO, Kamile Moreira (Org.). O futuro das eleições e as eleições do futuro. Belo Horizonte: Fórum, 2023. p. 77-96. ISBN 978-65-5518-611-6.

INTELIGÊNCIA ARTIFICIAL, DEMOCRACIA E *FAKE NEWS*: COMO EQUALIZAR AS DISTORÇÕES NA ERA DA PÓS-VERDADE

DAYANE NAYARA ALVES COLAÇO
HIAN SILVA COLAÇO
BLEINE QUEIROZ CAÚLA

Introdução

A desinformação e a falta de informação colocam em prova a aplicabilidade das normas de direitos fundamentais. A frase "direitos não nascem em árvores", de Flávio Galdino, ratifica a necessidade do direito informacional. A cidadania ativa é materializada pela simbiose da participação com o direito à informação somada à informação de outros direitos.

No recém-chegado século XXI, registram-se a pandemia de COVID-19 e a guerra entre Ucrânia e Rússia, movimentadas por um cenário informático, mas sem a total segurança do que é ou não verdade – há até *fake news* como propaganda de guerra híbrida, diferentemente das duas grandes guerras mundiais do século XX, nas quais o acesso à informação era muito reduzido.

Entrementes, a linha tênue entre poder, informação, manipulação e controle sempre gerou tensão latente no desenvolvimento histórico da humanidade, mas, em cada período, encontrou, conforme as condições materiais, estratégias para a expressão dessas relações.

Não à toa, o enredo musical traz muitas críticas reflexivas sobre o caráter cíclico e a adaptabilidade da história, pois "antigos" dilemas, talvez, não pereçam, mas buscam novos meios de manifestação a partir das estruturas em ascensão. Enquanto a conexão em redes viabilizou a continuação de inúmeras relações sociais, econômicas e políticas, ao concentrar a multiplicidade de manifestações, tanto da esfera privada quanto pública, dos usuários conectados, intensificou a dependência desses grupos ao sistema tecnológico, fato que enseja a formulação de uma nova categoria de vulnerabilidade: a digital.

Se os meios de comunicação tradicionais já refletiam manifestações desiguais de poder,[1] as novas estruturas tecnológicas, desde sua formulação até a implementação, exteriorizam assimetrias, pois o controle é confiado, muitas vezes, a oligopólios de grandes empresas de tecnologia ou ao próprio Estado, circunstância que denota a inerente vulnerabilidade dos sujeitos.

Por sua vez, o desenvolvimento tecnológico direcionado por interesses predominantemente mercadológicos, em sua concepção, parece ainda não assumir compromissos para com a redução dos desníveis de poder, razão pela qual se concebe o risco decorrente da implementação dessas estruturas sobre vários vieses: tanto individuais, com a redução das liberdades e da autodeterminação, quanto coletivos, a partir do grau de impacto sobre as instituições, dentre as quais o próprio regime democrático.

Dentro do recorte, exsurge a especial preocupação com a utilização das tecnologias disruptivas para finalidades distópicas, ao passo que o tratamento de dados pessoais, por meio de sofisticados sistemas de inteligência artificial, cujo motor são algoritmos, permite a manipulação de informações para objetivos específicos, dentre os quais a difusão de *fake news* e a intensificação da polarização política, fenômeno que caracteriza a chamada "era da pós-verdade".

---

[1] "Seja qual for a transformação social que qualquer uma delas possa ter causado, no fim, todas ocuparam seu devido lugar na manutenção da estrutura social em que vivemos, desde a revolução industrial. Ou seja, todas se tornaram uma nova indústria altamente centralizada e integrada. Sem exceção, as admiráveis novas tecnologias do século XX – que partiam de uma proposta de uso livre, para o bem de novas invenções e da expressão individual – acabaram se transformando em monstrengos industriais, nos gigantes da "antiga mídia" do século XX que controlariam o fluxo e a natureza dos conteúdos por razões estritamente comerciais. A história mostra uma progressão característica das tecnologias da informação: de um simples passatempo à formação de uma indústria; de engenhocas improvisadas a produtos maravilhosos; de canal de acesso livre a meio controlado por um só cartel ou corporação – do sistema aberto para o fechado" (WU, 2012, p. 12-13).

A expressão "sociedade da informação", cunhada por Manuel Castells (2018, p. 93), atribui a crise das democracias liberais e os processos de ruptura à lógica dominante do poder das redes, ao passo que as desconfianças nas instituições teriam sido implementadas por meio dos novos instrumentos tecnológicos.

Apesar das preocupações advindas das repercussões da utilização das novas tecnologias sobre as democracias[2] ter ganho destaque, após a revelação do escândalo da *Cambridge Analytica*, diante da possível manipulação das eleições norte-americanas de 2016 e da saída do Reino Unido da União Europeia (*Brexit*), no Brasil, estudos[3] apontam que, já na eleição presidencial de 2014, teriam sido utilizados perfis automatizados – robôs (*bots*) – para a propagação de mensagens a grupos específicos.

Nesse contexto, objetiva-se identificar possíveis impactos decorrentes da utilização de informações falsas – conhecidas como *fake news* – para a manipulação dos processos político-eleitorais, de forma a moldar o debate público. Embora o recorte epistemológico deste trabalho recaia sobre a análise do atual momento brasileiro, não se desconsidera que a geopolítica mundial exerce forte influência sobre as relações de poder estabelecidas, no âmbito interno, ao passo que o paradigma da vida em redes e os meios de captura do pensamento político pelo mercado e pelo Estado se inserem no contexto comum global.

Para tanto, abordam-se os desafios decorrentes da intensa polarização do debate público, captada e potencializada por meio da adoção dos instrumentos tecnológicos, contexto pelo qual são esmiuçados os processos eleitorais que se utilizam do aparato tecnológico das redes sociais como parte de um processo de manipulação de seus eleitores.

Finalmente, indaga-se sobre quais seriam as alternativas a equalizar os interesses conflitantes advindos da adoção de sistemas tecnológicos para fins de manipulação da esfera pública e de promoção de rupturas democráticas, questionando-se sobre os meios ideais de (auto)regulação tecnológica, bem como sobre possíveis compromissos

---

[2] Ver LEVITSKY, Steven; ZIBLATT, Daniel. *Como as democracias morrem*. Rio de Janeiro: Zahar, 2018. Disponível em: http://dagobah.com.br/wp-content/uploads/2019/02/Como-as-Democracias-Morrem-Steven-Levitsky.pdf. Acesso em: 14 jun. 2023.

[3] RUEDIGER, Marco Aurélio (Coord.). *Robôs, redes sociais e política no Brasil*: estudo sobre interferências ilegítimas no debate público na web, riscos à democracia e processo eleitoral de 2018. Rio de Janeiro: FGV; DAPP, 2017. Disponível em: http://dapp.fgv.br/wp-content/uploads/2017/08/Robos-redes-sociais-politica-fgv-dapp.pdf. Acesso em: 14 jun. 2023.

a serem adotados pelos desenvolvedores e provedores dos sistemas e das redes que se utilizam de inteligência artificial para fins de garantir a integridade dos valores democráticos, preservar a responsabilidade quanto ao acesso à informação de qualidade e garantir a igualdade dos pleitos eleitorais.

Para o desenvolvimento da pesquisa, utilizou-se uma abordagem quantitativa e qualitativa, voltada a aprofundar e compreender o fenômeno da era pós-verdade e sua intrínseca relação com as *fake news*. A pesquisa é descritiva e exploratória, visto que conceitua, explica, descreve, interpreta, discute e esclarece os fatos.

O estudo está dividido em quatro seções. Inicia-se com notas introdutórias, seguida da segunda seção, *desafios democráticos no contexto da intensa polarização*. A terceira seção analisa a pós-verdade e a manipulação da esfera pública e *fake news*. Encerra-se o estudo com as considerações finais, em que pese o melhor entendimento da autoria subscrita.

1 Desafios democráticos no contexto de intensa polarização: da morte do debate ao nascimento do monólogo digital

A digitalização da vida em relação com o advento das novas tecnologias, inicialmente, trouxe muito otimismo quanto ao potencial dessas ferramentas de promover espaços livres de engajamento e de participação política direta dos cidadãos, permitindo-os deliberar sobre a construção do processo democrático, contexto pelo qual foram desenvolvidos os termos "e-democracia" ou "democracia digital".[4]

Contudo, não demorou muito para que os entraves vislumbrados pelos estudiosos se concretizassem por meio de fatos, dentre os quais a polarização dos discursos e a crescente apropriação do espaço *on-line* pela lógica do poder estatal e do capital de mercado, fatores estes que comprometem o livre desenvolvimento da esfera pública em redes.[5]

---

[4] "Entende-se por e-democracia o engajamento através de meios eletrônicos de comunicação que habilite e/ou auxilie cidadãos em seus esforços para interagirem politicamente, como: (i) melhorar a qualidade da formação de opinião por meio da abertura de novos espaços de informação e deliberação on-line; (ii) facilitar o envolvimento direto e a participação dos cidadãos nas decisões e processos políticos; e (iii) melhorar a transparência e accountability do poder público" (MAGRANI, 2014, p. 21).

[5] MAGRANI, 2014, p. 22.

Porquanto, a apropriação dos meios tecnológicos por líderes populistas não tardou em representar a morte do debate público na tão idealizada ágora digital, ao passo que a intensificação da estratificação social e a condução dos processos político-eleitorais, a partir da divisão da sociedade em grupos, muitas vezes alimentados por apelos emocionais, romperam a possibilidade de se construir uma esfera pública genuinamente reflexiva, na perspectiva de Habermas, cuja solidariedade entre estranhos que renunciam a violência, ao regularem cooperativamente sua convivência, viabilizaria soluções comunicativas aos conflitos (HABERMAS, 2003, p. 33).

O ponto principal da costura de propagandas eivadas de *fake news* permeou o coser de uma vestimenta funeral à democracia, que, desacreditada pelo povo, encontrava-se enfraquecida, posto que um processo de mal-estar com a democracia estava sendo proliferado pelo mundo ocidental por conta não só de um esvaziamento do seu conceito na modernidade, mas por um processo de deslegitimação das instituições políticas, especialmente o esgotamento da democracia representativa partidária, havendo uma necessidade de busca por um debate mais profundo, a fim de buscar uma construção mais sólida de uma sociedade democrática participativa (DUNKER, 2019, p. 118).

De parte isto, as políticas neoliberais consagradas, desde os países do capitalismo central até as franjas da periferia do sistema de nações, não só foram ineficazes para reverter a crise de acumulação dos anos 1970, como também renovaram e aprofundaram esse cenário de crise após 2008. No entanto, o capital encabeçado pelo setor financeiro impôs ainda mais o aprofundamento de tal conjunto de medidas liberalizantes do mercado de trocas comerciais, do mercado financeiro e do mercado de trabalho. Para sobrepor as resistências levantadas, os processos políticos vêm apresentando a tendência de uma guinada autoritária na qual o controle social vem recrudescendo, sobretudo através dos meios de comunicação e informação, com a utilização de uma gama de possibilidades ofertadas pela inovação tecnológica.

Tal contexto foi pano de fundo para o surgimento de um novo modelo de campanha eleitoral e, nos dias de hoje, pode-se dizer, o novo modo de comunicação presidencial: o governo via redes sociais, como o Twitter. Opiniões, críticas e decisões sobre qualquer assunto ou pessoa são emitidas em redes virtuais, pessoalmente pelos presidentes, em comunicação direta com parte de seus eleitores, substituindo as comunicações oficiais e institucionais (CASTELLS, 2018, p. 28).

Dessa forma, as insatisfações sociais, num contexto de crise econômica e desemprego, são mobilizadas por intermédio da comunicação mais direta pelas redes sociais, manipulando a realidade por meio da alimentação de emoções como medo e ódio, numa profusão de informações transitando entre verdade e mentira.

Pode-se dizer que, neste instante, vastos grupos sociais, cujos perfis de personalidade foram cuidadosamente coletados e trabalhados, conectaram-se aos direcionamentos dados pela campanha de seus atuais representantes, os quais, por meio de frases de impacto, lançavam a ideia de uma possível ordem social, aproveitando-se dos infortúnios dos dados de insegurança nacional; aliás, não só com os dados de insegurança, tendo em vista, em especial, o caso de Bolsonaro, que se aproveitou de uma perda de legitimação e de autoridade enfrentada pelas instituições, bem como a presença de um congresso eleito em 2014 extremamente conservador (FAGANELLO, 2017, p. 30).

Trump, Bolsonaro e os grupos sociais que, por meio daqueles, pretendem aprofundar o "projeto neoliberal" compreenderam que, nos dias de hoje, seria preciso articular uma narrativa espetacular, prenhe de ficção, para vencer uma eleição e seguir controlando a maioria da população. Fomentando o surgimento de lados, de inimigos para temer e odiar, direciona-se a vontade coletiva para a legitimação de medidas autoritárias e suplantação de obstáculos às políticas neoliberais. Para tal, essa narrativa contém um quê de simplicidade, sendo uma forma de comunicação atomizada (LEMOS, 2019, p. 198).

A simplicidade, na exposição da linguagem virtual, faz surgir expedientes como a figura do "meme", mensagem sob a forma de imagem mais impactante, como assegura a neurociência, sendo a imagem mais sintética o rosto humano, o qual fornece uma relação de confiança por conter uma espécie de identificação. O efeito é bastante intenso nas emoções humanas, tendo em vista que a política é fundamentalmente emocional.

A partir do reflexo demarcado pelo visual emocional, origina-se o processo cognitivo de elaboração e decisão e, rapidamente, a impressão vira opinião, confirmando-se ou desmentindo-se na elaboração do debate contínuo que está presente nas redes sociais (CASTELLS, 2018, p. 39), tornando-se, então, verdadeiros instrumentos para produção e reprodução de falsas notícias.

Salienta-se, mais uma vez, o estabelecimento de grupos no poder com base na violação e no esfacelamento da verdade, cientes de que o cinismo, o cansaço e o medo podem tornar as pessoas suscetíveis a mentiras e falsas promessas de líderes determinados a alcançar o poder incondicional. Como escreveu Hannah Arendt (2009, p. 359), "o súdito ideal do governo totalitário não é o nazista convicto nem o comunista convicto, mas aquele para quem já não existe a diferença entre o fato e a ficção (isto é, a realidade da experiência) e a diferença entre o verdadeiro e o falso (isto é, os critérios do pensamento)".

A falta de senso crítico ensejou o uso das redes sociais como um mercado de dados que serve para traçar e manipular os perfis dos usuários, gerando um espaço virtual e espetacular que se consolidou como instrumento forte para as candidaturas dos presidenciáveis "influenciadores digitais". Uma vez que os atores sociais, desgostosos com as formas anteriores de governo ou com pouco acesso educacional e político, agora se confrontam com a imagem artificialmente criada de um líder não identificado com a política tradicional, captam para si a esperança de mudança.

Eclodiu, então, uma guerra digital fomentada pela construção imagética de líderes e edificada pela difusão de *fakes news* nas últimas eleições, prioritariamente por redes como WhatsApp e Facebook, devido a *fatores como a falta de maior profundidade educativa política, bem como a facilidade e rapidez da propagação da desinformação*. Nesse contexto, ocorre a polarização da sociedade e uma tendência de políticos autoritários criarem narrativas desestabilizadoras da ciência e das instituições políticas democráticas (KAKUTANI, 2018, p. 45), cenário digital que proporcionou a fragmentação da conscientização democrática coerente.

Obviamente, o direito ao voto sofreu uma lesão, posto que o cenário de eleição política se converte num mundo das aparências que exige o palco e sua plateia, além de um discurso emoldurado na troca de opiniões. A liberdade de poder falar, ser visto e ouvido, participar das discussões e deliberações da gestão pública, assim como a possibilidade que todos têm de mostrar a sua identidade e expressar a sua opinião, estimulam o interesse do ser humano pela política (ARENDT, 1993, p. 100).

Uma sociedade é democrática quando a voz de seus representantes é ecoada em suas multidões, bem como as propostas são debatidas, visto que o contrário disso é uma espécie de monarquia ou regime ditatorial. No caso em tela, a proliferação de informações digitais por parte do presidenciável ocasionou uma sensação de exposição de suas falas, mas cerceou bruscamente o processo eleitoral democrático, tendo em vista ter tornado o processo um monólogo digital, o qual acarretou à Constituição uma tarefa abstrusa de sustentar a legitimidade democrática corroída pela "globalização", tendo em vista essa facilitação de informações – por mais paradoxal que possa ser – ter ocasionado a "dessubstancialização" da Constituição, posto ter espaços políticos reduzidos, ocasionados por esse processo de globalização (BERCOVICI, 2004, p. 13-14).

É preocupante constatar que, ainda no século XXI, ondas de populismo e fundamentalismo estão distanciando as pessoas do interesse pelo debate sensato, corroendo as instituições democráticas e trocando os especialistas pela sabedoria das multidões. Entrementes, o populismo e o discurso populista encontram-se presentes tanto nos discursos da direita como nos de esquerda. Para Patrick Charaudeau (2016, p. 65), citado por Lelles (2018, p. 139):

> O populismo sempre nasce de uma situação de crise social que pode ser variável de acordo com o país e época em que ocorre. O discurso populista, fazendo parte do discurso político, é então uma estratégia de manipulação. O populismo não é regime político, mas uma estratégia de conquista ou de exercício do poder sob o manto da democracia.

Nessa senda, Patrick Charaudeau (2016, p. 77), citado por Lelles (2018, p. 139), ressalta:

> A manipulação do mundo midiático, por sua vez, acontece pela superdramatização da informação nos dias atuais, sobretudo pela constante estratégia de amálgama realizada pelas mídias para sintetizar, sobremaneira, a informação. Esse processo mostra uma tendência característica do mundo dos atores sociais (os famosos) que se estendeu aos políticos: a "peopolização", busca pela credibilidade que perpassa uma superexposição pública de suas vidas cotidianas e privadas. Essa peopolização do ator político revela tanto um movimento de dessacralização do político, que se assemelha aos demais nas ações do dia a dia, quanto o movimento contrário, de ressacralização, ao dar humanidade a sua função (aparentemente mecânica).

Alegações falsas sobre as relações financeiras do Reino Unido com a União Europeia (em anúncios da campanha do partido *Vote Leave* em um ônibus) ajudaram a mudar a votação em favor do *Brexit*; a Rússia intensificou a propagação da sua *dezinformatsiya e,* durante as campanhas eleitorais na França, na Alemanha, na Holanda e em outros países, esforços orquestrados de propaganda foram utilizados para desacreditar e desestabilizar democracias (KAKUTANI, 2018, p. 67). Essas evidências demonstram que a problemática relacionada à utilização das novas tecnologias, para finalidades distópicas, merece também ser discutida sobre o parâmetro global.

2 Pós-verdade, manipulação da esfera pública e *fake news*: será possível frear a erosão democrática?

O termo pós-verdade foi catalogado, no ano de 1992, na revista Nation. Remete ao secular problema da "verdade e da mentira na política" (ARENDT, 1967). O dicionário Oxford elegeu a pós-verdade como a palavra do ano de 2016. Significa "o qualificativo das circunstâncias em que fatos objetivos são menos influentes na opinião pública que os apelos emocionais e as crenças pessoais" (SEIXAS, 2019, p. 122).

A problemática da mentira no conceito de pós-verdade aparece já na própria morfossemântica do termo. "Todavia, este caso prefixal, em especial, parece não significar, logicamente, nem um período após a verdade em termos temporais, nem tampouco totalmente a sua descredibilização" (SEIXAS, 2019, p. 125). O autor complementa:

> O que ocorre, com efeito, é uma superação do desejo de verdade por parte dos sujeitos, ao menos da verdade divergente da sua. Por assim dizer, haveria certo desinteresse dos sujeitos em estabelecer um movimento heurístico de verificação dos fatos e das verdades, porquanto mais vale a manutenção das convicções e das identidades do que um *verificacionismo* a todo custo. Não há, logo, preocupação em checar os fundamentos e fontes de uma verdade, já que há sempre uma leitura pré-programada dos sujeitos, enviesada, por certo, dos eventos sociais (SEIXAS, 2019, p. 125).

Seu conceito é muito discutido nas ciências humanas e sociais, notadamente em face do mundo em que as *fake news* tomam o lugar das "verdades de fato", controlam ou influenciam a opinião em massa – no Brasil, aconteceu com a greve dos caminhoneiros e com o assassinato da vereadora Marielle Franco. Em ambos os exemplos, segundo Seixas (2019, p. 123), foi "possível presenciar a divulgação de inúmeras informações falsas, as quais foram amplamente compartilhadas por pessoas que se animavam com tais informações, porquanto elas movimentaram o 'espírito' de maneira semelhante, por uma partilha de convicções".

Com a ampliação quantitativa e qualitativa da digitalização da vida, por óbvio que os mecanismos de propagação de informações manipuladas, a partir de eficazes meios de postagem e de compartilhamento de mensagens, passaram a exercer considerável impacto sobre os caminhos democráticos dos Estados-Nação (SARLET; SIQUEIRA, 2020, p. 538).

Certo que, no Brasil, o problema da erosão da verdade (KAKUTANI, 2018, p. 11-12) e, consequentemente, da democracia não se limitou ao período eleitoral, mas edificou e edifica todo o aparato publicitário de algumas campanhas eleitorais, ao passo que, para além de notícias falsas, são propagadas falsas ciências, histórias e perfis de seguidores.

Fato é que os governos, de modo geral, dependem das plataformas digitais para controlarem, ao máximo, as informações e engajarem seus apoiadores, de forma que a disseminação de ideias populistas, mesmo que baseadas em desinformação e mentiras, polarize e aniquile cada vez mais a capacidade de diálogo democrático. Entrementes, Benkler, Faris e Roberts (2018, p. 342) advertem "a distorção informacional seria capaz de ameaçar a democracia".

Certamente, as estratégias de distorção do debate público não são recentes. Joseph Goebbels, principal marqueteiro do regime nazista, escreveu a frase célebre "uma mentira repetida mil vezes torna-se verdade". Tal afirmação aponta para "uma relatividade ou, ao menos, uma fragilidade da noção de 'verdade'" (SEIXAS, 2019, p. 126). Para Hannah Arendt (1998, p. 526), "o súdito do governo totalitário não é o nazista convicto nem o comunista convicto, mas aquele para quem já não existe diferença entre o fato e a ficção".

A pós-verdade promove efusivos impactos não tão somente políticos, mas sociais e econômicos. Tais evidências exteriorizam profundas vulnerabilidades pelas quais a democracia brasileira está exposta, pois a esfera pública, que deveria ser uma "arena viva e dinâmica na qual o permanente processo de construção, desconstrução e reconstrução discursiva e simbólica da nação tem lugar" (COSTA, 2002, p. 156), torna-se subserviente ao sistema mediatizado pelas condições do mercado e pela vontade de poder (NEVES, 2006, p. 74).

A ideia inicial de que os meios tecnológicos seriam capazes de promover a "descolonização do mundo da vida" (MAGRANI, 2014, p. 37) parece ter cedido às tradicionais instâncias de dominação. De fato, a dominação do fluxo informacional pode conduzir ao movimento contrário: ao advento de um tipo de feudalismo funcional moldado pela corrupção na forma de difusão das informações (RODOTÀ, 2008, p. 40).

Por isso, a crise de legitimidade democrática vivenciada no momento atual deve-se muito aos sofisticados instrumentos de persuasão utilizados tanto pelo mercado (principal provedor de redes sociais) quanto pelo poder político, que se apropriaram das novas tecnologias para imporem a sua lógica utilitarista.

Dessarte, a lógica que se utiliza da manipulação do fluxo informacional – para intensificar a desinformação mediante a propagação de *fake news*,[6] muitas vezes repletas de discursos de ódio, com o desiderato de desestabilização das instituições – elimina as condições para o livre desenvolvimento dos processos democráticos.

Afinal, a "ênfase não está no resultado do processo democrático, mas na deliberação, na comunicação e nos procedimentos que regulam a participação e que possibilitam que a opinião pública discursiva alcance as instâncias decisórias" (HABERMAS, 1992, p. 447-449). Por essa razão, a arquitetura da pós-verdade distancia as democracias liberais da teoria habermasiana,[7] ao passo que a polarização impede a busca do consenso, a manipulação do discurso desconstrói a liberdade comunicativa e a possibilidade de construção de um diálogo crítico-racional, e a intrusão do sistema político pelos interesses do governo ou comerciais esgarça, por fim, a esfera pública.

Diante da capacidade de agência significativa dos agentes não humanos (algoritmos com capacidade de *deep learning*[8] e autoprogramação) sobre a influência da esfera pública conectada, várias teorias críticas, dentre as quais a habermasiana, precisam ser repensadas sob novas lentes epistemológicas e ontológicas para que se repense o papel desses sistemas nos processos democráticos (MAGRANI, 2019, p. 178).

> A sociedade da informação propõe novos desafios à democracia. Oferece a ela a possibilidade de coletar qualquer informação sobre os cidadãos, com o argumento de que tudo pode enfim se revelar útil para a tutela da segurança, da saúde, e assim por diante. Mas a democracia é também sobriedade, até mesmo renúncia, quando pode existir um risco para a liberdade dos cidadãos. A civilização moderna nasce com o *habeas corpus*: a cidadania eletrônica exige um *habeas data* (RODOTÀ, 2008, p. 162).

---

[6] "Não são notícias com as quais alguém não concorda ou aprova. O termo caminha no sentido de englobar informações que, muitas vezes, aparentam ser fruto de apuração jornalística, mas que são dotadas intencionalmente de conteúdos falsos ou manipulados, visando-se a obter como regra benefício econômico e/ou político" (TEFFÉ; SOUZA, 2019, p. 526).

[7] Ver: HABERMAS, Jürgen. *The Structural Transformation of the Public Sphere*: an inquiry into a category of bourgeois society. The MIT Press, 1991.

[8] É uma técnica que advém da subdivisão da tecnologia de *machine learning* com o objetivo de cumprir tarefas e desconstruir formulações a partir de um panorama de informações desorganizadas (MAGRANI, 2019, p. 211).

Indaga-se sobre o "preço" que se está disposto a pagar pelo uso disruptivo das tecnologias. A premissa do questionamento, por si só, deve ser desconstruída; afinal, o Estado Democrático de Direito edifica a base da ordem constitucional brasileira, da qual se confluem vários fundamentos, dentre os quais a soberania, a cidadania, a dignidade da pessoa humana e o pluralismo político (art. 1º, I, II, III e V, da CF/88), todos estes inalienáveis e insuscetíveis de supressão.

De modo inequívoco, observa-se que, embora ainda não se tenha uma legislação específica sobre a desinformação,[9] a ordem jurídica constitucional una conflui princípios de ampla normatividade que permitem ao intérprete do direito, diante de conflitos, oferecer respostas de modo a rechaçar qualquer tentativa de utilização dos meios tecnológicos para manipular o debate público.

Ciente dos desafios em matéria de regulação tecnológica, notadamente em virtude dos riscos de se estabelecerem regras codificadas para um fenômeno que se adapta velozmente, vê-se a importância digna do recurso à interpretação unitária do sistema, a partir de cláusulas gerais e de princípios, em aplicação direta das normas constitucionais (TEPEDINO, 2019).

> Daí porque sem a manutenção de um equilíbrio, que ao mesmo tempo garanta o máximo em liberdade de expressão e assegure a proteção da dignidade da pessoa humana e do livre desenvolvimento da personalidade em todas as suas dimensões, o próprio Estado Democrático de Direito, necessariamente livre, plural e igualitário, estará em risco (SARLET; SIQUEIRA, 2020, p. 545).

Em referência à possível colisão entre interesses igualmente merecedores de tutela,[10] dentre os quais o direito à liberdade de expressão e

---

[9] O Projeto de Lei nº 2630/2020 institui a Lei Brasileira de Liberdade, Responsabilidade e Transparência na Internet. O texto inicial do PL não menciona o termo *fake news*, mas desinformação, conceituando-o como "conteúdo, em parte ou no todo, inequivocamente falso ou enganoso, passível de verificação, colocado foram de contexto, manipulado ou forjado, com potencial de causar danos individuais ou coletivos, ressalvado o ânimo humorístico ou de paródia". Vedam-se as contas inautênticas, os disseminadores artificiais e as respectivas redes de disseminação da desinformação; regulamentam-se o dever de transparência e uma série de medidas de combate à desinformação a serem implementadas pelos provedores de aplicação. Finalmente, de forma destacada, inclui-se, na Lei nº 8.429/92, a tipificação como ato de improbidade administrativo (violação aos princípios – art. 11) e a conduta de "disseminar ou concorrer para a disseminação de desinformação". Disponível em: https://legis.senado.leg.br/sdleg-getter/documento?dm=8110634&ts=1630418505591&disposition=inline. Acesso em: 14 jun. 2023.

[10] Sobre a técnica do juízo de merecimento de tutela nas relações privadas, "identifica-se entre duas ou mais pretensões tuteláveis a solução a ser extraída da aplicação unitária

de informação, identifica-se que o pleno exercício desses interesses, no caso concreto, não ampara a liberdade para deliberadamente veicular *fake news*, *deep fakes*[11] ou discursos de ódio,[12] de forma que os responsáveis pela disseminação da desinformação poderão ser responsabilizados, a *posteriori*, nos âmbitos penal (crimes contra a honra e crimes eleitorais),[13] cível (violação a direitos de personalidade e direitos difusos), administrativo (ato de improbidade administrativa) e eleitoral[14] (condutas ilícitas em campanhas).[15]

Identifica-se, portanto, que a temática ora desenvolvida desafia a tradicional dicotomia entre o direito público e privado. Ao demonstrar a necessidade de superação desse caso, a pesquisa deseja oferecer elementos concretos à solução dos questionamentos. Afinal, a manipulação

---

do sistema, de modo a prevalecer o interesse mais consentâneo com a axiologia, capaz de promover harmonicamente e de forma mais adequada os valores juridicamente relevantes. Dessa forma, tal controle valorativo estimula o exercício dos direitos em uma perspectiva solidarista, pois se oferece tutela preferencial ao interesse capaz de melhor promover os valores da ordem jurídica" (COLAÇO; RODRIGUES, 2017, p. 1.136).

[11] "A crescente tendência da utilização das assim chamadas *deep fakes* (a terminologia advém da combinação entre os vocábulos *deep learning* {em português, aprendizagem profunda} e *fake news*) essencialmente caracterizadas por serem dissimuladas mediante recurso à inteligência artificial, mormente com a combinação de imagem e vídeo, com perfeito alinhamento de voz e expressões faciais, permitindo a fabricação de vídeos falsos (e.g. discursos dissimulados de Chefes de Estado e de Governo, falsos vídeos sexuais de celebridades), cuja minuciosa manipulação praticamente impede o intérprete de identificar que determinada informação não reflete a realidade" (SARLET; SIQUEIRA, 2020, p. 542).

[12] O STF, no HC nº 82.424 (Caso Ellwanger), negou o sentido constitucional da liberdade de expressão a discursos de ódio, a expressões de preconceito e de discriminação de qualquer natureza, que visam inferiorizar ou não reconhecer a liberdade como igualdade na diferença e a dignidade de todos e de cada um como expressão constitucional do direito fundamental a ser tratado pelo Estado com igual respeito e consideração (STRECK, 2016, p. 130).

[13] "Nesse contexto, sobressai-se o art. 323, que criminaliza a conduta de 'divulgar, na propaganda, fatos que sabe inverídicos, em relação a partidos ou candidatos e capazes de exercerem influência perante o eleitorado', cuja pena de detenção ou pagamento de multa é agravada caso o delito seja perpetrado através imprensa, rádio ou televisão". Ainda, "caso a informação veiculada – inclusive a falsa – venha a ofender a honra subjetiva ou objetiva de candidatos, ainda na propaganda, recai-se nos tipos penais previstos no art. 324, no art. 325 e no art. 326 do Código Eleitoral (respectivamente, calúnia, difamação e injúria eleitorais), não se aplicando, nesses casos, os crimes contra a honra previstos no Código Penal" (SARLET; SIQUEIRA, 2020, p. 553-554).

[14] Para uma análise mais aprofundada do fenômeno estudado com foco nas consequências eleitorais, ver: LEAL, Luziane de Figueiredo Simão; FILHO, José Filomeno de Moraes. Inteligência artificial e democracia: os algoritmos podem influenciar uma campanha eleitoral? Uma análise sobre o julgamento sobre impulsionamento de propaganda eleitoral na internet do Tribunal Superior Eleitoral. *Direitos Fundamentais e Justiça*, Belo Horizonte, ano 13, n. 41, p. 343-356, jul./dez. 2019. Disponível em: http://dfj.emnuvens.com.br/dfj/article/view/793/971. Acesso em: 15 set. 2021.

[15] A Resolução nº 23.610/2019, do TSE, dispôs sobre propaganda eleitoral e estabeleceu novas espécies de condutas ilícitas em campanha, dentre as quais a veiculação de informações não fidedignas.

das informações pessoais com objetivos delimitados desperta tanto a discussão sobre o risco à privacidade dos titulares quanto as ameaças aos direitos das minorias e às conquistas democráticas.

Nesse paralelo, a iconização do povo,[16] a partir do distanciamento do *status* ativo – que parece, infelizmente, acompanhar o processo de formação do pensamento político brasileiro desde o brado do Ipiranga (LEMKE, 2019, p. 1.877) –, retira a autodeterminação, fragmenta o sentimento de unidade nacional[17] e implica o declínio da democracia deliberativa.

Em meio à inata fragilidade do processo democrático nacional, não se pode legitimar que determinadas estruturas de poder contribuam, de forma mais efetiva, para a manutenção dos abismos consensuais. Afinal, "um regime democrático saudável depende também de cidadãos ativos, no processo participativo-deliberativo e bem informados por meio de um ecossistema substancial de ideias concorrentes e acessíveis" (MAGRANI, 2014, p. 128).

Por essa razão, um dos possíveis meios de se frear a erosão democrática fomentada pela concentração de poder informacional e consequente manipulação do discurso deve vir necessariamente pelo fortalecimento da coesão nacional, pois, "essencialmente, a democracia somente funciona se nós, cidadãos, formos capazes de pensar além dos nossos próprios interesses. Para conseguirmos isto, é necessário desenvolver uma visão unificada do mundo que habitamos" (PARISIER, 2011, p. 164).

Impõe-se o combate à "balconização" dos meios tecnológicos, pois esse fenômeno estimula movimentos antidemocráticos e gera corrosão à "cola social" que une a sociedade e proporciona aos cidadãos o sentimento comum de identidade de grupo ou comunidade (SUNSTEIN, 2007, p. 43).

Em contraposição ao temor de que a "tecnopolítica" se torne a forma congenial do populismo, existem, sim, espaços para que a internet e todos os instrumentos tecnológicos conexos contribuam

---

[16] A iconização consiste, especificamente, em "abandonar o povo a si mesmo; em 'desrealizar' a população, em mitificá-la [...], em hipostasiá-la de forma pseudo-sacral e em instituí-la assim como padroeira tutelar abstrata, tornada inofensiva para o poder-violência" (MÜLLER, 2003, p. 67).

[17] Desde o Brasil Colônia, evidenciou-se um processo de "bestialização" do povo quanto ao processo político-civilizatório do país, que assistiu, de forma apática, à independência e à proclamação da República. Nessa perspectiva, a figura de um patriotismo usurpado exsurge e, consequentemente, ainda contribui com a falta de identidade nacional (ALVES; BORTOLOTI, 2021).

efetivamente para a solidificação de uma democracia deliberativa, ou seja, uma *"strong democracy*, na qual a força seja aquela dos cidadãos ativos, aos quais são dadas as condições de participar efetivamente dos processos de decisão" (RODOTÀ, 2008, p. 160).

> A democracia é antes de tudo discussão, confronto, pesquisa. As tecnologias da informação devem exaltar esse aspecto, e não oferecer atalhos enganosos em direção a formas de decisão por plebiscito. Deve tornar possível o conhecimento por parte dos cidadãos, não a sua mais refinada manipulação (RODOTÀ, 2008, p. 162).

Em conseguinte, a tarefa de impedir a erosão democrática não pode ser confiada tão somente às vias institucionais, seja pela regulação ou pelas ações estatais, mas, sim, conferida ao próprio destinatário dos avanços civilizatórios: aos cidadãos diretamente impactados pela polarização do discurso e pela desinformação.

Embora a proposta de solução parcial ao problema pareça utópica, não se pode desconsiderar que as principais modificações sociais emergem da consciência individual, mas desde que estimuladas por políticas públicas eficazes capazes de promover educação digital crítica e reflexiva.

Exemplifica-se, dentre as iniciativas concretamente realizáveis, o estímulo à criação de *startups* especializadas em monitorar *fake news*, como a projetada pelo Parque Tecnológico da UFRJ conhecida como "twist",[18] assim como as parcerias firmadas entre os tribunais eleitorais (TSE e TREs) com agências de checagem de fatos.[19]

3 O paradoxo da inteligência artificial (veneno e antídoto) e a democracia *by design*: alternativas à correção do déficit democrático a partir da regulação metatecnológica

Em análise à comunicação política estabelecida – desde que a internet vem sendo utilizada como ferramenta de manipulação – nas democracias ocidentais, Ronaldo Lemos (2019, p. 197) recorre à metáfora

---

[18] Disponível em: https://www.twist.systems/pt-br/blog/2020/03/19/desinformacao-e-fake-news/. Acesso em: 14 jun. 2023.

[19] Disponível em: https://www.tse.jus.br/imprensa/noticias-tse/2020/Outubro/tse-lanca-coalizao-de-checagem-de-informacoes-para-as-eleicoes-2020. Acesso em: 14 jun. 2023.

"casa-porão" para apresentar os profundos dilemas evidenciados. Alude-se à arquitetura da casa em que morava o maníaco austríaco Josef Fritzl, que manteve a filha em cativeiro, no porão, por longos 24 (vinte e quatro) anos. Seria nesse compartimento obscuro que os interesses políticos dominantes implementam o seu "vale-tudo", prospectando robôs, perfis falsos, anonimato, *fake news*, tudo mediante o uso do poder tecnológico.

No tópico anterior, apresentaram-se propostas viáveis a blindar a erosão civilizatória decorrente do fenômeno metaforicamente retratado. Contudo, remanesce um questionamento devido: e se grande parte dos instrumentos tecnológicos apresentassem, autonomamente, porões repletos de mistérios hábeis a segregar os que convivem na casa, mesmo que não orientados por figuras humanas?

A indagação supracitada não se insere apenas no ambiente ficcional, pois grande parte dos objetos tecnológicos existentes, no contexto da internet das coisas (IoT),[20] guarda a habilidade de processar – de forma autônoma, ainda que supervisionada, mediante a tecnologia de *machine learning* – um conjunto de dados, até mesmo não estruturados, para o fim de realizar tarefas específicas, qualificando-se, assim, como um sistema de inteligência artificial[21] restrito (fraco).[22]

> A IA pode coadjuvar a produção massiva de *deepfakes*, impingindo severos atentados reputacionais. No ponto, apesar de indiscutível a vedação categórica de qualquer tipo de censura, a liberdade não autoriza o anonimato irresponsável, sequer o robótico, envolvido na perpetuação

---

[20] "Existem fortes divergências em relação ao conceito de IoT, não havendo, portanto, um conceito único que possa ser considerado pacífico ou unânime. De maneira geral, pode ser entendido como um ambiente de objetos físicos interconectados com a internet por meio de sensores pequenos e embutidos, criando um ecossistema de computação onipresente (ubíqua), voltado para a facilitação do cotidiano das pessoas, introduzindo soluções funcionais nos processos do dia a dia. O que todas as definições de IoT têm em comum é que elas se concentram em como computadores, sensores e objetos interagem uns com os outros e processam informações/dados em um contexto de hiperconectividade" (MAGRANI, 2018, p. 20).

[21] O Projeto de Lei nº 21/2020, que estabelece fundamentos, princípios e diretrizes para o desenvolvimento e a aplicação da inteligência artificial no Brasil e dá outras providências, foi aprovado na Câmara dos Deputados e está aguardando votação do Senado Federal. A proposta conceitua sistema de inteligência artificial: "O sistema baseado em processo computacional que pode, para um determinado conjunto de objetivos definidos pelo homem, fazer previsões e recomendações ou tomar decisões que influenciam ambientes reais ou virtuais".

[22] "A IA do tipo fraco pode ser descrita como aquela que é programada para aprender e resolver apenas um tipo específico de problema. A IA de tipo forte desenvolve raciocínio próprio a partir de aprendizado não supervisionado" (NUNES, 2018, p. 49).

de crimes e demais ilicitudes. De outra parte, embora os algoritmos funcionem para rastrear as falsidades, seria muito ingênuo debitar à IA essa tarefa com exclusividade (FREITAS; FREITAS, 2020, p. 42).

É fato inegável que gigantes da tecnologia (*big techs*), como Facebook e Google, que compõem o conhecido "duopólio" tecnológico, utilizam, a partir de suas plataformas mais populares, sistemas de inteligência artificial com o objetivo de processar dados (*input*) e gerar resultados (*outputs*) mais personalizados para os usuários. Essa atividade automatizada, que parece simples, na verdade, tem alto potencial destrutivo ao debate democrático em redes.

Os receios advindos da personalização do conteúdo são tão expressivos que a autora Carissa Véliz (2022) sustenta a supressão do *personalized advertising*, ao passo que a opacidade e a ausência de transparência dessas tecnologias dificultam o controle social sobre a manipulação do fluxo informacional distribuído a cada cidadão.

Embora não se desconsiderem os interesses políticos e econômicos sobrepostos que compõem a miríade dos poderes invisíveis, a raiz do problema da desinformação estaria na própria arquitetura tecnológica, cuja característica da imprevisibilidade justificaria a inserção da caracterização da sociedade algorítmica[23] (BALKIN, 2017) também na sociedade do risco (BECK, 2011), da vigilância, da classificação e do controle (RODOTÀ, 2008).

Nessa perspectiva, Cathy O'Neil (2016, p. 63) refere-se aos algoritmos[24] como armas matemáticas direcionadas para a lógica da destruição, por embutirem em seus códigos, que estariam longe da neutralidade e da objetividade, a perpetuação da estratificação social (*status quo*) e das injustiças existentes.

Em afirmação à visão da autora, a análise da conjuntura do escândalo da *Cambridge Analytica* demonstra verdadeiramente a lógica do algoritmo utilizado pelo Facebook que insuflou debates de cunho sensacionalistas, mesmo que, muitas vezes, pautados em informações falsas ou discursos de ódio (FRENKEL; KANG, 2021, p. 15).

---

[23] "Significa uma sociedade organizada social e economicamente, a partir de decisões algorítmicas, seja por robôs ou por sistemas de inteligência artificial que não tão somente toma decisões mas, em alguns casos, modifica o mundo exterior" (BALKIN, 2017, p. 1.219) – tradução própria.

[24] É um conjunto metódico de passos que pode ser usado na realização de cálculos, na resolução de problemas e nas tomadas de decisão. Não se trata de um cálculo específico, mas do método empregado quando se fazem cálculos (HARARI, 2016, p. 47).

Não muito distante, o sistema de inteligência artificial da Microsoft, conhecido como Tay,[25] desenvolvido com o objetivo de estabelecer interações no Twitter, precisou ser desativado, 24 (vinte e quatro) horas depois, por veicular mensagens de conteúdos racistas, xenofóbicos e sexistas,[26] situação que expõe os riscos decorrentes dos vieses algorítmicos,[27] notadamente diante de minorias, o que levou à formulação da expressão "injustiça pela generalização" (BRITZ, 2008, p. 134), que ressalta a capacidade da decisão algorítmica de promover desigualdade e segregação a partir da classificação das pessoas.

Lawrence Lessig (2006), responsável pela frase *"code is law"*, explicita o poder inerente à arquitetura tecnológica, pois comporia uma verdadeira instância social, de valência tão importante quanto o direito, a economia e as normas sociais. Por isso, para além dos interesses externos, o próprio desenvolvimento das estruturas tecnológicas fomentaria a desinformação e a polarização.

Nesse contexto, as redes que não efetuam filtragem prévia de conteúdo nem exercem algum tipo de controle editorial (ALLCOTT; GENTZKOW, 2017, p. 211) amplificam abismos invisíveis entre grupos, visto que fornecem – em função do algoritmo que organiza o *feed* – informações que tendem a confirmar a visão de mundo do usuário (KAKUTANI, 2018, p. 144; ALLCOTT; GENTZKOW, 2017, p. 221; SUNSTEIN, 2010, p. 56).

Por essa razão, os modelos de negócio inseridos na "economia da atenção" (TIROLE, 2017, p. 379-380; WU, 2016), ao precificarem a

---

[25] Disponível em: https://www.tecmundo.com.br/inteligencia-artificial/102782-tay-twitter-conseguiu-corromper-ia-microsoft-24-horas.htm. Acesso em: 11 set. 2021.

[26] "O caso possui semelhanças com o que ocorreu em 2015 com o Google Photos. Esse era um programa que também aprendia com os usuários, mas, desta vez, para dar labels a fotos. Contudo, os seus resultados também foram desagradáveis e se percebeu, por exemplo, que o bot estava dando o label de gorila a fotos de pessoas negras" (MAGRANI, 2019, p. 219).

[27] "A discriminação estatística se dá por meio da classificação de pessoas com determinadas características em certos grupos – isto é, por meio da generalização de que pessoas com tais características têm maior probabilidade de agir de certa maneira ou de apresentar determinadas qualidades. A generalização, nesse caso, embora o modelo possa funcionar bem e seja estatisticamente correto, pode levar à discriminação das pessoas que configuram os casos atípicos, não se enquadrando nas características do grupo geral. É o caso, por exemplo, da pessoa que, apesar de morar em determinada região, considerada de baixa renda e, portanto, classificada como de maior risco de inadimplência em modelos de risco de crédito, aufere na realidade renda superior à de seus vizinhos. A discriminação, nesse caso, dar-se-ia, porque, em um modelo em que a informação sobre endereço tem peso fundamental, o caso atípico seria tratado conforme o grupo em que está inserido, e não conforme as outras pessoas de sua faixa de renda" (DONEDA; MENDES; SOUZA; ANDRADE, 2018, p. 5).

relação tempo-atenção dos usuários em rede, sem qualquer compromisso para com a qualidade do conteúdo compartilhado, para prender essa atenção, na verdade, contribuem para a formação de filtros-bolha (*filter bubble*).[28]

A lógica dos filtros-bolha potencializa a morte do debate e institucionaliza o processo desinformacional, pois as informações distribuídas, em cada um dos grupos, a partir de fortes apelos emocionais, apenas confirmam a visão de mundo destes e reforçam a necessidade de segregação, o que implica em mais déficit democrático.

A despeito do posicionamento alarmante da escritora Cathy O'Neil, que focaliza os riscos decorrentes da discriminação estatística, é razoável se ponderar que o caminho científico para a discussão sobre os novos conflitos e problemas advindos da evolução tecnológica não poderá ser solucionado de forma maniqueísta.

Portanto, firma-se o posicionamento do presente estudo, pelo qual a tecnologia não poderá ser analisada entre "anjos e demônios", mas, sim, a partir da racionalidade científica sobre o problema. Afinal, o presente e o futuro são insofismavelmente marcados pela simbiose tecnológica, razão pela qual cabe ao cientista jurídico mediar a evolução do fenômeno.

O desafio cinge-se a delimitar quais serão os passos da mediação tecnológica. Conforme o título do tópico sugere, a inteligência artificial e as tecnologias conexas exsurgem como responsáveis por inúmeras patologias vivenciadas pela sociedade contemporânea. Dentre os efeitos colaterais, citam-se "polarização exacerbada, interferência do poder econômico ou geopolítico nas democracias ocidentais, erosão da própria ideia de realidade ou, ainda, massacres e violência étnica" (LEMOS, 2019, p. 198).

Porém, o paradoxo inerente é que apenas o próprio aparato tecnológico parece ser capaz de remediar os efeitos adversos, tornando-se o mais eficaz antídoto ao veneno criado. Nesse paradigma, reafirma-se que a regulação jurídica tradicional, por meio da edificação de códigos repletos de regras regidas pelo "tudo ou nada", não se insere na

---

[28] "Filter Bubble (ou filtros-bolha) pode ser definida como um conjunto de dados gerado por todos os mecanismos algorítmicos utilizados para se fazer uma edição invisível voltada à customização da navegação on-line. Em outras palavras, é uma espécie de personificação dos conteúdos da rede, feita por determinadas empresas como o Google, através de seus mecanismos de busca, e redes sociais como o Facebook, entre diversas outras plataformas e provedores de conteúdo" (MAGRANI, 2014, p. 118).

adequada sistemática à resolução dos problemas advindos dos desníveis de poder tecnológico.

Em contraposição, submeter a condução das diretrizes regulatórias exclusivamente aos responsáveis pelo desenvolvimento das novas tecnologias, em um ambiente denominado de "tecnorregulação", representaria confiar integralmente os "ovos à raposa", razão pela qual assiste razão a crítica à autorregulação formulada por Eduardo Magrani (2019, p. 254), no livro *Entre dados e robôs*.

Por isso, o cenário mais adequado se ergue a partir de uma perspectiva "metatecnológica do direito", que propõe a substituição das instâncias oitocentistas do direito por uma regulação baseada por meio do *design*, de *standards* e de arquiteturas (PAGALLO, 2012).

Assim, para que o direito atue adequadamente como metatecnologia, precisará se lastrear por diretrizes éticas condizentes com a era da hiperconectividade (MAGRANI, 2019, p. 256). A premissa interessante é que essa nova hermenêutica se distancia da visão hermética kelseniana da ciência jurídica, pois o desafio de oferecer uma adequada regulação às tecnologias prescinde da abertura ao diálogo com inúmeras outras ciências, dentre as quais as da engenharia, computação, robótica e neurociência.

> Nesse sentido, pela dinâmica do campo da IA, os desafios éticos serão melhor enfrentados de forma integrada à sociedade, com os aspectos normativos, culturais, institucionais em perspectiva de um diálogo social sobre o conceito e limites do que é uma ação responsável, equitativa, rastreável, confiável e governável. Lembrando inclusive que há limites concretos colocados à IA no sentido de que parâmetros de testes para o desenvolvimento de IA dependem de percepções e sensibilidades próprias da cognição humana e, portanto, sujeitos aos inerentes limites humanos (PEIXOTO, 2020, p. 84).

Para tanto, o estabelecimento de *standards* ético-regulatórios, desenvolvidos em solidariedade dialógica, a partir das contribuições dos mais variados atores que compõem o fenômeno tecnológico, apresenta-se como instância adequada à solução dos problemas, notadamente porque se antecipa a estes, atuando de modo profilático e em observância aos princípios constitucionais implícitos da prevenção e da precaução.

Desta feita, a metatecnologia centra-se na formulação de um "design sensível a valores"; como exemplo, os comandos de *privacy by design*, *security by design* e *ethics by design* (MAGRANI, 2019, p. 235).

Afinal, para se tornar liquidamente benfazeja, a IA precisará estar, desde a origem, projetada como ferramenta de *legal by design* ou *legal protection by design*, a partir da observância de fulcrais mandamentos formulados em contenção aos efeitos adversos (FREITAS; FREITAS, 2020, p. 56).

Em resgate aos princípios aplicáveis à inteligência artificial definidos em documento pela OCDE[29] no ano de 2019, cujo Brasil aderiu, Fabiano Hartmann (2020, p. 44) destaca como objetivo central da normativa promover uma IA inovadora e confiável, mas que, sobretudo, respeite direitos humanos e valores democráticos.

De modo semelhante, as diretrizes éticas formuladas pela União Europeia,[30] também em 2019, documento elaborado por peritos de alto nível sobre IA, apresentaram, na vertente do princípio do desenvolvimento para o bem-estar social, considerações sobre os impactos sociais e democráticos da implementação dos sistemas de IA e seus efeitos sobre as instituições, a democracia e a sociedade, de modo que se deve ter ciência dos cuidados a serem adotados quando do uso dessas tecnologias tanto para fins de decisões políticas quanto para os contextos eleitorais.

Portanto, vislumbra-se como *standard/guideline* ético o compromisso dos desenvolvedores das tecnologias para com a adoção de valores democráticos, o que permite a formulação do conceito de "democracia *by design*".

Significa conceber que, ao projetar uma ferramenta tecnológica, auditá-la e revisá-la, deve-se ficar atento para com os riscos que esta representa ao Estado Democrático de Direito, a ensejar a sua reprogramação para fins de promoção de valores como o pluralismo, a diversidade de ideias e a liberdade de expressão e de informação.

É perfeitamente possível a multiplicação de boas práticas por meio de ações afirmativas algorítmicas (CHANDER, 2017, p. 1027), não tão somente em matérias relativas a discriminações raciais e de gênero, mas também na promoção de campanhas destinadas ao combate à desinformação, dentre as quais cita-se a iniciativa adotada pelo grupo do Facebook que direcionou os sistemas de inteligência para identificar

---

[29] "Os sistemas de IA devem ser projetados de maneira a respeitar o estado de direito, *valores democráticos* e a diversidade, e devem incluir salvaguardas apropriadas (por exemplo, possibilitando a intervenção humana, quando necessária, para garantir uma sociedade leal e justa)" (OCDE. *Artificial intelligence*. 2019. Disponível em: https://www.oecd.org/going-digital/ai/principles/. Acesso em: 15 set. 2021).

[30] Disponível em: https://ec.europa.eu/futurium/en/ai-alliance-consultation/guidelines/1.html#well-being. Acesso em: 15 jun. 2023.

a propagação de *fake news* relacionadas à COVID-19, auxiliando na unificação das informações confiáveis e institucionais e banindo contas responsáveis pela propagação daquele conteúdo.[31]

Finalmente, a tutela do ecossistema da hiperconectividade precisará ir além da proteção à privacidade e de seus consectários para introjetar a missão de promover valores democráticos dos quais confluem a redução das múltiplas formas de desigualdade e a intensificação dos mecanismos de participação popular direta.

Considerações finais

De fato, o aparato tecnológico foi utilizado pelas grandes estruturas dominantes do poder político tanto para ascender ao poder quanto permanecer, a partir de um aparato que dissemina desinformação para finalidades de vigilância, de classificação e de controle dos cidadãos potencialmente manipuláveis em razão da intensificação da polarização do debate.

Os impactos decorrentes da utilização de sistemas de inteligência artificial com o objetivo de manipulação política relacionam-se ao aumento do déficit democrático. Afinal, a proliferação de *fake news* passou a moldar as opiniões públicas, o que teria gerado um delírio coletivo em torno de grupos herméticos. Uma vez comprometida a esfera pública e dificultada a possibilidade de diálogo reflexivo, os valores democráticos são vulnerabilizados, e a arte do consenso fica comprometida. Para tanto, imprescindível o resgate de políticas públicas capazes de promover educação digital crítica e reflexiva, hábil a desconstruir os efeitos corrosivos da era da pós-verdade, permitindo o acesso à informação confiável e de qualidade.

Inegável reconhecer que a arquitetura tecnológica, movida pela economia da atenção, por si só contribui para com a erosão democrática, pois, para os algoritmos que regem a interação em rede, quanto mais segmentada e classificada a sociedade, maior a possibilidade de se oferecer conteúdo personalizado e, consequentemente, capturar a atenção do usuário.

Em paralelo à histórica demanda por privacidade, que resguarda dimensões individuais e coletivas, e impõe conformações ao

---

[31] Disponível em: https://tecnoblog.net/423534/facebook-bane-13-bi-de-contas-e-tenta-combater-fake-news-sobre-covid-19/. Acesso em: 16 set. 2021.

desenvolvimento tecnológico, faz-se necessário garantir que os desenvolvedores dos sistemas de inteligência artificial não tão somente considerem a necessidade de proteção dos dados pessoais na projeção desses aparatos, mas também incorporem valores democráticos relacionados à promoção de informação verossímil e de qualidade, que supere os filtros-bolha do algoritmo, em um modelo de regulação metatecnológica capaz de conferir democracia *by design*.

Referências

ALLCOTT, Hunt; GENTZKOW, Matthew. Social Media and Fake News in the 2016 Election. *Journal of Economic Perspectives*, v. 31, n. 2, p. 211-36, 2017.

ALVES, Dayane Nayara da Silva; BORTOLOTI, Isabella Pari. Fashion Law ou Direito da Moda: a valorização da língua nacional na aplicação dos institutos jurídicos. *Digital Rights* – Fashion Law (Direito da Moda) e Entretenimento. 2 jun. 2021. Disponível em: https://digitalrights.cc/fle/tag/linguaportuguesa/. Acesso em: 14 jun. 2023.

ARENDT, Hannah. *A Dignidade da Política*. Tradução de Helena Martins. Rio de Janeiro: Relume Dumará, 1993.

ARENDT, Hannah. *Origens do Totalitarismo*. Tradução Roberto Raposo. São Paulo: Companhia das Letras, 1998.

ARENDT, Hannah. *Verdade e Política*. The New Yorker. Tradução Manuel Alberto. Curitiba: Appris, 1967.

BALKIN, Jack. Three laws of robotics. *Ohio State Law Journal*, v. 78, 2017.

BARROS, Celso Rocha de. Uma História de dois azares e um Impeachment. *In*: MENDES, Conrado Hubner (Org.). *Democracia de risco*: 22 ensaios sobre o Brasil hoje. São Paulo: Companhia das Letras, 2019. p. 71-82.

BECK, Ulrich. *Sociedade de Risco*: rumo a uma outra modernidade. 2. ed. Tradução Sebastião Nascimento. São Paulo: Editora 34, 2011.

BENKLER, Yochai; FARIS, Robert; ROBERTS, Hal. *Network Propaganda*. Manipulation, Disinformation and Radicalization in American Politics. Oxford University Press, 2018. Disponível em: https://library.oapen.org/viewer/web/viewer.html?file=/bitstream/handle/20.500.12657/28351/9780190923624.pdf?sequence=1&isAllowed=y. Acesso em: 14 jun. 2023.

BERCOVICI, Gilberto. Constituição e Política: uma relação difícil. *Lua Nova: Revista de Cultura e Política*, n. 61, out. 2004, p. 5-24. Disponível em: https://www.scielo.br/j/ln/a/4d BzLJzmbWgmSFnJM8QRJ6m/?format=pdf&lang=pt. Acesso em: 14 jun. 2023.

BRASIL. [Constituição (1988)]. *Constituição da República Federativa do Brasil de 1988*. Brasília, DF: Presidência da República, [2023]. Disponível em: http://www.planalto.gov.br/ccivil 03/Constituicao/Constituicao.htm. Acesso em: 14 jun. 2023.

BRASIL. Senado Federal. *Projeto de Lei nº 2630, de 2020*. Institui a Lei Brasileira de Liberdade, Responsabilidade e Transparência na Internet. Disponível em: https://legis.senado.leg.br/sdleg-getter/documento?dm=8110634&ts=1630418505591&disposition=inline. Acesso em: 14 jun. 2023.

BRASIL. Câmara dos Deputados. *Projeto de Lei nº 21, de 2020*. Estabelece fundamentos, princípios e diretrizes para o desenvolvimento e a aplicação da inteligência artificial no Brasil; e dá outras providências. Disponível em: https://www.camara.leg.br/propostas-legislativas/2236340. Acesso em: 14 jun. 2023.

BRASIL. Supremo Tribunal Federal. *Habeas Corpus nº 82.424 RS*. Relator: Ministro Maurício Correa. Julgado em 17 de setembro de 2003. Disponível em: http://portal.stf.jus.br/processos/detalhe.asp?incidente=2052452. Acesso em: 14 jun. 2023.

BRASIL. Tribunal Superior Eleitoral. *Resolução nº 23.610/2019*. Disponível em: https://www.tse.jus.br/legislacao/compilada/res/2019/resolucao-no-23-610-de-18-de-dezembro-de-2019. Acesso em: 14 jun. 2023.

BRITZ, Gabriele. *Freie enfaltung durch selbstdarstellung*. Tübingen: Mohr Siebeck, 2008.

CASTELLS, Manuel. *Ruptura*: a crise da democracia liberal. Rio de Janeiro: Zahar, 2018.

COLAÇO, Hian Silva; RODRIGUES, Francisco Luciano Lima. Merecimento de tutela na sociedade da informação: reedificando as fronteiras do direito civil. *Revista Quaestio Iuris*, Rio de Janeiro, v. 10, n. 2, p. 1.125-1.145, 2017. Disponível em: https://www.e-publicacoes.uerj.br/index.php/quaestioiuris/article/view/23461/20497. Acesso em: 14 jun. 2023.

COSTA, Sergio. *As cores de Ercília*: esfera pública, democracia, configurações pós-nacionais. Belo Horizonte: UFMG, 2002.

CHANDER, Anupam. The Racism Algorithm? *Michigan Law Review*, v. 115, p. 1023, abr. 2017.

CHARAUDEAU, Patrick. *A conquista da opinião pública*: como o discurso manipula as escolhas políticas. Tradução Angela M. S. Correa. São Paulo: Contexto, 2016.

DONEDA, Danilo Cesar Maganhoto; MENDES, Laura Schertel; SOUZA, Carlos Affonso Pereira de; ANDRADE, Norberto Nuno Gomes de. Considerações iniciais sobre inteligência artificial, ética e autonomia pessoal. *Revista Pensar*, Fortaleza, v. 23, n. 4, p. 1-17, out/dez. 2018. Disponível em: https://ojs.unifor.br/rpen/article/view/8257. Acesso em: 14 jun. 2023.

DUNKER, Christian Ingo Lenz. Psicologia das Massas Digitais e análise do sujeito democrático. *In*: MENDES, Conrado Hubner (Org.). *Democracia de risco*: 22 ensaios sobre o Brasil hoje. São Paulo: Companhia das Letras, 2019. p. 116-133.

FAGANELLO, Marco Antonio. *O voto na bancada da bala*: Estudo de Geografia eleitoral na cidade de São Paulo: (2012/2016). Dissertação de Mestrado em Filosofia - Instituto de Filosofia e Ciências Humanas da Universidade Estadual de Campinas. 131 fls. 2017. Disponível em: https://www.researchgate.net/profile/Marco-Faganello/publication/320456633_O_voto_na_bancada_da_bala_estudo_de_geografia_eleitoral_na_cidade_de_Sao_Paulo_20122016/links/59e65e98a6fdcc0e882487e1/O-voto-na-bancadada-bala-estudo-de-geografia-eleitoral-na-cidade-de-Sao-Paulo-2012-2016.pdf. Acesso em: 14 jun. 2023.

FREITAS, Juarez; FREITAS, Thomas Bellini Freitas. *Direito e inteligência artificial*: em defesa do humano. Belo Horizonte: Fórum, 2020.

FRENKEL, Sheera; KANG, Cecilia. *Uma verdade incômoda*. Os bastidores do Facebook e sua batalha pela hegemonia. São Paulo: Companhia das Letras, 2021.

HABERMAS, Jürgen. *Direito e Democracia*: entre facticidade e validade. 2. ed. v. II. Rio de Janeiro: Tempo Brasileiro, 2003.

HABERMAS, Jürgen. Further Reflections on the Public Sphere. *In*: CALHOUN, Craig (ed.). *Habermas and the Public Sphere*. The MIT Press. 1992. p. 345-358.

HABERMAS, Jürgen. *The Structural Transformation of the Public Sphere*: an inquiry into a category of bourgeois society. The MIT Press, 1991.

HARARI, Yuval Noah. *Homo Deus*: uma breve história do amanhã. São Paulo: Companhia das Letras, 2016.

KAKUTANI, Michiko. *A morte da verdade*: notas sobre a mentira na Era Trump. Tradução: André Czarnobai, Marcela Duarte. Rio de Janeiro: Intrínseca, 2018.

LELLES, Karina Corrêa; EMEDIADO, Wander (Org.) (2016) Análise do discurso político. Reseña. *RALED*, Brasília, v. 18, n. 1, 2018, p. 138-142. Disponível em: https://periodicos.unb.br/index.php/raled/article/view/33194/29246. Acesso em: 14 jun. 2023.

LEMKE, Wilson Coimbra. A iconização do povo brasileiro no brado do Ipiranga: uma análise dos movimentos artísticos e suas interfaces com o mundo do Direito. *RJLB*, Lisboa, ano 5, n. 3, p. 1867-1885, 2019. Disponível em: https://www.cidp.pt/revistas/rjlb/2019/3/2019_03_1867_1885.pdf. Acesso em: 14 jun. 2023.

LEMOS, Ronaldo. Diante da realidade, seis ficções epistemológicas. *In*: MENDES, Conrado Hubner (Org.). *Democracia de risco*: 22 ensaios sobre o Brasil hoje. São Paulo: Companhia das Letras, 2019. p. 195-210.

LESSIG, Lawrence. *Code*. Version 2.0. New York: Basic Books, 2006.

MAGRANI, Eduardo. *A internet das coisas*. Rio de Janeiro: FGV, 2018.

MAGRANI, Eduardo. *Democracia conectada*: a internet como ferramenta de engajamento político-democrático. Curitiba: Juruá, 2014.

MAGRANI, Eduardo. *Entre dados e robôs*: ética e privacidade na era da hiperconectividade. Porto Alegre: Arquipélago, 2019.

MÜLLER, Friedrich. *Quem é o povo?* A questão fundamental da democracia. São Paulo: Max Limonad, 2003.

NEVES, Marcelo. *Entre Têmis e Leviatã*: uma relação difícil. São Paulo: Martins Fontes, 2006.

NUNES, Ana Carolina de Assis. *Entre redes neurais naturais e artificiais*: estudo antropológico sobre humanidade e inteligência artificial em algumas revistas brasileiras. Dissertação de Mestrado. Universidade Federal de Goiás. Faculdade de Ciências Sociais. Programa de Pós-Graduação em Antropologia Social. Goiânia, 2018. Disponível em: https://repositorio.bc.ufg.br/tede/handle/tede/9179. Acesso em: 14 jun. 2023.

OECD. *OECD Principles on AI*. 2019. Disponível em: https://www.oecd.org/going-digital/ai/principles/. Acesso em: 14 jun. 2023.

PAGALLO, Ugo. *Cracking down on autonomy*: three challenges to design in IT Law. Ethics and Information Technology, vol. 14, n. 4, 2012.

PARISIER, Eli. *The Filter Bubble*: What the internet is hiding from you. Penguin Press, 2011.

PEIXOTO, Fabiano Hartmann. *Inteligência Artificial e Direito*: Convergência Ética e Estratégica. Curitiba: Alteridade, 2020.

RODOTÀ, Stefano. *A vida na sociedade da vigilância*: a privacidade hoje. Rio de Janeiro: Renovar, 2008.

SARLET, Ingo Wolfgang; SIQUEIRA, Andressa de Bittencourt. Liberdade de expressão e seus limites numa democracia: o caso das assim chamadas "fake news" nas redes sociais em período eleitoral no Brasil. *Revista de Estudos Institucionais*, v. 6, n. 2, p. 534-578, maio/ago. 2020. Disponível em: https://www.estudosinstitucionais.com/REI/article/view/522. Acesso em: 14 jun. 2023.

SEIXAS, Rodrigo. A retórica da pós-verdade: o problema das convicções. *Revista Eletrônica de Estudos Integrados em Discurso e Argumentação*, Ilhéus, n. 18, abr. 2019, p. 122-138. Disponível em: http://periodicos.uesc.br/index.php/eidea/article/view/2197/1747. Acesso em: 14 jun. 2023.

STRECK, Lenio Luiz. *Lições de Crítica Hermenêutica do Direito*. 2. ed. Porto Alegre: Livraria do Advogado, 2016.

SUNSTEIN, Cass. *Republic.com 2.0*. Princeton University Press, 2007.

SUNSTEIN, Cass R. *A verdade sobre os boatos*. Como se espalham e por que acreditamos neles. Rio de Janeiro: Elsevier, 2010.

TEFFÉ, Chiara Spadaccini; SOUZA, Carlos Affonso Pereira de. Fake News: como garantir liberdades e conter notícias falsas na internet? *In*: TEPEDINO, Gustavo; MENEZES, Joyceane Bezerra de (Coord.). *Autonomia privada, liberdade existencial e direitos fundamentais*. Belo Horizonte: Fórum, 2019. p. 525-544.

TEPEDINO, Gustavo. As tecnologias e a renovação do Direito Civil. *OABRJ*, 12 jun. 2019. Disponível em: https://www.oabrj.org.br/colunistas/gustavo-tepedino/as-tecnologias-renovacao-direito-civil. Acesso em: 14 jun. 2023.

TIROLE, Jean. *Economics for the common good*. New Jersey: Princeton University Press, 2017.

VÉLIZ, Carissa. *Privacidade é poder*. Por que razão e como devemos recuperar o controlo dos nossos dados. Tradução Samuel Oliveira. 2022.

WU, Tim. *Impérios da Comunicação*: do telefone à internet, da AT&T ao Google. Rio de Janeiro: Zahar, 2012.

WU, Tim. *The attention merchants*: the epic scramble to get inside our heads. New York: Knopf, 2016.

Informação bibliográfica deste texto, conforme a NBR 6023:2018 da Associação Brasileira de Normas Técnicas (ABNT):

ALVES COLAÇO, Dayane Nayara; SILVA COLAÇO, Hian; CAÚLA, Bleine Queiroz. Inteligência artificial, democracia e fake news: como equalizar as distorções na era da pós-verdade. In: LINS, Rodrigo Martiniano Ayres; CASTRO, Kamile Moreira (Org.). O futuro das eleições e as eleições do futuro. Belo Horizonte: Fórum, 2023. p. 97-123. ISBN 978-65-5518-611-6.

RISCO E VULNERABILIDADE NAS POLÍTICAS DE MORTE MODERNAS

FERNANDO MANUEL ALVES MENDONÇA PINTO DA COSTA

Introdução

Todos e todas somos humanos – isso é uma verdade inquestionável –, mas, se aprofundarmos o sentido da afirmação, poder-se-ão levantar algumas perguntas: todos e todas temos o mesmo valor? Contamos de forma igual? A vida de cada um conta igualmente? Sem dúvida que subsiste a ideia de que a vida, além de finita, é contingente ou, podemos dizer de outra forma, a vida é precária.

A ideia de "vida precária" é central na análise de Judith Buttler. Se, para Buttler (2011), é evidente que somos todos precários, é preciso reconhecer que uns têm uma vida mais precária que outros. Tal significa que uns estão mais protegidos que outros em relação às variações contingenciais que a vida apresenta nas suas diversas vertentes, como o desemprego, a doença, a velhice, a infância, etc.

Muitas das contingências que a vida humana apresenta podem – e devem – ter uma resposta por parte das políticas públicas colocando a questão da precariedade no domínio da política e, portanto, na órbita do poder. Classicamente, a soberania pode se definir em torno da vida e da morte, já que o soberano é quem tem direito, exatamente, sobre a vida e a morte. Nesse sentido, a atribuição da morte – ou, dizendo de outra forma, a possibilidade de se deixar morrer) ou a escolha, pelo soberano, da continuidade de determinada vida entra no domínio da política e, portanto, do poder.

Nota-se que o significado de "morte" pode ter diversas atribuições, desde a aniquilação física até a rejeição social, a morte política, etc. É nessa multidimensionalidade do termo "morte" que Foucault (2008) alicerça o seu conceito de "biopoder". Os constituintes desse conceito foucaultiano são basicamente dois: (i) perceber o corpo humano como "máquina" e, como tal, apto a ser controlado e adestrado para se tornar mais dócil; e (ii) entender a biopolítica como o outro polo do biopoder.

A biopolítica tem, segundo Foucault, o objetivo de intervencionar a política nos domínios dos fenômenos naturais, em geral, e da vida, em particular. O biopoder torna-se, assim, fundamental para entender como se articulam as estruturas de poder do mundo hodierno. O controle de fluxos de emigração e da natalidade em dada população, o posicionamento perante epidemias ou as políticas de apoio à infância ou à velhice são políticas que podem ser vistas na ótica do biopoder – um poder, nesses casos, que intervém não sobre determinado indivíduo, mas, sim, sobre determinada população ou conjunto de cidadãos e, dessa forma, massificando-os e tirando deles as especificidades.

O filósofo camaronês Achille Mbembe, autor de *On the Postcolony* (MBEMBE, 2001), entende como insuficiente o conceito de "biopoder" para descrever o mundo atual nas suas relações de violência, segregação e morte. Para isso, aplica um novo conceito: a "necropolítica" (MBEMBE, 2018). A necropolítica ultrapassa o mero direito de matar – o direito da espada (*droit de glaive*) – fisicamente, mas transparece, igualmente, na morte civil e social, na escravidão, na pobreza extrema, no *apartheid*, no terrorismo suicida e nas relações entre colonizador e colonizado. Cria-se, assim, uma espécie de "mortos-vivos" que gravitam nas periferias das sociedades (BUCK-MORSS, 2011). Para Mbembe (2017), tais condições de "subvida" apoiam-se em determinadas normativas emanadas pelo poder político, como o "estado de exceção" ou o que chama "relações de inimizade" – definidas como o ódio que constitui as bases da política ocidental contemporânea, em que o sistema sociopolítico depende absolutamente de um inimigo comum. É dessa forma que a necropolítica pode se transformar em regime de governo, apoiando-se em conceitos como "emergência", "crise humanitária, "estado de exceção" ou "conflito armado". A necropolítica desvia o centro do debate das "políticas de morte" do Holocausto para as relações de extermínio, sequestro e escravatura dos povos africanos. Será também Mbembe que relacionará, profundamente, as noções de biopoder de Foucault com os conceitos de "estado de exceção" e "estado de sítio" de Agamben

(2004), já que esses estados se tornaram, como dissemos atrás, a base normativa do "direito de matar", "deixar morrer" ou "permitir viver".

Michael Taussig é outro autor que aborda o colonialismo numa perspetiva de "política de morte". Na sua obra seminal, editada pela primeira vez em 1987, *Shamanism, colonialism and the wild man: a study in terror and healing*, Taussig analisa a questão colonial no espaço da América do Sul. Esse projeto colonial das potências ocidentais europeias baseia-se na abertura de "espaços de morte" e de uma "cultura do terror" (TAUSSIG, 1993), que se podem observar tanto em uma perspetiva antropológica – que é o ambiente escolhido por Taussig para desenvolver a sua investigação – como em uma perspetiva política. Já Veena Das (2020, p. 2) parte da experiência, recentíssima, de pandemia e das consequentes vivências dos seus efeitos para colocar em pauta a análise sobre os diversos lugares "sem esperança ou desespero" que foram surgindo. Conclui Veena Daas (2020, p. 3) pela necessidade imperiosa de:

> [...] Considerar a responsabilidade que temos junto aos que são mais brutalmente atingidos pelas políticas adotadas; abrirmo-nos metodologicamente a diferentes possibilidades, inclusive no diálogo estreito com outras disciplinas; atentar para a renovada urgência de temas como a ética do cuidado e a violência doméstica, entre outros e, o que me parece mais relevante, não deixarmos de lado o amor pela compreensão sutil e nuançada.

Será, portanto, nesse ambiente teórico que desenvolveremos este texto. Evidentemente que, dadas as suas características e limitações, de forma nenhuma pretenderemos esgotar aqui o assunto abordado. Colocaremos o foco nas relações entre vulnerabilidades e "políticas de morte"/necropolítica procurando definições e suas aplicações no meio social, e objetivando as "vulnerabilidades" nos "vulneráveis", assim entendidos jurídica e politicamente. Para tal desiderato, utilizaremos uma abordagem compreensiva-interpretativa com o emprego da revisão da literatura e, assim, desenvolvendo uma reflexão crítica.

1 Necropolítica como sacrifício a um "Deus obscuro" – risco e vulnerabilidade

Vimos atrás que o biopoder em Foucault é uma categoria que se aplica não tanto a indivíduos, mas com mais propriedade a grupos ou populações. Assim é fácil de entender que a noção de população é fulcral para a noção de biopolítica. O conceito de população pode ter alguns cambiantes de definição conforme a disciplina que estamos a abordar, mas, nas ciências sociais, ela é, normalmente, entendida como um "conjunto de seres humanos com uma determinada característica", num determinado tempo e espaço (HANSKI, 1997). A intervenção do biopoder observa-se exatamente sobre certas "populações" com certas características, e esse "alvo" pode mudar com o tempo e as situações sociopolíticas.

A reflexão sobre a necropolítica assenta sobre a interpretação da soberania como prática da instrumentalização da existência humana e na destruição de indivíduos e populações (MBEMBE, 2018). Administram-se os corpos e decide-se sobre a morte e vida (FOUCAULT, 2015). Os indivíduos, consoante as suas características – físicas, étnicas, de orientação sexual, de pertença social, etc. –, são considerados com direitos e, por isso, são "pessoas", enquanto outros, desprovidos desses direitos, são meras "coisas". Os primeiros terão direito a luto pela sua morte, e os segundos, olvidados, e enquanto viventes, as "pessoas" serão protegidas pelo Estado, mas as "pessoas-coisas" não estarão debaixo dessa proteção (ESPOSITO, 2016).

Nas democracias-liberais atuais, o Estado, por baixo da "capa" de proteção da liberdade individual, tem levado a cabo uma desmontagem das estruturas de proteção social, atrelando-as a esquemas privados de segurança e saúde, mas em que não é evidente uma prometida distribuição de recursos, de forma a que todos tenham hipótese de ter acessibilidade a esses serviços prestados por privados. O Estado fixou-se nos auxílios aos mais desfavorecidos – que, no Brasil, se traduz em auxílios financeiros diretos, em que se espera que, depois dessa transferência direta de renda, cada um seja capaz de reconstituir os seus próprios sistemas de segurança e sobrevivência. Na visão de Chamayou (2010), constitui-se, dessa forma, o chamado "Estado predador", que, não dando a todos, a todos exige duma forma quase suicidária e reclamando tributo como se de um "Deus obscuro" – para utilizarmos a expressão de Lacan (1973, p. 247) – se tratasse.

Somos precários porque somos vulneráveis. Temos então que esclarecer o que significa o conceito de vulnerabilidade, sobretudo porque essa conceituação implica na forma como os cidadãos e o Estado agem. Na sua etimologia, a palavra vulnerabilidade é composta por duas outras: *vulnerare* e *bilis*. A primeira significa lesar ou prejudicar, e *bilis* quer dizer suscetibilidade. Temos então que vulneráveis são aqueles que estão suscetíveis a mais facilmente serem lesados. Repare-se que o vulnerável não é, necessariamente, o lesado, mas o que está mais exposto a sofrer essas lesões. A vulnerabilidade é, assim, um "estado" – físico, social, étnico etc. –, e não apenas uma condição natural. Claro que pode ser uma condição natural – por exemplo, a condição de criança e idoso traz vulnerabilidades associadas – mas, do ponto de vista social, a vulnerabilidade está associada a determinadas situações e contextos. Se podemos considerar que os sujeitos podem, nalguns casos, adquirir capacidades que lhes permitem enfrentar com sucesso as adversidades, temos que concordar que as situações de desigualdade tornam alguns mais expostos a essas adversidades.

As ideias de risco e vulnerabilidade sempre estiveram presentes no discurso das ciências sociais, tornando-se mesmo em categorias fundamentais a partir da década de 90 do século XX (MARANDOLA JR.; HOGAN, 2006). Alguns teóricos, como Godard *et al.* (2002), empenharam-se em distinguir "risco" de "incerteza". Risco seriam as adversidades que poderiam ser avaliadas e calculadas probabilisticamente, enquanto incerteza entrava no domínio daquilo que não poderia ser medido e de que não tínhamos conhecimento anterior nenhum. Para as incertezas, não teríamos defesa, a não ser minorá-las depois de acontecerem, mas, para os riscos, poderíamos construir estratégias que permitissem enfrentá-los com sucesso. A vulnerabilidade seria o conceito operacional do risco. Ulrich Beck e Anthony Giddens serão os investigadores que, no final do século XX, vão colocar o "risco" no centro da teoria social ao analisarem aquilo que consideraram a passagem da humanidade duma fase industrial para uma chamada "sociedade de risco". Para esses dois teóricos, as teorias sociais fornecidas por Durkheim, Weber, Marx e outros não poderiam responder, cabalmente, às questões levantadas pelas relações sociais hodiernas em que se fez uma rutura abrupta com modelos do passado. Hoje, segundo eles, a nossa sociedade poderia ser adjetivada como uma sociedade de risco e de incerteza e necessitaria de outras categorias de pensamento para ser entendida (BECK, 2010a; GIDDENS, 1991). Apesar da utilização de conceitos próximos, Beck e Giddens farão análises, da sociedade atual e do significado de "risco", com argumentações e percursos diferentes.

No texto de *"Sociedade de risco: rumo a uma outra modernidade"* (BECK, 2010a), o autor alemão analisa o risco nas sociedades modernas a partir do caso da sua pátria. Observando uma passagem da sociedade duma era industrial para uma outra pós-industrial, Beck analisa as ameaças dessa transição e declara que "ainda não vivemos numa sociedade de risco, mas tampouco somente em meio a conflitos distributivos das sociedades da escassez" (BECK, 2010a, p. 25), sendo que se está perante uma situação em que já existe o risco permanente de novas ameaças. Nessa transição de modelo de sociedade, é evidente a necessidade de reduzir desigualdades e suprir carências, que, porém, mascaram o problema inerente a esse novo tipo de sociedade: a escassez. A tentativa de resolução dessa escassez tem criado, ainda, problemas mais profundos, como o provam as ameaças ambientais provocadas pelos agrotóxicos, a energia nuclear, entre outros.

A definição de "risco", para Ulrich Beck, está dependente da mundividência do observador e, por isso, é uma definição em aberto e que tem evoluído ao longo do tempo. No entanto, o risco teve uma evolução que é unânime: deixou de ser algo referido a pessoas determinadas – como o era na sociedade industrial e anteriores – para se deslocar para populações inteiras e até para toda a humanidade, como é próprio na sociedade pós-industrial (BECK, 2010a). Note-se que, em Beck, não há referência a riscos específicos para determinada classe social, porque considera, numa sociedade global, essa categorização desnecessária.

Para Giddens, os riscos adquiriram uma nova faceta na atualidade. Anteriormente, referiam-se a "infortúnios ativamente avaliados em relação a possibilidades futuras" (GIDDENS, 2000, p. 33), mas, na modernidade, o seu perfil negativo acentuou-se através de ameaças permanentes. Não é que o autor tenha tirado, na sua avaliação, uma certa nota positiva nos riscos atuais – em que inclui a audácia para novos investimentos e novas pesquisas –, mas valoriza muito mais, no mundo hodierno, os aspetos negativos desses riscos. Sublinhe-se que, então, o risco é dual com duas facetas, e essa demonstração é assegurada pela existência do sistema de seguros e pela existência do próprio *welfare state*, que será uma espécie de seguro coletivo que previne ameaças específicas a que estão sujeitos os cidadãos. As seguradoras administram os riscos, fazendo a sua redistribuição de forma a que tal seja um negócio lucrativo.

Em Giddens (2000), o risco pressupõe o perigo – que é uma ameaça aos resultados esperados –, mas não se deve confundir com ele. No mundo atual, aos riscos típicos de sociedade anterior, como, por exemplo, doença, desemprego ou incapacidade, juntam-se os da era pós-industrial, como os sanitários, tecnológicos, ambientais, etc.

O sociólogo francês Robert Castel concorda com Beck quando este refere que a segurança total nunca pode ser alcançada, mas discorda quanto a vivermos numa sociedade de risco, já que risco, no sentido próprio da palavra, é um acontecimento previsível, cujas chances de que ele possa acontecer e o custo dos prejuízos que trará podem ser previamente avaliados (CASTEL, 2005, p. 61). Para Castel, o risco e o medo são as forças dominantes que percecionamos no nosso futuro, e o conhecimento desses riscos não reduz a incerteza que paira nessa perceção.

Em relação à abrangência dos riscos, Castel discorda radicalmente tanto de Beck como de Giddens. A globalização existente não aboliu a estratificação da sociedade, e o risco não é democrático. Na verdade, a sua distribuição é completamente assimétrica, distribuindo-se diferentemente por zonas, países, grupos, estratos sociais etc. Concretamente, Castel divide a sociedade em "zonas" (CASTEL, 1997), consoante o vínculo que cada cidadão tem com o mercado de trabalho, mas sem considerar aí a estratificação social pré-existente – ou as reservas econômicas de cada um –, e admitindo que as zonas não são estanques e permitem passagens, dos sujeitos, de uma para outra. Essas zonas base são quatro, de inserção, de vulnerabilidade, de assistência e de desfiliação, em que, na primeira, estão os trabalhadores estáveis e, na última, os que não têm atividade produtiva e poucos vínculos à sociedade.

Se pensarmos as reflexões de Castel (1997; 2005) em termos da "vulnerabilidade", apresentada como uma das zonas da sociedade, ela apresenta-se como "uma zona intermediária, instável, que conjuga precariedade do trabalho e fragilidade dos suportes de proximidade" (CASTEL, 1997, p. 24) e onde estão incluídos os que transitam entre a inserção na vida laboral e social e a inadaptação. Essa zona de vulnerabilidade, segundo Castel, é a que mais tem crescido no mundo atual e reflete os momentos de subemprego, desemprego, de crise e, de modo geral, "as turbulências que fragilizam as situações conquistadas e desfazem estatutos assegurados" (CASTEL, 1997, p. 27). Ora, em Castel, "a vulnerabilidade" é a zona estratégica das sociedades, porque, se for controlada, a sociedade tem estabilidade social, mas, se estiver desequilibrada, provoca profundas fraturas no tecido social.

A vulnerabilidade tornou-se um "conceito-chave" fulcral nas ciências sociais nos dias de hoje – substituindo outros como exclusão ou marginalidade, por exemplo –, nomeadamente entre aqueles que se dedicam ao estudo da pobreza (MARANDOLA JR.; HOGAN, 2006). Para ilustrar isso, basta pensar em Amartya Sen e nos estudos que efetuou no domínio do *empowerment* das pessoas para que a sua efetivação permita diminuir a sua vulnerabilidade nos diversos níveis (SEN, 2000).

2 Dos vulneráveis na política e no direito

Em diversas teorias políticas, das clássicas às modernas, é feita uma relação entre política e vulnerabilidade, embora, nessas análises teóricas, os dois conceitos se encontrem, normalmente, em oposição, significando isso que a emergência do espaço político está associada a uma baixa na vulnerabilidade (CYFER, 2017). Porém, atualmente e, sobretudo, com o apoio da teoria política feminista, vêm-se afirmando teorias que consideram a vulnerabilidade uma questão política *per si*. A teoria feminista, ao colocar o "corpo" e a subjetividade dos agentes políticos no centro da análise política, desloca-a para a contextualização do sujeito, mas com isso também a restringe.

Neste ponto temos que voltar a Judith Buttler, já que a investigadora é, na contemporaneidade, a que mais tem estudado as tensões existentes entre vulnerabilidade e política. A conceção política de Buttler nunca mostrou uma análise dentro do racionalismo ou na corporização dos agentes políticos, e tal posicionamento, que habitualmente é o que coloca política e vulnerabilidade em oposição, não está presente no pensamento de Buttler. Dessa forma, Buttler torna-se uma pensadora fulcral para as questões da vulnerabilidade associadas não apenas às teorias feministas, mas também às de política internacional.

Em 1990, no seu *Gender trouble: feminism and the subversion of identity*, Buttler produz uma dura crítica ao que chama o agente "mulher universal", que define como uma identidade política que unifica todas as mulheres só pelo facto de o serem. Esse agente abstrato, embora possa ter desempenhado um papel importante na ordenação do movimento feminista mundial, esquece as diferenças e desigualdades entre as diversas mulheres no espaço humano (sociais, de escolha sexual, raciais e outras), e é neste ponto que Buttler vai apoiar-se nas categorizações de Foucault para a construção dos "sujeitos" e "agentes": a regulação e a produção (BUTTLER, 2001). Mas vai mais longe ao considerar que o sujeito não está completamente preso nessas normas e que existe certo espaço de "anormalização". Porém, ressalta que há um processo mental que motiva para a adesão às normas e, dessa forma, pertencermos a determinado conjunto social. Assim, se existe uma vontade psíquica que nos faz resistir à normalização, coexiste com ela uma necessidade de subordinação que nos permite fazer parte e existir numa entidade social maior. A este último movimento Buttler (2001) chama "vontade de subordinação". A justificação para a existência dessa "vontade de subordinação" vai Buttler buscá-la à psicanálise numa exposição que não cabe neste texto.

O que nos interessa aqui salientar em Buttler (1997) é aquilo a que chamou "vulnerabilidade facilitadora" (*enabling vulnerability*). Para a autora, grande parte da ação política advém da resposta aos problemas colocados pelas vidas "reconhecíveis" dos vulneráveis, trazidos à visibilidade. "Reconhecíveis" são as "vidas que contam" e, portanto, integram o espaço político. Para mais se essas vidas não fossem "reconhecíveis" como humanas, elas se tornariam irreais e desumanas. Daqui se torna evidente que a "vulnerabilidade visível" de Buttler é necessária, politicamente, para a existência do próprio agente e para que ele tenha voz na cena social.

Outra ideia importante em Buttler é a que liga vulnerabilidade às coligações político-partidárias. No seu pensamento, essas coligações são o reconhecimento da pluralidade e complexidade das sociedades atuais que incorporam as diversas vulnerabilidades existentes e as trazem para o espaço político. Em relação a essa análise, Buttler (2011, p. 33) adverte:

> Não é uma questão de simples entrada dos excluídos em uma ontologia estabelecida, mas sim de insurreição no nível da ontologia, uma abertura crítica para a questão do que é real, quais vidas são reais, como a realidade deve ser refeita.

A "desumanização" em Buttler é um conceito que muito se aproxima dos "excluídos" de Hannah Arendt, que são apresentados como os que não têm direitos a ter direitos (ARENDT, 1989, p. 332). Na verdade, em ambas há essa classificação para os que estão arredados da participação sociopolítica e são alvos das mais variadas injustiças sociais. O conceito de vulnerabilidade, para os investigadores, é difícil de englobar na teoria, dada a implicação que tem noutros conceitos, como os da autonomia, esfera pública e capacidade de ação. Porém, esse conceito é importante porque é fulcral para se entender o que são as injustiças sociais e como delinear políticas públicas para as obviar.

Ulrich Beck (2010b, p. 251), referindo-se concretamente aos riscos ecológicos modernos, afirma:

> Parece-me que a passagem de uma política de revelação dos cenários de horror, inspirada na ciência, para uma nova orientação guiada pelas ciências sociais, e que levanta antes de qualquer coisa o problema das responsabilidades (qualquer que seja o alcance das questões em jogo), permite, ao lado de muita resistência, retomar a iniciativa política e fornecer uma resposta importante e urgente no grande concurso mundial dos riscos maiores, pelo título da melhor perspectiva de declínio.

Preconiza, assim, uma resposta aos riscos presentes, baseada na iniciativa política orientada pelas ciências sociais.

As questões de risco e vulnerabilidade estão também indelevelmente ligadas às ciências jurídicas. Essas questões estão atreladas, com muita veemência, à problemática das injustiças, participação política e cívica, igualdade perante a lei, condições de liberdade e segurança, entre outras.

A igualdade não exige apenas a proibição da discriminação, mas a proteção contra a própria discriminação. Gomes Canotilho e Vital Moreira (2007, p. 337) consideram mesmo a igualdade como um "direito subjetivo, específico e autónomo, com uma natureza defensiva, positiva e corretiva, impondo, nesta última dimensão, medidas que visam corrigir desigualdades de facto". Dessa maneira, as discriminações positivas não contradizem o princípio da igualdade porque querem corrigir situações de desigualdade de base, do tecido social. A liberdade jurídico-formal não é suficiente porque não pode resolver as situações de injustiça, que só poderão ser atacadas por um sistema que implique uma igualdade jurídico-material. Além dessa necessidade jurídico-formal-material, para se concretizar a igualdade com medidas de discriminação positiva será também fundamental terminar com todos os discursos que exibam qualquer tipo de preconceito, como os preconceitos relacionados com etnia, orientação sexual e outros. Esses discursos de ódio, por vezes com uma roupagem de "ingenuidade e descontração", exibem uma violência extrema contra os grupos ou pessoas atingidas. Infligem danos profundos de várias ordens: desde danos simbólicos nas identidades até a violência física, que pode, como inúmeras vezes aconteceu, terminar na morte de indivíduos ou no extermínio de grupos sociais, étnicos ou religiosos. O discurso de ódio tem a função de isolar cívica e politicamente um indivíduo ou um grupo, tornando-os invisíveis, alimentando a intolerância e desculpando a violência exercida sobre eles.

Desde 1997, pela Recomendação nº R97 (20), do Comitê de Ministros do Conselho da Europa, o "discurso de ódio" é definido como:

> Todas as formas de expressão que propaguem, incitem, promovam ou justifiquem ódio racial, xenofobia, antissemitismo e outras formas de ódio baseado na intolerância, incluindo intolerância expressa por nacionalismo ou etnocentrismo agressivo, discriminação e hostilidade contra minorias, migrantes e pessoas de origem migrante.

Tal inclui "outras formas de discriminação e de preconceito, como anticiganismo, cristianofobia, islamofobia, misoginia, sexismo e discriminação com base na orientação sexual e na identidade de género", como diz a mesma recomendação. De realçar que a condenação dos discursos sexistas só aparece mais tarde, em 2019, quando o mesmo comitê o considera atentatório dos direitos humanos das mulheres e sintoma do processo histórico de desigualdade entre as mulheres e os homens.

Importante, neste ponto da nossa reflexão, introduzirmos a problemática da "liberdade de expressão". Sem dúvida que a liberdade de expressão é um dos esteios mais importantes da democracia e permite a manifestação das diversas mundivisões e a visibilidade dessa diversidade. No entanto, quando a liberdade de expressão é usada para reprimir as minorias e tirar a voz daqueles que já pouco se fazem ouvir, ela choca de frente com outro importante pilar da democracia: a igualdade. A liberdade de expressão e a igualdade terão que ser colocadas em perspetiva das relações de poder que, de facto, se estabelecem nas sociedades (SOTTOMAYOR, 2021). Os emissores dos discursos de ódio sustentam-se numa teia de "culturalmente adquirido", desdém pela diferença, sentimento de superioridade e putativa atribuição de todos os males da sociedade baseada numa indevida generalização. O Tribunal Europeu dos Direitos Humanos, na sua jurisprudência, tem adotado a posição de não considerar os discursos de ódio como abrangidos pelo direito de liberdade de expressão – inserido no artigo 10.º da Convenção Europeia dos Direitos Humanos –, mas, sim, pelo seu artigo 17, que declara a proibição de abuso de direitos.

A vulnerabilidade não é "de natureza" pessoal ou uma característica intrínseca a determinado grupo. Ela tem origem numa estrutura social construída ao longo do tempo histórico. A "vulnerabilidade" como conceito é um conceito abstrato e só se entende quando nomeamos "os vulneráveis" e enumeramos a vulnerabilidade ou vulnerabilidades a que estão sujeitos. Na verdade, é comum os vulneráveis estarem sujeitos a diversas e cruzadas vulnerabilidades, que se potenciam mutuamente.

As situações de vulnerabilidade podem ser datadas no tempo – caso do desemprego, por exemplo –, podem existir no nascimento – caso de deficiências genéticas – ou adquiridas – caso de acidentes – e ainda outras, que estão diretamente relacionadas com a etnia, religião, situação económica ou ostracização social. Mas esse leque pode ser aberto e incluir outra categorização, como as vítimas de crimes, nomeadamente as vítimas de violência doméstica e violação. Nesse sentido, cabe destacar as mulheres que estão, normalmente, sujeitas a um enorme leque de vulnerabilidades pelo seu lugar na estratificação social, pela habitual maior dependência económica e exposição a crimes específicos.

Dadas as vulnerabilidades existentes nas sociedades, o Estado tem dever de intervir para colmatar esses problemas. Tal ação, que será política, tem que ter uma vertente jurídica que garanta os fundamentos principais da democracia: a participação, a liberdade e a igualdade. Diz Clara Sottomayor (2021, p. 710):

> O estado deve, assim, intervir para proteger quem se encontre em situações de assimetria de poder, quer na relação com entes públicos, quer na relação com entes privados fortes ou até com outros particulares, e quem, por si só, não dispõe de condições para o livre desenvolvimento da personalidade ou para o exercício livre e autónomo dos seus direitos fundamentais, como é o caso das crianças e dos jovens, dos cidadãos portadores de deficiência, dos doentes, das pessoas idosas, das mulheres grávidas, das vítimas de violência, dos trabalhadores e consumidores, dos imigrantes e indivíduos pertencentes a minorias étnicas. O conceito de vulnerabilidade aplica-se a todos os seres humanos em determinadas fases da vida que envolvem, por razões biológicas e psíquicas, dependência em relação aos outros. [...] Mas, associados à condição humana, as sociedades constroem preconceitos e estereótipos, decorrentes do modelo de sociedade e de família historicamente dominante.

Considerações finais

Nesta nota final, voltamos, ainda, a Judith Buttler (2018, p. 40-41) quando ela define precariedade:

> [...] a situação politicamente induzida na qual determinadas populações sofrem as consequências da deterioração de redes de apoio sociais e

econômicos mais do que outras, e ficam diferencialmente expostas a danos, à violência e à morte. [...] é, portanto, a distribuição diferencial da condição precária. Populações diferencialmente expostas sofrem um risco mais alto de doenças, pobreza, fome, remoção e vulnerabilidade à violência sem proteção ou reparação adequadas.

As sociedades hodiernas são comunidades em que os perigos, mesmo os globais, são muitos, diversos e complexos. No entanto, os riscos que assentam nos perigos existentes são distribuídos assimetricamente pelos cidadãos, tanto como indivíduos como pertencentes a determinado grupo. As vulnerabilidades a que estão sujeitos podem ter origem biológica e somente ao facto de serem humanos, mas também dependerem do lugar que ocupam na hierarquia socioeconómica, na sua identidade étnica, sexual ou religiosa, entre outras características. Curioso, assim, constatar que os fatores de identidade e de diversidade são precisamente os que podem constituir marcos de vulnerabilidade.

Os estados e os respetivos governos podem aplicar políticas que, por meio de discriminações positivas ou por outros mecanismos, desvaneçam ou minimizem as vulnerabilidades existentes para determinados indivíduos ou grupos. Essas políticas podem ter mais ênfase nos aspetos sociais, nas questões económicas ou educativo-culturais ou, ainda, ser um *mix* de todas elas. Porém, e negativamente, podem promover políticas que adensam as vulnerabilidades, as dependências, ou usem os vulneráveis como forma de acirrar o grupo dominante contra as minorias ou certos extratos da população, de forma a cumprirem agendas ideológicas como projeto de poder. São esses os Estados que são cultores de políticas de morte. Para pensarmos nelas, não temos que recuar a Shoá nem a outros genocídios perpetrados na história humana, nem restringirmo-nos aos colonialismos e à escravatura. As políticas de morte estão bem presentes nas sociedades atuais, quer seja por ações desenvolvidas ou por ausência de ação protetora junto dos mais vulneráveis. Deixar morrer, física, social ou politicamente, é também matar.

Referências

AGAMBEN, Giorgio. *Estado de Exceção*. São Paulo: Boitempo, 2004.

ARENDT, Hannah. *Origens do Totalitarismo:* Antissemitismo, Imperialismo, Totalitarismo. São Paulo: Companhia das Letras, 1989.

BECK, U. *Sociedade de risco*: rumo a uma outra modernidade. São Paulo: Ed. 34, 2010a.

BECK, Ulrich. A política na sociedade de risco. *Revista Ideias*, v. 2, n. 1, Campinas, p. 229-253, 2010b.

BUCK-MORSS, Susan. Hegel e Haiti. *Novos Estudos CEBRAP*, v. 90, jul. 2011.

BUTTLER, J. *Gender Trouble*: Feminism and the Subversion of Identity. New York; London: Routledge, 1990.

BUTTLER, J. *Excitable Speech*: A politics of the Performative. New York: Routledge, 1997.

BUTTLER, J. *The Psychic Life of Power*. Stanford: Standford University Press, 2001.

BUTTLER, Judith. Vida precária. *Contemporânea*, n. 1, p. 13-33, jan./jun. 2011.

BUTTLER, Judith. *Corpos em aliança e a política das ruas*: notas para uma teoria performativa de assembleia. Rio de Janeiro: Civilização Brasileira, 2018.

CANOTILHO, Gomes; MOREIRA, Vital. *Constituição da República Portuguesa Anotada*. vol. I. 2007.

CASTEL, R. A dinâmica dos processos de marginalização: da vulnerabilidade a "desfiliação". *CADERNO CRH*, Salvador, n. 26-27, p. 19-40, jan./dez. 1997. Disponível em: https://periodicos.ufba.br/index.php/crh/article/view/18664.

CASTEL, R. *A insegurança social*: o que é ser protegido? Petrópolis: Vozes, 2005.

CHAMAYOU, Grégoire. *La chasse à l'homme*, Paris: La Fabrique, 2010.

CYFER, Ingrid. Política vulnerável: breves considerações sobre os desafios que a politização da vulnerabilidade traz para o conceito de política. *Direitos Humanos e vulnerabilidade em políticas públicas*. Santos: Editora Universitária Leopoldianum, 2017. p. 11-26.

DAS, Veena. Encarando a Covid-19: Meu lugar sem esperança ou desespero. *DILEMAS: Revista de Estudos de Conflito e Controle Social*, Rio de Janeiro, Reflexões na Pandemia 2020, p. 1-8, 2020.

ESPOSITO, Roberto. *As pessoas e as coisas*. São Paulo: Rafael Copetti, 2016.

FOUCAULT, Michel. *Vigiar e Punir*. Nascimento da Prisão. Lisboa: Edições 70, 1975.

FOUCAULT, M. *Nascimento da biopolítica*: Curso dado no Collège de France (1978-1979). São Paulo: Martins Fontes, 2008.

FOUCAULT, Michel. *História da sexualidade*. vol. I. São Paulo: Paz e Terra, 2015.

GIDDENS, Anthony. *Modernity and self-Identity*. Stanfors: Unversity Press, 1991.

GIDDENS, Anthony. *O Mundo na era da Globalização*. Lisboa: Presença, 2000.

GODARD, O.; HENRY, C.; LAGADEC, P.; MICHEL-KERJAN, E. *Traité des nouveaux risques*. Paris: Editions Gallimard, 2002.

HANSKI, I. A., GILPIN, M. E. *Metapopulation biology*: ecology, genetics, and evolution. San Diego ; London: Academic Press, 1997.

LACAN, Jacques; *Séminaire XI*. Paris: Seul, 1973.

MARANDOLA JR.; HOGAN, D. J. As dimensões da vulnerabilidade. *São Paulo em Perspectiva*, v. 20, n. 1, p. 33-43, 2006.

MBEMBE, Achille. *On the postcolony*. Berkerley, United States: University of California Press, 2001.

MBEMBE, Achille. *Políticas da inimizade*. Lisboa: Antígona, 2017.

MBEMBE, Achille. *Necropolítica*. Biopoder, soberania, estado de exceção, política de morte. São Paulo: N-1 edições, 2018.

SEN, A. *Desenvolvimento como liberdade*. São Paulo: Companhia da Letras, 2000.

SOTTOMAYOR, Maria Clara. Vulnerabilidade e discriminação. *Revista da Faculdade de Direito da Universidade de Lisboa*, nº 1, tomo 2, 2021.

SPOSATI, A. Desafios para fazer avançar a política de assistência social no Brasil. *Revista Serviço Social e Sociedade*, São Paulo, ano XXII, n. 68, p. 54-82, 2001.

SPOSATI, A. Modelo brasileiro de proteção social não contributiva: concepções fundantes. *In*: MDS; UNESCO. *Concepção e Gestão da Proteção Social não Contributiva no Brasil*. Brasília: MDS/UNESCO, 2009. p. 13-55.

TAUSSIG, Michel. *Xamanismo, colonialismo e o homem selvagem*. Rio de Janeiro: Paz e Terra, 1993. Ano LXXI.

Informação bibliográfica deste texto, conforme a NBR 6023:2018 da Associação Brasileira de Normas Técnicas (ABNT):

COSTA, Fernando Manuel Alves Mendonça Pinto da. Risco e vulnerabilidade nas políticas de morte modernas. In: LINS, Rodrigo Martiniano Ayres; CASTRO, Kamile Moreira (Org.). O futuro das eleições e as eleições do futuro. Belo Horizonte: Fórum, 2023. p. 125-139. ISBN 978-65-5518-611-6.

O FUTURO DAS ELEIÇÕES E AS ELEIÇÕES DO FUTURO

GIUSEPPE DUTRA JANINO

Introdução

Há trinta anos, utilizávamos um sistema eleitoral convencional, no qual se escrevia ou assinalava em cédulas de papel. Essas cédulas de papel eram depositadas em urnas de lona e, no final da votação, essas urnas eram abertas, e os votos, despejados em mesas, chamadas mesas apuradoras. Os votos eram abertos, interpretados, cantados e registrados em mapas, e os votos desses mapas eram consolidados, e os resultados, anunciados.

Havia muita intervenção humana e, onde há intervenção humana, há pelo menos três atributos vinculados ao ser humano: lentidão, erros e fraudes – muitas fraudes.

Este era o cenário vivido: resultados que levavam semanas para serem divulgados e, quando divulgados, eram sempre acompanhados de muita suspeição.

Esse foi o grande impulsionador para uma tomada de decisão que mudaria a história eleitoral do Brasil: embarcar as eleições no trem da tecnologia. Isso aconteceu nas eleições municipais de 1996 com a aparição da urna eletrônica brasileira. A partir daí, o futuro das eleições passou a estar em total sintonia com o futuro da tecnologia.

A metodologia de pesquisa deste artigo, então, é de relato de experiência do autor com a implementação das eleições digitais – com a criação da urna eletrônica brasileira – e com as inovações tecnológicas e fatos históricos que norteiam as eleições do país.

1 Primeira estação – gratidão dos excluídos

Em maio de 1996, por rotatividade natural do cargo, o ministro Marco Aurélio Mendes de Farias Mello (presidente do TSE de 13.06.1996 a 01.06.1997, de 04.05.2006 a 06.05.2008 e de 19.11.2013 a 13.05.2014) assumiu a Presidência do TSE. A licitação e os testes principais com o protótipo da urna já haviam ocorrido. A máquina entraria em linha de produção.

No modelo nº 1 da urna, o eleitor já veria a foto e o nome do candidato a cargo majoritário na tela assim que digitasse o número pretendido. O teclado tinha um apelo bastante intuitivo (similar realmente ao do telefone), com botões digitais saltados, bem evidentes. A tecla "Confirma" (o voto) já nasceu verde, a tecla "Corrige" ficou na cor laranja, e a tecla para quem quisesse votar em branco nem precisa dizer qual a cor. Desde o seu nascimento, a urna foi pensada para ser um aparelho simples, de fácil manuseio, mas havia o receio de que ela pudesse gerar dificuldades para o eleitor que votava no paradigma convencional, ou seja, em cédulas de papel – e isso considerando que o procedimento (o de votar) seria realizado, agora, para alguns, por meio de uma interação com um equipamento eletrônico. A surpresa agradável foi que não só o eleitorado brasileiro se adaptou muito bem ao novo paradigma, mas vários outros segmentos da sociedade, como os deficientes visuais, os analfabetos e os indígenas (que até então estavam à margem do processo de votação), foram resgatados justamente pela facilidade e pela forma bastante intuitiva de escolher os candidatos pelo novo equipamento.

O ministro Carlos Velloso conta uma história muito interessante: quando foi votar no primeiro turno da eleição, palco de estreia da urna eletrônica, foi abordado por uma senhora que lhe dirigiu a palavra de forma bastante entusiasta: "Gostaria muito de agradecer o senhor". O ministro lembra que, surpreso, perguntou o porquê do agradecimento. E ela respondeu: "É a primeira vez que eu voto". Então, ao olhar para aquela senhora de mais de 50 anos, pensou: "Como pode ser a primeira vez que esta senhora vota?". Ela, porém, pareceu reconhecer a dúvida do magistrado e logo acrescentou: "É que eu sou analfabeta.

Não conseguia votar. Agora, com a urna eletrônica, eu votei". Aí o ministro entendeu e sorriu.

Para importantes componentes da sociedade, como as pessoas com deficiência, os analfabetos e os idosos, a urna eletrônica representou uma surpresa extremamente agradável. Essas pessoas encontraram, na urna, funcionalidades tecnológicas que permitiram uma maior interação devido à intuitiva, simples e precisa nova forma de votar.

Como era compreensível, em razão da própria novidade que a urna eletrônica representava em um país que sempre votara por meio de cédulas de papel, o ministro Marco Aurélio determinou, no segundo semestre do ano, que técnicos do TSE fossem aos TREs para dar todo o suporte ao uso da urna nos estados. Naquele momento, foi definido um caminho sem volta, rumo ao novo paradigma digital.

Desde o começo, a grande preocupação do TSE era mostrar para os brasileiros a confiabilidade, a transparência e a segurança da urna eletrônica. A intrincada criptografia dos dados depositados no equipamento era – e é até hoje – uma parte fundamental de sua segurança. No entanto, o modelo inaugural da urna usava disquetes para o recolhimento dos resultados da eleição, que eram transmitidos para o respectivo TRE e o TSE. Tais informações poderiam ser checadas por quem quisesse por meio dos boletins de urna (BUs), impressos e distribuídos aos representantes dos partidos políticos que os requisitassem.

Em 1996, 32,4 milhões de eleitores votaram em mais de 74 mil dessas urnas, deixando para trás a cédula de papel. Elegeram, por esse novo meio, prefeitos e vereadores de todas as capitais e de outros 31 municípios brasileiros.

2 Segunda estação – por que ela?

Na verdade, o embrião do atual sistema eletrônico de votação e apuração das eleições surgiu em 1986, com o recadastramento dos quase 70 milhões de eleitores na época, durante a gestão do ministro José Néri da Silveira (presidente do TSE de 01.10.1985 a 06.03.1987 e de 02.03.1999 a 06.03.2001). Essa medida teve como grande mérito unificar o cadastro eleitoral, que antes era disperso pelos diferentes TREs. Assim, o eleitor passou a ter um número único de inscrição em todo o país. Além disso, a iniciativa tornou o cadastro bem mais fiel, com a eliminação das duplicidades de registro e de outras situações. O recadastramento foi concluído em 1986.

Talvez poucos saibam ou se recordem, mas, naquela época, o recadastramento eleitoral foi realizado por meio eletrônico. Um avanço tremendo. A partir daí, o sistema permitiu mais rapidez na emissão dos títulos eleitorais. Assim, a eleição de 1986 foi a primeira após a implantação de um cadastro nacional de eleitores. Já na eleição presidencial de 1994, na gestão do ministro José Paulo Sepúlveda Pertence (presidente do TSE de 15.06.1993 a 22.11.1994 e de 20.02.2003 a 21.02.2005), quando votaram 77,9 milhões de pessoas, ocorreu a primeira totalização informatizada dos votos. Os dados da apuração manual eram digitados em computadores e transformados eletronicamente para serem totalizados. Esses foram passos importantes, planejados, para que, mais tarde, fosse possível o sistema eletrônico de votação e apuração hoje em vigor.

A urna veio dez anos depois do recadastramento, mas quais motivos levaram ao recadastramento eleitoral a partir de 1986, à totalização de votos em 1994 e ao advento daquela "máquina de votar", que já era intuitivamente prevista no artigo 57 do primeiro Código Eleitoral brasileiro, de 1932? Enfim, por que a urna eletrônica nasceu?

A resposta sucinta: para impedir qualquer interferência humana nas etapas de votação, apuração, totalização e divulgação dos resultados das eleições, reduzindo fortemente as possibilidades de fraude no pleito. Ou seja, na era da urna eletrônica, o cidadão contribuiria com o seu voto nas eleições, porém não seria mais convocado a contabilizar e registrar os votos dados em antigas cédulas de papel nem seria o responsável por totalizar os resultados dessas contagens. Agora seria tudo informatizado e com a urna.

Vejamos como ocorriam os eventos na era do papel. Quando a votação terminava, às 17h pelo horário local, começava a apuração, uma etapa independente e um "martírio", que poderia levar semanas até que a população soubesse os resultados do pleito. Isso causava um "suspense" enorme, o ambiente se transformava em verdadeiro filme de Alfred Hitchcock. Imagine o prejuízo incomensurável para o país, esperando todo esse tempo para a definição dos seus dirigentes. O cenário, portanto, era de descrédito cotidiano, que atingia, de forma injusta, até mesmo a Justiça Eleitoral, responsável por organizar e coordenar as eleições.

E o pior: esse cenário de dúvidas e maledicências era interminável, porque o processo de apuração – com interferência humana e sempre demorado – não era totalmente confiável. Então, alguém exigia uma recontagem de votos, e a recontagem também não era plenamente confiável. Então, ocorria a recontagem da recontagem. E essa situação, agora kafkiana, só cessava no momento em que Justiça Eleitoral encerrava as recontagens por estar totalmente comprovada a veracidade do resultado. Nesse contexto, já bastante complicado, havia ainda a paixão política, movendo as cordas da suspeita. Como acalmar os ânimos com todos esses fatores agindo contra? Não dava.

Na eleição de 1996, foi sentida uma visível melhoria na rapidez da apuração e totalização dos votos de parcela do eleitorado. As urnas eletrônicas propiciaram um grande diferencial em relação ao procedimento anterior. Onde a mão humana causava lentidão e levava a erros e a um portfólio bastante consistente de fraudes, passou a haver segurança, transparência, integridade e celeridade, atributos só alcançados no paradigma digital.

A urna eletrônica incorporou e alinhou votação, apuração e totalização num só caminho, o que trouxe imensa rapidez à divulgação dos resultados da eleição. Informatizado o processo, o cenário teve uma mudança para melhor. Isso porque, agora, logo que a votação se encerra, a apuração ocorre de imediato, sendo os resultados anunciados poucas horas depois. A automação permitiu, assim, percorrer essa trilha de eventos de maneira acelerada, o que deu tranquilidade e reduziu bastante o "suspense" que pairava no ar pelo antigo método de apuração.

Além disso, duas ações legitimam ainda mais o processo eletrônico. Antes do início da votação, a urna emite, em papel, a zerésima (mostrando que não há qualquer voto registrado na máquina) e, após a votação, os boletins de urna (BUs), públicos e plenamente auditáveis. Os BUs são fixados em todas as seções eleitorais e disponibilizados para os representantes dos partidos políticos, a imprensa e o Ministério Público, desde que requeridos. Desde 2016, os boletins impressos vêm com o código bidimensional, que permite, por meio de aplicativo, que qualquer cidadão registre o resultado de cada seção e verifique se é o mesmo resultado considerado para efeito de totalização. Esse é mais um instrumento de auditoria disponível ao cidadão.

3 Terceira estação – mais *bits*, menos papel

Em 1998, pela primeira vez, a urna eletrônica seria utilizada em uma eleição geral, que escolheria o presidente da República, 27 governadores, senadores, deputados federais, estaduais e distritais. Naquele pleito, dois terços das seções eleitorais conteriam urnas eletrônicas. Na ocasião, 163.354 urnas foram alocadas para a eleição. Ou seja, a automação do sistema dobrara em um período de dois anos. A atenção da sociedade e dos partidos com relação ao novo modelo de votação e apuração também crescia de maneira exponencial. Em 1998, compareceram à votação 83,2 milhões de brasileiros de um eleitorado total de 106 milhões.

De uma eleição para outra, houve evolução tanto no *design* da máquina quanto no seu projeto eletrônico de engenharia. A eleição de 1996 foi quase uma experiência-piloto para a urna. E ela se saiu muito bem, apesar dos problemas surgidos, inerentes a uma estreia. Essa primeira eleição possibilitou que implantássemos várias melhorias. Houve modificações importantes no próprio projeto da máquina.

Na eleição de 1996, havia também uma impressora acoplada à urna eletrônica para registrar o voto em papel, mas essa experiência com a impressão do voto pela máquina não foi alvissareira. Isso porque verificamos que essa prática, que deveria ser um elemento para facilitar a auditoria, mostrou-se, na verdade, um complicador. A urna é um dispositivo eletrônico, e a impressora é um aparelho eletromecânico. Está cientificamente comprovado que um mecanismo eletromecânico falha até dez vezes mais que um unicamente eletrônico, pois o primeiro contém peças passíveis de dar muito mais problema. E, com a logística um tanto trabalhosa neste país de características continentais, onde aproximadamente 60% do território se acha na região Amazônica – fazendo com que a urna viaje milhares e milhares de quilômetros (muitas vezes de barco e demorando, em algumas ocasiões, semanas) até chegar a uma aldeia indígena, passando por variação de temperatura, umidade, salinidade, poeira e muito impacto –, o número maior de falhas que um equipamento eletromecânico pode apresentar se potencializa. Então, na eleição de 1998, eliminou-se a impressão voto a voto. A impressora só foi utilizada para tirar a zerésima e os boletins de urna.

4 Quarta estação – mais avanços tecnológicos

Em 2001, uma equipe de especialistas em segurança da informação da Universidade Estadual de Campinas (Unicamp), que analisou os aspectos de segurança do processo eleitoral e o considerou satisfatório, sugeriu uma série de melhorias nesse quesito, as quais foram implantadas em um curto espaço de tempo – dentre elas, a lacração e a assinatura digital dos sistemas eleitorais, mudanças já que seriam utilizadas no pleito presidencial de 2002, o qual envolveria 115,2 milhões de eleitores, habilitados a votar em 406.547 urnas eletrônicas.

O processo de lacração, que passou a ser adotado em todas as eleições a partir de então, consiste na compilação dos programas (transformação de linguagem de programação para códigos binários) e na geração de *hashes* de cada um deles (no caso, a criação de uma espécie de dígito verificador), que permitem avaliar a integridade desses programas. Além disso, o processo possibilita, posteriormente, a aferição da assinatura digital de todo o conjunto por diversas autoridades (por meio de certificados digitais padrão ICP-Brasil). Essas medidas fazem do conjunto um pacote blindado.

A partir delas, podemos verificar dois atributos do conjunto de programas: a autoria (se foram produzidos pelo TSE) e a integridade (se for alterado um ponto ou uma vírgula que seja em qualquer um dos programas, a assinatura não bate). Os programas só saem do ambiente do TSE após essa blindagem. Uma cópia fica guardada na sala-cofre e as outras são distribuídas, por meio de rede segura, aos TREs, que realizam o processo de carga nas urnas eletrônicas.

Há vários momentos nos quais é possível verificar as assinaturas e checar a autoria e a integridade dos sistemas; inclusive, esse procedimento é realizado quando a urna é ligada. Isso significa que não há possibilidade de um programa não oficial ou adulterado funcionar na urna eletrônica.

Nessa mesma época, também foi introduzido o processo de auditoria chamado votação paralela, hoje rebatizado de teste de integridade da votação. Na véspera da eleição, por meio de um juiz eleitoral designado, ocorre um sorteio na presença de fiscais de partidos e outros representantes de instituições. Isso se dá quando todas as urnas já estão preparadas, lacradas e instaladas nos locais de votação. Os números sorteados são os das seções eleitorais. Uma vez definidas as seções, retira-se, por meio de diligência, o equipamento referente a cada seção. Então, a urna é levada para um recinto em cada tribunal regional, local apropriado para o acompanhamento de qualquer cidadão, no dia do pleito, no horário de votação. É preciso lembrar que a urna só funciona em datas e horários predefinidos. Nesse ambiente, faz-se uma votação de forma ostensiva e aberta.

Nesse caso da votação paralela, escreve-se, em cédula de papel, o número que será votado. A cédula é mostrada ao público presente. Digita-se o número num sistema à parte e, finalmente, no próprio teclado da urna eletrônica. Tudo é registrado por câmeras de filmagem. No final, simplesmente se verifica se o que foi digitado no teclado correspondeu ao que saiu no resultado do boletim de urna. Aqui não há necessidade de qualquer conhecimento profundo em criptografia, assinatura digital, *hashes* etc. Até o momento, não houve sequer um caso de não conformidade identificado. Importante acrescentar que todo esse procedimento é acompanhado por auditores independentes, que emitem relatórios de conformidade específicos.

Porém, também naquele período, houve um movimento de alguns setores sociais junto ao Congresso Nacional pela impressão do voto, por considerá-la a melhor forma de auditoria de uma eleição, entendimento este com que não compactuamos, a partir das evidências verificadas nos experimentos realizados em, pelo menos, duas eleições. O Congresso encampou essa ideia na Lei nº 10.408, de 10 de janeiro de 2002, que restabeleceu a impressão, entre outras questões. Aliás, esses grupos sociais, assim os chamemos, insistem até hoje em colocar em xeque a confiabilidade da urna eletrônica sem apresentar qualquer prova.

E digo que o Congresso restabeleceu esse registro porque, como dissemos, a urna eletrônica de 1996 nasceu imprimindo o voto. Resolvemos adotar, no começo, a impressão do voto porque vivíamos a transição do voto em papel para o digital. A concepção inicial foi o registro do voto digitalmente e sua impressão para uma potencial auditoria. No entanto, esse voto não ficava disponível para o eleitor. O processo se dava assim: o eleitor assinalava o voto na urna, confirmava digitalmente, uma impressora registrava e guardava esse voto em papel em um dispositivo plástico, sem possibilitar a sua visualização pelo cidadão.

Só que, já naquela eleição, o TSE detectou um grande problema. O equipamento eletromecânico (a impressora do voto) falhava muito mais do que o sistema eletrônico de votação – no caso, a urna propriamente dita. A urna registrava o voto com toda a exatidão, confiabilidade e integridade que a tecnologia digital proporcionava, enquanto o componente eletromecânico vacilava. Portanto, evidenciou-se, nesse processo, um erro conceitual. O elemento que deveria auditar a urna eletrônica, que era a impressão do voto, falhava. E isso nós experimentamos na primeira eleição em que a urna foi empregada.

As falhas também se explicavam pela própria logística de transporte das urnas pelo território nacional. Além do manuseio e do transporte das máquinas em si – inclusive para regiões da Amazônia somente alcançadas por "voadeiras" (tipo de minúscula embarcação) após dias ou semanas –, havia fatores ambientais que prejudicavam as impressoras, como as diferenças de temperatura, de umidade, a poeira, o grau de salinidade, entre outros. Desse modo, por serem componentes eletromecânicos, sujeitos a todas essas variáveis ambientais e de transporte, as impressoras não resistiam como as urnas.

Assim, no próprio alvorecer da urna eletrônica, verificamos que a impressão do voto, como foco de auditagem do sistema, era totalmente ineficaz. Por todos esses motivos, a Lei das Eleições (Lei nº 9.504/1997) eliminou a impressão do processo já para a eleição geral de 1998.

Com a volta da impressão, admitida pelo Congresso para 2002, justamente dois anos após a urna eletrônica ter atingido todas as seções eleitorais do país, a Justiça Eleitoral resolveu implantar, além do voto digital, o registro em papel nas urnas do Distrito Federal, de Sergipe e de algumas localidades naquela eleição. A experiência mostrou outra vez, de forma muito evidente, a ineficácia da impressão do voto como instrumento de auditoria.

Além das falhas nas impressões continuarem em 2002, algo pior aconteceu onde o registro do voto em papel foi retomado: a volta da intervenção humana no processo eleitoral, já que eram necessárias a conferência e a apuração manual dos votos impressos, nas conhecidas mesas apuradoras, para fazer o batimento com os números de votos consignados nas urnas. Isso representou um balde de água fria para a Justiça Eleitoral. Fazia dois anos que a interferência humana havia sido eliminada por completo do processo. Agora, tudo retrocedia a tempos primitivos, que pareciam superados em definitivo desde 2000, com a chegada da urna eletrônica em todos os rincões nacionais.

O retorno das mesas apuradoras e o escrutínio manual, naquelas regiões designadas na eleição de 2002 para a experiência do voto impresso, acabaram por atrasar o processo de totalização. Como? Vejamos. Após votar na urna eletrônica, o eleitor devia verificar se o voto mostrado na tela era idêntico ao que saía na impressora (o chamado Módulo Impressor Externo – MIE) acoplada à urna. Confirmado o voto, o papel com o registro era acondicionado pelo MIE, sem qualquer contato do eleitor, numa urna convencional. Posteriormente, esses votos deviam ser contabilizados para uma comparação com o que a urna eletrônica havia registrado. E, para contar, era necessária a mão humana.

Além do atraso causado na apuração e divulgação dos resultados, é preciso lembrar que o voto em papel é passível de fraude no momento em que é manipulado por uma pessoa mal-intencionada. Essa pessoa pode inserir, eliminar ou mesmo interpretar erroneamente o voto dado pelo eleitor. E, convenhamos, isso põe em dúvida a confiabilidade de um resultado. Esse era justamente o cenário existente em várias localidades do país, em momento eleitoral, antes da chegada do voto eletrônico.

Ao se deparar com esse quadro em 2002, o Congresso Nacional retirou a obrigatoriedade da impressão do voto para as eleições seguintes. Os mesmos setores sociais, que antes conseguiram influenciar o Congresso a retomar a impressão naquele pleito, atuaram no Parlamento para que essa ideia ressurgisse na eleição de 2018, e universalmente, ou seja, abrangendo todas as urnas. É preciso frisar que, atualmente, a eleição brasileira utiliza mais de 550 mil urnas eletrônicas, distribuídas por mais de 460 mil seções eleitorais. Fora toda a problemática acima desenhada, vale dizer que a obrigatoriedade da impressão do voto dobra os custos de uma eleição e vai na contramão das iniciativas de preservação do meio ambiente.

5 Quinta estação – registro digital do voto

O embarque tecnológico da Justiça Eleitoral para projetar e desenvolver a urna eletrônica teve início em 1996. À medida que nós embarcamos no trem da tecnologia, evoluímos, de estação em estação, na mesma velocidade em que ocorreram as inovações relacionadas ao mundo digital, com emprego voltado ao sistema eletrônico de votação. A tentativa de diminuir a velocidade desse trem, ocorrida na eleição de 2002, não teve força para reter a evolução própria da urna eletrônica, que tem como um dos seus pressupostos de confiabilidade justamente a capacidade de se aprimorar ao longo de cada pleito, assimilando, de forma rápida e constante, os progressos tecnológicos que surgem.

Com a experiência fracassada do voto impresso na eleição de 2002, o TSE adotou, na eleição posterior, uma solução tecnológica de auditoria para a conferência e recontagem dos votos, chamada registro digital do voto (RDV). Esse mecanismo não empregava papel, mas mídia digital. À medida que o eleitor registra na urna a sua escolha, ao invés da impressão, seu voto é gravado nessa mídia específica. O RDV persiste até hoje e é muito mais confiável que o voto impresso. Ele consiste em um arquivo eletrônico – assinado digitalmente pela própria urna (o que assegura que ele foi produzido e criptografado por urna oficial e não sofreu qualquer alteração), com dados gravados de uma forma aleatória – que não permite a identificação da ordem de votação (portanto, não há como quebrar o sigilo do voto de ninguém). O RDV possibilita uma recontagem de votos de maneira muito mais precisa que o voto impresso, ou seja, esse arquivo traz a garantia dos requisitos de autoria, autenticidade e confiabilidade dos votos depositados na urna. Esse foi um grande avanço tecnológico ocorrido na urna de 2002 para 2004.

Outro importante avanço promovido pelo TSE para a eleição de 2002, após instituir a lacração, a assinatura digital dos sistemas e a votação paralela a partir daquele pleito, foi a abertura dos códigos-fontes dos programas. Esse ato consistiu em dar acesso, seis meses antes da eleição, aos representantes dos partidos políticos, bem como aos integrantes da Ordem dos Advogados do Brasil (OAB) e do Ministério Público, a todos os programas que seriam usados na eleição para uma conferência detalhada. Essa foi uma enorme iniciativa em busca do fortalecimento do pilar da transparência. Viabilizar a análise, linha por linha, de todos os programas-fonte foi um benéfico caminhão de concreto injetado pela Justiça Eleitoral para robustecer esse pilar. Já o pleito posterior, o de 2004, contou com 121,3 milhões de eleitores habilitados a votar em 402.728 urnas eletrônicas.

No entanto, alguns ainda colocavam em xeque essas medidas, alegando que integrantes dos partidos políticos, uma das instituições contempladas por meio da resolução do TSE, não teriam conhecimento para ler e entender a difícil linguagem de programação. Porém, isso não é bem assim: os partidos políticos ou qualquer outra instituição (que hoje chegam ao número de dez passíveis de aferir os programas) podem contratar empresas que conheçam o desenvolvimento de *softwares* para realizar o trabalho de verificação, buscando identificar qualquer potencial funcionalidade obscura no programa, tendo o direito inclusive a impugná-lo. Contudo, para nossa grande frustração, as agremiações políticas, as maiores "interessadas" em descobrir "desacertos" nos programas, demonstraram até hoje muito pouca atenção a esse tipo de auditoria. Com raríssimas exceções, os partidos costumam ignorar essa possibilidade de aferição e abdicam de prestar suas contribuições.

Também, em 2006, seguindo os trilhos da evolução, a urna desenvolvida para aquele ciclo eleitoral apresentou um componente eletrônico adicional, evidenciando o compromisso institucional de implementar melhoria contínua, utilizando-se do que havia de inovação tecnológica: o *scanner* de leitura de impressões digitais, inserido no terminal do mesário. Esse dispositivo viabilizaria uma nova estação na viagem evolutiva do processo eleitoral brasileiro.

Já que o tempo de "vida" de uma urna eletrônica gira em torno de dez anos, o *scanner* foi projetado para integrar a urna eletrônica de 2006, objetivando aproveitar o potencial do equipamento já na eleição de 2008, o que se mostrou um prognóstico correto, como veremos a seguir.

6 Sexta estação – biometria

Com o importante patrocínio do presidente do TSE à época, o ministro Marco Aurélio, na sua segunda passagem pela Presidência da Corte Superior Eleitoral, e do diretor-geral, Athayde Fontoura Filho, demos continuidade a um trabalho de pesquisa para aprimorar a identificação do eleitor no instante do voto, com o uso da biometria. Um projeto inicial já havia sido repassado ao ministro Marco Aurélio pelo ministro Carlos Velloso, quando de sua saída da Presidência do Tribunal.

A identificação usual até então seguia procedimento manual de conferência, ou seja, na ocasião, para saber se quem se apresentava para votar era quem dizia ser, era feita a famosa conferência "cara crachá" por meio da entrega ao mesário, pelo eleitor, de um documento oficial com foto, juntamente com o título eleitoral. O mesário tinha também a possibilidade de digitar o número do título mostrado pelo eleitor e permitir o voto daquele cidadão desde que o número não estivesse previamente habilitado. Portanto, dentro de um procedimento de votação automatizado, ainda havia uma intervenção humana, que poderia, hipoteticamente, viabilizar uma fraude, ao se habilitar uma pessoa no lugar de outra.

Com base no princípio de que não há duas digitais iguais no mundo, começamos, em 2007, o projeto Identificação Biométrica do Eleitor. Buscamos os padrões internacionais NIST e ICAO, que balizam o modelo de identificação civil definido pelo Instituto Nacional de Identificação (INI). Trabalhamos na especificação de uma estação de captura dos dados biométricos (digitais roladas de todos os dedos, fotografia e assinatura digitalizada), batizada como *Kit* Bio. Na época, foram definidos três municípios de três regiões distintas no Brasil (São João Batista/SC, Fátima do Sul/MS e Colorado do Oeste/RO), cidades do interior, com diferentes vocações econômicas – indústria, agricultura e pecuária, respectivamente –, com um eleitorado total de cerca de 40 mil pessoas, para testar a captura das digitais de indivíduos que, em tese, teriam desgastes das mãos devido às suas atividades. Então, adaptamos os *softwares* de identificação do eleitor para aquela nova urna. Na eleição de 2008, tanto o cadastramento biométrico efetivado pelo projeto-piloto da Justiça Eleitoral quanto o reconhecimento das digitais para a votação nos três municípios escolhidos mostraram-se um sucesso. Naquele pleito, o eleitorado apto a votar em 455.971 urnas eletrônicas era de 128,8 milhões.

Desse ponto, iniciamos o grande desafio de cadastrar biometricamente os mais de 130 milhões de eleitores que existiam na ocasião, com a parceria essencial dos tribunais regionais eleitorais. Hoje, já passamos dos 120 milhões de cidadãos cadastrados na biometria pela Justiça Eleitoral, isso já na reta final para a conclusão de todo o processo em 2022.

O cadastramento biométrico consiste, justamente, em captar as impressões digitais (de forma rolada), a foto (no padrão ICAO) e a assinatura (digitalizada) do cidadão. A foto é também um dado biométrico, pois permite o reconhecimento facial. Para que ela esteja dentro do padrão, o *software* que tira a foto faz o papel do fotógrafo, ou seja, se a pessoa está com a cabeça inclinada para um lado, ele corrige. Se estiver para o outro, ele também a coloca na posição vertical. Se o cidadão estiver próximo, ele o afasta. Se estiver longe, ele o aproxima. Isso tudo com base nas pupilas dos olhos e em algumas características do rosto.

Porém, no começo do cadastramento, o *software* estava ainda em fase de teste. Em certo estado do Sul do país, numa manhã fria, sentou-se um rapaz em frente ao *software* fotógrafo para realizar o cadastramento. Naquela época, ainda não estava na moda o "com barba crescida e cabeça raspada". O *software* mirou nas pupilas do rapaz, analisou, analisou e começou a tentar girar a imagem. Verificaram que o "fotógrafo" queria fazer um giro de 180 graus e não estava conseguindo... ele girou, girou, girou mais uma vez, até que travou e não deixou bater a foto de jeito algum. Intuiu-se, então, que o *software* estava, simplesmente, entendendo que o rapaz se achava de cabeça para baixo e fracassara na tentativa de corrigir sua posição.

Houve, inclusive, algum tumulto. O jovem estava impaciente e querendo saber o motivo de tanta demora para bater a fotografia. Nesse momento, alguém teve a ideia de tirar a foto do rapaz com um celular mesmo para liberá-lo. Hoje, o nosso "fotógrafo" está mais inteligente. Podemos dizer que ele já está "careca de saber" as circunstâncias com as quais pode se deparar ou, talvez, tenha ficado com as "barbas de molho" depois da situação por que passou.

Apesar desses percalços inusitados, desde 2008, o número de votantes pela biometria só fez aumentar de maneira exponencial. E como se processa a identificação do eleitor? No momento da votação, o reconhecimento das impressões digitais ocorre por meio do leitor biométrico instalado no terminal do mesário.

Toda essa iniciativa evidencia, mais uma vez, a dinâmica do trem da tecnologia – na verdade, uma locomotiva – em sua jornada inovadora de aprimoramento do sistema de votação no país. Hoje, a Justiça Eleitoral brasileira detém uma das maiores bases de dados biométricos da América Latina.

Outro elemento que oferece enorme confiabilidade à biometria é o sistema *Automated Fingerprint Identification System* (AFIS), adotado pela Justiça Eleitoral. Esse sistema afasta situações de duplicidade ou multiplicidade de inscrições no cadastro eleitoral. Isso acontece porque faz o batimento eletrônico das dez impressões digitais de cada eleitor cadastrado com as impressões digitais de todos os eleitores registrados no banco de dados. O AFIS compara as impressões digitais de até 180 mil cidadãos por dia e pode ter sua capacidade ampliada se preciso.

Enfim, foram várias as dificuldades a superar para implantar a identificação biométrica no processo eleitoral. Essa que é uma funcionalidade decisiva, que reforça ainda mais a segurança e a garantia de que quem está votando é realmente o titular do voto. Nessa jornada, foram ultrapassados desafios como a especificação dos componentes eletrônicos da urna e do *Kit* Bio, feitos ajustes de *software* na urna e no sistema de cadastramento eleitoral, além de serem realizados testes e mais testes de integridade dos resultados. Houve ainda a capacitação dos mesários – hoje um contingente que ultrapassa mais de dois milhões de pessoas –, bem como o esclarecimento e a orientação dos eleitores.

Todo esse cenário tecnológico de integridade de identificação viabilizou a iniciativa de implementação de um grande programa: a Identificação Civil Nacional (ICN), patrocinada na gestão do ministro José Antonio Dias Toffoli (presidente do Tribunal de 13.05.2014 a 12.5.2016). A iniciativa resultou na sanção, pelo Poder Executivo, da Lei nº 13.444, de maio de 2017, que trata da ICN, já na gestão do ministro Gilmar Ferreira Mendes (presidente do TSE de 21.02.2006 a 26.04.2006 e de 12.05.2016 a 06.02.2018), em sua segunda passagem na Presidência do Tribunal. Sem dúvida, essa iniciativa já fez o país dar um salto na qualidade da identificação de seus cidadãos, mitigando fraudes concernentes à falsidade ideológica, que trazem prejuízos gigantescos para o Estado.

O processo de unificação da base de eleitores analisa as minúcias de cada digital e compara digital por digital, registro por registro, na base de dados, para garantir que aquele cidadão que passa integrar o cadastro é único, seguindo o princípio de que não existem duas digitais iguais. Além disso, também se compara a foto, utilizando-se de algoritmo de reconhecimento facial.

Pois bem, nesse processo, encontramos um cidadão com mais de 70 identidades diferentes, com dados biográficos diversos, inclusive CPF. Ou seja, foram identificadas 70 "personagens", devidamente documentadas, ligadas a uma só pessoa. Poderíamos, literalmente, afirmar aqui que se trata, no mínimo, de um sujeito com "crise de identidade".

Esse episódio, além de inusitado, revela uma triste realidade brasileira, que é a fragilidade do sistema de identificação convencional atual, situação em que cada estado emite as respectivas identidades dos cidadãos sem sequer verificar se já existe a emissão de outro documento no estado vizinho. Na prática, isso significa que, legalmente, um cidadão pode ter 27 identidades, sem que um estado saiba da emissão do documento pelo outro.

O caso do cidadão das 70 personagens somente foi possível por não haver uma base nacional de identificação, informatizada, com sistema de unificação dinâmico, *Automated Biometric Identification System* (ABIS), que compara as minúcias de todas as digitais e também as características de face, de maneira sistemática. São esses, justamente, os fatores que guindaram a base de eleitores do TSE, que hoje tem mais de 120 milhões de cidadãos com seus respectivos dados biométricos unificados, a um nível de excelência de maior base biométrica do Ocidente.

Além disso, a ICN coloca o país em um patamar seleto e oferece condições para a promoção de serviços de qualidade e seguros ao cidadão, por meio de plataforma digital. Isso garante economicidade, integridade de dados e o aumento da acessibilidade da população a tais procedimentos.

7 Sétima estação – testes públicos de segurança

A menos de um ano da eleição de 2010, o sistema eletrônico de votação passaria por sua maior prova de fogo nas mãos de especialistas e profissionais da área de tecnologia e segurança da informação do país. Em novembro de 2009, o Tribunal Superior Eleitoral realizaria o primeiro Teste Público de Segurança do Sistema Eletrônico de Votação – que logo passaria a ser conhecido como TPS – para aferir os programas que seriam empregados nas urnas naquele pleito. Os TPSs posteriores a 2009 aconteceram em 2012, 2016 e 2017. Em 2019, dez anos após a sua entrada em cena, o TSE promoveu a quinta edição do Teste Público de Segurança, desta vez para verificar a higidez dos programas que seriam utilizados nas urnas da eleição municipal de 2020.

Um adendo: é preciso destacar que, com a entrada em vigor da Resolução nº 23.444/2015, o TSE se obrigou a realizar um TPS sempre no ano anterior à eleição como requisito essencial para verificar a integralidade e a confiabilidade do sistema eletrônico de votação que seria usado no pleito. Portanto, a partir de então, o Teste Público de Segurança deixou de ser um ato discricionário da Presidência do TSE para integrar o processo preparatório de uma eleição.

Mas vamos à história da criação do TPS. Antes de assumir a Secretaria de Tecnologia da Informação (STI) do Tribunal, os críticos da urna eletrônica apresentavam, sistematicamente, pedidos para realizar os chamados testes de "penetração" nos sistemas, que eram negados pela instituição. Assim que tomamos ciência desse quadro, diante de um novo pedido para a realização de um teste, procuramos o relator, ministro Enrique Ricardo Lewandowski, e o informamos que o sistema eletrônico de votação, na ocasião com 13 anos de existência, já estava suficientemente "maduro" para ser submetido à prova de robustez de seus dispositivos de segurança, tão reclamada pelos críticos profissionais. Salientamos, ainda, que a negativa de mais um apelo alimentaria o discurso "de que a urna eletrônica não resistiria a cinco minutos de ataques por parte dos *hackers*".

Mais uma vez, senti todo o peso da responsabilidade de, se malsucedido o evento, comprometer seriamente a imagem do processo eletrônico de votação. Mas, por outro lado, conhecedor da história evolutiva da solução tecnológica, entendi que aquela seria uma grande oportunidade não só para agregar ao processo eleitoral atributos como transparência, trabalho participativo da sociedade e efetividade na análise crítica, mas também para demonstrar a humildade da Justiça Eleitoral, que exporia as vísceras do sistema eletrônico de votação a um exame minucioso dos especialistas, que, eventualmente, poderiam identificar defeitos ou fragilidades nos aspectos de segurança da informação. Porém, uma vez constatadas, essas fragilidades seriam corrigidas e os *hackers* que as identificaram seriam chamados para atestar a eficácia das correções efetuadas. Aliás, toda e qualquer contribuição dos *hackers* (caso vulnerabilidades fossem observadas) seria sempre muito bem recebida pela Justiça Eleitoral, pois poderia ajudar a melhorar a proteção do sistema.

Como é lógico, o TPS e as eventuais correções aconteceriam antes de se colocar em produção o conjunto de *softwares* submetidos ao teste – conhecido como ecossistema da urna eletrônica – para a eleição. Além disso, com o Teste Público, passaríamos a ser o primeiro país do mundo a realizar um evento de tal magnitude, no sentido de fortalecer a transparência do sistema eleitoral perante a população e o público especializado.

Uma vez convencido o relator sobre a decisão de implantar o teste, houve o firme patrocínio do ministro Carlos Augusto Ayres de Freitas Britto (presidente do TSE à época, de 06.05.2008 a 22.04.2010) para levar adiante a ideia. Ele só impôs uma condição para realizá-lo: trocar o nome do teste – de "penetração" para "teste de segurança". Pensando bem, com toda a razão.

Todas as edições do TPS ocorrem no edifício-sede do Tribunal Superior Eleitoral, em Brasília, das 9h às 18h, podendo esse horário ser prorrogado a pedido. O evento acontece em um ambiente exclusivo e monitorado por câmeras, com entrada controlada. Durante a sua realização, os investigadores selecionados para o Teste Público têm acesso aos componentes internos e externos do sistema eletrônico de votação, tais como os códigos-fontes (primeiro passo para entrar no sistema) e os de geração de mídias, votação, apuração, transmissão e recebimento de arquivos, que jamais se tornam disponíveis em momentos normais de uma eleição. O TSE fornece, inclusive, todas as ferramentas solicitadas previamente pelos participantes para levar adiante seus planos de teste aprovados. Posteriormente, a Corte Superior Eleitoral emite certificado de participação aos investigadores que integraram o TPS.

Desde o seu surgimento, as inscrições para o TPS são franqueadas aos brasileiros maiores de 18 anos. Além disso, também desde a primeira edição do evento, passagens e estadas dos investigadores habilitados, residentes fora do Distrito Federal, são custeadas pelo Tribunal Superior.

Atualmente, como mencionado mais acima, o TPS faz parte do ciclo de preparação de uma eleição, que tem início exatamente quando se conclui o pleito anterior. O primeiro momento do ciclo é registrar as lições aprendidas, ou seja, o que deu certo e o que não funcionou tão bem no último pleito. Coletadas as informações, o que é feito juntamente com os tribunais regionais eleitorais, começa o planejamento do programa de eleições que contemplará o próximo pleito. A partir de então, os requisitos são definidos com base em um compêndio de leis – Constituição Federal, Código Eleitoral, leis complementares e resoluções. Tais requisitos são consolidados nas soluções tecnológicas: os sistemas informatizados. Quando se acham em estágio funcional, esses sistemas são avaliados em vários tipos de testes, que vão desde os laboratoriais até os simulados nacionais. Nessa fase é que foi encaixado o TPS, o teste sistemático com foco na segurança.

O Teste Público de Segurança do Sistema Eletrônico de Votação acontece, preferencialmente, no final do ano anterior à eleição, justamente na fase em que as soluções tecnológicas estão sob verificações funcionais. Promover o TPS nessa fase permite que, uma vez encontradas fragilidades no sistema eletrônico, ações corretivas possam ser rapidamente executadas pela STI do TSE e, posteriormente, testadas pelos próprios investigadores que as apontaram, nos chamados testes de confirmação. Vale ressaltar que tudo isso ocorre antes de ser aberto o prazo de 180 dias para que as várias instituições credenciadas possam fazer a conferência dos programas e antes que aconteça, logo em seguida, o ato final de lacração dos sistemas que serão utilizados na futura eleição.

Para que um TPS ocorra, são montadas, a cada edição, quatro comissões:

(i) organizadora: responsável pelo planejamento e elaboração do projeto geral, coordenando as atividades. Essa comissão é formada por profissionais de diferentes áreas do TSE;

(ii) reguladora: define os procedimentos e a metodologia, além de supervisionar todas as etapas do processo. Essa comissão é também integrada por profissionais do TSE;

(iii) avaliadora: valida a metodologia e os critérios de julgamento, assim como analisa e homologa os resultados. Conta com representantes da comunidade acadêmica/científica, do Ministério Público Federal, da Ordem dos Advogados do Brasil, do Congresso Nacional, da Polícia Federal e da Sociedade Brasileira de Computação, além de um engenheiro elétrico/eletrônico ou de computação, devidamente registrado no Conselho Regional de Engenharia e Agronomia (Crea), indicado pelo Conselho Federal de Engenharia e Agronomia (Confea), e um representante indicado pelo presidente do TSE;

(iv) comunicação institucional: responsável pela divulgação do TPS e pelas respostas aos questionamentos do público e da imprensa. É formada por membros do TSE.

Nessa década de existência, os sucessivos testes públicos de segurança do sistema eletrônico de votação mostraram que a Justiça Eleitoral brasileira, particularmente o TSE, está aberta às contribuições da sociedade e, especialmente, dos estudiosos e especialistas na área de tecnologia da informação para o aprimoramento dos sistemas eleitorais. Críticos ferrenhos do processo informatizado continuarão a existir, não temos ilusões quanto a isso. Porém, sempre que quiserem, em ano não eleitoral, poderão fazer suas pré-inscrições no TPS – junto com outros especialistas não tão resistentes à automação das eleições –, apresentar seus planos de teste e, se estes forem aprovados, tentar direcionar ou "derrubar" o sigilo do voto na urna.

Considerações finais: ... e o futuro?

Agora, após mais de duas décadas de implantação da urna eletrônica, em que direção seguirá o sistema eletrônico de votação brasileiro? Qual a próxima onda evolutiva? Essa onda que, certamente, terá que acompanhar a própria inovação na tecnologia da informação, particularmente ligada à confiabilidade e à segurança dos dados coletados. Enfim, quais elementos da terceira onda tecnológica se espraiarão pela próxima década? E quais as suas possibilidades?

Um estudo produzido pelo ativista digital Ademir Piccoli e pela profissional de *marketing* Barbara Bartosiaki aponta algumas dessas tendências, que, podemos dizer com razoável medida, poderão contribuir para a evolução do nosso sistema eletrônico de votação em médio e longo prazos. Os impactos dessas tendências já são visíveis, justamente por serem também processos que não podem ser refreados e que avançam de maneira rápida e constante. São processos destinados a alterar de forma global a sociedade em que vivemos.

Sem nos atrever a esmiuçar toda a análise feita pelos pesquisadores citados, gostaríamos, neste ponto, apenas de revelar, em linhas gerais, os temas abordados por eles, que sinalizam para onde iremos nos próximos anos em termos de desenvolvimento tecnológico – expressão aqui adotada de modo amplo, planetário. Piccoli e Bartosiaki distribuem suas observações ao longo de sete grandes campos ou eixos de progresso, a saber: inovação, tecnologias, inteligência artificial, pessoas, consumidores, segurança da informação e sustentabilidade.

Todos os temas objeto do estudo são fascinantes pela ótica com que são examinados e prospectados para o futuro. Cada um desses campos nos abre quase uma infinidade de aplicações tanto no setor privado quanto no público. Mas, aqui, é importante que nos detenhamos no setor público e, mais especificamente, na possibilidade do emprego desses avanços na área da tecnologia voltada ao processo eleitoral, sempre em favor da realização de eleições confiáveis e seguras.

Em cada campo examinado pelos analistas, podemos retirar significativas contribuições para a reflexão sobre o caminho que poderemos trilhar na esfera do aprimoramento da tecnologia ligada ao processo eleitoral. Na área da inovação, discorrem os pesquisadores sobre os atributos da aceleração do processo da transformação digital, da neurociência, entre outros pontos. Em tecnologias, trata das chamadas nuvens conectadas e do uso de tecnologias, inclusive para o alinhamento de estratégias digitais de abordagem, entre outros itens – ponto este mais relacionado à captação do voto, seja em qualquer dispositivo, independente da urna eletrônica, com a garantia da integridade, imutabilidade, segurança e auditabilidade. Os paradigmas do *blockchain*, da criptografia homomórfica e da criptografia pós-quântica são as tendências para soluções inovadoras e disruptivas.

Blockchain (também conhecido como "protocolo da confiança") é uma tecnologia de registro distribuído que visa à descentralização como medida de segurança. São bases de registros e dados distribuídos e compartilhados que têm a função de criar um índice global para todas as transações que ocorrem em determinado universo. Embora seja mais conhecida por sua aplicação em criptomoedas, a *blockchain* está à beira de revolucionar, fundamentalmente, cadeias de suprimentos, assistência médica e eleições.

Já a encriptação homomórfica ou cifra homomórfica oferece a possibilidade a tipos específicos de computação serem realizados com cifrotexto, a fim de se obter um resultado encriptado, que é o cifrotexto do resultado das operações realizadas no purotexto. Por exemplo, uma pessoa poderia somar dois números encriptados e outra pessoa poderia desencriptar o resultado sem que nenhuma delas consiga descobrir o valor dos números individualmente.

Por sua vez, a criptografia pós-quântica ou PQCrypto refere-se a algoritmos criptográficos (normalmente algoritmos de chave pública) que são considerados seguros contra um ataque de um computador quântico.

O TSE, na Presidência do ministro Luís Roberto Barroso (presidente do Tribunal de 25.05.2020 a 22.02.2022), teve, entre suas diretrizes estratégicas, o estímulo à inovação disruptiva. Esse avanço materializou-se na criação de um grupo de trabalho que busca aplicar tendências tecnológicas na apresentação de uma nova solução de votação, tudo isso para permitir que a Justiça Eleitoral permaneça embarcada na locomotiva da tecnologia, utilizando-se de todos os benefícios que essa viagem fantástica nos proporciona.

Como serão as outras estações? Pergunta difícil de responder pelo dinamismo frenético do universo digital. Mas uma coisa é certa: cada uma das estações vindouras terá como pilares a segurança, a confiabilidade e a transparência do sistema eletrônico de votação – pilares estes que sempre garantiram que a vontade do eleitor fosse soberana.

Informação bibliográfica deste texto, conforme a NBR 6023:2018 da Associação Brasileira de Normas Técnicas (ABNT):

JANINO, Giuseppe Dutra. O futuro das eleições e as eleições do futuro. In: LINS, Rodrigo Martiniano Ayres; CASTRO, Kamile Moreira (Org.). O futuro das eleições e as eleições do futuro. Belo Horizonte: Fórum, 2023. p. 141-161. ISBN 978-65-5518-611-6.

ACESSIBILIDADE ELEITORAL: PERSPECTIVAS E DESAFIOS PARA A PROMOÇÃO DOS DIREITOS POLÍTICOS DAS PESSOAS COM DEFICIÊNCIA

JOELSON DIAS
ANA LUÍSA JUNQUEIRA

Introdução

Embora seja imprescindível assegurar ao indivíduo liberdade para discutir publicamente suas reivindicações, as decisões políticas só podem ser consideradas legítimas em uma ordem democrática se também o acesso à participação na esfera pública for garantido de forma igualitária a todos. Assim, a liberdade de se expressar politicamente é, por si, um valor essencial, mas deve ser garantida de forma igual a todos para que seja alcançada a justiça social.

Por sua própria condição, determinados indivíduos necessitam de proteção específica, indispensável para que possam se incluir socialmente e participarem da vida pública e política em condições de igualdade. Para que a igualdade seja alcançada integralmente, devemos considerá-la também em sua dimensão material. As distinções dos diferentes grupos sociais (igualdade material) devem, então, ser levadas em conta, pois, do contrário, o direito acaba por gerar mais desigualdades. Em outras palavras, o tratamento jurídico desigual aos grupos socialmente mais vulneráveis, como é o caso das pessoas com deficiência, é essencial para se garantir a igualdade na realidade fática da vida. É a chamada "desigualação" positiva, desigualando para igualar.

É precisamente nesse contexto que surgem as normas destinadas a tutelar e promover a voz cidadã das pessoas com deficiência. Neste artigo, em primeira análise, tentaremos demonstrar a importância de a participação política ser considerada em uma dimensão inclusiva. Em seguida, no particular, abordaremos os objetivos traçados pela Convenção Internacional dos Direitos das Pessoas com Deficiência, pela Lei Brasileira de Inclusão e pelo Programa de Acessibilidade da Justiça Eleitoral, apresentando também as recomendações de organismos internacionais de direitos humanos para a efetiva concretização desse direito e as principais observações do relatório do Tribunal Superior Eleitoral: *Acessibilidade na Justiça Eleitoral – ano-base 2019*. Ao final, formulamos proposições para alterações legislativas no ordenamento jurídico nacional no sentido de promover a convencionalidade das normas internacionais sobre o tema.

1 Participação política inclusiva como substrato da democracia

A partir da promulgação da Constituição da República do Brasil de 1988 (CR/88), há uma redefinição na estrutura social e política do país, lançando a democracia a um patamar nunca antes atingido. Dentre a positivação de inúmeros direitos humanos no texto constitucional, garante-se a participação popular na gestão da coisa pública.

Com efeito, já no art. 1º da CR/88 o legislador constituinte concebeu a nova ordem democrática no Brasil sob o imperativo do direito, fixando a cidadania, a dignidade da pessoa humana e o pluralismo político como fundamentos do Estado. Mais adiante, no parágrafo único do art. 1º, a CR/88 faz alusão à soberania popular, assegurando ao povo a participação direta (por exemplo, plebiscito, referendo, iniciativa popular e direito de petição) e indireta (decisões políticas tomadas por seus representantes eleitos).

A participação é também assegurada no Plano Internacional de Proteção de Direitos Humanos. Em âmbito global, o art. 25 do Pacto Internacional sobre os Direitos Civis e Políticos reconhece e protege o direito de cada cidadão participar na condução dos assuntos públicos, o direito de votar e ser votado e o direito de ter acesso ao serviço público. Regionalmente, os direitos políticos de participação estão previstos na

Convenção Americana sobre Direitos Humanos (art. 23), no primeiro protocolo da Convenção Europeia para a Proteção dos Direitos Humanos e das Liberdades Fundamentais (art. 3) e na Carta Africana dos Direitos Humanos e dos Povos (art. 13).

Ainda no direito internacional, existem, também, tratados específicos de direitos humanos que tutelam o direito de participar: Convenção sobre a Eliminação de Todas as Formas de Discriminação Racial (art. V, c); Convenção sobre a Eliminação de Todas as Formas de Discriminação contra as Mulheres (art. 7º); Convenção sobre os Direitos das Crianças (art. 23; 31); e, claro, a própria Convenção Internacional sobre os Direitos das Pessoas com Deficiência – CDPCD (art. 76).

Em termos conceituais, entende-se a participação na vida pública e política como a atuação organizada e responsável dos indivíduos (ou organizações representativas em alguns casos) nas questões de interesse da cidadania e da coletividade. Não se restringe, portanto, a participação popular apenas ao ato de escolha de representantes políticos. É muito mais abrangente. Trata-se de uma dinâmica ínsita à natureza do indivíduo, compreendendo a política como toda ação inclinada ao atendimento de interesses coletivos para se alcançar um fim comum (VOLPATO, 1983). Daí o caráter fundamental do direito de participação, que permeia a construção e a promoção especialmente dos direitos políticos, econômicos, sociais e culturais.

A democracia tem amparo na isonomia, refutando desigualdades nas medidas da participação, porquanto enseja desequilíbrios na influência política dos diferentes sujeitos e classes (DELLA PORTA, 2003, p. 89). Uma sociedade livre da opressão e submissão deve obrigatoriamente considerar a participação em dimensão equânime e inclusiva. O diálogo social só será legítimo se todos puderem participar em igualdade de oportunidades.

Se as eleições instrumentalizam o enlace entre a vontade dos eleitores e as ações governamentais (FAYT, 2009, p. 225), colocando o *demos* no papel de governar, o espírito democrático inclina a política legislativa à persecução de um sistema de consultas populares amplamente receptivo, simpático a um abarcamento coletivo indiscriminado e avesso a cláusulas normativas e a condições fáticas injustificadamente tendentes ao desapreço ou à marginalização. Como pontua Roseno (2017, p. 566), o grau de abertura da participação política pesa no coeficiente democrático dos sistemas, de modo que, quanto menos restritivas forem as condicionantes para o exercício dos direitos políticos, mais participativo e plural será o modelo adotado.

Dessa forma, a garantia de que esse grupo específico de pessoas possa intervir nas decisões do Estado, especialmente nas questões que lhe dizem respeito mais diretamente, revela-se elemento crucial na construção e promoção de sua inclusão. Ao participar da vida política e pública, a pessoa com deficiência tem oportunidade de lançar maior visibilidade às opressões e barreiras por ela vivenciadas, fomentando a pressão pública para elaboração de leis e políticas públicas inclusivas e emancipatórias.[1]

Nesse aspecto, defendendo novas abordagens no combate às desigualdades, Fitoussi (1997, *passim*) alerta a necessidade de se fazerem emergir outros tipos de direito: os direitos de inserção, relacionados aos direitos de participação e de reconhecimento. Quanto maior o nível de conscientização social que reconheça as pessoas com deficiência enquanto sujeitos de direitos, maior a capacidade de se organizarem e lançarem voz à necessidade de medidas políticas direcionadas às suas especificidades.

A acessibilidade eleitoral visa, assim, erradicar barreiras que distanciam os indivíduos do exercício de seus direitos políticos. A garantia ao sufrágio e às suas manifestações reclama, dessa forma, a eliminação de obstáculos – atitudinais, físicos e socioeconômicos – impeditivos ou que limitam principalmente os cidadãos com deficiência expressarem, para além de seu direito ao sufrágio,[2] todo seu potencial político.

---

[1] *Idem, ibidem.*

[2] Em termos substantivos, o direito de sufrágio comporta duas espécies de manifestações. Em primeiro lugar, o sufrágio ativo, que consiste no direito conferido ao cidadão para que, na condição de eleitor, escolha livremente entre os que postulam cargos de representação em diversas instâncias dos poderes Executivo e Legislativo ou, em outras circunstâncias, para que opine sobre políticas públicas alternativas acerca das quais os governantes preferem deliberar em conjunto com a massa. De outro lado, o direito de sufrágio comporta ainda uma feição passiva, consistente na prerrogativa de pleitear o exercício da representação política (*ius honorum*), mediante a submissão dessa possibilidade ao crivo da base social. Essa última feição, modernamente, recebe um matiz substancialista, pelo qual a postulação de cargos públicos passa a subjazer a ideia de fazê-lo em condições de igualdade. O respeito à equivalência de chances nas disputas eletivas é, finalmente, reconhecido como um dos elementos básicos do sistema representativo, na medida em que o regime democrático pressupõe um inexorável respeito à ideia de uma ordem política aberta e renovável (MUÑOZ, 2007, p. 34).

2 Acessibilidade eleitoral

Segundo dados do Relatório Mundial de 2011 sobre as pessoas com deficiência, elaborado pela Organização Mundial de Saúde, mais de um bilhão de pessoas no mundo convivem com algum tipo de impedimento de longo prazo de natureza física, mental, intelectual ou sensorial, dentre as quais, 200 milhões experimentam dificuldades funcionais consideráveis. Segundo o Instituto Brasileiro de Geografia e Estatística (IBGE), só no Brasil, quase 46 milhões de brasileiros (24% da população) apresentam algum tipo de impedimento de natureza física, mental, intelectual ou sensorial. O impedimento visual apresentou a maior ocorrência, afetando 18,6% da população; o impedimento motor em segundo lugar, ocorrendo em 7% da população; em terceiro lugar, o auditivo, ocorrendo em 5,10% da população; e o impedimento mental ou intelectual, em 1,40%.

De acordo com dados divulgados em agosto de 2020 pelo Tribunal Superior Eleitoral (TSE), 147.918.483 de eleitores brasileiros estavam aptos a votar nas Eleições 2020. Desse total, 1.158.234 declararam-se como pessoas com deficiência ou que necessitavam de algum tipo de atendimento especial. Por outro lado, das pessoas candidatas aos cargos para as eleições de 2020, 6.584 afirmaram ter algum tipo de impedimento, ou seja, apenas 1,2% do total de candidaturas. Segundo o TSE, esta é a primeira vez em que as eleições brasileiras incluíram a autodeclaração de deficiência no registro de pedidos de candidaturas. O preenchimento, no entanto, é opcional, assim como a informação de raça/cor.

Mais que o acesso ao meio físico, ao transporte, à informação e comunicação, o direito à acessibilidade deve ser compreendido também em uma perspectiva mais ampla, como o direito de ter acesso a direitos. É, portanto, instrumento fundamental para a efetivação dos demais direitos e, por isso, a estreita relação entre dignidade humana e o direito à acessibilidade. A pessoa com deficiência somente poderá usufruir de uma vida digna caso tenha garantido acesso aos direitos fundamentais.

Nesse sentido, mais particularmente, a acessibilidade eleitoral visa erradicar as barreiras que limitam ou mesmo impedem o exercício pelas pessoas com deficiência dos seus direitos políticos. Não se traduz exclusivamente no direito de votar com facilidade, o que, por si só, não é menos importante, como, por exemplo, garantindo o direito de alistamento, removendo os obstáculos arquitetônicos dos locais de votação e tornando acessíveis as propagandas partidárias e eleitorais, bem como os pronunciamentos oficiais e debates televisivos (assegurando, em todos os casos, a sua veiculação com audiodescrição, língua de sinais e legenda). Mas vai além, devendo criar as condições necessárias, com a adoção de medidas concretas, para a eliminação de males não menos piores, como a exclusão, a discriminação e o preconceito, que mitigam as chances de indivíduos com deficiência participarem da vida pública e política em igualdade de oportunidades com as demais pessoas, especialmente de candidatos e candidatas com deficiência inclusive serem eleitos.

No sistema global de proteção dos direitos humanos, a Convenção Internacional da Organização das Nações Unidas (ONU) sobre os Direitos das Pessoas com Deficiência (CDPD) – primeiro Tratado Internacional de Direitos Humanos incorporado ao ordenamento jurídico nacional com equivalência expressa de norma constitucional[3] – surge, em 2006, não apenas como oportuno instrumento de efetivação dos mais variados direitos e garantias, mas como marco normativo revolucionário, que conduz também a legislação e as instituições eleitorais ao reencontro com os valores democráticos de inclusão e justiça social.

Em seu art. 1º, a CDPD define pessoa com deficiência como aquela com impedimentos de longo prazo de natureza física, mental, intelectual ou sensorial, os quais, em interação com diversas barreiras (físicas, atitudinais, socioeconômicas), podem obstruir sua participação plena e efetiva na sociedade, em igualdade de condições com os demais indivíduos.[4]

---

[3] Mediante o Decreto Legislativo nº 186, de 9 de julho de 2008, promulgado pelo Poder Executivo federal por meio do Decreto nº 6.949, de 25 de agosto de 2009, o Congresso Nacional aprovou o texto da Convenção da ONU sobre os Direitos das Pessoas com Deficiência, bem assim seu Protocolo Facultativo, que reconhece a competência do Comitê sobre os Direitos das Pessoas com Deficiência para receber e analisar comunicações submetidas por pessoas ou grupos de pessoas narrando violações ao referido tratado internacional. Além do compromisso junto à ONU firmado pela União valer para todos os entes da Federação e para os três Poderes, o texto da Convenção constitui parâmetro de controle de constitucionalidade, sendo que a não observância de seus preceitos enseja mora internacional do Estado brasileiro. Ao Executivo cabe a implementação de medidas necessárias ao cumprimento das obrigações previstas; ao Legislativo, compatibilizar a legislação com os novos compromissos; e ao Judiciário, aplicar e assegurar a obediência ao tratado, conforme o seu *status* de emenda constitucional.

[4] O propósito da presente Convenção é promover, proteger e assegurar o exercício pleno e equitativo de todos os direitos humanos e liberdades fundamentais por todas as pessoas com deficiência, e promover o respeito pela sua dignidade inerente. Pessoas com deficiência são aquelas que têm impedimentos de longo prazo de natureza física, mental, intelectual ou

Nota-se relevante mudança de paradigma sobre a definição de pessoa com deficiência, afastando de vez o modelo médico do referido conceito. A deficiência deixa de ser tratada como uma limitação funcional ou perda de estrutura do corpo e passa a ser encarada como construção social e questão contextual. Dessa forma, a pessoa com deficiência apresenta maior dificuldade de acesso não em razão de suas limitações funcionais, mas pela incapacidade da sociedade de incluí-la em sua especificidade. Por consequência, a limitação do corpo deixa de ser um obstáculo quando removidas as barreiras que dificultam ou até mesmo impedem às pessoas com deficiência o pleno exercício dos seus direitos e assegurados, por exemplo, pelo Estado e pela sociedade, os recursos de acessibilidade necessários à sua inclusão, autonomia e vida independente.

2.1 Art. 29 da Convenção Internacional sobre os Direitos das Pessoas com Deficiência

Capítulo específico da Convenção (art. 29) foi dedicado aos direitos e garantias de participação na vida pública e política das pessoas com deficiência, com o propósito de assegurar sua inclusão política, revigorando o substrato democrático do estatuto eleitoral (DIAS; JUNQUEIRA, 2016). O objetivo foi romper a lógica da exclusão social que relega a pessoa com deficiência, naturalizando sua imagem como alguém dependente e incapaz de gerir sua vida e afastando-a das arenas (sociais e políticas) onde suas vozes podem ser consideradas.

No referido dispositivo, nota-se que a vida pública e a participação política estão intimamente relacionadas. Schwerin (1995, p. 69) destaca que a capacidade de ação política do indivíduo pode ser estimulada por sua vida social. Assim, as atividades políticas e as de natureza pública/social não são independentes entre si; ao contrário, ambas expressam um envolvimento integrado que pode influenciar o panorama comunitário, ao passo que uma sociedade democrática não comporta somente sistemas políticos como via de transformação social, mas também um número diversificado de subsistemas que contribuem para o reforço do processo político democrático.

---

sensorial, os quais, em interação com diversas barreiras, podem obstruir sua participação plena e efetiva na sociedade em igualdade de condições com as demais pessoas.

De forma geral, a Convenção assegura o direito de as pessoas com deficiência votarem e serem votadas em condições de igualdade com as demais pessoas. Para isso, inclusive desencorajando seção especial de votação, determina que os procedimentos, instalações e materiais e equipamentos para votação sejam apropriados, acessíveis e de fácil compreensão e uso (como, por exemplo, *software* que traduza em áudio e libras as informações do *site* do Tribunal Eleitoral, material de votação em *braille*, sistema de áudio para acompanhar votação, mesários capacitados em libras, celebração de acordos e convênios de cooperação técnica com entidades públicas e privadas para planejar a realização de adaptações das estruturas físicas necessárias à garantia da acessibilidade).

Além disso, concomitantemente à promoção do direito ao voto secreto, o documento garante, sempre que necessário e a seu pedido, permissão para que a pessoa com deficiência seja auxiliada na votação por alguém de sua escolha. Incentiva também a promoção de ambiente no qual as pessoas com deficiência possam participar efetiva e plenamente na condução das questões públicas, mediante filiação a organizações não governamentais relacionadas com a vida pública e política do país, inclusive partidos políticos, e a formação de organizações (em âmbito internacional, regional, nacional e local) que representem seus interesses.

2.2 Comitê da ONU sobre os Direitos das Pessoas com Deficiência

O Comitê da ONU sobre os Direitos das Pessoas com Deficiência, órgão criado para promover a implementação e monitoramento dos direitos previstos na CDPD, em seu Comentário Geral nº 1, expressou que os Estados-Partes têm a obrigação de proteger e promover o direito de as pessoas participarem sem discriminação em todas as eleições e referendos, sendo a capacidade jurídica essencial para o exercício dos direitos civis, políticos, econômicos, sociais e culturais.[5] No Brasil, consoante o disposto no art. 3º do Código Civil, alterado pela Lei Brasileira de Inclusão (art. 114 da Lei nº 13.146/15), são considerados absolutamente incapazes de exercer pessoalmente os atos da vida civil apenas os menores de 16 anos, não alcançando as pessoas com deficiência.

---

[5] Comentário Geral nº 1. Disponível em: encurtador.com.br/ejz56. Acesso em: 14 abr. 2021.

Em seu Comentário Geral nº 3, sobre mulheres e meninas com deficiência, referido órgão recomenda aos Estados-Partes a alteração de qualquer norma ou política que restrinja sua plena participação na vida política.⁶ Além disso, no Comentário Geral nº 4, dedicado ao direito à educação inclusiva, recorda a conexão entre educação inclusiva e plena participação na vida política e pública, recomendando disciplinas sobre cidadania nos currículos educacionais e que seja estimulada a participação dos alunos com deficiência nas organizações estudantis.⁷

Além disso, o Comitê expressa que o direito à participação política também está intimamente relacionado ao direito de viver em comunidade. Nesse sentido, lembra que as pessoas com deficiência devem influenciar nas características da vida em comunidade por meio de sua participação política.⁸

Ainda sobre o assunto, na Comunicação nº 4/2011, apresentada contra a Hungria, o Comitê teve de decidir se a legislação húngara era discriminatória por motivo de deficiência e se os direitos políticos das pessoas com deficiência, incluindo o direito de voto, eram garantidos em igualdade de oportunidade.⁹ Na época da reclamação, a Constituição Húngara de 1949 excluía do direito de voto qualquer pessoa sujeita à tutela parcial ou total. Posteriormente, em 2012, e antes da apreciação do mérito do caso, houve reforma constitucional que, ao contrário do anterior sistema de exclusão automática, estabelecia que compete ao juiz decidir sobre o direito de voto, tendo em conta as circunstâncias de cada pessoa e com base nas opiniões de psiquiatras forenses. Na referida Comunicação, o Comitê (i) determina que a obrigação dos Estados-Partes é garantir a participação plena e efetiva na vida política em igualdade de condições, sem restrições ou exceções com relação a qualquer grupo de pessoas com deficiência, considerando discriminatória qualquer exclusão com base em deficiência; (ii) em relação à capacidade jurídica, decide que os Estados-Partes devem reconhecê-la e protegê-la em igualdade de condições, de modo que restringir o direito de voto com base em impedimento intelectual viola as obrigações do artigo 29 da Convenção; (iii) considera que a avaliação da capacidade das pessoas é considerada discriminatória; (iv) pondera que o Estado-Parte

---

6   Comentário Geral nº 3. Disponível em: encurtador.com.br/nuvP8. Acesso em: 14 abr. 2021.
7   Comentário Geral nº 4. Disponível em: encurtador.com.br/bnvLZ. Acesso em: 14 abr. 2021.
8   Comentário Geral nº 5. Disponível em: encurtador.com.br/iuIQU. Acesso em: 14 abr. 2021.
9   Comunicação nº 4/2011 do Comitê da ONU sobre os Direitos das Pessoas com Deficiência (2011, a) par. 9.4-9.7.

(Hungria) não cumpriu com as suas obrigações em relação ao artigo 29 e, entre outras, instou o Estado a considerar a revogação da lei e a promulgar legislação que reconheça o direito de voto das pessoas com deficiência sem qualquer avaliação de sua capacidade.

No Brasil, em 2015, ao comentar relatório oficial apresentado pelo país, o Comitê da ONU que supervisiona a implementação da Convenção sobre os Direitos das Pessoas com Deficiência externou sua preocupação com a discriminação sofrida por tais indivíduos no exercício do seu direito de voto, especialmente em razão de interdição e restrições à sua capacidade jurídica, além da falta de acessibilidade em muitos locais de votação e nas informações sobre as eleições e campanhas eleitorais em todos os formatos acessíveis.[10]

2.3 Lei Brasileira de Inclusão e Programa de Acessibilidade do Tribunal Superior Eleitoral (TSE)

Além do Código Eleitoral (Lei nº 4737/65), que já prevê uma série de medidas voltadas à acessibilidade eleitoral (arts. 101 e 135), a Lei Brasileira de Inclusão da Pessoa com Deficiência – LBI (Lei nº 13.146/15) reafirma referidas garantias de participação na vida pública e política das pessoas com deficiência previstas na Convenção (art. 76).

Seguindo a Convenção, a LBI visa garantir às pessoas com deficiência o exercício dos direitos políticos e a oportunidade de exercê-los em igualdade de condições com os demais indivíduos. Para isso, assegura-lhes o direito amplo e irrestrito de votar e ser votado, obrigando o poder público a garantir: a) procedimentos, instalações e materiais para votação acessíveis e de fácil compreensão e uso; b) voto secreto, livre e universal, bem como o incentivo às pessoas com deficiência candidatarem-se livremente a cargo eletivo ou desempenhar qualquer função pública; c) a livre expressão da vontade da pessoa com deficiência como eleitor e a possibilidade de que utilize apoios pessoais ou técnicos no exercício desta vontade.

Antes mesmo da promulgação da LBI, na tentativa de equiparar oportunidades no exercício da cidadania aos eleitores com deficiência ou mobilidade reduzida, o Tribunal Superior Eleitoral (TSE) já havia criado o Programa de Acessibilidade da Justiça Eleitoral (Resolução

---

[10] Observações finais do Comitê da ONU sobre o relatório oficial apresentado pelo Brasil sobre a implementação da Convenção sobre os Direitos das Pessoas com Deficiência. Disponíveis em: https://bit.ly/3l148hr.

TSE nº 23.381/2012), que, na mesma linha do que posteriormente seria preconizado também pelo inciso I do §1º do artigo 76 da LBI, garante acessibilidade nos procedimentos, nas instalações e nos materiais para votação.

Tendo como objetivo a implantação gradual de medidas que removam barreiras físicas, arquitetônicas e de comunicação, o propósito do Programa de Acessibilidade da Justiça Eleitoral é promover o acesso amplo e irrestrito, com segurança e autonomia, às pessoas com deficiência ou com mobilidade reduzida no processo eleitoral.

Em 2019, em reconhecimento do seu ineditismo e de sua contribuição para a efetivação da Convenção da ONU sobre os Direitos das Pessoas com Deficiência, o Programa de Acessibilidade da Justiça Eleitoral foi inclusive selecionado pelo *Zero Project* (iniciativa da Fundação Essl, da Áustria), com foco na garantia e promoção dos direitos das pessoas com deficiência em âmbito global, como uma das políticas públicas mais inovadoras do mundo em prol da vida independente e da participação política das pessoas com deficiência.[11]

Ou seja, não obstante a relevância da adoção de normas assegurando os direitos políticos das pessoas com deficiência, para a efetiva garantia da acessibilidade eleitoral revela-se de fundamental importância a execução e implementação integral das medidas específicas neste sentido, previstas tanto no Programa de Acessibilidade da Justiça Eleitoral como nas demais resoluções do TSE referentes às eleições.[12]

No particular, destacam-se, por exemplo: a garantia de utilização do alfabeto comum ou do sistema *braille* pelos eleitores com deficiência visual para assinatura do Caderno de Votação ou, se for o caso, assinalar as cédulas (art. 150 do Código Eleitoral); as parcerias a serem buscadas pelos TREs para incentivar o cadastramento de mesários e colaboradores com conhecimento em libras, a língua brasileira de sinais (art. 51 do Programa de Acessibilidade da Justiça Eleitoral); a garantia de locais de votação acessíveis para o eleitor com deficiência ou com mobilidade reduzida, inclusive em seu entorno e nos sistemas de transporte que lhe dão acesso (art. 135 do Código Eleitoral e art. 3º, I, do Programa de Acessibilidade da Justiça Eleitoral); a possibilidade de o eleitor ser acompanhado por uma pessoa de sua confiança para

---

[11] Para acessar o relatório completo do *Zero Project* sobre vida independente e participação política: https://inclusion-international.org/zero-project-2019/.
[12] Vide, por exemplo, nas Eleições 2020, Resolução nº 23.610/2019 e Resolução nº 23.611/2019.

votar, ainda que não o tenha requerido antecipadamente ao juiz eleitoral (art. 51 do Código Eleitoral, art. 90 da Resolução do TSE nº 23.399/2013 e §1º, inciso IV, do art. 76 da LBI); e a disponibilização de régua para assinatura ou assinador para as pessoas com deficiência visual (art. 150, II, do Código Eleitoral e §4º, II, do art. 101 da Resolução do TSE nº 23.611/2019).

2.4 Relatório do TSE: Acessibilidade na Justiça Eleitoral – ano-base 2019

Enaltecemos os esforços que a Justiça Eleitoral a cada pleito realiza para a maior concretização do seu Programa de Acessibilidade da Justiça Eleitoral. Nas últimas eleições, importante mencionar que o TSE conclamou aos tribunais regionais propiciarem maior acessibilidade no processo de votação, mediante a implementação de medidas como: extensão da sintetização de voz aos nomes dos candidatos; nomeação de apoio logístico para tornar acessível cada local de votação; atualização das informações sobre deficiência no Cadastro Nacional de Eleitores; e acessibilidade nas propagandas das eleições municipais.

No mesmo sentido, destacamos que o TSE disponibilizou em seu portal a publicação *Acessibilidade na Justiça Eleitoral – ano-base 2019*, que informa as inúmeras ações desenvolvidas pela Justiça Eleitoral em todo o país para a promoção efetiva da acessibilidade dos cidadãos para o exercício do voto. O documento reúne os dados dos relatórios enviados ao TSE pelos tribunais regionais eleitorais (TREs) em cumprimento às ações relacionadas ao Programa de Acessibilidade da Justiça Eleitoral. Ao todo, constam informações da gestão da acessibilidade realizada pelo TSE e por 16 regionais em 2019. Dentre as iniciativas apontadas na publicação, destaca-se a realização da Reunião Nacional de Acessibilidade promovida pelo TSE com a participação dos TREs, que alinhou ações da Justiça Eleitoral às previsões da Lei Brasileira de Inclusão (LBI). A publicação também informa a realização do 1º Encontro Nacional de Acessibilidade e Inclusão (ENAI), realizado pelo Superior Tribunal de Justiça (STJ).

Esperamos que a Justiça Eleitoral brasileira continue a aprimorar a acessibilidade eleitoral e reitere as orientações aos juízes eleitorais e mesários, bem assim aos partidos políticos e à sociedade em geral, no propósito de garantir a acessibilidade eleitoral e o direito ao sufrágio das pessoas com deficiência.

Considerações finais

Em uma democracia, a ação política só pode ser eficaz quando observa uma correspondência fiel com a ética e com a racionalidade de seus fundamentos. Não existirá, pois, uma sociedade democraticamente operativa em que o arcabouço jurídico contrarie a lógica estruturante da axiologia eleitoral (LINCE, 2006, p. 41). A axiologia eleitoral tem como um de seus centros a universalidade do sufrágio, valor que atua como um mandato de proibição de discriminação que veda o alheamento injustificado da participação eleitoral. Nessa esteira, o princípio do sufrágio universal carrega também um "sentido dinâmico", na direção de, eventualmente, tornar inconstitucionais restrições ao direito de sufrágio que passem a ser vistas como desnecessárias e desproporcionadas (CANOTILHO, 2003, p. 302).

A ordem econômica mundial tem sido responsável pela consolidação de uma legitimidade institucional discriminatória, que, entre outros grupos socialmente vulnerabilizados em seus direitos, trata a pessoa com deficiência como um indivíduo excedente, "economicamente improdutivo". Por isso, é urgente um repensar sobre as políticas atuais para que possam efetivamente assegurar os direitos das pessoas com deficiência, sendo essencial arquitetar ações também com base, por exemplo, nas recomendações das Nações Unidas e nas boas práticas do direito comparado que estejam de fato garantindo reconhecimento, representatividade e participação política desse importante segmento social. Ao não participarem da vida pública e política, o ciclo de opressão, segregação, capacitismo e invisibilidade jamais será rompido. Isso porque existe uma conexão estreita entre a participação política, a representatividade e a efetividade também dos demais direitos essenciais para a preservação da dignidade humana. Ao participar ativamente na esfera pública, o indivíduo interfere na construção e assegura a efetivação de seus outros direitos fundamentais: civis, econômicos, sociais e culturais. É, assim, agente de transformação social, incluindo e emancipando grupo socialmente mais vulnerável.

Não foi por outro motivo, buscando assegurar-lhes efetiva inclusão na sociedade, que, principalmente a partir da adoção da Convenção da ONU, consolidou-se, internacionalmente, a ideia de que as pessoas com deficiência devem ter a oportunidade de participar plena e ativamente da vida pública e política, especialmente das decisões sobre os programas e políticas que, diretamente, lhes dizem respeito. Bem representativo desses esforços é o lema desse movimento internacional pela afirmação de direitos: "Nada sobre as pessoas com deficiência, sem as pessoas com deficiência!".

Referências

ALVIM, Frederico; DIAS, Joelson. A Lei Brasileira de Inclusão e a efetivação do direito à participação política das pessoas com deficiência. *In*: *Impactos do Estatuto da Pessoa com Deficiência no ordenamento brasileiro*. Salvador: Editora JusPodivm, 2017.

BARNES, Colin; MERCER, Geof. *Disability*. Cambridge: Polity Press, 2003.

BECO, Gauthier. *Study on the Implementation of Article 33 of the UN Convention on the Rights of Persons with Disabilities in Europe*. United Nation.

CANOTILHO, J. J. Gomes. *Direito Constitucional e Teoria da Constituição*. 7. ed. Coimbra: Almedina, 2003.

DELLA PORTA, Donatella. *Introdução à Ciência Política*. Lisboa: Editorial Estampa, 2003.

DIAS, Joelson; JUNQUEIRA, Ana Luísa Cellular. A Lei Brasileira de Inclusão e o direito das pessoas com deficiência à participação na vida pública e política. *In*: LEITE, Flávia Piva Almeida; RIBEIRO, Lauro Luiz Gomes; COSTA FILHO, Waldir Macieira da. *Comentários ao Estatuto da Pessoa com Deficiência*. São Paulo: Saraiva, 2016.

DIAS, J.; JUNQUEIRA, A. L. C. O Direito à Participação Política das Pessoas com Deficiência. *Resenha Eleitoral*, Florianópolis, SC, v. 21, n. 2, p. 159-180, 2017. DOI: 10.53323/resenhaeleitoral.v21i2.96. Disponível em: https://revistaresenha.emnuvens.com.br/revista/article/view/96. Acesso em: 7 set. 2023.

DIAS, Reinaldo. *Ciência Política*. 2ª ed. São Paulo: Atlas, 2013.

EASTON, David. *A framework for Political Participation*. New Jersey: Prentice Hall, 1965.

FAYT, Carlos S. *Derecho político*. 12. ed. Tomo I. Buenos Aires: La Ley, 2009.

FITOUSSI, Jean-Paul; ROSANVALLON, Pierre. *A nova era das desigualdades*. Celta: Oeiras, 1997.

GIBBS, Dave. *Social Model Services*. *In*: BARNERS, Colin *et al.* (Org.). Cambridge: Cambridge, 2004.

LINCE, Rosa María Mirón. El Derecho Electoral como pilar de la Transición Democrática. Evolución social y racionalidad normativa. *In*: MIGALLÓN, Fernando Serrano. *Derecho Electoral*. Ciudad de México: UNAM, 2006.

MUÑOZ, Luis A. Gálvez. Sufragio y discapacidad. Notas sobre el régimen de votación de las personas discapacitadas. *Revista de Estudios Políticos* (nueva época), n. 142, octubre-diciembre 2008.

ROSENO, Marcelo. Estatuto da Pessoa com Deficiência e exercício dos direitos políticos: elementos para uma abordagem garantista. *Revista Jurídica da Presidência*, v. 18, n. 116, out. 2016/jan. 2017, p. 559-581.

SCHWERIN, Eduard. *Meditiation, Citizen Empowerment and Transformation Politics*. Westport: Praeger Publishers, 1995.

SILVA, José Afonso da. *Curso de direito constitucional positivo*. 19. ed. rev. e atual. São Paulo: Malheiros Editores, 2001.

URROZ, Juan Calanchini. Gobernabilidad: legitimidad – eficacia efectividad – estabilidad – participación política. *In*: CALANCHINI, Juan J (Coord.). *Lecturas de Ciencia Política*. Tomo II. Montevideo: 2011.

VOLPATO, R. *A participação popular como direito fundamental em um estado democrático de direito apud* DALLARI, Dalmo de Abreu. *O que é participação política*. São Paulo: Brasiliense, 1983.

Informação bibliográfica deste texto, conforme a NBR 6023:2018 da Associação Brasileira de Normas Técnicas (ABNT):

DIAS, Joelson; JUNQUEIRA, Ana Luísa. Acessibilidade eleitoral: perspectivas e desafios para a promoção dos direitos políticos das pessoas com deficiência. In: LINS, Rodrigo Martiniano Ayres; CASTRO, Kamile Moreira (Org.). O futuro das eleições e as eleições do futuro. Belo Horizonte: Fórum, 2023. p. 163-177. ISBN 978-65-5518-611-6.

GÊNERO, RAÇA E PARTICIPAÇÃO POLÍTICA DA MULHER NEGRA: DA VISIBILIZAÇÃO À INCLUSÃO

JÉSSICA TELES DE ALMEIDA
RAQUEL CAVALCANTI RAMOS MACHADO

Introdução

A sub-representação política não é uma realidade que afeta apenas mulheres. Analisando o perfil dos(as) representantes, pertinente indagar: será que existe uma "cor para os eleitos" ou eleitas? Por que há poucas mulheres, sobretudo negras, nos espaços formais de poder? A inquietação para iniciar a presente investigação partiu dessas interrogações.

Inquietações são forças epistêmicas. Tem-se observado que a indignação com o quadro de desigualdades de bens, recursos e na própria consideração humana é a energia propulsora de quadros teóricos e do desenvolvimento de conceitos que permitem o enfrentamento dessas questões pelo direito. Em relação ao movimento negro, seu valor "epistemológico intrínseco" é retratado por Nilma Limo Gomes (2017) em sua obra, ao explorar os saberes constituídos na luta por emancipação.

Estudos sobre o tema apontam para a dificuldade de se obterem respostas sobre as articulações políticas e sociais determinantes para a sub-representatividade de não brancos. E, mais ainda, que as mulheres negras são menos propensas a participar da política, embora sejam fortemente envolvidas em uma série de atividades, gerando paradoxos da participação.

Tem-se notado também que focar nas experiências de mulheres negras pode auxiliar na análise do progresso da inclusão política em países democráticos (CARROLL; FOX, 2018).

Em relação à participação política da mulher e sua baixa inclusão, existe uma farta bibliografia sobre o tema.[1] Diferentes, contudo, são as pesquisas cujo objeto de exploração dedica-se à compreensão de um maior distanciamento de homens e mulheres negros(as) dos cargos políticos formais.

Para Campos e Machado (2015), a ausência de dados nesse sentido acaba por cercear a entrada desses assuntos nas agendas políticas e jurídicas, da mesma forma que se deixa de instigar a própria reflexão sobre mecanismos de inclusão política para o grupo. Pesquisas recentes sobre a temática reforçam essas "ausências estatísticas", principalmente no âmbito da Justiça Eleitoral (SILVA, 2019), o que torna mais enigmática a análise jurídica das causas para um maior distanciamento de mulheres negras na política. No Brasil, após as eleições de 2018, as mulheres passaram a ocupar 15% dos espaços formais de poder (MULHERES..., 2018). Em relação às mulheres que se declaram pretas ou pardas, na Câmara elas são apenas 2,5% e, no Senado, 1,2% (BOLDRINI, 2019).

Desde a década de 1990, existem debates teóricos sobre a lenta inserção da mulher na política, o que propiciou a formação de uma agenda que culminou, em 1995, com a primeira legislação brasileira voltada à proteção da sua participação. Empós, tais normas sofreram alterações no sentido de aperfeiçoar esse amparo, tendo, em 2017, passado a prever ações de incentivos também à participação política da comunidade negra, conforme aponta Almeida (2018, p. 98).

Com a finalidade de contribuir para o debate, esta investigação, por meio do método indutivo, propõe-se a explorar se as normas jurídicas têm auxiliado o aumento da representatividade feminina, ainda que lentamente; se está havendo um esforço eficiente e específico voltado à mulher negra; e se seria necessária uma maior atuação do legislador e da Justiça Eleitoral nesse sentido.

A análise dessas questões ocorrerá dentro do paradigma democrático proposto por Robert Dahl (2001) em sua obra, para quem o significado e a extensão da democracia têm sido discutidos há vinte e cinco séculos, possuindo diferentes sentidos para povos, lugares e tempos diversos. Em relação aos desafios atuais da democracia, a

---

[1] Conferir ARAÚJO, 2016; BIROLI; MIGUEL, 2014; HTUN, 2001.

inserção de todos os cidadãos – e cidadãs –, jovens e adultos, no centro dos diálogos é colocada por sua teoria democrática como um dos pilares da sustentabilidade desse regime político, ao lado do conceito de igualdade política.

A presente pesquisa relaciona-se diretamente a conceitos como gênero e raça. Em relação ao termo gênero, este parece ter feito sua aparição inicial entre os movimentos feministas americanos, que queriam enfatizar o caráter fundamentalmente social das distinções baseadas no sexo (SCOTT, 1995). Segundo Scott (1995), em linhas simples, "gênero" (BUTLER, 2003) passa a ser sinônimo de "mulheres". Já o termo raça é encontrado na literatura a partir do século XIX, por Georges Cuvier, "inaugurando a ideia da existência de heranças físicas permanentes entre os vários grupos humanos" (SCHWARCZ, 1993).

Na consideração do problema, retirado de ampla pesquisa bibliográfica e documental, é utilizado um olhar interseccional, o qual dá "instrumentalidade teórico-metodológica à inseparabilidade estrutural do racismo, capitalismo e cisheteropatriarcado" (AKOTIRENE, 2019). O próprio conceito de interseccionalidade[2] vem enfrentando um processo de descolonização desde o surgimento do termo, passando a beber de uma fonte de conhecimento própria, não europeia, rompendo, assim, com o "privilégio epistêmico".

Importante observar a existência de argumentos contrários a esse pensamento e que criticam essa necessidade de uma "contracultura epistemológica", como Susan Haack (2011). A interseccionalidade é, portanto, metodologia para análise de uma realidade natural ou cultural sob verificação.

No primeiro capítulo do desenvolvimento deste artigo, investiga-se a participação das mulheres negras na política e sua baixa representatividade. Em seguida, analisa-se o modelo normativo brasileiro de proteção à participação das mulheres com um olhar interseccional, averiguando-se se o arquétipo jurídico protetivo desse direito já considera a categoria raça em seu grupo e se está havendo monitoramento legislativo dos resultados dessa política de proteção. Finalmente, no terceiro capítulo, com base em correntes teóricas críticas da democracia

---

[2] Sobre o conceito de interseccionalidade, conferir COLLINS, 2019, p. 460 *apud* AKOTIRENE, 2019, para quem se trata de "abordagem que afirma que os sistemas de raça, classe social, gênero, sexualidade, etnia, nação e idade são características mutuamente construtivas de organização social que moldam as experiências das mulheres negras e, por sua vez, são formadas por elas".

e do direito, realiza-se proposição, com vistas a reforçar esse modelo normativo.

Este trabalho visa promover uma ampla discussão sobre a temática, com foco nos debates teóricos jurídicos, apresentando-se como resultado de uma pesquisa essencialmente qualitativa. Para substanciar a hipótese levantada, consistente na sugestão de mudança na Lei dos Partidos Políticos, empregaram-se ainda as abordagens analítico-descritiva para examinar realidades e conceitos; crítico-hermenêutica para avaliar os comportamentos a serem observados; e interseccional para analisar as realidades naturais e culturais a partir da relação entre gênero e raça.

1 Participação política e sub-representatividade: detectando o problema a partir da articulação dos fatores gênero e raça

Estudos filosóficos contemporâneos sobre a questão política da mulher enfatizam que a sua experiência não é comunicável em termos universais, e a sua nascença, ou seja, o seu pertencimento ao gênero feminino, assim como a pertença a outros grupos, não pode ser ignorada (VARIKAS, 2016).

Beauvoir (2000), há mais de 50 anos, já apontava que os dois sexos não compartilharam o mundo de forma igualitária e que, mesmo em iguais condições, os homens sempre têm posições mais vantajosas. Ou seja, mesmo diante das mesmas condições formais de acessarem o mercado de trabalho e a política, eles possuem os salários mais altos, ocupam os postos mais importantes e estão em maior número, pois gozam de "um prestígio cuja tradição a educação da criança mantém" (BEAUVOIR, 2000, p. 14-15).

Além disso, a mulher foi educada para ocupar, sobretudo, os espaços privados, tendo prejudicado, portanto, historicamente, sua conquista do espaço público (BEARD, 2017). A situação histórica das mulheres negras, nesse contexto, sobressai como ainda mais delicada, vez que, quando as mulheres brancas passaram a ter o direito a ocupar os espaços públicos, tal realidade só se mostrou possível em virtude de mulheres negras dedicarem a sua força de trabalho para desenvolverem as atividades domésticas, já que não houve uma alteração nos papéis tradicionais de gênero.[3]

Levando em consideração fatores como raça, dentro de uma mesma variável – gênero –, percebemos experiências bastante diferentes e que a linguagem e as perspectivas são, igualmente, diversas.

É vasta a literatura que discute e estuda os diversos fatores que podem explicar a baixa representação de mulheres na política contemporânea (ARAÚJO, 2016; BIROLI; MIGUEL, 2014; HTUN, 2001). A conquista do direito ao sufrágio é relatada em várias obras, mediante resgates históricos, os quais revelam ter sido as mulheres protagonistas do movimento que culminou com o reconhecimento dos seus direitos políticos (SCHUMAHER; CEVA, 2015).

Antonieta de Barros, filha de ex-escrava, foi a primeira mulher negra eleita no Brasil, tendo conquistado uma das vagas de deputada na Assembleia Legislativa do Estado de Santa Catarina, em 1935 (FILHA..., 2020). Carlota de Queirós, apontada pela literatura como a primeira mulher eleita para o cargo de deputada federal, foi sufragada em 1934 (PINTO, 2003).

Em 1931, pouco antes, foi formada a Frente Negra Brasileira, indicada pelas Nações Unidas como o primeiro partido político da população afrodescendente do país (FRENTE..., 2011). Para Domingues (2007, p. 357), a Frente Negra Brasileira foi "considerada a maior (e mais importante) entidade antirracista da história do país no pós-Abolição". As mulheres, que também tinham importante participação na entidade, eram chamadas de "frente negrinas" (DOMINGUES, 2017, p. 357).

O autor faz uma observação relevante em sua pesquisa, qual seja, "uma avaliação mais rigorosa da FNB central aponta que as mulheres eram subalternizadas na entidade e alijadas dos cargos das instâncias decisórias, os quais eram monopolizados pelos homens" (DOMINGUES, 2007, p. 358). Uma maior participação da mulher – branca e negra – na política, no Brasil, deu-se contemporaneamente, e são similares os desafios enfrentados por elas nas agremiações partidárias.

Esse dado ajuda a compreensão de estudo já realizado sobre o tema, o qual afirma ser o problema da baixa participação política de mulheres e negros nas casas legislativas uma questão, antes de tudo,

---

[3] Bell Hooks (2019) analisa a trajetória da mulher negra e sua resistência e formas de contestação por espaços e direitos.

relacionada à baixa representação das mulheres, negras ou não, em geral (MENEGUELLO; MANO, 2012).

Ângela Davis (2016), em sua obra *Mulheres, raça e classe*, levou a refletir sobre como e em que medida fatores de exclusão podem se somar e afastar, ainda mais, uma determinada população do exercício dos seus direitos. A combinação de gênero e raça na análise dos excluídos revela a maior inacessibilidade do poder às mulheres negras, que enfrentam desafios somados.

Uma leitura mais contemporânea sobre a relação entre gênero e desigualdade, a partir dos trabalhos da autora, permitiu compreender, porém, que até mesmo dentro dos movimentos de reivindicação de mais direitos para as mulheres, a partir do século XIX, existiu discriminação racial, ou seja, o diálogo entre os sujeitos excluídos do universal não era unânime. Dessarte, as líderes do movimento pelos direitos das mulheres não suspeitavam que a escravização da população negra no Sul, a exploração econômica da mão de obra no Norte e a opressão social das mulheres estivessem relacionadas de forma sistemática (DAVIS, 2016).

Nota-se, então, que a conquista de direitos políticos por mulheres brancas não necessariamente foi revertida em prol das mulheres como um todo, porque, muitas vezes, seus pleitos estavam relacionados à defesa de interesses que eram mais próprios das mulheres brancas (DAVIS, 2017). Foi necessária, nesse contexto, a organização de movimentos de afro-americanas para a luta mais ampla por direitos, com a invocação de lemas como "ergue-nos enquanto subimos", transmitindo a ideia de que se deve subir na conquista de direitos, independentemente da classe social, criando ambiente para que todos subam juntos (DAVIS, 2017). Nesse ponto, o feminismo negro tem pauta mais abrangente e preocupada com questões coletivas.

O machismo une mulheres negras e brancas, enquanto outras condições sociais, às quais cada uma delas foi sendo historicamente submetida, as separam e as diferenciam em suas agendas políticas. Percebe-se, ainda, que o feminismo negro tem uma preocupação maior com outros grupos, como pessoas com deficiência e pessoa idosa, e busca dialogar, concomitantemente, com o patriarcado, o capitalismo e as heranças escravocratas (AKOTIRENE, 2019).

A "identidade do grupo mulheres" vem sendo posta em questão de maneira sistemática pelas feministas negras (DAVIS, 2017) e pelas feministas socialistas (FRASER, 2009), pelo menos desde os anos 1960 (BIROLI, 2018). Esses debates permitiram que tanto os movimentos ativistas como as propostas teóricas passassem a "operar com noções mais complexas das experiências e das necessidades das mulheres, vistas em suas diferenças e do prisma das desigualdades de classe, raça, etnia, sexualidade, geração" (BIROLI, 2018).

No campo do direito, é possível perceber que foram esses debates, quando incorporados pelas teorias críticas, que promoveram avanços no próprio sistema normativo, a começar pela Constituição de 1988 (ALMEIDA, 2018). Nota-se, assim, que o problema do gênero e da desigualdade, tanto nos debates teóricos como no ativismo, passou a ser visibilizado.

E é na teoria crítica que se encontra suporte teórico para análise de questões como sistema jurídico, gênero e raça (LORETANI, 2006; LACEY, 2004; FLORES, 2007; SANTOS, 2010). Desenvolve-se também, em paralelo, um campo teórico bastante fértil, no âmbito das teorias da justiça e da filosofia política, no que concerne ao fundamento ético e ontológico para adoção de ações e de políticas afirmativas (DWORKIN, 2010; RAWLS, 2000; SARMENTO, 2011; WALZER, 2003).

Em relação à participação política de mulheres e à comunidade negra, outra questão exige nosso olhar. Se é certo que nem todos têm interesse em sair da zona da participação, na modalidade votante, para ingressar na zona da aspiração a um cargo político-eletivo, é, no mínimo, inquietante a razão por que apenas parte da população – e com determinadas características – está ocupando esses espaços ou por que não há um reflexo – embora mínimo – do perfil da população no aspecto dos seus representantes.

Os dados mais atuais do Tribunal Superior Eleitoral (TSE) permitem uma radiografia da situação a partir dos seguintes números: 31,6% das candidaturas ofertadas em 2018 são do gênero feminino e 10,86% de pessoas autodeclaradas pretas. Não há, porém, estatísticas que relacionem raça e gênero (TRIBUNAL SUPERIOR ELEITORAL, 2018).

A partir dessa percepção, pode-se evoluir nesta análise e notar que a forma de estruturação do sistema político e jurídico, o perfil daqueles que ocupam os cargos político-eletivos e as desigualdades no acesso a direitos e bens se relacionam direta e proporcionalmente.

Existe um problema de sub-representação política da mulher, como apontado inicialmente, e esse problema se torna ainda maior quando se insere a variável raça em sua análise. Os debates teóricos e o ativismo contribuíram bastante para a visibilização dessas questões nas últimas décadas, pelo que se pode evoluir, enquanto ordenamento, em alguns aspectos protetivos, embora ainda tímidos. No tópico seguinte, passa-se a analisar como e de que maneira se dá a proteção da participação política da mulher, atualmente, no Brasil, com foco nas intersecções entre gênero e raça.

2 Modelo normativo de proteção à participação política da mulher, interseccionalidade e o gerenciamento administrativo da política

A participação política da mulher tem ocupado a agenda política e brasileira desde a redemocratização. Desde 1995, existem normas positivas, como se explicitará adiante, visando à proteção desse direito e, a partir de 2015, é possível se observar uma série de avanços. O sistema normativo possui fontes, formais e materiais, que o mantêm interligado com a realidade social sobre a qual incide. Essa permeabilidade permite a evolução da proteção jurídica de valores em sincronia com o ideal de justiça preponderante na sociedade.

Neste tópico, o objetivo é explorar o modelo normativo brasileiro de proteção à participação política da mulher a partir de um olhar interseccional. Importante registrar que o termo interseccionalidade restou detectado, pela primeira vez, em 1989, no texto da jurista Kimberlé W. Crenshaw (1989), para se referir a como as relações de poder de raça, sexo e classe se inter-relacionam.

O olhar interseccional permitiu perceber que o feminismo tradicional excluiu a realidade das mulheres negras de sua agenda política e jurídica, assim como constatar o machismo estrutural dentro do movimento negro.[4]

Passou-se a notar um desafio político na consideração desses dois fenômenos ativistas e a urgência em "conceber a existência duma matriz colonial moderna cujas relações de poder são imbricadas em múltiplas estruturas dinâmicas, sendo todas merecedoras de atenção política" (AKOTIRENE, 2019).

Importante frisar que o citado modelo foi desenvolvido e está sendo aperfeiçoado a partir de esforços estatais no sentido, também, de

---

[4] "Mulheres africanas recebiam a pior parte dessa violência e desse terror em massa, não somente porque poderiam ser vitimadas pela sexualidade, mas também porque eram mais propensas a trabalhar intimamente com a família branca do que os homens negros" (HOOKS, 2019).

cumprir as normas internacionais de direitos humanos, mais precisamente a Convenção para Eliminar Todas as Formas de Discriminação contra a Mulher (CEDAW) e a Constituição Federal (art. 5º, I), conforme se extrai da análise dos relatórios brasileiros enviados ao Comitê Internacional da CEDAW (BRASIL, 2013).

Esses esforços são contínuos, diante da própria complexidade dos obstáculos que existem ao exercício efetivo da participação política da mulher, e a dinamicidade dos fatos da vida exige reforços constantes do Estado, por meio de políticas e do direito, para que os compromissos com a igualdade entre os sexos na política se tornem realidade.

Os relatórios brasileiros enviados ao Comitê Internacional da CEDAW têm sido muito importantes para o desenvolvimento das pesquisas, pois permitem avaliar se a pauta por mais igualdade entre os gêneros na política não se trata de uma reivindicação difusa e verborrágica dos movimentos sociais e feministas, mas, sim, pleitos que têm nos direitos formais (CEDAW e Constituição de 1988), reconhecidos pelo Estado brasileiro nos relatórios analisados, o ponto de partida para a reivindicação legítima dessa igualdade.

O modelo brasileiro de proteção jurídica à participação política da mulher é o que designamos de conjunto de normas que têm como finalidade proteger e fomentar a participação política desse grupo (direito-meio) com a finalidade de alcançar mais igualdade (direito-fim) entre os gêneros no âmbito político eleitoral (ALMEIDA, 2018).

Esse modelo pode ser resumido da seguinte forma:[5]

---

[5] "Art. 93-A. O Tribunal Superior Eleitoral, no período compreendido entre 1º de abril e 30 de julho dos anos eleitorais, promoverá, em até cinco minutos diários, contínuos ou não, requisitados às emissoras de rádio e televisão, propaganda institucional, em rádio e televisão, destinada a incentivar a participação feminina, dos jovens e da comunidade negra na política, bem como a esclarecer os cidadãos sobre as regras e o funcionamento do sistema eleitoral brasileiro."

Mecanismos de proteção	Dispositivo legal	Diploma normativo	Destinatários
Cotas de candidatura por sexo/gênero	Art. 10, §3º	Lei nº 9.504/1997 (Lei Geral das Eleições)	Partidos políticos
Destinação de, no mínimo, 5% do Fundo Partidário para promoção e difusão da participação política das mulheres	Art. 44, caput, inciso V, e §5º	Lei nº 9.096/1995 (Lei dos Partidos Políticos)	Partidos políticos
Propaganda institucional destinada a incentivar a participação feminina na política	Art. 93-A	Lei nº 9.504/1997 (Lei Geral das Eleições)	Tribunal Superior Eleitoral
Reserva de 30%, no mínimo, de recursos do Fundo Partidário e do Fundo Especial de Financiamento de Campanha para candidatas	Art. 9º	Lei nº 13.165/2015 (Reforma Política de 2015)	Partidos políticos
Reserva de gênero, na proporção mínima de 30%, também deve incidir sobre a constituição dos órgãos partidários, como comissões executivas e diretórios nacionais, estaduais e municipais	TSE – CTA 0603816-39	-	Partidos políticos

Fonte: Elaboração própria.

Esse arquétipo possui caráter bifronte e conjuga duas categorias de ações afirmativas (CESAR, 2003): reserva e incentivo à ocupação de espaços. Sua finalidade é incluir o gênero minoritário no processo eleitoral por meio de uma garantia mínima de participação.

O citado modelo normativo vem evoluindo e sendo alimentado por fontes do direito de naturezas diversas, notando-se, a partir de 2015, importantes julgamentos provenientes do Tribunal Superior Eleitoral e do Supremo Tribunal Federal[6] que incrementaram esse arquétipo

---

[6] Conferir: BRASIL. Tribunal Superior Eleitoral, Recurso Especial Eleitoral em AIJE nº 243-42.2014, Recorrente: Coligação Vitória Que o Povo Quer, Recorridos: Coligação Por Um Novo Tempo e outros, Relator: Ministro Henrique Neves, publicado no DJe-TSE em 11.10.2016; BRASIL. Tribunal Superior Eleitoral, Recurso Especial Eleitoral nº 1-49.2013, Recorrente: Coligação Vitória Que o Povo Quer e outro, Recorridos: José Luiz de Souza e outros, Relator: Ministro Henrique Neves, publicado no DJe-TSE em 21.10.2015.

normativo com novas proteções, conforme o já exposto neste artigo (MACHADO; ALMEIDA, 2020).

Em relação ao ano de 2020, o TSE fortaleceu a proteção jurídica da participação política da mulher ao responder a CTA nº 0603816-39, fixando interpretação no sentido de que a regra garantista da reserva de gênero, na proporção mínima de 30%, também deve incidir sobre a constituição dos órgãos partidários, como comissões executivas e diretórios nacionais, estaduais e municipais (MACHADO; ALMEIDA, 2020).

O modelo normativo definido em 2018 já passou por alguns reforços e enxerga-se em sua última evolução importante medida para inserir, dentro das agremiações partidárias, a perspectiva social da mulher (YOUNG, 2000).

Há mais de 80 anos, a subalternidade das mulheres dentro dos partidos políticos é notada e constatada, até mesmo no primeiro e único partido de cunho antirracista (Frente Negra Brasileira) (DOMINGUES, 2017, p. 357).

Em relação à ação de fomento prevista no art. 93-A da Lei Geral das Eleições, sua finalidade é, por meio dos meios de comunicação em massa (rádio e televisão), incentivar a participação feminina, dos jovens e da comunidade negra na política, assim como esclarecer aos cidadãos e cidadãs as regras de funcionamento do sistema eleitoral brasileiro (NICOLAU, 2003; NOHLEN, 2007). A ação surgiu apenas em 2017, com a Lei nº 13.488, de 2017, que introduziu, no direito eleitoral positivo, essa preocupação com a participação política da população negra.

Não obstante acanhado, o citado dispositivo legal pode ser considerado um marco para a proteção e o fomento da participação política das mulheres negras. A partir daí, inicia-se uma promoção da participação de grupos na política com um olhar para além do gênero, incluindo, também, a raça.

Observa-se, porém, inexistir monitoramento dos resultados alcançados após a adoção desse modelo. Se o arquétipo normativo brasileiro de proteção à participação política da mulher deriva de normas internacionais e constitucionais, é importante refletir sobre ações concretas – e até mais rápidas – para se atingir a finalidade das normas.

Sobre a existência de normas constitucionais e sua efetiva implementação, Barcellos (2018) relaciona o direito constitucional com as políticas públicas, justificando o dever de monitoramento dos direitos para que estes possam ser levados a sério. O compromisso do direito constitucional não se trata de mera responsabilidade com a produção de normas sobre o assunto, mas, sim, com a efetivação desses direitos nas realidades dos seus sujeitos concretos. Também reforça a importância de se conhecerem os custos e o fluxo orçamentário para a sua implementação (BARCELLOS, 2018).

Dessa forma, para a diminuição do *gap* entre a criação legislativa e a efetivação da norma, Barcellos aponta haver, no mínimo, dois processos necessários: a análise da política pública prevista pela norma e o monitoramento dos resultados produzidos ou não pela política pública (BARCELLOS, 2018).

Faltam dados para se mensurar a efetividade da norma prevista no art. 93-A da Lei nº 9.504/1997. Poucas ou quase nenhuma são as estatísticas sobre candidaturas ou participação política da população negra. Não existe, no âmbito do Tribunal Superior Eleitoral, destinatário da política e gerenciador do processo eleitoral, estrutura administrativa ou órgão que monitore a relação entre a proposição entre a política prevista no citado dispositivo e as candidaturas lançadas a partir de 2018. Também não há monitoramento das demais normas trazidas pelo modelo, estas destinadas aos partidos políticos.

É preciso se avançar na gestão administrativa dessa política direcionada ao Tribunal, pois uma análise mais estratégica da finalidade prevista na norma citada e o monitoramento dos seus resultados são desconhecidos.

O Tribunal Superior Eleitoral tem se mostrado sensível à pauta que envolve a inclusão de mais mulheres na política, como já se observou. Registra-se também ter sido a referida Corte, no exercício da sua função jurisdicional, grande responsável pelo reforço do modelo normativo de proteção à participação política da mulher, por meio da fixação de precedentes que reconheceram formas de punição aos infratores das normas. Precedentes são fontes do direito (ALMEIDA; MACHADO, 2019).

A situação singular da Justiça Eleitoral, que exerce função jurisdicional, mas também função administrativa intensa,[7] permite a análise desse problema jurídico a partir de mecanismos provenientes do exercício de ambas as funções.

---

[7] A Justiça Eleitoral, por ter a incumbência constitucional de organizar e gerenciar todo o processo eleitoral, exerce função administrativa que vai além da sua gestão própria (MACHADO, 2018).

Como dito, o modelo normativo de proteção à participação política da mulher, branca e negra, tem amparo direto em normas constitucionais que prevêem direitos à igualdade (art. 5º), a não discriminações por razões de gênero e raça (art. 3º, IV) e à participação política – direitos, portanto, fundamentais. Por essa razão, entende-se ser necessário constante análise e monitoramento das normas infraconstitucionais que veiculam essas ações, sobretudo a participação de mulheres e da comunidade negra na política, o que poderá, certamente, gerar uma base de dados para se pensar nas medidas atuais e futuras mais adequadas para promoção e concretização do direito desses grupos.

A importância de se pensar o problema a nível de políticas públicas se dá, pois, a partir da implementação e do monitoramento constante destas, tornando possível a criação de um fluxo de decisões políticas subsidiadas por dados concretos acerca da efetividade ou não da norma.

Existem instrumentos que viabilizam esse monitoramento. Além do processo de Avaliação de Políticas Públicas, há o recurso da Avaliação de Impacto Legislativo (AIL). Ambos têm o objetivo comum de analisar as políticas instituídas a partir de normas, investigando aspectos como eficiência, eficácia e efetividade. Andrade e Santana (2017) propõem uma aproximação dos dois institutos, apesar de suas origens distintas, já que atualmente servem à avaliação das políticas públicas. Pontuam que a "avaliação do impacto da lei pode ser utilizada para calcular o impacto e os efeitos da aplicação de uma legislação, bem como aferir se a legislação atendeu às expectativas do legislador" (ANDRADE; SANTANA, 2017).

Em relação às normas que compõem o modelo normativo de proteção à participação política da mulher, por sua função administrativa amplificada, precisa ser de responsabilidade da Justiça Eleitoral a gestão da política de proteção e promoção a esse direito, mediante a avaliação constante dos seus resultados.

Acredita-se que uma ação articulada da Justiça Eleitoral voltada à avaliação e ao monitoramento dos resultados obtidos (ou não) após a adoção de cada norma de incentivo, proteção e fomento à participação política poderá trazer dados que certamente auxiliarão na análise do problema – se persistente – e em como buscar outras e mais adequadas soluções.

3 A participação da mulher negra na política: da visibilização à inclusão

Para além de um monitoramento e avaliação constantes do atual modelo normativo de proteção à participação política da mulher, em relação à mulher negra, considerando inexistir, ainda, disposição legal expressamente a tendo como destinatária de ações de proteção e fomento na política, passa-se a analisar a viabilidade teórica para uma proposta normativa mais inclusiva. Com a investigação desenvolvida até o presente momento, foi possível perceber algumas questões que concederam suporte e embasamento para a formulação de um modelo inclusivo como proposta para inserção das interseccionalidades na pauta da representação da mulher na política, levando em consideração fatores como gênero e raça.

A participação política da mulher branca e negra deu-se simultaneamente há quase noventa anos. Apesar disso, atualmente, esse grupo segue sub-representado; as mulheres autodeclaradas pretas e pardas possuem índices de representação ainda menores.

O debate das cotas raciais no Brasil acendeu uma preocupação com a proteção jurídica da população negra, cerceada em seus direitos, atualmente, como decorrência do racismo estrutural que permanece em nossas raízes socioculturais e se reflete nas instituições e no próprio direito (ALMEIDA, 2019). Já existem consensos teóricos sobre a necessidade de proteção jurídica específica para esse grupo a partir de suas histórias e violações de direitos em concreto (LENZ, 2003).

O direito foi um instrumento de dominação de raças, e somente os conquistadores tinham a qualidade humana (MBEMBE, 2018). De coisas a sujeitos de direitos, a condição jurídica da população negra sofreu várias alterações, apresentando-se a relação entre ativismo e direito como diretamente proporcional. No Brasil, os movimentos sociais tiveram grande participação na construção dos direitos fundamentais e sociais previstos na Constituição de 1988 e nas leis antirracistas, como a Lei nº 10.639/2003, as de cotas raciais nas universidades federais e no serviço público, no Estatuto da Igualdade Racial e também nas decisões judiciais (ALMEIDA, 2019).

Pensar na igualdade política a partir de critérios raciais e de gênero primeiro exige situar o debate no campo crítico da teoria política liberal (MIGUEL, 2014). Isso porque a representação política e o funcionamento da democracia são afetados pelas desigualdades sociais, existindo um "ciclo de realimentação, em que os prejudicados pelos padrões de desigualdade têm maior dificuldade de se fazer representar [...] e, ao mesmo tempo, sua ausência nos processos decisórios contribui para a reprodução desses padrões" (MIGUEL, 2014, p. 301).

Os padrões de desigualdades se inter-relacionam, embora não se reduzam uns aos outros. As desigualdades cruzam-se e todas as desigualdades sociais que existem (classe, gênero, raça, orientação sexual etc.) influenciam umas nas outras, refletindo na assimetria no acesso e no exercício do poder político (MIGUEL, 2014). Desigualdade, na perspectiva apresentada, não é apenas diferença, mas, sobretudo, "assimetria no controle de determinados recursos", que, segundo Miguel (2014), (i) impactam as trajetórias possíveis de indivíduos e grupos, e (ii) refletem os padrões estruturais e não são apenas efeitos do acaso ou de escolhas livres e pessoais. Nota-se que uma visão político-liberal da desigualdade desconsidera esses fatores.

No campo da teoria crítica do direito, ao enfrentar o plano filosófico que deu sustentáculo à igualdade liberal, Joaquim Herrera Flores dispõe que a doutrina do contrato social supõe uma percepção social que é baseada em uma igualdade viabilizada a partir de um espaço público estruturado pelo direito e em uma expulsão das diferenças para o espaço privado – espaço onde estão os sujeitos concretos –, esfera da invisibilidade (FLORES, 2010). Pondera ainda que o argumento ideológico usado pelo discurso liberal é que não se deve contaminar o debate filosófico e jurídico com temas como sexo, raça, etnia e orientação sexual, já que todas essas questões já estão inclusas no universal e que todo argumento fomentador dessa inclusão e debate é taxado de comunitarista, por partir das características concretas dos sujeitos (FLORES, 2010).

No processo de abstração, que é típico da produção normativa, o problema não está em abstrair, mas em o fazer desconsiderando as diferentes formas de acesso aos recursos disponíveis (FLORES, 2010). Em relação ao gênero, esses pressupostos liberais foram ruindo no século XX em grande parte devido aos esforços empreendidos pela segunda onda do movimento feminista (década de 1960) e dos estudos realizados por Simone de Beauvoir (BIROLI; MIGUEL, 2014), que começou a pôr em cena que a mera eliminação da discriminação legal e a positivação da igualdade entre os sexos não seriam suficientes para eliminar as barreiras históricas e culturais de acesso a esses bens e espaços.

As questões raciais também passaram a ganhar grande importância a partir da década de 1960.

Pensa-se a inclusão de grupos representados na política formal a partir do debate crítico acerca da democracia liberal, como exposto acima, e da igualdade política de Dahl (2001), para quem a democracia é desejável por permitir, entre outras vantagens, a promoção do desenvolvimento humano, a autodeterminação, a autonomia moral, a busca pela paz e a igualdade política.

A igualdade não é um dado, mas um construído, e a adoção da democracia enseja a assunção, por suas instituições políticas, da responsabilidade de promovê-la (ALMEIDA, 2018). A democracia é também um sistema eminentemente de direitos, e somente ela tem condições efetivas de garantir níveis elevados de igualdade política. Essa proposta de igualdade relaciona-se ao fato de que todos os cidadãos e cidadãs são considerados igualmente capazes de participarem do governo do seu estado, sem qualquer discriminação (DAHL, 2001).

Joan Scott (2005), ao enfrentar o enigma da igualdade a partir da consideração de fatores como raça e gênero, apresentando a política como a arte do impossível e de negociações constantes, também coloca o cenário democrático como o possível para se chegar a soluções que aproximem a sociedade de valores como a justiça e a igualdade e reconhece sua possibilidade de falhar, abrindo-se sempre a novas formulações e arranjos. Como "a identidade é um processo complexo e contingente suscetível de informações", não se pode ignorar a existência de grupos; deve-se, assim, reconhecer suas existências e "desenvolver análises de igualdade e discriminação que tratem as identidades não como entidades eternas, mas como efeitos de processos políticos e sociais" (SCOTT, 2005, p. 29). Ou seja, é um processo que deve estar em constante análise e aprendizado.

A consideração de mecanismos jurídicos e democráticos para inclusão de grupos tem se mostrado muito eficaz. Na América Latina, a inclusão de mulheres e da população indígena na política deve-se, sobretudo, a ações de inclusão (ALMEIDA; MACHADO, 2019). Alguns países precisaram aperfeiçoar e rever seus modelos, o que reforça não haver soluções fáceis nem estanques.

Existem também várias dinâmicas político-partidárias que precisam ser consideradas quando do "recrutamento político" (NORRIS, 2013), mas a existência de políticas previstas em lei foi considerada um passo fundamental nesse processo de inclusão. Logo, a participação e o fomento da participação política da população negra e, mais ainda, de mulheres negras precisam ser incentivados e protegidos pelas próprias instituições políticas, como decorrência da nossa própria condição e escolha democrática.

Para as mulheres negras, que pertencem, ao mesmo tempo, a duas categorias alvo de opressões sistemáticas ao longo dos séculos, exige-se uma articulação constante entre mecanismos de inclusão, a partir da intersecção entre raça e gênero. Isso porque as mulheres, antes de tudo, compartilham entre si as discriminações advindas do gênero e, como já apresentado nos tópicos acima, a sub-representação de mulheres negras relaciona-se também à baixa representação da sua categoria/grupo mais geral.

O modelo normativo atual, composto pelas cotas de gênero e por ações mais específicas, busca estabelecer um quadro mais equânime entre mulheres e homens nos cargos legislativos, ou seja, foca em estabelecer a primeira onda da igualdade, a de gênero. Isso posto, uma das propostas possíveis seria a inserção de ação de fomento, sobretudo intrapartidária, para que os registros de candidaturas de mulheres possam refletir a diversidade racial.

Uma das possibilidades para se concretizar a inclusão interseccional seria a previsão, no art. 44 da Lei nº 9.096/1995 (Lei dos Partidos Políticos), de um novo inciso para tratar especificamente da questão. Sugere-se, nesta oportunidade, a seguinte proposta: XII – na criação e manutenção de programas de promoção e difusão da participação política das mulheres a que se refere o inciso V, o partido político deve expressamente realizar ações e incentivos voltados às mulheres autodeclaradas pretas e pardas (negras), a serem criados e executados nos termos do citado inciso V, devendo os programas, obrigatoriamente, e mediante a destinação equânime de recursos, garantir a promoção de ambas as categorias (gênero e raça) com o objetivo de alcançar a paridade de gênero e raça nos órgãos de direção partidária.

Alguns partidos políticos, inclusive, têm secretarias específicas para pautas raciais e articulam-se diretamente com os movimentos sociais cujos propósitos são antirracistas, o que facilitará, ainda mais, a implementação desses programas.

Outro detalhe a ser observado é referente ao preenchimento da reserva de vagas – na direção das agremiações –, por força da decisão do TSE na CTA nº 0603816-39 (MACHADO; ALMEIDA, 2020). Importante que seja garantida a diversidade racial na ocupação desses cargos pelos partidos políticos, os quais, frise-se, possuem a função política e social de fomentar e proteger a participação de mulheres na política, sem distinção de raça, classe, gênero e orientação sexual.

Sobre as alterações legislativas e sua capacidade de alterar a própria realidade social sobre a qual incidem, observa Frederick Schauer (2015) que a coerção pode encorajar a adesão de determinadas pessoas ao cumprimento de diretrizes, mudando o ambiente sociológico de modo que adesões livres, já desvinculadas da aplicação de uma coerção, passem a ser comuns. Como exemplo, invoca o convívio determinado legalmente diante do fim da segregação racial. Por força de lei, brancos e negros passaram a conviver, o que terminou se incorporando como uma atitude livre e socialmente propagada (SCHAUER, 2015).

A educação para cidadania tem ganhado força a partir do art. 205 da Constituição Federal. O direito, como sistema de normas, que tem esse poder pedagógico e de indução de comportamentos considerados positivos, pode ser instrumento efetivo para o alcance de um estado de coisas pretendido.

Essa a razão por que o presente trabalho se propõe a contribuir como campo dos debates acadêmicos e jurídico-positivos sobre o tema, focando, ao fim, em uma proposta normativa concreta para atualização do direito positivo eleitoral, o qual tem se mostrado determinante e fundamental na proteção jurídica da participação política da mulher, seja por meio das suas fontes formais, legislação, seja por meio das suas fontes materiais, precedentes.

Considerações finais

A ausência de sistematização de dados em relação a candidaturas de mulheres negras tem dificultado a análise dos mecanismos que as mantêm longe dos espaços formais. A visibilização desse problema é importante para o campo teórico que relaciona direito, política, gênero e raça, já que são fartos os dados e a literatura sobre a participação de mulheres e pouca ou quase inexistente sobre a participação da população negra.

Explorando documentos e pesquisas anteriores, conforme dados expostos acima, constatou-se, a título de considerações finais, que as mulheres brancas e negras ingressaram na política formal a partir dos mesmos marcos legais, com a consagração dos direitos políticos em 1932. Em 1934, a primeira mulher eleita para o cargo de deputada federal autodeclarava-se branca, e uma mulher negra foi eleita para a Assembleia Legislativa do Estado de Santa Catarina. Ou seja, as mulheres, em sua diversidade racial, concomitantemente, iniciaram sua participação política.

Todavia, entre as idas e vindas democráticas brasileiras, percebemos, através do desenvolvimento do presente trabalho, uma sub-representação das mulheres na política e, mais ainda, da mulher negra. Há uma relação entre a baixa representação da população negra e da mulher de forma geral; a herança brasileira de uma política patriarcal e escravocrata ainda se reflete nos números.

Uma análise interseccional do atual modelo normativo que protege a participação política da mulher foi realizada para se tentar compreender as ações de fomento a esse direito. O hodierno formato envolve ações que reservam espaço para o gênero minoritário na política formal e fomentam a participação de mulheres nos espaços de poder, seja por meio da publicidade institucional realizada pelo TSE, seja por imposição da aplicação, pelos partidos políticos, de verbas na promoção e difusão da participação feminina na política.

Infere-se ter o art. 93-A da Lei nº 9.504/1997 abrangido o grupo da população negra em ações afirmativas e de incentivo à participação política realizadas pelo TSE, o que consideramos um marco, sob esse olhar interseccional, para o direito eleitoral positivo brasileiro. Contudo, as políticas de inclusão previstas por esse modelo não são monitoradas, o que pode explicar, além da ausência de dados que podem subsidiar a evolução da proteção desse direito, um debate do problema a nível de políticas públicas.

A Justiça Eleitoral tem se destacado no avanço dos debates jurídicos envolvendo o tema em análise, e seus precedentes, proferidos no exercício da sua função jurisdicional, foram determinantes para o fortalecimento do atual modelo normativo de proteção à participação política da mulher. No exercício da sua função administrativa intensa, ela pode estabelecer programas de gestão e avaliação dos resultados concretos dessa política, até para subsidiar possíveis e futuras alterações legislativas sobre o tema.

Em relação ao modelo normativo atual, não foi encontrada disposição específica para fomentar a participação política da mulher negra, o que pode gerar assimetrias nas esferas da igualdade de gênero e racial, pelo que se propõe uma alteração normativa que exibe o condão de promover uma inclusão racial ao longo da execução da política afirmativa das cotas de gênero.

A proposta normativa seria no sentido de incluir, no art. 44 da Lei nº 9.096/1995, disposição que expressamente vise fomentar a participação política de mulheres negras. Assim, na medida em que há garantia de espaços para participação da categoria mais abrangente – reserva de candidaturas para o gênero minoritário –, haveria ações de fomento, anteriores à escolha de quem ocupará esses espaços reservados, que buscariam promover o seu preenchimento de forma igualitária, considerando, também, a raça.

A inclusão parte do geral para o particular. Ou seja, reserva-se um espaço fixo para o grupo comum e, em paralelo e de forma prévia, trabalha-se para que o campo reservado para candidaturas femininas seja preenchido da forma mais equânime possível, considerada a diversidade racial.

Salienta-se que a proposta conhece a complexidade dos processos sociais que envolvem os grupos e, por isso, não tende a ser uma solução definitiva, mas, sim, possível, para que, nos nortes democráticos, se submeta à crítica constante e esteja aberta a aprender com a dinamicidade que envolve o recrutamento político.

Os problemas detectáveis na implementação dessa medida são os mesmos que envolvem a concretização de todo modelo normativo de proteção à participação política da mulher: os entraves partidários, que, atualmente, são os principais gargalos institucionais à igualdade entre os gêneros nos espaços de poder.

Isso posto, espera-se que o presente trabalho tenha promovido reflexões acerca de institutos e conceitos próprios do direito eleitoral para essa intersecção entre gênero e raça, até porque o ordenamento jurídico tem evoluído, nas últimas décadas, para a proteção jurídica de mulheres e da comunidade negra.

Referências

AKOTIRENE, Carla. *Interseccionalidade (feminismos plurais)*. São Paulo: Pólen Livros, 2019.

ALMEIDA, Jéssica Teles de. *A proteção jurídica da participação política da mulher*: fundamentos teóricos, aspectos jurídicos e propostas normativas para o fortalecimento do modelo brasileiro. Dissertação (Mestrado em Direito) – Universidade Federal do Ceará, Fortaleza, 2018.

ALMEIDA, Jéssica Teles de. Os direitos fundamentais das mulheres e a Constituinte de 1987-1988: os legados político e jurídico da participação política da mulher na Constituição de 1988. In: FREITAS, Raquel Coelho de et al. (Org.). *Tópicos de direitos fundamentais*. Create Space Independent Publishing Platform, 2018.

ALMEIDA, Jéssica Teles de; MACHADO, Raquel Cavalcanti Ramos. Participação política: direito humano da mulher entre o público e o privado. *Revista Conhecer: debate entre o público e o privado*, v. 9, p. 154-169, 2019.

ALMEIDA, Silvio. *Racismo estrutural (feminismos plurais)*. São Paulo: Pólen Livros, 2019.

ANDRADE, Aparecida de Moura; SANTANA, Héctor Valverde. Avaliação de políticas públicas *versus* avaliação de impacto legislativo: uma visão dicotômica de um fenômeno singular. *Revista Brasileira Políticas Públicas*, Brasília, v. 7, n. 3, p. 781-798, 2017.

ARAÚJO, Clara. Valores e desigualdade de gênero: mediações entre participação política e representação democrática. *Revista Civitas*, Porto Alegre, v. 16, p. 38-61, n. 2, abr./jun. 2016.

BARCELLOS, Ana Paula de. Políticas públicas e o dever de monitoramento: "levando os direitos a sério". *Revista Brasileira Políticas Públicas*, Brasília, v. 8, n. 2, p. 251-265, 2018.

BEARD, Mary. *Women & power*: a manifesto. London: Liveright, 2017.

BEAUVOIR, Simone. *O segundo sexo*. Rio de Janeiro: Nova Fronteira, 2000.

BIROLI, Flávia. *Gênero e desigualdades*: limites da democracia no Brasil. São Paulo: Boitempo Editorial, 2018.

BIROLI, Flávia; MIGUEL, Luís Felipe. *Feminismo e política*: uma introdução. 1. ed. São Paulo: Boitempo, 2014.

BOLDRINI, Ângela. Bancada negra no Congresso é sub-representada em postos de comando. *Folha de São Paulo*, 16 nov. 2019. Disponível em: https://www1.folha.uol.com.br/poder/2019/11/bancada-negra-no-congresso-e-sub-representada-empostos-de-comando.shtml. Acesso em: 2 jan. 2021.

BRASIL. *VII Relatório Brasileiro da Convenção sobre a Eliminação de Todas as Formas de Discriminação contra a Mulher*. Brasília, 2013. Disponível em: http://www.observatoriodegenero.gov.br/eixo/internacional/instanciasregionais/o-comite-cedaw-2013-comite-para-a-eliminacao-de-todas-as-formasdediscriminacao-contra-a-mulher/cedaw-vii-relatorio-brasileiro.pdf. Acesso em: 5 jan. 2020.

BUTLER, Judith. *Problemas de gênero*: feminismo e subversão da identidade. Trad. Renato Aguiar. Rio de Janeiro: Civilização Brasileira, 2003.

CAMPOS, Luiz Augusto; MACHADO, Carlos Machado. A cor dos eleitos. *Revista Brasileira de Ciência Política*, Brasília, n. 16, p. 121-151, jan./abr. 2015.

CARROLL, Susan J.; FOX, Richard L. *Gender and elections*: shaping the future of American politics. California: Cambridge University Press, 2018.

CESAR, Raquel Coelho Lenz. *Acesso à justiça para minorias raciais no Brasil*: é a ação afirmativa o melhor caminho? Riscos e acertos no Caso da UERJ. 2003. 322f. Tese (Doutorado em Direito) – Universidade do Estado do Rio de Janeiro, Rio de Janeiro, 2003.

CRENSHAW, Kimberlé W. *Demarginalizing the intersection of race and sex*: a black feminist critique of discrimination doctrine, feminist theory and antiracist politics. Chicago: University of Chicago Legal Forum, 1989.

DAHL, Robert A. *Sobre a democracia*. Trad. Beatriz Sidou. Brasília: Editora Universidade de Brasília, 2001.

DAVIS, Ângela. *Mulheres, cultura e política*. Trad. Heci Regina Candiani. 1. ed. São Paulo: Boitempo, 2017.

DAVIS, Ângela. *Mulheres, raça e classe*. Trad. Heci Regina Candiani. 1. ed. São Paulo: Boitempo, 2016. Edição Kindle.

DOMINGUES, Petrônio. Frentenegrinas: notas de um capítulo da participação feminina na história da luta anti-racista no Brasil. *Cadernos Pagu*, Campinas, p. 357, jan./jun. 2007.

DWORKIN, Ronald. *Levando os direitos a sério*. São Paulo: Martins Fontes, 2010.

FILHA de uma ex-escrava foi a primeira deputada negra do Brasil. *History*. Disponível em: https://br.historyplay.tv/noticias/filha-de-uma-ex-escrava-foiprimeira-deputada-negra-do-brasil. Acesso em: 25 jan. 2021.

FLORES, Joaquim Herrera. La construcción de las garantias. Hacia una concepción antipatriarcal de la libertad e la igualdad. *In*: IKAWA, Daniela; PIOVESAN, Flávia; SARMENTO, Daniel (Org.). *Igualdade, diferença e direitos humanos*. Rio de Janeiro: Lumen Juris, 2010. p. 111-145.

FLORES, Joaquim Herrera. *La reinvención de los derechos humanos*. Sevilla: Atrapasueños, 2007.

FRASER, Nancy. O feminismo, o capitalismo e a astúcia da História. *New Left Review*, n. 56, mar./abr. 2009.

FREITAS, Raquel Coelho de. Direito das minorias: um conhecimento construído entre a indignação política e a indignação epistêmica. *Revista Inclusiones*, v. 7, n. 1, p. 206-228, jan./mar. 2020.

FRENTE Negra Brasileira comemora 80 anos. *Nações Unidas Brasil*, 15 set. 2011. Disponível em: https://nacoesunidas.org/frente-negra-brasileira-comemora-80-anos/. Acesso em: 19 maio 2020.

GOMES, Nilma Lino. *O movimento negro educador*: saberes construídos na luta por emancipação. Petrópolis: Vozes, 2017.

HAACK, Susan. *Manifesto de uma moderada apaixonada*: ensaios contra a moda irracionalista. Trad. Rachel Herdy. Rio de Janeiro: Loyola, 2011.

HOOKS, Bell. *E eu não sou uma mulher?* Rio de Janeiro: Rosa dos Tempos, 2019.

HTUN, Mala. A política de cotas na América Latina. *Revista Estudos Feministas*, Florianópolis, v. 9, n. 1, p. 225-230, 2001.

LACEY, N. Feminist legal theories and the rights of women. *In*: KNOP, K. (Ed.). Gender and human rights. *Collected courses of the Academy of European Law (XII/2)*, Oxford: Oxford University Press, p. 13-56, 2004.

LORETONI, A. Estado de Direito e diferença de gênero. *In*: COSTA, Pietro; ZOLO, Danilo (Org.). *O Estado de Direito*: história, teoria, crítica. São Paulo: Martins Fontes, 2006.

LENZ, Raquel Coelho. *Acesso à justiça para minorias raciais no Brasil*: é a ação afirmativa o melhor caminho? Riscos e acertos no Caso da UERJ. Tese (Doutorado em Direito) – Universidade do Estado do Rio de Janeiro, Rio de Janeiro, 2003.

MACHADO, Raquel Cavalcanti Ramos. *Direito eleitoral*. 2. ed. São Paulo: Atlas, 2018.

MACHADO, Raquel Cavalcanti Ramos; ALMEIDA, Jéssica Teles de. Da denúncia à esperança: democratização intrapartidária e reserva de gênero de 30% nos cargos de direção dos Partidos Políticos. *Focus*, 25 maio 2020. Disponível em: https://www.focus.jor.br/dadenuncia-a-esperanca-por-raquel-machado-e-jessica-teles/. Acesso em: 2 jan. 2021.

MBEMBE, Achille. *Crítica da razão negra*. São Paulo: N-1, 2018.

MENEGUELLO, Rachel; MANO, Maíra Kubik; GORSKI, Caroline. Alguns condicionantes do déficit representativo de mulheres e negros na política. *In*: MENEGUELLO, Rachel *et al.* (Org.). *Mulheres e negros na política*: estudo exploratório sobre o desempenho eleitoral em 4 estados brasileiros. Campinas: Unicamp/Cesop, 2012. p. 5-66.

MIGUEL, Luís Felipe. *Democracia e representação*: territórios em disputa. São Paulo: Editora Unesp, 2014.

MULHERES ainda são minoria de candidatas nas eleições brasileiras. *Tribunal Superior Eleitoral*, 7 mar. 2018. Disponível em: http://www.tse.jus.br/imprensa/noticias-tse/2018/Marco/mulheres-ainda-sao-minoria-de-candidatas-nas-eleicoesbrasileiras. Acesso em: 4 fev. 2021.

NICOLAU, Jairo. A reforma da representação proporcional no Brasil. *In*: BENEVIDES, Maria Victoria; VANNUCHI, Paulo; KERCHE, Fábio (Org.). *Reforma política e cidadania*. São Paulo: Fundação Perseu Abramo, 2003. p. 201-224.

NOHLEN, Dieter. *Os sistemas eleitorais*: o contexto faz a diferença. Trad. Conceição Pequito Teixeira. Lisboa: Livros Horizontes, 2007.

NORRIS, Pippa. Recrutamento político. *Revista de Sociologia e Política*, v. 21, n. 46, p. 11-32, jun. 2013.

PINTO, Céli Regina Jardim. *Uma história do feminismo no Brasil*. São Paulo: Editora Fundação Perseu Abramo, 2003.

RAWLS, John. *Uma teoria da justiça*. São Paulo: Martins Fontes, 2000.

SANTOS, Boaventura de Souza. *Refundación del Estado en América Latina*: perspectivas desde una epistemología del Sur. Lima: Instituto Internacional de Derecho y Sociedad, 2010.

SARMENTO, Daniel. Direito constitucional e igualdade étnico-racial. *In*: FERREIRA, Renato (Coord.). *Ações afirmativas*: a questão das cotas. Niterói: Impetus, 2011.

SCHAUER, Frederick. *The force of law*. Cambridge: Harvard University Press, 2015.

SCHWARCZ, Lilia Moritz. *O espetáculo das raças*. São Paulo: Companhia das Letras, 1993.

SCOTT, Joan. Gênero: uma categoria útil de análise histórica. *Revista Educação e Realidade*, Porto Alegre, p. 71-99, jul./dez. 1995.

SCOTT, Joan. O enigma da igualdade. *Revista Estudos Feministas*, Santa Catarina, 2005.

SCHUMAHER, Schuma; CEVA, Antônia. *Mulheres no poder*: trajetórias na política a partir da luta das sufragistas do Brasil. 1. ed. Rio de Janeiro: Edições de Janeiro, 2015.

SILVA, Andréa Franco Lima. "Marielle virou semente": representatividade e os novos modos de interação política da mulher negra nos espaços institucionais de poder. *Revista Sociologias Plurais*, Curitiba, v. 5, n. 1, p. 52-75, jul. 2019.

SILVA, Andréa Franco Lima; SILVA, Grécia Mara Borges. "Falando a voz dos nossos desejos" 1: os sentidos da representatividade e do lugar de fala na ação política das mulheres negras. *Revista Eletrônica Interações Sociais*, Rio Grande, v. 3, n. 1, p. 42-56, jan./jun. 2019.

TRIBUNAL SUPERIOR ELEITORAL. Estatísticas eleitorais, 2018. Disponível em: http://www.tse.jus.br/eleicoes/estatisticas/estatisticas-eleitorais. Acesso em: 25 maio 2020.

VARIKAS, Eleni. *Pensar o sexo e o gênero*. Trad. Paulo Sérgio de Souza. Campinas: Editora Unicamp, 2016.

WALZER, Michael. *Esferas da justiça*: uma defesa do pluralismo e da igualdade. São Paulo: Martins Fontes, 2003.

YOUNG, Iris Marion. *Inclusion and democracy*. Oxford: Oxford University Press, 2000.

Informação bibliográfica deste texto, conforme a NBR 6023:2018 da Associação Brasileira de Normas Técnicas (ABNT):

ALMEIDA, Jéssica Teles de; MACHADO, Raquel Cavalcanti Ramos. Gênero, raça e participação política da mulher negra: da visibilização à inclusão. In: LINS, Rodrigo Martiniano Ayres; CASTRO, Kamile Moreira (Org.). O futuro das eleições e as eleições do futuro. Belo Horizonte: Fórum, 2023. p. 179-202. ISBN 978-65-5518-611-6.

A OBRIGATORIEDADE DO EXERCÍCIO DO VOTO EM FACE DO ESTADO DEMOCRÁTICO DE DIREITO

JONAS MOTA OLIVEIRA
DAYSE BRAGA MARTINS
BLEINE QUEIROZ CAÚLA

Introdução

A etimologia da palavra democracia provém dos vocábulos gregos *demos* e *cracia*, com significado básico de governo do povo. A partir dela, permite-se às decisões governamentais um grau muito maior de legitimidade devido à participação popular na escolha de seus representantes. Atualmente, a democracia é exercida no Brasil sob duas formas: direta e indireta. Na democracia direta, utilizam-se os instrumentos previstos constitucionalmente para o exercício da soberania popular: plebiscito, referendo e iniciativa popular. Na democracia indireta, a população elege seus representantes para a elaboração de suas normas e tomadas de decisão. Para isso, utiliza-se o instrumento democrático do voto, direto, secreto e obrigatório.

A Constituição Federal de 1988 tornou o alistamento e o voto obrigatórios, cuja implantação e regulamentação ocorreram em um momento de profunda transformação institucional com o objetivo de dar credibilidade ao pleito eleitoral. Os legisladores originários justificaram a referida obrigação pelo temor de que houvesse uma participação diminuta do povo, o que poderia ocasionar a ilegitimidade do pleito eleitoral. A partir de então, a obrigatoriedade passou a fazer parte da própria história do voto no Brasil. Contudo, a primeira oportunidade em que o voto se estabeleceu como obrigatório foi com a promulgação do primeiro Código Eleitoral brasileiro por meio do Decreto nº 21.076, de 24 de fevereiro de 1932.

A obrigatoriedade do voto é um tema recorrente nas discussões populares e de forte interesse para o direito, uma vez que ela tem um fundamento ideológico que sustenta a quebra do princípio da liberdade de ir e vir dos cidadãos, os quais, na verdade, não decidem se querem ou não votar, se querem ou não expressar suas vontades políticas. Essa questão permeia a própria concepção de Estado Democrático de Direito em face de se configurar em garantia constitucional de participação de todos na escolha de seus representantes, mormente, no passado, as inúmeras exclusões sociais ocorridas no processo eleitoral brasileiro.

Embora muitas vezes apresentada como uma norma pouco democrática, a obrigatoriedade do voto é uma medida institucional adotada em muitas democracias estáveis (SOARES, 2004, p. 17-18), e os motivos para essa adoção costumam obedecer a critérios políticos democratizadores, tais como conseguir a participação de grupos religiosos e minorias políticas ou mesmo garantir a presença da maioria nas eleições.

O crescente índice de abstenção registrado em eleições recentes, em comparação com dados de eleições anteriores, traz à discussão a insatisfação do eleitorado brasileiro com o sistema político atual, o que leva a sociedade a rever a questão da obrigação de votar ferir a liberdade democrática do indivíduo. E é inegável que o voto pouco reflexivo contribui com a crise da imagem política atual e, em consequência, instala uma ideia de aversão e irresponsabilidade políticas.

A escolha da obrigatoriedade ou não do voto deve ser apresentada aos cidadãos como forma de mostrar os diversos argumentos a favor ou não do voto facultativo. Discussões sobre esse tema, apresentadas por cientistas políticos e enriquecidas pelos exemplos dos principais modelos de votação no mundo, trarão de forma pedagógica ao eleitor o engajamento político necessário para a escolha do modelo pelo qual o eleitorado elegerá a melhor opção. Somente as circunstâncias sociais, históricas e políticas determinarão qual o caminho a ser adotado pela República Federativa do Brasil relativamente à permanência do instituto do voto obrigatório em sua Carta Magna.

O estabelecimento de princípios basilares para a obrigatoriedade do voto parte da ideia de que todos estão legitimados pela mesma fonte e possuem como ponto em comum a matéria que lhes dá conteúdo. Nesse campo principiológico, a abstrativização de conceitos e regras para dirimir conflitos dificulta a harmonização da obrigatoriedade do voto com a violação de direitos e princípios constitucionais.

É notório que os avanços democráticos estão indissoluvelmente ligados à conquista da liberdade de expressão, que é bem recente, mas permitiram à sociedade o controle das ações e decisões dos poderes constitucionais. Essa evolução ocorreu gradativamente a partir da generalização da democracia, que facilitou a defesa dos interesses dos excluídos, e as lutas desses setores ampliaram a participação popular, o que, por sua vez, tornou mais aguerrida a conquista de novos direitos.

Durante o desenvolvimento deste trabalho de pesquisa acadêmica, buscar-se-á responder aos seguintes enunciados: o bem jurídico tutelado, qual seja, a obrigatoriedade do voto, fere ou não direitos constitucionais e fundamentais? A opção jurídica pela obrigatoriedade do voto contribui efetivamente para a criação e formação de um Estado Democrático de Direito consistente e capaz de construir capacidade política de seus cidadãos? A adoção de determinado sistema eleitoral contribui para a efetivação dos direitos políticos e prioriza o engajamento da população na política e trilha os caminhos da democracia? A obrigatoriedade fixada constitucionalmente diz respeito ao efetivo exercício do voto ou ao comparecimento às urnas?

A presente pesquisa será caracterizada como um estudo descritivo-analítico, desenvolvido em pesquisa bibliográfica, por intermédio de livros, publicações especializadas e dados oficiais publicados na rede mundial de computadores (*internet*). A abordagem utilizada é a qualitativa, com o fim de aprofundar a compreensão e dimensão da aplicação do voto obrigatório ou facultativo na sociedade brasileira. E, para a obtenção dos objetivos propostos, aplicar-se-ão as metodologias descritiva, para classificar, descrever, esclarecer, explicar e interpretar o fenômeno observado, e exploratória, com o fito de ampliar e aprimorar o conhecimento científico sobre o tema a ser desenvolvido.

Objetiva-se como aspecto geral analisar a obrigatoriedade do voto sob o enfoque do Estado Democrático de Direito e sua importância para a construção de uma democracia participativa. Tem-se como objetivo específico, no primeiro capítulo, estudar a democracia política com ênfase no exercício do voto obrigatório sobre o princípio da liberdade;

no segundo capítulo, estudar os aspectos históricos relevantes do voto no Brasil, atributos, natureza e definição jurídica; e, no terceiro capítulo, abordar as implicações dos sistemas eleitorais no processo democrático e trazer à análise argumentos favoráveis e contrários à facultatividade e obrigatoriedade do voto.

Inicia-se com a origem da palavra democracia. Como aspecto constitutivo do Estado Democrático de Direito, revela-se a importância da democracia participativa para o engajamento direto do povo nas decisões políticas, cujo cerne pressupõe uma sociedade livre, justa e formalmente habilitada para conduzir o destino de todos.

Nesse contexto, chega-se ao fim da segunda etapa da pesquisa para esclarecer a diferença entre as expressões *voto obrigatório* e *comparecimento obrigatório*, cujo estudo revela, pela leitura sistêmica, o verdadeiro significado do voto obrigatório no Brasil sob o enfoque legal.

A terceira e última parte aborda, inicialmente, os sistemas eleitorais atualmente vigentes no Brasil. Em seguida, cuida-se das implicações do voto obrigatório no sistema eleitoral brasileiro atual com enfoque em postulados que justificam sua aplicabilidade no processo eleitoral brasileiro e as perspectivas para adoção do voto facultativo. Sobre esse assunto, são apresentados argumentos validadores do voto facultativo, inclusive com apresentação de estudos sobre propostas de emendas à Constituição e do Instituto Internacional para Democracia e Assistência Eleitoral (IDEA Internacional).

Pretende-se, portanto, que este trabalho científico contribua com os debates acadêmico, político e social acerca do voto no Brasil por intermédio da análise de seus aspectos constitutivos e da sua história no Estado brasileiro: promover o estudo, estimular a discussão consciente, alicerçada em conceitos jurídicos, e fomentar o ramo jurídico mediante a análise dos aspectos constitutivos da obrigatoriedade do voto no Estado brasileiro atualmente e, em contrapartida, os elementos justificadores para a mudança do texto constitucional com o intuito de estabelecer o voto facultativo.

1 Impactos do voto obrigatório no primado da liberdade

A Constituição Federal de 1988 possui, como um de seus pilares, o princípio da liberdade, o qual permeia todo o ordenamento jurídico brasileiro. Contudo, existem outros princípios que atuam especificamente em um ramo específico do direito. O direito eleitoral, como outros ramos do direito, possui seus princípios estruturantes no ordenamento constitucional.

Esses princípios, que formam a base que estrutura o direito eleitoral, condicionam sua criação e legitimam sua aplicabilidade. Este é o pensamento de Eneida Desiree Salgado (2010, p. 27):

> Constituição analítica, o texto de 1988 alberga, além dos princípios fundamentais e gerais, princípios específicos de campos jurídicos. O Direito Eleitoral, como instrumento de realização dos princípios republicano e democrático, também tem princípios próprios consagrados no texto constitucional. Não de maneira explícita, como os princípios da Administração Pública, reunidos pelo constituinte no *caput* do art. 37, ou os da ordem econômica, dispostos no art. 170. Mas as escolhas políticas fundamentais implicam um conjunto de preceitos constitucionais no âmbito eleitoral que condicionam a criação e a aplicação do Direito Eleitoral, trazendo critérios para a sua justificação e racionalização. Esses princípios se complementam, se condicionam, se modificam e se harmonizam, atuando conjugadamente na costura do ordenamento jurídico.

Os princípios estruturantes da Constituição Brasileira de 1988 dizem respeito à formação de um Estado Democrático de Direito decorrente do princípio de legitimação do exercício do poder político por intermédio do consentimento do povo, que se materializa nas eleições pelo voto.

Para o exercício do poder político mediante decisão do povo, o alistamento eleitoral e o voto despontam como preceitos normativos obrigatórios para os maiores de dezoito anos, previstos no artigo 14, §1º, inciso I, da Constituição Federal de 1988. Contudo, a norma constitucional comporta exceções.

Embora o rol do artigo 14, §1º, inciso II, da Constituição Federal de 1988 seja taxativo, não exime analfabetos, maiores de setenta anos e maiores de dezesseis e menores de dezoito anos de formalizarem o alistamento eleitoral perante a Justiça Eleitoral e exercerem o sufrágio no dia de eleição. É que o dispositivo constitucional marca esse rol taxativo sob o manto da facultatividade, o que significa dizer que seus direitos políticos de se alistar e de votar podem ser exercidos ou não sem que se configure descumprimento da norma constitucional.

Entretanto, a norma constitucional proíbe o alistamento eleitoral de estrangeiros e conscritos, estes últimos exclusivamente durante o período do serviço militar obrigatório. Embora os conscritos sejam considerados inalistáveis, a norma constitucional não visou à exclusão do alistamento eleitoral, mas, sim, ao exercício do voto, já que os conscritos poderiam ter se alistado como eleitores quando já contassem com dezesseis anos de idade.

Tecidas essas observações, observa-se que o alistamento obrigatório comporta exceções, e a constatação de que a obrigatoriedade fere o primado da liberdade está ligada ao profundo objetivo dos dispositivos constitucionais, consubstanciados em valores implícitos que infundem díspares interpretações acerca do que realmente objetiva o texto constitucional.

O reconhecimento da divergência, quanto aos fundamentos jurídicos da norma constitucional, repele a mera questão de fato e vai em direção a identificar seus propósitos para conferir-lhe continuidade e harmonização. Embora a questão tratada aparentemente mostre-se profundamente controversa e envolva interesses diversos – e, às vezes, aparentemente conflitantes, que dizem respeito a toda a sociedade e que afetam significativamente suas vidas –, pode-se afirmar que o aparente conflito de preceitos constitucionais, quais sejam, a obrigatoriedade do voto e o primado da liberdade, deve ser ponderado. A ideia de liberdade absoluta está em um plano hipotético, e uma interpretação ilimitada conduz a um perigo claro de invocação do pensamento de que tudo é permitido sem limites ou reservas.

O primado da liberdade deve ser protegido porque se revela em um ambiente em que os comportamentos, as ideias e as vontades são livres, e a subtração do seu exercício seria a exata evidência de um Estado autocrata. Em outras palavras, a liberdade possui sua função social calcada na utilidade social dos cidadãos, e ceifá-la seria a retração de um direito constitucional adquirido pelo indivíduo ao longo da história.

A liberdade possui uma perspectiva de universalidade para permitir a participação do indivíduo nas deliberações democráticas, com significativa contribuição na formação do pensamento da comunidade política. Contudo, as aparentes restrições formais à liberdade não devem ser entendidas como usurpação de direito, mas instrumentação para o exercício da capacidade moral e plena do indivíduo com o intuito de estimulá-lo à participação democrática e política com o enfoque de que o seu exercício não seja obstado por outrem.

O primado da liberdade, compreendido em termos não absolutos, pode ser cerceado ou mitigado à medida que se fizer necessário para o exercício de outro direito fundamental amplamente protegido: o sufrágio. Neste ponto reside o choque entre direitos constitucionais albergados: liberdade e sufrágio. Contudo, os ideais incorporados na democracia brasileira dizem respeito aos deveres e responsabilidades para cidadãos e governantes. A liberdade não pode ser concedida como dominação nem ter um conceito absoluto, mas, em combinação com outros direitos constitucionais, constituir o escopo de uma nação democrática.

No âmbito do Poder Legislativo brasileiro, é comum a formulação de propostas de emenda constitucional (PECs) com o objetivo de modificar as disposições do artigo 14, §1º, inciso I, da Constituição Federal de 1988, que, em seu bojo, traz limite ao primado da liberdade, mitigando-o em face do direito fundamental do sufrágio, na medida em que o sufrágio é universal, concebido como acessível a todos os cidadãos brasileiros, e o seu exercício, por intermédio do voto, é obrigatório.

Sobre o assunto, podem-se citar as Propostas de Emenda à Constituição nº 55/2012, 61/2016, 271/2016 e 396/2017, cujas ementas dizem respeito à manutenção do alistamento eleitoral e à facultatividade do voto, com os argumentos de que o voto deve ser livre e consciente para ter representatividade; de que o voto facultativo é uma realidade nas nações democráticas ocidentais; de que o voto em branco ou nulo sinaliza a insatisfação às candidaturas apresentadas; e de que o percentual de absenteísmo eleitoral é causado pela descrença no processo.

É interessante observar o desenvolvimento argumentativo contido na Proposta de Emenda Constitucional nº 271/2016 quando afirma que "a obrigatoriedade do voto, conquanto aparentemente alargue o âmbito de captação da opinião popular, não torna mais fiel a imagem das intenções por ele retratada". Por outro lado, pode firmar-se a ideia de que a obrigatoriedade integra o próprio sistema democrático, e a expressão formal do sufrágio representa a vontade do cidadão.

A questão do absenteísmo eleitoral perpassa por questões morais, sociológicas e, sobretudo, educacionais, pois o voto obrigatório não é uma obrigação, mas um direito conquistado por meio do qual a sociedade tem o poder-dever de escolher quem a representa. Por outro lado, a facultatividade do voto não revela o descontentamento da opinião popular, posto que a ausência é inerte e, por via de consequência, mostra-se como uma possibilidade de afastamento popular das escolhas e dos destinos a serem tomados.

A ideia de liberdade do sufrágio pode ser efetivamente exercida quando os cidadãos são plenamente capazes e conscientes de suas escolhas, de forma que a obrigatoriedade do voto não seja vista como um fardo ou obrigação formal, mas como um caminho para o processo de construção de uma sociedade igualitária, justa e que promova o bem coletivo. Com base nesse posicionamento, argumenta a Proposta de Emenda Constitucional nº 271/2019 que "o que gera cidadãos politicamente evoluídos é uma educação formal de qualidade, campanhas de conscientização a respeito de quanto o voto pode alterar suas vidas e oportunidades de participação política, não o voto obrigatório".

2 Voto obrigatório – uma tradição brasileira

O voto obrigatório pode ser definido como a compulsória manifestação do eleitor para a escolha de seus representantes no governo. Portanto, não cabe ao cidadão exercer juízo de valor quanto à sua vontade ou não para participar do processo democrático, já que o voto é uma obrigação cívica da qual não pode se eximir.

Na lição de Walter Costa Porto (2000, p. 455), o mais antigo exemplo do voto obrigatório foi, na Grécia antiga, a determinação de Sólon que, "com o fito de prevenir os perigos da inação e indiferença, punia os cidadãos que em tempos de agitação se não declarassem abertamente por algum dos partidos". O objetivo principal do voto obrigatório, à época, seria evitar o abstencionismo, considerado prejudicial à comunidade política.

Durante o período imperial, já havia no Brasil indícios de que o abstencionismo não seria o ideal buscado para a representação política legítima e embasada na vontade geral do povo, pois a Lei nº 387, de 1846, já fixava multas para os que faltassem às reuniões dos colégios eleitorais ou não participassem da escolha de juízes de paz e de vereadores. Ademais, houve projeto de reforma eleitoral apresentado em 1873 com sugestão, entre outros assuntos, de voto obrigatório.

Vê-se, pois, que o voto obrigatório não é uma ideia recente, e a necessidade de sua aplicação possui base nos erros e nas falhas detectadas ao longo da história eleitoral brasileira, cujas mudanças se fizeram necessárias para afastar as inúmeras fraudes durante a votação e irregularidades no processo de identificação e habilitação dos votantes e dos eleitores.

O primeiro Código Eleitoral brasileiro, promulgado em 1932, por intermédio do Decreto nº 21.076, de 24 de fevereiro, infundiu profundas alterações no direito do voto ao fixar o voto direto, obrigatório e secreto e o sufrágio universal em definitivo, formalizar o direito de voto das mulheres e, de modo amplo, a obrigatoriedade de inscrição, além de introduzir as representações proporcional e classista.

Pode-se afirmar que o voto das mulheres foi um grande avanço para o processo eleitoral brasileiro, pois, à época, havia diversas opiniões contrárias que entendiam que "a proposta do voto feminino era 'anárquica, desastrada, fatal'". Havia, ainda, os "adversários do voto feminino", que "declaram que, com ele, se teria decretada 'a dissolução da família brasileira', que a mulher não possuía capacidade pois não tinha, 'no Estado, o mesmo valor que o homem'" (PORTO, 2009, p. 159).

Referido Código Eleitoral trazia algumas medidas que visavam ao aperfeiçoamento do processo eleitoral com a adoção do voto obrigatório, com o combate às fraudes e à representação eleitoral, além de introduzir uma série de importantes modificações na vida eleitoral brasileira, sobretudo pela extensão do direito de voto às mulheres. Permitiu que o alistamento eleitoral fosse feito de duas maneiras: por iniciativa do cidadão, como na Primeira República, ou automaticamente, ou seja, *ex officio*. Neste último caso, os chefes de diversas repartições públicas e empresas eram obrigados a inscrever seus subordinados. Depois de alistado, o eleitor recebia um título, que, a partir de então, passou a conter sua fotografia.

Um aspecto inovador do Código Eleitoral de 1932 foi a exigência de registro prévio dos candidatos antes do pleito. A singularidade é que quase todos os partidos tinham atuação restrita a um único estado, cuja informação leva ao entendimento de que, à época, praticamente não havia disputa política entre as agremiações partidárias.

A idade mínima para o exercício do voto somente passou a vigorar com a Constituição de 1934, que estabeleceu, ainda, o sistema proporcional nas eleições para Câmara dos Deputados e instituiu a obrigatoriedade de alistamento e voto para homens e funcionárias públicas. Contudo, o Golpe de Estado em 1937 foi um triste marco no processo de construção democrática brasileira, em cujo período não ocorreram eleições no Brasil:

> O Golpe de Estado de 1937, porém, interrompeu a incipiente experiência democrática dos anos 30: os partidos foram proibidos de funcionar, todas

as eleições foram suspensas e o Congresso Nacional foi fechado. Por 11 anos (entre outubro de 1934 e dezembro de 1945) não houve eleições no Brasil. Este foi o período mais longo, desde a Independência, sem eleições para a Câmara dos Deputados (NICOLAU, 2004, p. 42-43).

Uma das primeiras medidas do processo de redemocratização do país foi a convocação de eleições para presidente e para senadores e deputados federais que comporiam a futura Assembleia Nacional Constituinte para dezembro de 1945. A Lei Agamenon manteve as duas formas de alistamento do Código de 1932. O alistamento feito em 1945 foi muito mais eficiente do que o realizado doze anos antes.

As eleições de 1945 foram as primeiras da história brasileira ao mesmo tempo limpas e tiveram uma significativa participação eleitoral. Todo o processo eleitoral de alistamento, votação, apuração e proclamação dos eleitores continuou sob a responsabilidade da Justiça Eleitoral, e o comparecimento às urnas ultrapassou a taxa de 10% da população total, dado bem superior ao detectado nas eleições de 1933 e 1934, que foi em torno de 3,3%. Por esse motivo, o pleito de 1945 pode ser considerado um marco, pois colocou o país no rol das democracias de massa.

A título de comparação, na primeira eleição direta para presidente da República em 1894, Prudente de Moraes foi o primeiro presidente a ser eleito, chegando ao poder com mais de 276 mil votos, o que representava 2% da população brasileira, que, à época, era de quinze milhões de habitantes aproximadamente.

A Constituição de 1946 confirmou o direito de voto para os analfabetos maiores de 18 anos e a obrigatoriedade de alistamento e de voto. O novo Código Eleitoral de 1950 acabou com o alistamento *ex officio*. Conforme estudo histórico de Nicolau (2004, p. 47), a partir de então, o alistamento ocorria apenas por iniciativa do eleitor, já que todo cidadão alfabetizado e maior de 18 anos era obrigado a ir até o cartório eleitoral para tirar o título de eleitor.

Até 1955, cada mesa eleitoral recebia uma listagem dos eleitores aptos a votar, mas havia a possibilidade de votar em outra seção do município, fato que acarretou a criação da *folha individual de votação*, que continha informações de cada eleitor e o obrigava a votar em uma única seção. A partir de 1956, os eleitores foram recadastrados com base em novas regras, o que causou um decréscimo no eleitorado brasileiro, sobretudo pela eliminação dos já falecidos ou com mais de um registro.

Desde 1932, os eleitores recebiam os envelopes oficiais nos quais deveriam inserir as cédulas na hora de votar. A legislação permitia que as cédulas confeccionadas pelos partidos e candidatos ficassem na cabine de votação. Contudo, uma nova lei, em 1955, adotou a cédula oficial, que passou a ser confeccionada e distribuída pela Justiça Eleitoral. Desde então, os eleitores passaram a ter que preencher a cédula na própria seção eleitoral.

Embora visto do ponto de vista eleitoral que a República de 1946 foi muito bem-sucedida, o período de 1946-1964 foi restritivo quanto à proibição de voto para os analfabetos, sobretudo quando observado o contingente de adultos que não sabiam ler e escrever.

Embora sob o Regime Militar e o fechamento do Congresso em duas ocasiões, período em que a democracia tombou e a participação política foi reduzida, o Brasil conviveu com a manutenção de eleições diretas para alguns cargos, e as eleições para os cargos proporcionais foram mantidas, conforme o trecho abaixo transcrito:

> Ainda que dezenas de parlamentares tenham sido cassados e o Congresso tenha sido fechado em duas ocasiões, as eleições proporcionais não foram suspensas e os eleitores escolheram deputados federais e estaduais (1966, 1970, 1974 e 1978) e vereadores (1966, 1970, 1972 e 1976). Por outro lado, as eleições foram suspensas ou restringidas para todos os cargos eleitos pelo sistema majoritário (presidente, governador, prefeito e senador) (NICOLAU, 2004, p. 55).

Em meados de 1985, a Emenda Constitucional nº 25 promoveu alterações na dinâmica eleitoral definida pelo Regime Militar, dentre as quais: estabelecimento de eleições diretas para presidente, convocação de eleições para prefeitos de capitais, municípios considerados área de segurança nacional, liberação das exigentes regras para organização de partidos, suspensão de sublegendas e permissão para coligações, revogação da fidelidade partidária e fixação de representação do Distrito Federal no Congresso Nacional.

Outra importante medida da Emenda nº 25 foi a concessão do direito ao voto para os analfabetos, cuja restrição se iniciou no período final do Império e durou por mais de 100 (cem) anos. Contudo, os analfabetos continuaram inelegíveis. As eleições de 1985 foram as primeiras da história republicana brasileira em que os analfabetos puderam votar.

A obrigatoriedade do alistamento e do voto foi fixada na Constituição de 1934 e está em vigência até os dias atuais, já que foi mantida na Constituição Federal de 1988. Sua implantação e regulamentação ocorreram em um momento de profunda transformação institucional com o objetivo de dar credibilidade ao pleito eleitoral. Os legisladores originários justificaram a referida obrigação pelo temor de que houvesse uma participação diminuta do povo, o que poderia tornar o pleito ilegítimo, embora se observem, nas últimas décadas, tentativas pontuais para alteração do preceito constitucional do artigo 14 com o objetivo de tornar o voto facultativo.

Atualmente, o Brasil utiliza o mais avançado sistema informatizado de todo o mundo para aferir a vontade popular sob o comando da Justiça Eleitoral, cuja medida agiliza e simplifica a obtenção de resultados e garante a fidedignidade da votação nas urnas eletrônicas.

2.1 Atributos e natureza do voto

A principal razão para adoção do voto obrigatório foi o temor de que uma participação diminuta pudesse tirar a legitimidade do processo (OLIVEIRA, 1999, p. 144). Embora a obrigatoriedade do voto faça parte da própria história eleitoral no Brasil, ela compõe um aspecto da democracia brasileira, já que, durante muito tempo, vários segmentos da sociedade foram excluídos do processo eleitoral.

O voto foi censitário durante todo o período imperial, e as instruções que cuidavam do processo eleitoral fixaram rendas mínimas para habilitação ao sufrágio para o votante e para o eleitor. Posteriormente, a Lei Saraiva unificou os conceitos de votante e de eleitor.

A essa época, as eleições ocorriam no interior das igrejas, oportunidades em que se faziam as "cerimônias religiosas" e a leitura de leis e regulamentos que antes precediam os trabalhos eleitorais. Somente a partir do Decreto nº 3.029, de 9 de janeiro de 1881, foram dispensadas as "cerimônias religiosas" e a utilização dos prédios das igrejas nos prélios eleitorais.

Havia críticas quanto ao poder das mesas eleitorais, classificado como quase absoluto, que não conhecia limites desde a sua formação e que culminava com a decisão autoritária da própria mesa delimitar o número dos eleitores da paróquia em que funcionava (PORTO, 2004, p. 48).

Certo é que, atualmente, o voto no Brasil possui natureza constitucional, pois se manifesta pelo modo de exercício da soberania popular e materializa o direito ao sufrágio. Já os direitos políticos compõem um dos capítulos dos direitos e garantias fundamentais na Constituição Federal de 1988. Na lição de Marcos Ramayana (2010, p. 3), a natureza jurídica do voto é de direito público subjetivo, pois configura uma função social da soberania popular na democracia e, simultaneamente, um dever. Acrescenta que o voto teria uma tríplice natureza. Caracteriza-se, portanto, como um direito subjetivo público de todo cidadão, uma função social e um dever político.

A lição de José Afonso da Silva (2011, p. 348) é no sentido de que os direitos políticos positivos consistem no conjunto de normas que asseguram o direito subjetivo de participação no processo político e nos órgãos governamentais. Enumera que o voto, o plebiscito, o referendo e a iniciativa popular situam-se dentro da esfera desse direito. Pode-se entender, portanto, que os direitos políticos positivos representam a participação do cidadão no processo de formação política e dos órgãos governamentais, os quais lhe permitem escolher os representantes aptos para exercer atividade político-partidária ou função pública.

O direito subjetivo público é inerente à própria definição de cidadão, sem o qual não pode existir, já que constitui fundamento de sua existência. A função social do voto diz respeito à expressão da soberania popular de cada Estado, voltada para a definição e legitimação do governo escolhido. Por último, firma-se como um dever político por representar compromisso individual do cidadão para com o seu Estado e toda a sociedade.

O voto possui como características a *personalidade*, que significa dizer que o voto é pessoal, não sendo válido por procuração ou por qualquer outro meio, como já ocorrera no passado do processo eleitoral brasileiro; e a *liberdade*, consubstanciada no próprio sigilo ou segredo do voto, motivo pelo qual a manifestação do eleitor não pode ser devassada ou exposta de forma a causar embaraço ao seu exercício.

O sufrágio universal formulado na CF/88 é direito público subjetivo, do qual decorre o entendimento de que o seu exercício é pessoal e intransferível. Como direito público subjetivo, inerente à própria Constituição democrática, o exercício pleno da capacidade ativa do cidadão deve sempre buscar a plena realização do sufrágio, que compreende uma ampla abrangência do povo de determinado território que forma um Estado.

Contudo, ao longo de sua história, o processo eleitoral brasileiro passou por diversas alterações com a finalidade de que as eleições ocorressem de forma isenta de abusos, corrupção e desvios e que os eleitos refletissem de fato a vontade do povo.

A garantia constitucional dos direitos políticos como princípio fundamental é uma conquista obtida ao longo de todo o período eleitoral, marcado por exclusões, desordens, arbitrariedades e ordens escusas que visavam levar ao exercício da função pública grupos minoritários que detinham poderes econômico, político e social. Entretanto, uma das discussões sempre revividas durante o processo eleitoral é a natureza jurídica desse direito subjetivo.

Indagações acerca do ato de votar ser realmente um direito ou uma função social soberana, se o voto constituiria uma forma de expressão da soberania popular ou mesmo nacional, se deveria refletir um direito ou mesmo uma faculdade, exercitável segundo a vontade de seu titular ou deveria ser uma real obrigação pública e cívica, cujo inadimplemento poderia ser passível de punição por parte do Estado, são propostas por Kleber Couto Pinto (2009, p. 200-201).

A lição de Kleber Couto Pinto (2009, p. 202) é no sentido de que, no sufrágio universal, não deveria haver nenhuma restrição ao exercício do direito de votar. Entretanto, restrições ao direito ou obrigação de votar sempre existirão em virtude das realidades sociais. Nesse sentido, o sufrágio universal deve ser entendido de forma relativa ou, em outras palavras, como uma universalidade de competências.

Sob esse aspecto, a natureza do voto pode ser definida pela manifestação da vontade do cidadão para a escolha de representantes no âmbito de determinado regime político. O voto reveste-se de caráter público subjetivo, pois é a expressão de seu *status mentis* para determinada escolha.

Assim, vê-se que o voto é personalíssimo e só pode ser exercido pessoalmente por quem se encontra regularmente habilitado e em conformidade com os preceitos constitucionais referentes aos direitos políticos. Daí decorrem a liberdade de escolha e o sigilo da manifestação, a fim de que o eleitor haja com sinceridade e autenticidade.

2.2 Participação eleitoral e abstenções

A participação no processo eleitoral é característica das democracias como forma de exercício da soberania popular. Contudo, a discussão sobre o real interesse de comparecimento do eleitor e o número de abstenções nos pleitos eleitorais traz argumentos potencialmente válidos para questionar a real necessidade de obrigatoriedade do voto.

Segundo pesquisas de opinião, foi constatado pelo Datafolha um considerável aumento no interesse em participar do processo eleitoral, independentemente da natureza obrigatória do voto. Na pesquisa de 2006, metade dos entrevistados afirmou que votaria mesmo se o voto fosse facultativo. Já em 2010, esse percentual aumentou para 55% (PINTO, 2013, p. 201).

Para Marcos Ramayana (2010, p. 3-4), o voto teria uma tríplice natureza. Inicialmente, o voto seria um direito subjetivo público de todo cidadão. Em consequência, o voto seria a expressão de uma função social natural da soberania popular. Por fim, o voto caracteriza-se, nos regimes democráticos, como um dever político de cada cidadão para com o Estado. Nesse sentido, a participação política de todo cidadão é salutar para o crescimento e desenvolvimento da democracia participativa e legitimação dos atos dos governantes. Corrobora com esse pensamento Djalma Pinto (2008, p. 74):

> Se somente determinado segmento da população ou grupo reduzido de pessoas pode ter acesso à direção do Estado, participando apenas alguns da escolha dos dirigentes, tem-se restrição evidente ao exercício de tais direitos. Não existirá, nesse caso, efetiva legitimidade no exercício do poder constituído. Há patente distorção do conteúdo do texto constitucional decorrente da mutilação do sentido da soberania popular.

Necessário observar que, embora a obrigatoriedade do voto no sistema eleitoral brasileiro decorra de comando constitucional explícito, sua origem emana do próprio direito constitucional positivo, visto que um dos princípios fundamentais do Estado brasileiro é a adoção de um regime político democrático com ênfase por uma democracia semidireta, na qual a soberania popular é exercida pelos representantes escolhidos e eleitos e diretamente por intermédio dos normas constitucionais disponíveis.

Nesse contexto, ressalta-se que um dos princípios fundamentais da República Federativa do Brasil é a soberania e o poder que emana do povo, que o exerce diretamente ou por intermédio de representantes eleitos por ele. Assim, a participação eleitoral é inerente à própria existência do Estado, cujo poder pode ser exercido pelo povo ou por representantes por ele designados.

2.3 Voto obrigatório e comparecimento obrigatório

Embora muitas vezes apresentada como uma norma pouco democrática, a obrigatoriedade do voto é vista como uma medida institucional adotada em muitas democracias estáveis (SOARES, 2004, p. 17-18), e os motivos para essa adoção costumam obedecer a critérios políticos democratizadores, tais como conseguir a participação de grupos religiosos e de minorias políticas ou mesmo garantir a presença da maioria nas eleições. No Brasil, a razão principal da adoção do voto obrigatório foi o temor de que uma participação diminuta pudesse tirar a legitimidade do processo (OLIVEIRA, 1999, p. 144).

Questões de ordem política e social sempre permearam a ideia da obrigatoriedade do voto em face da manipulação garbosa da política e do processo eleitoral para a escolha dos representantes do povo. É o que aduz o ensinamento de Salgado (2010, p. 35):

> As nódoas na liberdade do voto se revelam por vícios na sua formação, seja de maneira direta – por coação, fraude, corrupção, compra de votos –, seja de maneira indireta, por restrições ou favorecimento a determinados discursos políticos ou por tratamento diferenciado a partidos e candidatos. A liberdade do voto se reflete na regra do voto secreto, que constitui cláusula pétrea, núcleo duro do sistema constitucional. O segredo do voto constitui direito fundamental, que se espraia para além da esfera subjetiva, informando o princípio democrático.

A questão da obrigatoriedade do voto compõe a própria concepção de Estado Democrático de Direito em face de se configurar em garantia constitucional de participação de todos na escolha de seus mandatários políticos, mormente, no passado, as inúmeras exclusões ocorridas no processo eleitoral.

O Decreto nº 7.586, de 28 de maio de 1945, conhecido como Lei Agamenon, além de ampliar a obrigatoriedade do alistamento e do voto para todas as mulheres, estabeleceu multa para quem não se alistasse ou não comparecesse para votar, cuja medida foi fruto de várias tentativas de aprimoramento do sistema eleitoral com vista à redução das fraudes durante o processo de alistamento e de identificação do eleitor.

Pelo voto, o eleitor manifestava a crença na possibilidade de haver representatividade efetiva. Contudo, a história revelou a existência de muitos escândalos na vida política nacional, com envolvimento de parlamentares eleitos pelo voto direto, o que colocou em dúvida o processo de votação com a adoção da obrigatoriedade.

Para a corrente que defende a obrigatoriedade do voto, vislumbra-se no ato de votar uma obrigação cívica, uma oportunidade em que o cidadão é chamado para, com todo o discernimento possível, decidir sobre a escolha de seus representantes que exercerão o poder soberano. Não se trata, apenas, de compelir o cidadão ao exercício de uma cidadania ativa, mas do exercício efetivo e próprio da soberania estatal, subjugada à vontade popular. Essa obrigatoriedade decorre de opção constitucional de manter esse caráter, e seu objeto constitui núcleo duro da CF/88:

> Art. 14. A soberania popular será exercida pelo sufrágio universal e pelo voto direto e secreto, com valor igual para todos, e, nos termos da lei, mediante:
> [...]
> § 1.º O alistamento eleitoral e o voto são:
> I – obrigatórios para os maiores de dezoito anos;
> [...]

Foi instituída ainda na Constituição de 1934 e está consubstanciada na Lei nº 4.737, de 15 de julho de 1965, especificamente em seu artigo 6º.

Embora não seja uma seja uma cláusula pétrea, o voto obrigatório possui fundamento no próprio direito do voto direto, secreto e universal, previsto no artigo 60 da Constituição Federal de 1988, que confere autenticidade e segurança à manifestação popular.

> Art. 60. A Constituição poderá ser emendada mediante proposta:
> [...]
> § 4.º Não será objeto de deliberação a proposta de emenda tendente a abolir:
> [...]
> II – o voto direto, secreto, universal e periódico;
> [...]

Ao tornar o alistamento e o voto obrigatórios, percebe-se a intenção do legislador constituinte de dar credibilidade ao pleito eleitoral como forma de promover a participação de todos, sem qualquer forma de discriminação econômica, política ou social.

De outro lado, a questão de punição pelo descumprimento do preceito constitucional é tratada pela legislação infraconstitucional. Desta feita, caso o eleitor deixe de comparecer ao sufrágio e não justifique sua ausência perante um juiz eleitoral, surgirão implicações previstas no artigo 7º da Lei nº 4.737, de 15 de julho de 1965, denominada Código Eleitoral:

> Art. 7º O eleitor que deixar de votar e não se justificar perante o juiz eleitoral até 30 (trinta) dias após a realização da eleição, incorrerá na multa de 3 (três) a 10 (dez) por cento sobre o salário-mínimo da região, imposta pelo juiz eleitoral e cobrada na forma prevista no art. 367.
> § 1º Sem a prova de que votou na última eleição, pagou a respectiva multa ou de que se justificou devidamente, não poderá o eleitor:
> I - inscrever-se em concurso ou prova para cargo ou função pública, investir-se ou empossar-se neles;
> II - receber vencimentos, remuneração, salário ou proventos de função ou emprego público, autárquico ou para estatal, bem como fundações governamentais, empresas, institutos e sociedades de qualquer natureza, mantidas ou subvencionadas pelo governo ou que exerçam serviço público delegado, correspondentes ao segundo mês subsequente ao da eleição;
> III - participar de concorrência pública ou administrativa da União, dos Estados, dos Territórios, do Distrito Federal ou dos Municípios, ou das respectivas autarquias;
> IV - obter empréstimos nas autarquias, sociedades de economia mista, caixas econômicas federais ou estaduais, nos institutos e caixas de previdência social, bem como em qualquer estabelecimento de crédito mantido pelo governo, ou de cuja administração este participe, e com essas entidades celebrar contratos;
> V - obter passaporte ou carteira de identidade;
> VI - renovar matrícula em estabelecimento de ensino oficial ou fiscalizado pelo governo;
> VII - praticar qualquer ato para o qual se exija quitação do serviço militar ou imposto de renda.

Há, ainda, como penalidade pela ausência do eleitor a perda da quitação eleitoral, cuja disposição está contida na Lei nº 9.504, de 30 de setembro de 1997, que estabelece normas para as eleições:

> Art. 11. Os partidos e coligações solicitarão à Justiça Eleitoral o registro de seus candidatos até as dezenove horas do dia 5 de julho do ano em que se realizarem as eleições.
> [...]
> § 7º A certidão de quitação eleitoral abrangerá exclusivamente a plenitude do gozo dos direitos políticos, o regular exercício do voto, o atendimento a convocações da Justiça Eleitoral para auxiliar os trabalhos relativos ao pleito, a inexistência de multas aplicadas, em caráter definitivo,

pela Justiça Eleitoral e não remitidas, e a apresentação de contas de campanha eleitoral.

Depreende-se que a legislação infraconstitucional em vigor dispõe de mecanismos para viabilizar a ausência do eleitor que não votar por motivos de ordem pessoal ou de força maior, desde que seja observado o prazo de até trinta dias para a apresentação de justificativa perante o juiz eleitoral, cujas disposições se revelam bastante razoáveis e de fácil cumprimento.

Para a corrente que defende a obrigatoriedade, o ato de votar configura uma obrigação cívica, uma oportunidade em que o cidadão é chamado para, com todo o discernimento possível, decidir sobre a escolha de seus representantes que exercerão o poder soberano, cujo descumprimento poderá e deverá gerar uma punição. Para a corrente que defende a facultatividade, o voto é visto como um direito ou, mesmo, uma faculdade, motivo pelo qual é exercitável na exata medida da vontade de seu titular, cujo pensamento ocorre em relação à faculdade, que pode ser exercida ou não se assim o desejar seu titular (PINTO, 2013, p. 201).

A escolha da obrigatoriedade ou não do voto deve ser apresentada aos cidadãos como forma de mostrar os diversos argumentos a favor ou não do voto facultativo. Discussões sobre esse tema apresentadas por cientistas políticos, enriquecidas pelos exemplos dos dois modelos de votação no mundo, trarão de forma pedagógica ao eleitor o engajamento político necessário para a escolha do modelo no qual o eleitor elegerá a melhor opção.

Na mesma linha de raciocínio é o parecer da Comissão de Constituição, Cidadania e Justiça (CCJ) do Senado Federal, na Proposta de Emenda à Constituição nº 10 (2015), ao mencionar o argumento do sociólogo Eurico Cursino dos Santos por ocasião de debate na Escola Superior do Ministério Público da União e pela Escola Judiciária Eleitoral em 2009, segundo o qual:

> Não há nada de antidemocrático na obrigatoriedade de se votar, na medida em que existem outras obrigatoriedades, acrescentando que, em verdade, o voto obrigatório contribui para a legitimação política dos representantes eleitos, uma vez que a sociedade precisa da democracia e, assim, precisa de cidadãos habilitados a votar (SENADO; CCJ, 2015).

Depreende-se, portanto, que a decisão pela obrigatoriedade ou facultatividade do voto extrapola o âmbito jurídico e perpassa pelo campo de circunstâncias históricas, políticas e sociais, as quais, em conjunto, poderão determinar o caminho a ser adotado pelo Brasil relativamente à permanência na Constituição do instituto do voto obrigatório.

Observe-se, ainda, que a obrigatoriedade do voto é uma norma de eficácia plena, mas sua observância é diferida, ou seja, mitigada pelo ordenamento infraconstitucional, que prevê hipóteses que justificam o não exercício do comando normativo. Desse modo, o uso do poder coercitivo para o exercício do voto esbarra em limites legais, os quais não contrariam nem ofendem o preceito coercitivo.

Esse hiato entre o poder coercitivo e o comparecimento justificado representa um campo neutro, que confere ao cidadão o exercício do seu direito de liberdade. A inexistência de conflito entre a obrigatoriedade do voto e o comparecimento justificado deve-se ao fato de se tratar de situações diferentes, embora complementares.

Na primeira hipótese, o preceito constitucional determina, em seu artigo 14, §1º, que o voto é obrigatório, o que significa dizer que todo cidadão, no exercício legítimo de seus direitos políticos ativos, deve votar quando para este fim convocado.

O comparecimento diz respeito à capacidade física para a materialização do direito político ativo de votar. Assim, embora obrigado a votar, o cidadão, na qualidade de eleitor, pode ser afastado dessa obrigatoriedade caso apresente argumento que comprove a impossibilidade de cumprir com sua obrigação cívica.

Não resta, pois, dúvida de que a previsão constitucional é efetivamente da obrigatoriedade do voto, ou seja, ao comparecer o eleitor perante a seção eleitoral deverá ele manifestar sua opinião, o que não se reveste necessariamente na escolha de representantes, pois o eleitor é livre para fazer sua escolha ou, se assim entenda, anular o voto ou deixá-lo em branco.

Em outras palavras, extrai-se do texto constitucional que a obrigatoriedade do voto se reveste do atributo do efetivo comparecimento, e não necessariamente do voto. Nesse caso, a obrigação constitucional não diz respeito ao voto, mas à própria manifestação de pensamento: na escolha de um ou vários representantes, no voto nulo ou no voto em branco. Ademais, a ausência de comparecimento às urnas é amparada pela legislação infraconstitucional, tanto pela apresentação de justificativa como pelo pagamento de sanção pecuniária, cuja possibilidade jurídica harmoniza um aparente conflito de direitos e liberdades constitucionais.

3 Implicações do sistema eleitoral brasileiro atual

O sistema eleitoral brasileiro é desdobramento do sistema representativo, pois configura a forma de escolha dos representantes para, em nome do povo, exercerem a soberania popular. A escolha pode ocorrer pelo critério da idade, da força, do preparo intelectual, do preparo técnico, por concurso, por eleição etc. Entretanto, a mais antiga e consagrada forma de escolha de algum representante é a eleitoral, por meio da qual se conferem poderes aos representantes eleitos. Para tanto, os Estados foram, ao longo do tempo, desenvolvendo e aperfeiçoando os sistemas eleitorais para escolha de seus representantes (PINTO, 2013, p. 198-199).

Para se definir o que é sistema eleitoral, recorre-se às palavras de Kleber Couto Pinto (2013, p. 195), segundo o qual sistema pode ser definido como um conjunto de elementos ou instituições interligadas que funcionam para se atingir determinado objetivo. Já o termo eleitoral advém de eleição, sufrágio. Por conseguinte, sistema eleitoral pode ser conceituado como um conjunto de elementos ou de instituições interligadas com o objetivo de possibilitar a escolha, por eleição, de representantes para, em nome do povo, exercer as funções soberanas.

Assim, pode-se afirmar que os sistemas eleitorais materializam, no sufrágio, a manifestação da vontade dos eleitores para a escolha dos mandatários populares. Dentro do direito eleitoral, existem vários tipos de sistemas eleitorais. São eles: sistema majoritário, sistema proporcional, sistema distrital e sistema distrital misto.

No sistema majoritário, o candidato é eleito apenas com a maioria dos votos válidos, sendo irrelevante o número de votos obtidos pelo partido político ou coligação. Dessa forma, são eleitos presidente da República, governadores de estado, prefeitos e respectivos vices. Os senadores também são eleitos por meio desse sistema.

Dentre as críticas ao sistema majoritário, está a representatividade, pois a minoria é excluída da representação eleitoral, já que se considera eleito quem obtiver a maioria dos votos válidos. No sistema majoritário, há a subdivisão em maioria simples ou qualificada.

As eleições para vereadores e deputados estaduais e federais utilizam o sistema proporcional. Nesse sistema, a eleição depende do quociente eleitoral, que consiste na divisão do número de votos válidos, excluídos os brancos e nulos (de acordo com o artigo 5º da Lei nº 9.504/97), pelo número de vagas para se obter, assim, a quantidade de votos que cada partido precisa para conseguir uma vaga. Após a divisão de vagas pelos partidos que disputam as eleições, estarão eleitos os candidatos mais votados de cada partido, conforme disciplina o artigo 109 do Código Eleitoral (Lei nº 4.737/65).

Como vantagem, o sistema proporcional de votos privilegia tanto a maioria quanto a minoria ao distribuir o poder de acordo com a força de cada partido. Como desvantagem ao sistema proporcional brasileiro, o fenômeno do *puxador de votos* contraria a vontade do eleitor e corrói ainda mais sua já desgastada imagem, já que permite que o candidato que atinja, individualmente, o quociente eleitoral seja eleito, e outros candidatos do partido político ou da coligação com votação abaixo do referido quociente eleitoral também sejam considerados eleitos pela vontade popular, mas em virtude de uma disposição legal.

Já o sistema distrital assemelha-se ao sistema majoritário e possibilita a eleição dos candidatos mais votados em determinado distrito. Uma das críticas a esse sistema diz respeito ao prejuízo quanto à representação de partidos políticos menores ou com menos recursos financeiros. Acrescente-se que a oposição que não possua a máquina administrativa a seu favor corre o risco de não ter representação política. Para minimizar a desigualdade, criou-se o sistema distrital misto, uma variante do sistema distrital na qual determinado percentual de cadeiras é preenchido pelo voto proporcional, e a outra parte, pelo voto majoritário nos distritos.

Pensar em mudanças para o sistema eleitoral brasileiro é salutar para o desenvolvimento da democracia, pois esta configura "o governo do povo, pelo povo, para o povo" (LINCOLN), e as alterações que objetivam uma representação política igualitária, justa, paritária e, sobretudo, afastada de vícios representam o cerne do ideal democrático. Portanto, o processo e o sistema eleitorais não podem ser estáticos e imutáveis, mas, sempre que possível, devem acompanhar as mudanças sociais e os desenvolvimentos científico, cultural e econômico da sociedade a fim de que a escolha de governantes reflita o ideal político de toda a sociedade.

3.1 Perspectivas de mudanças

No Brasil, o voto vigora como obrigatório a partir de 1932 e, desde então, têm-se gerado inúmeros debates e propostas de emendas constitucionais com vista à adoção do voto facultativo sob o argumento, em linhas gerais, de que a obrigatoriedade do voto não condiz com um regime democrático.

Inicialmente, é necessário tratar de três postulados específicos que, intrinsecamente, constituem o fundamento da adoção do voto obrigatório no Brasil. O primeiro deles é a igualdade, já que, no sistema democrático, o sufrágio é universal e todos possuem valor idêntico, sem diferenças inerentes à cor, raça, religião ou influência econômica, política ou social. Sobre esse assunto, é oportuna a lição de Humberto Ávila (2013, p. 171-172):

> A concretização do princípio da igualdade depende do critério-medida objeto da diferenciação. Isso porque o princípio da igualdade, ele próprio, nada diz quanto aos bens ou aos fins de que se serve a igualdade para diferenciar ou igualar as pessoas. As pessoas ou situações são iguais ou desiguais em função de um critério diferenciador. Duas pessoas são formalmente iguais ou diferentes em razão da idade, do sexo ou da capacidade econômica. Essa diferenciação somente adquire relevo material na medida em que se lhe agrega uma finalidade, de tal sorte que as pessoas passam a ser iguais ou diferentes de acordo com um mesmo critério, dependendo da finalidade a que ele serve. [...]

Portanto, pode-se concluir que a adoção do voto obrigatório igualou a todos sem distinção em função de um critério diferenciador, qual seja, tornar efetivo o exercício da cidadania sob a responsabilidade da escolha de representantes para tomar decisões em nome do povo. A violação da igualdade de todos implica na violação de normas constitucionais.

Outro ponto de destaque para adoção do voto obrigatório é a razoabilidade. É a razoabilidade que permite a ligação entre os elementos necessários para a concretização, no sistema democrático, da obrigatoriedade do voto. Pode-se entender, nesse caso, que a razoabilidade estrutura a aplicação de normas, princípios e regras voltados para uma ou várias finalidades específicas. Abaixo, Humberto Ávila (2013, p. 173) assim posiciona-se neste sentido:

> Relativamente à razoabilidade, dentre tantas acepções, três se destacam. Primeiro, a razoabilidade é utilizada como diretriz que exige a relação das normas gerais com as individualidades do caso concreto, quer mostrando sob qual perspectiva a norma deve ser aplicada, quer indicando em quais hipóteses o caso individual, em virtude de suas especificidades, deixa de se enquadrar na norma geral. Segundo, a razoabilidade é empregada

como diretriz que exige uma vinculação das normas jurídicas com o mundo ao qual elas fazem referência, seja reclamando a existência de um suporte empírico e adequado a qualquer ato jurídico, seja demandando uma relação congruente entre a medida adotada e o fim que ela pretende atingir. Terceiro, a razoabilidade é utilizada como diretriz que exige a relação de equivalência entre duas grandezas.

É claro que a adoção do voto obrigatório como princípio constitucional constitui a diretriz do regime democrático em que o cidadão estabelece uma relação de corresponsabilidade com os governantes, já que as funções públicas exercidas por estes dependem de manifestação efetiva daquele. Portanto, as decisões governamentais são consequências das escolhas feitas no processo de votação. A razoabilidade vincula o exercício da função da pública a uma decisão popular prévia, que legitima aquela.

Neste ponto, a proporcionalidade do voto obrigatório constitui a relação entre meio e fim, pois a sua finalidade é promover a participação política do povo nas decisões do governo, sobretudo na escolha de seus representantes. Essa relação estabelece uma ligação estreita de bens jurídicos, de onde se extrai o exame da proporcionalidade, a fim de que a finalidade seja atingida e de forma que a finalidade, como pública que é, seja valorosa e justificadora de restrições. Nesse sentido, citam-se as palavras de Humberto Ávila (2013, p. 183):

> O postulado da proporcionalidade não se confunde com a ideia de proporção em suas mais variadas manifestações. Ele se aplica apenas a situações em que há uma relação de causalidade entre dois elementos empiricamente discerníveis, um meio e um fim, de tal sorte que se possa proceder aos três exames fundamentais: o da adequação (o meio promove o fim?), o da necessidade (dentre os meios disponíveis e igualmente adequados para promover o fim, não há outro meio menos restritivo do(s) direito(s) fundamentais afetados?) e o da proporcionalidade em sentido estrito (as vantagens trazidas pela promoção do fim correspondem às desvantagens provocadas pela adoção do meio?).

Resta claro que, dentre os argumentos utilizados para a adoção do voto facultativo, está a proporcionalidade, já que se questiona o gravame da obrigatoriedade do voto para eleger representantes para funções públicas. Contudo, a proporcionalidade promove uma relação entre o meio e o fim, na medida em que o meio leva à realização do fim. Desse modo, infere-se que a obrigatoriedade do voto constitui o meio utilizado para a legitimação dos escolhidos em sufrágio para o exercício das funções públicas governamentais.

Embora a relação de meio e fim do voto obrigatório seja embasada na proporcionalidade, ver-se-á no próximo tópico que a proporcionalidade é fundamento para adoção do voto facultativo na medida em que se contrapõem os conceitos de direito e vontade no processo democrático.

3.2 Constitucionalidade do voto obrigatório

Oriunda de um momento histórico em que se celebrava o fim da ditadura militar, a Constituição Federal de 1988, apelidada de "Constituição Cidadã", preocupou-se em enumerar minuciosamente os direitos fundamentais, dentre eles a liberdade de expressão, concedendo-lhes o intangível status de *cláusulas pétreas*. A nova ordem constitucional representou a ruptura com o passado opressor e, nas palavras de Prado (2013, p. 133), tratava-se "de exorcizar os fantasmas do regime militar, que praticara aberta censura política e artística, e de assegurar as bases para a construção de uma sociedade mais livre e democrática".

Constitucionalmente inserido no capítulo que trata dos direitos políticos, o voto obrigatório veio a atender aos anseios sociais em virtude de um longo período de exclusões nos cenários eleitoral e político brasileiros, em que as decisões eram tomadas por uma minoria abastada econômica e socialmente.

A partir desse contexto histórico, os direitos políticos podem ser definidos, portanto, como um conjunto de requisitos que permitem ao cidadão intervir nas decisões políticas do Estado, e o voto materializa o exercício desses direitos.

Já a soberania popular diz respeito ao pertencimento ou titularidade do poder ao povo, e os direitos políticos constituem a ferramenta para o seu exercício. Assim, o indivíduo é investido de capacidade cívica ativa, o que lhe permite o exercício livre de participação nos negócios estatais de modo a legitimá-los e conferir-lhes eficácia.

Embora com previsão constitucional, a obrigatoriedade do voto não é uma exclusividade do Estado brasileiro, pois outras democracias fazem uso desse comando para que o corpo de cidadãos participe ativamente na gerência da vida pública do Estado. Vê-se, pois, que o voto obrigatório se reveste de uma característica peculiar: o dever cívico. Sob esse aspecto, a obrigatoriedade do voto transcende a própria imposição para o exercício de um direito e conduz ao entendimento de que o povo é o titular do poder e o responsável absoluto pelas escolhas realizadas no sufrágio.

Sobre o assunto, é necessário trazer a argumentação levantada em diversas propostas de emenda constitucional, cujos relatórios opinaram pela rejeição das propostas formuladas no sentido de promover a alteração da disposição contida no artigo 14, §1º, inciso I, da Constituição Federal de 1988.

No caso da Proposta de Emenda Constitucional nº 55, de 2012, a Comissão de Constituição, Cidadania e Justiça (CCJ) do Senado Federal concluiu pela rejeição da proposta, com votação nominal de 6 (seis) votos a favor e 16 (dezesseis) votos contra, sob o argumento da tese vencedora "que defende o voto como um direito e, ao mesmo tempo, um dever político do cidadão de participar das escolhas políticas de sua nação".

É oportuno, inclusive, trazer trechos das notas taquigráficas da reunião conclusiva da Comissão de Constituição, Cidadania e Justiça (2012):

> [...] há duas concepções aqui claramente debatidas ao longo dessa concepção que vem desde a Revolução Francesa: a concepção democrático-liberal versus a concepção democrático-republicana. Eu me alinho à segunda, à concepção democrático-republicana do voto como uma função dever. Por isso, sou, por concepção, caudatário da compreensão do voto como um direito-dever do cidadão.
> Na minha concepção, o voto é ao mesmo tempo um direito e um dever. Ele é um direito que eu posso exercer, e que eu devo exercer me alistando eleitoralmente. Mas é uma função – uma função política, uma função social. O cidadão só se completa quando a sua ação no voto ajuda e permite a expressão da soberania popular. Então ele é, ao mesmo tempo, um direito individual e um dever social, um dever político. E não é o único.
> Eu defendo também essa tese de que o voto é um direito de as pessoas se expressarem, um direito de manifestarem o seu posicionamento, de decidirem sobre o futuro do seu Município, do seu Estado, do País, dos membros dos diversos Parlamentos que existem no País. Tenho absoluta concordância com isso. Mas entendo também que deve ser um dever de, por intermédio de sua opinião, da sua manifestação, exatamente definir os rumos da sua cidade, do seu Estado, do seu País, a composição dos diversos Parlamentos. Ou seja, as pessoas são chamadas a se manifestarem sobre a realidade do seu País, o futuro para as próximas gerações.

É um dever, sim, do cidadão comparecer à urna, manifestar a sua vontade, mesmo que essa vontade seja anular o voto, votar branco, ou utilizar os caminhos já aqui lembrados da justificativa de ausência (SENADO; CCJ, 2012).

É clara, pois, a intenção dos legisladores, em sua maioria, pela manutenção do voto obrigatório. Embora classificado como um direito, o voto não é um direito em si mesmo, independente, mas um direito e um dever, ou melhor, direito-dever, em que a sociedade é levada a se manifestar sobre os rumos do território que ocupa.

Em 2015, diversos senadores da República apresentaram a Proposta de Emenda Constitucional nº 10, em que se pretendia a instituição do voto facultativo. O parecer da Comissão de Constituição, Cidadania e Justiça do Senado Federal, de 16 de dezembro de 2019, foi pela rejeição da proposta. Inicialmente, citaram-se as palavras de John Stuart Mill (1861), um dos mais famosos pensadores liberais do século XIX e membro do Parlamento Britânico, que encarava o voto não como um simples direito dos cidadãos, mas como um poder-dever de ordem pública:

> Aqueles que dizem que o sufrágio não é um encargo, mas um direito, dificilmente aceitarão as conclusões a que sua doutrina conduz. Se é um direito, se pertence ao eleitor, por que motivo poderíamos culpá-lo por vendê-lo ou usá-lo simplesmente para agradar a alguém? (...) O sufrágio é, de fato, a ele oferecido, entre outras razões, como um meio para sua própria proteção, mas apenas contra o tratamento ao qual ele está igualmente vinculado, na medida em que depende de seu voto, para proteger todos os seus concidadãos. Seu voto não é algo em que ele tem uma opção; não possui maior relação com seus desejos pessoais do que teria o veredito de um jurado. É estritamente uma questão de dever; ele é obrigado a exercê-lo de acordo com sua melhor e mais consciente opinião sobre o bem público (SENADO; CCJ, 2010).

A ideia argumentativa do parecer, na Proposta de Emenda à Constituição nº 10, cita as palavras de Pinto Ferreira (1989), que classifica o voto como um direito público subjetivo, mas também como um dever cívico, o que justifica sua obrigatoriedade. Nesse sentido:

> [O voto] é essencialmente um direito público subjetivo, é uma função da soberania popular na democracia representativa e na democracia mista como um instrumento deste, e tal função social justifica e legitima

a sua imposição como um dever, posto que o cidadão tem o dever de manifestar a sua vontade na democracia (SENADO; CCJ, 2010).

Com esse pensamento, o parecer cita, ainda, as palavras de José Afonso da Silva (2015), para quem "[o voto] é um dever social, dever político, pois sendo necessário que haja governantes designados pelo voto dos cidadãos, como é da essência do regime representativo, o indivíduo tem o dever de manifestar a sua vontade pelo voto".

Atualmente, ainda tramita no Senado Federal a Proposta de Emenda Constitucional nº 11, de 2015, em cujo anexo constam manifestações recebidas pela Ouvidoria do Senado Federal no total de quatro, das quais três opinaram a favor do voto facultativo. A última movimentação dessa proposta data de 11 de julho de 2019, com redistribuição para emissão de relatório.

A título exemplificativo, mencionam-se as Propostas de Emenda Constitucional nº 50/1990, 271/2016, 18/2017 e 396/2017, que pretendiam modificar o texto constitucional para adoção do voto facultativo, mas não obtiveram o resultado esperado.

Ademais, observar a tradição latino-americana tão somente como argumento válido para o voto obrigatório tornaria a norma constitucional desprovida de eficácia e o regime representativo enfraquecido, pois a soberania do Estado brasileiro é a garantia de que suas decisões não se submetem a interferências estrangeiras.

Acerca desse assunto, é curioso e não menos importante citar a recente mudança na República do Chile. Atualmente, a República chilena adota o voto facultativo, mas, até o ano de 2008, era obrigatório. Em pesquisa realizada na rede mundial de computadores, obtiveram-se os dados de que a eleição presidencial realizada no ano de 2013 foi a primeira com a utilização da votação voluntário, marcada por uma baixa participação eleitoral, sobretudo de jovens, cujos dados eleitorais revelaram um índice de ausência superior a 50% (cinquenta por cento). Nas eleições seguintes, para prefeitos e vereadores, a abstenção foi maior e superou a marca de 60% (sessenta por cento). Nas eleições presidenciais de 2017, a abstenção manteve-se em torno de 60% (sessenta por cento).

As informações acima colacionadas conduzem à reflexão acerca da facultatividade do voto na medida em que a escolha de governantes é validada por uma parcela reduzida da sociedade. Sobre essa realidade, há citação na rede mundial de computadores de um relatório do Programa das Nações Unidas para o Desenvolvimento (PNUD, 2017), que alertou sobre a baixa participação eleitoral no Chile e concluiu que "o descontentamento dos cidadãos com as eleições é um problema que se arrasta desde a década de 1990, mas que aumentou desde que o voto passou a ser facultativo".

O caso do Chile é peculiar, pois o presidente do país havia convocado um plebiscito para o dia 26 de abril de 2020 para o povo decidir sobre uma nova Constituição e qual tipo de órgão deve escrever essa nova Carga Magna, inclusive em virtude de pensamentos contrários ao voto facultativo, que causou evasão da sociedade das urnas. Atualmente, o Chile passa por um período de protestos populares em desfavor do governo do atual presidente, Sebastián Piñera, e por campanha para a reinstauração do voto obrigatório no país. Contudo, o plebiscito não se realizou e foi adiado para o dia 25 de outubro de 2020, em virtude da pandemia de COVID-19.

A República Bolivariana da Venezuela e a República da Colômbia são outros países sul-americanos que registram índices de abstenção eleitoral superiores a 50% (cinquenta por cento).

Esses dados conduzem a debates sobre a finalidade do voto facultativo, visto como um direito exercitável por livre vontade do cidadão. Com base nas realidades das democracias acima mencionadas, a liberdade para votar afasta-se do compromisso democrático da sociedade para legitimar a governabilidade estatal. De outro lado, a obrigatoriedade não deve ser vista como um ônus, mas como um meio de se perceber a importância do dever cívico com a democracia, já que a diminuta participação popular enfraquece o processo eleitoral e afasta a legitimidade dos eleitos, necessária para a governança.

3.3 Violação de princípios constitucionais e eleitorais

A Constituição Federal de 1988 destaca, em seu preâmbulo, a necessidade de assegurar o primado da liberdade e o estabelece como um dos seus objetivos fundamentais para culminar com as disposições do artigo 5º como garantia constitucional.

O primado da liberdade pode ser entendido como um direito negativo, na exata medida de abstenção do Estado, ou como um direito positivo, na intervenção do Estado quando necessária a sua restrição. Nesse contexto, a liberdade manifesta-se em dupla camada com a Constituição Federal de 1988 na medida em que a sua executoriedade enfrenta barreiras de outros preceitos constitucionais que visam à constituição de uma sociedade igualitária e libertária.

Nesse contexto, destaca-se que a Constituição Federal constitui a principal fonte direta do direito eleitoral (artigos 14 a 17 e 118 a 121) e, na legislação infraconstitucional, têm-se o Código Eleitoral (Lei nº 4.737/65), a Lei das Inelegibilidades (Lei Complementar nº 64/90), a Lei das Eleições (Lei nº 9.504/97) e a Lei dos Partidos Políticos (Lei nº 9.096/95).

O direito eleitoral é definido como um ramo autônomo do direito público, que regula os direitos políticos e o processo eleitoral. Segundo Hans Kelsen (1998, p. 125), os direitos políticos devem ser entendidos como a possibilidade de o cidadão participar do governo, ajudando na criação da ordem jurídica. Esses direitos podem ser divididos em positivos ou ativos, quando se referem ao direito-dever de o cidadão escolher seus candidatos, ou em negativos ou passivos, quanto ao direito do candidato poder receber o voto de seus eleitores.

O efetivo exercício dos direitos políticos pressupõe a ideia de capacidade política. A capacidade política ativa começa com o alistamento eleitoral e concretiza-se com o voto, enquanto a passiva acontece com o cumprimento das condições de elegibilidade até a diplomação do cargo público. Portanto, os direitos políticos referem-se, em sua acepção mais genérica, a um instrumento eficaz para o fortalecimento da democracia por intermédio da participação do cidadão na formação do processo político e na formação do corpo governamental.

O voto no Brasil é um comando constitucional de observância obrigatória e dispõe de força como um instrumento inerente ao poder e necessário para sua validade, seu cumprimento e sua justificativa. Nesse contexto, pode-se afirmar que a obrigatoriedade do voto concede a legitimidade jurídica ao poder do qual emana. A obrigatoriedade, portanto, reflete o exercício da força executória para tornar a norma jurídica constitucional eficaz.

Sobre o assunto, é oportuna a citação das palavras de Norberto Bobbio (1994, p. 66):

> Dizendo que o Direito é fundado em última instância sobre o poder e entendendo por poder o poder coercitivo, quer dizer, o poder de fazer respeitar, também recorrendo à força, as normas estabelecidas, não dizemos nada de diferente daquilo que temos repetidamente afirmado em relação ao direito como conjunto de regras com eficácia reforçada. Se o Direito é um conjunto de regras com eficácia reforçada, isso significa

que um ordenamento jurídico é impensável sem o exercício da força, isto é, sem um poder. Colocar o poder como fundamento último de uma ordem jurídica positiva não quer dizer reduzir o Direito à força, mas simplesmente reconhecer que a força é necessária para a realização do Direito.

Depreende-se, pois, que a força normativa não constitui o fim do direito, mas um meio para a obtenção de um resultado. Na argumentação aqui tratada, a obrigatoriedade do voto representa um meio para a participação política da sociedade, cujo resultado é a escolha de representantes legítimos. Embora liberdade e obrigatoriedade revelem-se incoerentes a princípio, verifica-se que ambas coexistem harmoniosamente no sistema jurídico brasileiro, já que o fim a que se destinam são complementares no campo da diversidade jurídica. A existência de coerência lógica aproxima as normas contraditórias ou incompatíveis para constituir um único sistema. A complementaridade da liberdade e da obrigatoriedade do voto, como primados constitucionais e eleitorais eficazes e válidos, reforça a ideia de que não há violação de direitos.

A partir disso, pode-se inferir que os dois preceitos constitucionais não devem ser vistos isoladamente, mas conjuntamente para a formação de um todo harmônico. A hipótese de justificar o descumprimento do preceito constitucional serve para unir um todo, preenchido com coerência lógica.

Em decorrência da previsão constitucional, depreende-se que a obrigatoriedade do voto é uma garantia legítima para o sistema eleitoral brasileiro em virtude dos cenários econômico, político e social, cuja alquimia corrobora para a ocorrência de compra de votos e desvio de finalidade pública, condutas arraigadas pela precária formação política de boa parte da população brasileira.

Contudo, a ausência de participação no processo eleitoral não configura violação de princípios constitucionais e eleitorais, já que o não comparecimento do eleitor é tratado pela legislação infraconstitucional. Neste ponto, observa-se a existência de comando constitucional que afasta a necessidade de comparecimento obrigatório em virtude da facultatividade prevista no artigo 14, §2º, da Constituição Federal de 1988.

Portanto, o conceito de obrigatoriedade do voto não é taxativo e exclusivo, pois há previsão constitucional que permite sua não observância, nos casos em que o voto é facultativo, mas que não impede o comparecimento do cidadão, e a previsão infraconstitucional que permite, desde que haja decisão judicial favorável em afastar a aplicação de penalidade ou de restrição em face do não cumprimento do preceito constitucional do voto obrigatório.

Considerações finais

O voto concretiza o poder soberano que tem o cidadão em um Estado Democrático de Direito. É por intermédio do voto que o cidadão pode fazer a escolha política de seus representantes de modo isento com valor igual entre todos, deve reconhecer a importância de sua decisão e buscar o engajamento necessário e fundamental nas discussões políticas da sociedade.

Nesse sentido de definição do voto, a escolha do eleitor conduz à ideia de liberdade, pela qual vota de acordo com a sua consciência. Pode deduzir-se que o voto facultativo estaria albergado pelo primado da liberdade e que o eleitor teria o dever de decidir, livremente, sobre o exercício do seu direito e, assim, votar sob o manto da liberdade absoluta. Com essa linha de raciocínio, o princípio constitucional da liberdade sobrepõe-se ao comando constitucional que estabeleceu o voto obrigatório no Brasil.

Já sob o aspecto da obrigatoriedade, o voto também estaria albergado pelo primado da liberdade, na medida em que o cidadão exerceria o direito ao sufrágio livremente, sem interferências, e o dever de comparecimento estaria ligado à própria obrigação democrática para a escolha de representantes, já que o poder pertence ao povo. Necessário compreender, portanto, que a escolha de representantes eleitos deve ser realizada pela manifestação de toda a sociedade, a fim de que o poder possa ser exercido de forma legítima e o povo tenha a plena consciência e responsabilidade das consequências de sua decisão.

A obrigatoriedade do voto faz parte da própria história do voto no Brasil e configura um aspecto da democracia brasileira, já que, durante muito tempo, vários segmentos da sociedade foram excluídos do processo eleitoral. O direito ao sufrágio universal, consubstanciado no texto constitucional brasileiro, revela-se de suma importância para a construção de uma democracia participativa, pois, por intermédio do voto, concretiza-se uma das formas de participação política da sociedade. Em face desse cenário histórico, o voto obrigatório releva-se, portanto, uma medida proporcional, pois promove a participação política do povo.

Contudo, o elevado índice de abstenção registrado no passado recente das eleições brasileiras mostra que o eleitorado não está satisfeito com o sistema político atual e com a governabilidade dos representantes eleitos, o que contribui para a sociedade rever a questão da obrigação de votar no diz que respeito ao direito de liberdade democrática do indivíduo. As abstenções e votos brancos e nulos representam uma manifestação clara de insatisfação com a situação política consubstanciada nas urnas, cuja circunstância não deixa claro e não expõe pensamento contrário ao voto obrigatório ou a favor do voto facultativo.

A questão do absenteísmo eleitoral é outro ponto relevante para o tema da presente pesquisa, não apenas para se decidir sobre a obrigatoriedade ou facultatividade do voto, mas para trazer à discussão e à pesquisa científica dados e informações capazes de embasar novos estudos sobre suas causas e consequências negativas para o sistema democrático e para a participação política, além de propiciar argumentos e fundamentações jurídicas e sociais para se discutirem cientificamente mudanças no que diz respeito à obrigatoriedade ou não do voto.

Além da questão da obrigatoriedade do voto, outro aspecto também discutido no período eleitoral é a forma do sistema eleitoral proporcional adotado no Brasil para a eleição de deputados e vereadores. Esse tipo de sistema também é alvo de críticas porque tem como consequência a ocorrência do fenômeno chamado de *puxador de votos*, por meio do qual um candidato com número expressivo de votos permite a eleição de outros candidatos da mesma legenda partidária nos quais o eleitor não votou, o que contraria a vontade popular e desvirtua substancialmente a decisão do eleitor.

A discussão acerca da obrigatoriedade ou facultatividade do voto vai além da seara jurídica, mas deve ser amplamente analisada e debatida sob a percepção sistêmica, pois diversos fatores devem e podem ser levantados para a defesa de um ou outro caso. O aparente conflito de normas, direitos e garantias constitucionais não conduz à ideia de contradição da norma constitucional, pois deve ser analisado amplamente sob as vertentes histórica, social, política e jurídica.

Isentar-se ou abster-se de participação nas decisões políticas de Estado compromete a efetividade da democracia participativa e promove a formação de modelos políticos de dominação focados no distanciamento do povo na escolha de representantes e na alienação política, o que enfraquece a estabilidade democrática, a participação do povo e a igualdade jurídica na prática. Em contrapartida a esse cenário maniqueísta, a ideia da obrigatoriedade do voto contribui para a conscientização crítica da sociedade, que tem no voto o poder e o dever de fazer escolhas convictas e isentas de influências externas.

Independentemente da facultatividade ou da obrigatoriedade do voto, faz-se mister estudar e infundir na sociedade a liberdade de consciência para que a escolha do eleitor esteja alicerçada em suas convicções pessoais. A liberdade de pensamento pressupõe que o eleitor tenha consciência e discernimento críticos mínimos para subsidiar sua decisão. Importante frisar que a qualidade de vida, o nível de instrução, a desigualdade social e a divisão da riqueza entre os membros da sociedade são fatores extrajurídicos que corroboram para a discussão sobre a liberdade do voto.

Nesse escopo, a decisão para escolha de representantes para governar em nome do povo deve se afastar de interesses pessoais e, em contrapartida, ser ampla e genérica sob o ponto de vista social. O único interesse a ser considerado é o interesse coletivo. Aspectos individuais, familiares e financeiros deturpam a liberdade de escolha consciente e democrática. Pode-se afirmar que a qualidade do voto não diz respeito à obrigatoriedade ou facultatividade, mas, sim, à relação Estado-Povo, que motiva a discussão desse aspecto do voto sob o prisma de que a alteração da norma constitucional resolveria inúmeros problemas estruturais, acabaria com a corrupção e seria garantidora de direitos fundamentais. Contudo, a mudança necessária deve se fundar na conscientização e educação políticas para permitir que a liberdade, no pensar e no escolher, se afaste de interferências econômico-sociais, que contribuem negativamente para o equilíbrio entre o Estado e o povo.

A par da exclusão social dos analfabetos, vivenciada também no âmbito eleitoral, é claro que a história eleitoral brasileira tem histórico elitista e conservador, fato que pode ser comprovado por diversas obras literárias, citadas nesta pesquisa. Ademais, a questão em discussão não deve ser vista no plano hipotético, mas, sim, de forma prática e afastada de interesses políticos, econômicos, sociais e pessoais, que marcaram com pesar – e acredita-se que ainda marcam – o cenário político brasileiro e de outras nações, democráticas ou não.

Os temas abordados nesta pesquisa monográfica correspondem aos direitos de primeira, segunda e quarta dimensões. Esses direitos dizem respeito aos direitos civis e políticos, ligados ao valor liberdade; sociais, que exigem atuação do Estado; e aos direitos à democracia, informação e pluralismo. Dentre os direitos sociais, menciona-se a educação como um fator primordial para a formação política participativa e crítica da sociedade. A questão educacional sempre foi negligenciada na história eleitoral brasileira, pois já despontava como um dos principais problemas nos períodos colonial e imperial.

A decisão de um Estado fixar a obrigatoriedade ou facultatividade do voto não deve se firmar somente em aspectos subjetivos de vontade do povo. A decisão precisa estar pautada por argumentos científicos e jurídicos que levem em conta os objetivos traçados por um Estado Democrático de Direito, em que a participação democrática seja efetiva, consciente e livre. Manifestar-se a favor ou contra a obrigatoriedade do voto requer um estudo aprofundado dos objetivos traçados constitucionalmente, do nível de desenvolvimento intelectual da maturidade política do povo.

O caráter pedagógico do voto obrigatório diz respeito à formação política da sociedade para que a democracia participativa forme cidadãos conscientes, críticos e cientes do papel político para a escolha de representantes governamentais. Certo é que o comparecimento forçado do eleitor para votar não representa um mecanismo de aprendizado ou de formação da maturidade democrática voltada para a participação política; em contrapartida, a liberalidade do povo para decidir se deve participar ou não da formação política revela-se demasiado perigosa para uma formação política desastrosa e maquinada por interesses particulares. A liberdade coaduna-se com a escolha do eleitor: liberdade para pensar e votar. Ter a certeza de seu compromisso político com a sociedade.

Infirmar a inconstitucionalidade do voto obrigatório é ter a certeza de que o preceito constitucional do artigo 14 da Constituição Federal é ilegítimo e afronta a todos os outros direitos e garantias constitucionais. Nenhum direito é absoluto. Se assim não o fosse, estaríamos diante de um Estado conflituoso, preenchido por inúmeras contendas judiciais em que o próprio Estado deveria se pronunciar judicialmente para afastar um direito para o exercício do outro.

A opção constitucional do voto obrigatório tem o desiderato de conclamar o povo a fazer parte das decisões políticas, inicialmente pela escolha de representantes eleitos, promover a educação e o debate político e contribuir para a formação política da sociedade. Cumprido esse objetivo, a obrigatoriedade contribui firmemente para a formação e o desenvolvimento do Estado Democrático de Direito. É, portanto, a razoabilidade que estabelece uma condição de corresponsabilidade entre governantes e governados. Sob outro aspecto, a facultatividade do voto exime de responsabilidade os detentores efetivos do poder sob o argumento da decisão particular de não participar do processo eleitoral. É relevante perguntar se a facultatividade do voto promoveria, efetivamente, a participação da sociedade no processo de escolha de representantes para o governo.

O princípio constitucional da liberdade não confronta com o voto obrigatório, pois este não afasta aquele na medida em que a opção constitucional pelo voto obrigatório trouxe ressalvas para afastar o seu cumprimento, e a legislação infraconstitucional trata das hipóteses justificadoras do comando constitucional. Dito isso, é claro que a obrigatoriedade do voto é relativa e não taxativa. O descumprimento não se revela pelo não exercício do voto obrigatório, mas de seu efetivo comparecimento.

Discutir-se tão somente que o direito da liberdade é suprimido pela obrigatoriedade é deveras fugaz e vazio de fundamentação jurídica, pois o objetivo maior da obrigatoriedade leva em consideração aspectos histórico-sociais, políticos e, sobremaneira, jurídicos.

O argumento de que o voto facultativo expressa característica ampla de um Estado Democrático de Direito precisa ser sopesado a partir de outros fatores, tais como educação, formação política e senso crítico. Justificar a adoção do voto facultativo com base em afronta ao direito de decidir votar ou não pode ser considerado de fraca argumentação, pois os direitos envoltos à obrigatoriedade do voto dizem respeito à própria existência da sociedade e do Estado.

A dolorosa repressão social ocorrida na história eleitoral brasileira, que excluiu mulheres, negros, escravos, analfabetos e os sem condições financeiras mínimas de sustento do direito e do dever de contribuir para o destino do Estado, revela a máscara utilizada no processo eleitoral para inclinar-se e amoldar-se a interesses particulares vis, período em que o Estado era considerado propriedade e oportunidade para poucos, pertencentes a classes dominantes, e não do povo, seu legítimo detentor.

A liberdade constitucional não conflita com a imposição constitucional do voto obrigatório, cujo preceito impõe um dever democrático de participação política. Em contrapartida, a liberdade de votar possui dois aspectos relevantes: a liberdade para votar e a liberdade no votar. Não há contradição da imposição constitucional do voto obrigatório com o direito à liberdade, também previsto na Carta Magna. O voto materializa o exercício efetivo da soberania popular na escolha de governantes como dever sociopolítico, o que independe da obrigatoriedade jurídica. Neste ponto, a obrigatoriedade pode ser vista como um aspecto do voto, na medida em que a soberania popular pressupõe o dever de participação política.

O voto obrigatório na República Federativa do Brasil representa um aspecto de sua própria democracia, cuja decisão leva em consideração aspectos históricos e ideológicos. Acrescente-se que o nível de desenvolvimento educacional, científico, econômico e social do Brasil não permite a adoção do voto facultativo em virtude do risco de comprometimento da responsabilidade política de todos, com iminente comprometimento da democracia participativa.

O debate científico sobre esse aspecto do voto é deveras salutar para a conscientização e a formação crítica da sociedade, não apenas para o voto, mas, sobretudo, para a construção e evolução da democracia participativa.

Referências

ÁVILA, Humberto. *Teoria dos princípios*: da definição à aplicação dos princípios jurídicos. 14. ed. São Paulo: Malheiros, 2013.

BOBBIO, Norberto. *Teoria do ordenamento jurídico*. Tradução de Maria Celeste Cordeiro Leite dos Santos. 4. ed. Brasília: Editora Universidade de Brasília, 1994.

BRASIL. Constituição (1988). *Constituição da República Federativa do Brasil*. Brasília, DF: Senado Federal, 1988.

BRASIL. *Lei nº 4.737, de 15 de julho de 1965*. Institui o Código Eleitoral. Brasília, DF: Congresso Nacional, 1965.

BRASIL. Senado Federal. *Comissão de Constituição, Cidadania e Justiça (CCJ)*. 2010.

BRASIL. Senado Federal. *Comissão de Constituição, Cidadania e Justiça (CCJ)*. 2012.

BRASIL. Senado Federal. *Comissão de Constituição, Cidadania e Justiça (CCJ)*. 2015.

INSTITUTO INTERNACIONAL PARA DEMOCRACIA E ASSISTÊNCIA ELEITORAL. Disponível em: https://translate.google.com.br/translate?hl=pt-BR&sl=en&tl=pt&u=https%3A%2F%2Fwww.idea.int%2Fdata-tools%2Fdata%2Fvoter-turnout. Acesso em: 14 abr. 2020.

NICOLAU, Jairo. *História do voto no Brasil*. 2. ed. Rio de Janeiro: Zahar, 2004.

OLIVEIRA, Luiza Helena Herrmann de. Voto Obrigatório e equidade: um estudo de caso. *São Paulo em Perspectiva*, v. 13, n. 4, 1999.

PINTO, Djalma. *Direito Eleitoral*: improbidade administrativa e responsabilidade fiscal – noções gerais. 4. ed. São Paulo: Atlas, 2008.

PINTO, Kleber Couto. *Curso de teoria geral do estado*: fundamento do direito constitucional positivo. São Paulo: Editora Atlas, 2013.

PORTO, Walter Costa. *Dicionário do voto*. Brasília: Editora Universidade de Brasília. São Paulo: Imprensa Oficial do Estado, 2000.

PORTO, Walter Costa. *O Voto no Brasil*. 2. ed. revista. Rio de Janeiro: Topbooks, 2002.

PRADO, Eduardo Homem Paes do. Obrigatoriedade do voto popular. Constituição e Lei nº 4.737, de 15 de julho de 1965. *Revista Jus Navigandi*, Teresina, ano 19, n. 4073, 26 ago. 2014. Disponível em: http://jus.com.br/artigos/31141. Acesso em: 13 maio 2015.

PROGRAMA DAS NAÇÕES UNIDAS PARA O DESENVOLVIMENTO. Disponível em: https://www.em.com.br/app/noticia/internacional/2017/11/18/interna_internacional,917760/campanha-eleitoral-atipica-no-chile-com-o-fantasma-da-abstencao.shtml. Acesso em: 01 jun. 2020.

RAMAYANA, Marcos. *Direito eleitoral*. 10. ed. Rio de Janeiro: Impetus, 2010.

SALGADO, Eneida Desiree. *Princípios constitucionais eleitorais*. Belo Horizonte: Fórum, 2010.

SILVA, José Afonso da. *Curso de Direito Constitucional Positivo*. 34. ed. rev. e atual. São Paulo: Malheiros Editores, 2011.

SOARES, Paulo Henrique. Vantagens e desvantagens do voto obrigatório e do voto facultativo. Consultoria Legislativa do Senado Federal. Coordenação de Estudos. *Textos para Discussão*, Brasília, n. 6, 2004.

Informação bibliográfica deste texto, conforme a NBR 6023:2018 da Associação Brasileira de Normas Técnicas (ABNT):

OLIVEIRA, Jonas Mota; MARTINS, Dayse Braga; CAÚLA, Bleine Queiroz. A obrigatoriedade do exercício do voto em face do Estado Democrático de Direito. In: LINS, Rodrigo Martiniano Ayres; CASTRO, Kamile Moreira (Org.). O futuro das eleições e as eleições do futuro. Belo Horizonte: Fórum, 2023. p. 203-240. ISBN 978-65-5518-611-6.

O PRESENTE E O FUTURO DA GOVERNANÇA DIGITAL NO BRASIL

KAMILE MOREIRA CASTRO
FERNANDO MANUEL ALVES MENDONÇA PINTO DA COSTA

Introdução

Governação e governança são termos relacionados à administração de determinada instituição, passível de ser, entre outras, uma organização privada ou um Estado. Por vezes usados quase como sinônimos, esses vocábulos possuem significados diferentes e representam distintas práticas. Na verdade, a governação se refere ao conjunto de ações, práticas e processos utilizados para gerir e dirigir um país, organização ou instituição, incluindo a definição de políticas públicas, as tomadas de decisão, a gestão de recursos, entre outros aspectos. Entrementes, governança se refere ao conjunto de práticas, normas e processos aplicados para garantir a efetividade, transparência e responsabilidade na gestão de uma empresa ou instituição, seja ela pública ou particular. A governança é uma modalidade de gerenciar os processos internos e as relações entre os variados agentes envolvidos, como os gestores, colaboradores, fornecedores, clientes e outros *stakeholders*. Se, no início, parecia que a governança estaria mais ligada a instituições privadas, a importação de modelos gestores particulares para organismos e instituições públicas trouxe a governança para os domínios da Administração Pública.

Segundo Eli Diniz (1995), a "governança", desde a proposta originária do Banco Mundial como conceito aplicável aos Estados e Nações, significa, em primeiro lugar, a incorporação das dimensões sociais e políticas na gestão pública, permitindo, assim, que a ela deixasse de estar exclusivamente focada nos aspectos econômicos/financeiros. O Banco Mundial, num documento de 1992 – *Governance and development* –, define governança como a capacidade dos governos, ou de outras autoridades, gerirem os diversos recursos de um país, tendo em vista o seu desenvolvimento, o que enseja se destacar, desde logo, a sua preocupação associada a pontos da eficácia e da eficiência. Com efeito, é necessário distinguir "governança" de outro conceito próximo, o de "governabilidade". Este se reporta mais a uma dimensão estatal, com caráter institucional, ficando por isso na esfera do governo, ao passo que a "governança" tem uma dimensão mais ampla, englobando toda a sociedade e articulando políticas estatais e intervenções da sociedade civil.

O corolário dessas distinções, talvez, se resuma no Relatório da Comissão sobre Governança Global, quando se afirma que "governança diz respeito não só a instituições e regimes formais autorizados a impor obediência, mas também a acordos informais que atendam aos interesses das pessoas e instituições" (COMISSÃO SOBRE GOVERNANÇA GLOBAL, 1996, p. 12). Dessa maneira, é dado exprimir-se a noção de que "governança" é o conjunto de ações que o Estado e a sociedade tentam encontrar e aplicar para resolver problemas comuns.

A "boa" governação, sendo assim adjetivada, é uma condição fundamental para o desenvolvimento das sociedades em todos os seus níveis e conta com um moderno conjunto de instrumentos, recorrentemente adotados em diversas instâncias públicas e privadas. Haver uma "boa governança", que, em tese, se oporá a uma "má governança", exige uma avaliação e, para haver tal estimação, é preciso definir critérios. Com suporte nesses fundamentos é que se vai graduar, qualitativamente, a "governança" (KAUFMANN, 2003).

A substituição da governação como política de Estado por uma governação que inclua os princípios da governança – e, de preferência, da *good governance* – mais abrangente quanto aos agentes em causa e ao estilo usado passará a ser chave primordial de interpretação e aplicação desse conceito. Assim, quando um governo está preocupado em legitimar ações e decisões, exprime-se que experimenta o tentame de encontrar maior governança para o seu governo, aumentando a sua capacidade de governabilidade. Em sendo assim, a governabilidade relaciona-se diretamente com o ambiente político e com a administração do espaço público, enquanto a governança está apensa aos aspectos de legitimidade e capacidade de implementar políticas públicas de uma maneira eficaz e eficiente (CATALÁ, 1998, p. 24-27).

Diversos investigadores divisam na governança um novo estilo de governo mais abrangente quanto aos *stakeholders* e inovador nos métodos gerenciais. Enquanto isso, outros acreditam que o Estado esteja abdicando do seu papel central no contexto de formulação de políticas, deixando-o para outros organismos ou poderes (PIERRE; PETERS, 2000).

O advento das chamadas "tecnologias de informação e comunicação" (TIC) significou novas possibilidades para a efetivação de aspectos diversos da governação e governança (AFONSO, 2001). De fato, essas novas tecnologias concedem oportunidade a uma participação maior dos cidadãos e uma mais expressiva transparência nas tomadas de decisão política. As tecnologias de informação e comunicação (TIC) importam na criação de plataformas digitais para a participação cívica, como fóruns de discussão *online*, petições eletrónicas e iniciativas de cidadania digital, que ensejam aos cidadãos expressarem as opiniões, debaterem pontos políticas e oferecerem sugestões de políticas públicas. Em ultrapasse a isso, as TICs também conduzem ao desenvolvimento de sistemas de monitorização e avaliação da governação, que ajudam a identificar problemas e áreas de melhoria nas políticas públicas. Por exemplo, a utilização de dados abertos e de instrumentos de análise de dados é suscetível de ajudar a avaliar o influxo das políticas públicas e a identificar áreas que necessitam de melhorias. As TICs também ensancham mais transparência nas tomadas de decisão política mediante a disponibilização de informações públicas em plataformas digitais e emprego de tecnologias, como a *blockchain*,[1] para garantir a integridade e segurança dos dados. Resumindo, as TICs afloram como uma via de efetivação da governança. A ideia passível de se expressar está no fato de que, em face do desenvolvimento acelerado que as TICs ora exprimem e em decorrência da sua elevada influência societária, o que esperamos no futuro quanto à governança digital?

---

[1] *Blockchain* é uma tecnologia de registro distribuído que permite o armazenamento seguro e imutável de dados. É composta por um registro digital descentralizado e criptografado que é compartilhado por várias partes em uma rede, e é projetada para ser resistente à alteração, à adulteração e ao roubo de informações.

1 Governança digital

Conceitua-se governança digital (GD) como um conjunto de leis e normas, políticas e práticas que orientam o uso das tecnologias de informação e comunicação pelos órgãos de governação (DIAS; GOMES, 2021). De modo mais abrangente, com vistas a que englobe a iniciativa privada e a Administração Pública, considera-se um fator estratégico para produzir inovação e mais conhecimentos por via de meios tecnológicos habilitados a influenciar positivamente na qualidade de vida da sociedade. Há de se ter em mente a noção de que o conceito é relativamente novo e foi alvo e ainda é factível de ser objeto de evolução. Não tendo um "padrinho" único, a ideação de governança digital evolui à medida do tempo, havendo surgido nos anos de 1990, e é influenciada por muitas disciplinas (como, por exemplo, a "governança corporativa", a "gestão de TI", a "segurança da informação" etc.). Evidentemente, com a crescente utilização das TICs, tanto por organismos públicos como privados, a dicção foi empregada de modo mais corrente. Muitos autores e organizações contribuem para a evolução do próprio conceito de GD, mas evidenciamos, na definição e promoção da GD, instituições como o Banco Mundial, a Organização para a Cooperação e Desenvolvimento Econômico (OCDE), o Fórum Econômico Mundial, a ISACA (anteriormente conhecida como *"Information Systems Audit and Control Association"*) e a *"IT Governance Institute"*.

Convém realçar que a mencionada unidade de ideia foi cunhada para descrever o conjunto de práticas, políticas e processos utilizados para gerenciar e governar a tecnologia da informação de uma organização, visando garantir a eficiência, transparência, responsabilidade e segurança no uso dessas tecnologias. Desde os anos de 1990 até agora, a governança digital se ampliou para áreas como a governança de dados, a cibersegurança, as questões de ética e privacidade, entre outras. É verdadeiro exprimir-se que a GD, atualmente, é uma parte fulcral da governança corporativa e pública, incidindo em aspectos como a diminuição de riscos e as conformidades regulatórias (PIERRE; PETERS, 2000). A recente pandemia de COVID-19, com o aumento do trabalho remoto e das interações pessoa-pessoa e pessoa-instituições/organismos públicos e privados, veio "acrescentar valor" à GD, tornando-a parte fundamental da transformação digital de organizações públicas e privadas.

No momento que flui, a governança digital envolve a integração de áreas diversas, como a gestão de projetos, a segurança da informação, a gestão de dados e a participação social. É uma abordagem abrangente com o escopo de maximizar o potencial das TIC para melhorar a prestação de serviços públicos e aumentar a participação cidadã (EUROPEAN COMMISSION, 2021). Dentre as principais características da governança digital, estão a transparência e a *accountability*, ou seja, a prestação de contas por parte dos governantes sobre as decisões e ações tomadas em relação ao uso da tecnologia. Além disso, a governança digital tenciona promover a colaboração e a participação da sociedade civil nas tomadas de decisão.

1.1 Como operacionalizar a governança digital

É ponto assente o fato de que as mudanças na sociedade e na Administração Pública ora ocorrentes em razão dos avanços econômicos e tecnológicos estão impulsionando a atividade estatal a interagir virtualmente em um mercado de relações, o que invalida paradigmas e fronteiras. Como a sociedade fluente é virtual e utiliza a internet como um meio de comunicação e disseminação de informações, a atuação estatal obedece a essa tendência, exigindo uma análise cuidadosa dessa nova conjuntura.

A GD inclui um conjunto de procedimentos e práticas que devem contribuir para a sua operacionalização efetiva. Assim, é necessário estabelecer políticas e diretrizes claras, implementar mecanismos de transparência, desenvolver sistemas e infraestrutura adequados, capacitar os servidores públicos, incluir a participação social nas tomadas de decisão e monitorar e avaliar continuamente as ações realizadas.

Concretizando, a governança digital, para que seja operacional (GRECCO, 2000), exige o que está expresso na sequência:

- *estabelecimento de políticas e diretrizes*: é importante estabelecer políticas e diretrizes que orientem a utilização da tecnologia da informação e comunicação (TIC) nos órgãos governamentais. Essas políticas devem ser definidas clara e objetivamente, abordando matérias como segurança da informação, proteção de dados, transparência e participação social;
- *implementação de mecanismos de transparência*: a transparência é um dos pilares da governança digital. Com vistas a assegurá-la, é importante implementar mecanismos que facilitem aos

cidadãos o acesso às informações públicas, como portais de transparência, sistemas de informação e outros mecanismos;
- *desenvolvimento de sistemas e infraestrutura*: a governança digital depende de sistemas e infraestrutura adequados para funcionar. É importante investir em sistemas de gestão de documentos, banco de dados, redes de comunicação e outros recursos tecnológicos para que a governança digital seja efetiva.
- *capacitação e treinamento dos servidores públicos*: para que a governança digital seja bem-sucedida, é importante capacitar e treinar os servidores públicos para que lidem com as tecnologias utilizadas e apliquem as políticas e diretrizes estabelecidas.
- *participação social*: a governança digital deve incluir a participação social nas tomadas de decisão. É importante estabelecer canais de comunicação com vistas à participação dos cidadãos e organizações da sociedade civil nas decisões;
- *monitoramento e avaliação*: importante é monitorar e avaliar, continuamente, a implementação da governança digital a fim de identificar problemas e fazer ajustes necessários para garantir a efetividade das ações realizadas.

1.2 Governança digital no Brasil

Os mecanismos de governança digital foram implementados à proporção do tempo, nos diversos países e regiões, à medida que as tecnologias que lhes dão suporte se intensificavam e massificavam, e quando houve vontade política de os implementar (FARIAS; PIMENTEL, 2012). No Brasil, têm ressalto alguns marcos legais dessa implementação, a que este ensaio se reporta, embora brevemente, à continuidade.

O Portal da Transparência no Brasil foi lançado em novembro de 2004, por meio do Decreto nº 5.482. Desde então, o Portal é, sistematicamente, aprimorado e atualizado, com o objetivo de ampliar o acesso dos cidadãos às informações sobre a gestão pública e fortalecer a transparência e a *accountability* no país. Em 2019, o Portal da Transparência passou por uma grande reformulação para torná-lo mais acessível e amigável aos usuários, com a inclusão de novas funcionalidades e melhorias na interface.

O Modelo de Acessibilidade em Governo Eletrônico (e-MAG) foi lançado em 2005, pelo Governo Federal do Brasil, por meio do Decreto nº 5.296. O e-MAG é um conjunto de diretrizes e recomendações para tornar os *websites* e conteúdos digitais do governo mais acessíveis para pessoas com deficiência, garantindo o direito de igualdade de acesso à informação e aos serviços públicos. O modelo é obrigatório para os órgãos e entidades da Administração Pública federal, mas também utilizável por outras esferas do governo, bem como pela iniciativa privada, como referência para a acessibilidade digital. Desde seu lançamento, o e-MAG é atualizado para acompanhar as mudanças tecnológicas e as necessidades das pessoas com deficiência. A versão mais recente é o e-MAG 3.0, lançado em 2020.

Pela Lei nº 12.965/2014, entrou em vigor no Brasil o Marco Civil da Internet. Este encontra-se insertado numa lei federal brasileira que estabelece princípios, direitos e deveres para o uso da internet no Brasil. Essa lei entrou em vigor em junho de 2014 e é considerada uma das mais importantes do mundo sobre a regulamentação da internet. O objetivo principal do Marco Civil é garantir a liberdade de expressão, a privacidade e a proteção dos dados dos usuários da internet, ao mesmo tempo em que estabelece responsabilidades e deveres para provedores de internet, empresas e usuários. Dentre as principais disposições do Marco Civil, evidenciam-se: a garantia da neutralidade da rede, ou seja, a proibição de qualquer tipo de discriminação no acesso à internet; a obrigatoriedade de provedores de internet de guardar registros de acesso dos usuários por determinado período; a previsão de responsabilidade civil de provedores de internet por danos decorrentes de conteúdos publicados por terceiros; a definição de procedimentos para a remoção de conteúdos considerados ilegais ou prejudiciais, por meio de ordem judicial; a previsão de proteção à privacidade e à proteção dos dados dos usuários, com a imposição de obrigações de segurança para provedores de internet e empresas que coletam e tratam dados pessoais. O Marco Civil da Internet é considerado um enorme avanço para a proteção dos direitos dos usuários da internet no Brasil, bem como para a regulamentação do ambiente digital no país.

A simplificação do acesso aos serviços públicos tinha já começado em 2016, com algumas medidas avulsas nalguns serviços, mas o Decreto nº 10.540/2020, conhecido como Decreto da Simplificação, efetiva um grande avanço nessa área. A ideia básica que o preside é simplificar e desburocratizar os serviços públicos prestados aos cidadãos e empresas. O objetivo do decreto é reduzir a complexidade e o tempo gasto pelos usuários para acessar e utilizar os serviços públicos, aumentando a eficiência e a qualidade do atendimento. Para tal, estabelece diversos procedimentos digitais de acesso que, basicamente, assentam na interoperabilidade de órgãos e entidades públicas, bem simbolizada pela criação do Portal Gov.br, que reúne os serviços públicos federais em único local, tornando mais fácil o acesso dos usuários. Com efeito, melhora-se a eficiência dos serviços públicos prestados aos cidadãos e às empresas.

Aprovada em 2018, mas com entrada em vigor só em 2020, a Lei Geral de Proteção de Dados (LGPD) – Lei nº 13.709/2018 – estabelece regras para a coleta, armazenamento, tratamento e compartilhamento de dados pessoais, visando proteger a privacidade e os direitos dos titulares desses dados. A principal finalidade da LGPD é resguardar a privacidade e os indicadores pessoais dos usuários, estabelecendo regras claras sobre como as empresas e instituições devem coletar, armazenar, tratar e compartilhar esses dados. A LGPD aplica-se a qualquer tipo de tratamento de dados pessoais, seja ele realizado por pessoas físicas ou jurídicas, de direito público ou privado.

O Portal Único Gov.br é uma iniciativa do governo federal brasileiro, cujo objetivo reside em reunir em lugar único os serviços públicos oferecidos pela Administração Pública federal. Lançado em julho de 2019, o Portal tem como objetivo facilitar o acesso dos cidadãos e empresas aos serviços governamentais, reduzindo a burocracia e o tempo gasto para realizar esses serviços. O Portal Único Gov.br reúne mais de 3.500 serviços públicos de vários órgãos e entidades federais, como INSS, Receita Federal, Ministério da Saúde, entre outros. O Portal dá oportunidade a que os usuários realizem diversos serviços, como solicitação de benefícios previdenciários, emissão de documentos, pagamento de tributos, entre outros. A plataforma é integrada e conduz o usuário a realizar seu cadastro uma vez apenas, tendo acesso a todos os serviços disponíveis no Portal. Demais disso, oferece diversos recursos, como demanda inteligente, *chatbot* e vídeos tutoriais para auxiliar os usuários na realização dos serviços públicos.

O Decreto nº 10.332/2020 instituiu a Política de Governança Digital no âmbito do Poder Executivo federal brasileiro. O objetivo principal dessa política é aprimorar a gestão e a prestação dos serviços públicos por meio do uso eficiente e inovador de tecnologias da informação e comunicação. A Política de Governança Digital estabelece diretrizes para o desenvolvimento de soluções tecnológicas que possibilitem a simplificação e a desburocratização dos serviços públicos, bem como a melhoria da transparência e da participação social na gestão pública. Dentre as principais medidas previstas no decreto, destacam-se: a adoção de padrões tecnológicos e de interoperabilidade para os sistemas e soluções digitais utilizadas pelo governo federal; a implementação de processos de monitoramento e avaliação da qualidade dos serviços públicos digitais oferecidos; a promoção da capacitação e treinamento dos servidores públicos em temas relacionados à governança digital; o estímulo à adoção de soluções inovadoras, como inteligência artificial e *blockchain*, na prestação dos serviços públicos; e o estabelecimento de mecanismos de participação social e de transparência no desenvolvimento e na implementação de políticas públicas digitais.

O Decreto nº 10.332/2020 representa um importante avanço na modernização e na eficiência da gestão pública no Brasil ao estabelecer diretrizes claras para a adoção de tecnologias digitais na prestação dos serviços públicos. Com essa política, espera-se que os serviços oferecidos pelo governo sejam mais ágeis, eficientes e acessíveis para os cidadãos.

A Lei nº 13.979/2020, saída como uma das medidas de resposta à pandemia de COVID-19, inclui a possibilidade de uso de tecnologias da informação e comunicação para a realização de atendimentos médicos a distância.

Em adição aos atrás nomeados, há diversos outros marcos legais que também, positivamente, abrangem a governança digital no país, como a Lei de Acesso à Informação (Lei nº 12.527/2011), o Código de Defesa do Consumidor (Lei nº 8.078/1990), a Lei de Direitos Autorais (Lei nº 9.610/1998), entre outros.

Importante será referir que, transpondo os avanços alcançados na GD, existem, ainda, no Brasil, obstáculos a superar, dentro desse domínio, no setor público. De fato, para que as boas ideias não fiquem somente como isso mesmo, é necessário mais recursos financeiros (HOLZER, 2014). Isso, também, todavia, não basta, já que será fundamental ultrapassar a habitual resistência cultural a mudanças, por parte dos gestores, servidores e usuários, além da necessidade de se promover uma comunicação eficiente entre todos esses para a implementação de processos de GD. Deve haver, também, um amplo debate na sociedade brasileira sobre o que é e o que se espera da GD. Sem isso, a GD não passará dum "governo eletrônico" (e-Gov).[2] A governança

---

[2] Não se haverá de esquecer de que a essência do e-Gov se baseia na transformação dos processos de governo utilizando as TICs, no sentido de fornecer serviços mais eficientes

digital envolve diversas áreas, como a disponibilização de informações sobre serviços públicos, a prestação de serviços *online*, o acesso a documentos públicos, a realização de consultas públicas e a interação com os cidadãos por meio de canais digitais, como *sites*, redes sociais e aplicativos móveis. Também envolve a modernização dos processos internos do governo, a fim de melhorar a gestão dos recursos públicos e aumentar a eficiência da Administração. Isso inclui a adoção de sistemas da gestão integrada, o uso de dados e análises para tomadas de decisão, a automação de processos e a digitalização de documentos. Com todas as implicações que essas mudanças têm e terão em toda a sociedade, é necessário trazer para o debate público muitos dos pontos que se ajuntam a essas modificações.

É notório, assim, que a governança digital no Brasil avançou, significativamente, nos últimos anos, com a implementação de políticas públicas e a adoção de tecnologias para aprimorar a prestação de serviços ao cidadão e aumentar a transparência do Estado (FERNANDES; ALVES; PEREIRA, 2019). Uma das iniciativas mais importantes nesse sentido foi a criação do Plano de Ação em Ciência, Tecnologia e Inovação para o Desenvolvimento Nacional, que estabeleceu diretrizes para o desenvolvimento da infraestrutura tecnológica e da inovação no país. Em aditamento, o governo federal investe em programas de inclusão digital, como o "Cidades Digitais", que visa levar conectividade para áreas remotas do país, e o "Internet para Todos", cujo intento é ampliar o acesso à internet em regiões com pouca ou nenhuma infraestrutura de telecomunicações. Como visto, a iniciativa fundamental foi a criação do Portal da Transparência, no âmbito do qual os cidadãos têm acesso a informações sobre os gastos públicos e a gestão dos recursos do Estado. A adoção da Lei de Acesso à Informação (Lei nº 12.527/2011) também contribuiu para o avanço da governança digital no Brasil, ao estabelecer normas para a divulgação de informações públicas e garantir o direito de acesso à informação por parte dos cidadãos.

A pandemia de COVID-19 acelerou ainda mais a adoção de tecnologias para aprimorar a gestão pública e a prestação de serviços ao cidadão, como a implementação de plataformas digitais para agendamento de vacinação e a ampliação dos serviços de telemedicina. É

---

e políticas mais direcionadas para os cidadãos e cidadãs, ampliando a sua participação cívica. Sem essa visão, o "governo eletrônico" reduz-se à informatização dos serviços (DIAS; GOMES, 2021).

inegável o fato de que o Brasil progride, significativamente, na governança digital, mas, apesar dos avanços, ainda há muitos desafios a serem enfrentados nessa área.

1.3 Problemas na governança digital no Brasil

No Brasil, consoante expresso linhas atrás, a governança digital é regulamentada por um conjunto de leis e normas que estabelecem diretrizes e requisitos para a adoção de tecnologias e processos digitais na Administração Pública.

Resumem-se, pois, aqui, as principais diretivas legais que regem, presentemente, os aspectos ligados à governação digital, conforme delineado à continuação.

a) Lei de Acesso à Informação (Lei nº 12.527/2011): estabelece normas para a divulgação de informações públicas e garante o direito de acesso à informação por parte dos cidadãos;
b) Marco Civil da Internet (Lei nº 12.965/2014): fornece os princípios, garantias, direitos e deveres para o uso da internet no Brasil, incluindo a proteção da privacidade e da liberdade de expressão;
c) Decreto nº 8.638/2016: regulamenta a Lei nº 13.123/2015, que estabelece o regime de acesso e repartição de benefícios relativos ao patrimônio genético e conhecimento tradicional associado;
d) Decreto nº 9.319/2018: regulamenta a Lei nº 13.460/2017, que dispõe sobre a participação, proteção e defesa dos direitos do usuário dos serviços públicos;
e) Lei Geral de Proteção de Dados (Lei nº 13.709/2018): regula o tratamento de dados pessoais e estabelece regras para a proteção da privacidade e dos direitos fundamentais dos titulares dos dados;
f) Decreto nº 10.332/2020: prescreve a estratégia de governo digital para o período de 2020 a 2022, com objetivos, metas e ações para o fortalecimento da governança digital na Administração Pública.

Malgrado os avanços recentes na governança digital no Brasil, ainda existem alguns desafios e problemas a serem enfrentados. Dentre os principais, têm ressaltos os sequentes:

- acesso limitado à internet: ainda existem muitas regiões do país com acesso limitado ou sem acesso à internet, o que dificulta a ampliação dos serviços digitais e a participação dos cidadãos na gestão pública;
- falta de capacitação dos servidores públicos: muitos servidores públicos ainda não estão capacitados para lidar com as novas tecnologias e processos digitais, o que, decerto, é prejudicial à efetividade da governança digital;
- falta de interoperabilidade dos sistemas: a ausência de padronização e interoperabilidade dos sistemas utilizados pelos órgãos públicos torna difícil a integração e o compartilhamento de informações entre as diversas áreas da Administração Pública;
- segurança da informação: a crescente utilização de tecnologias digitais na Administração Pública aumenta a exposição do Estado a riscos de segurança da informação, *e.g.*, como vazamento de dados e ataques cibernéticos;
- desigualdade na participação social: conquanto haja avanços no ampliamento da participação social nas tomadas de decisão, ainda há desigualdades no acesso e na representatividade dos distintos grupos da sociedade civil;
- falta de investimentos em tecnologia: a implementação de políticas de governança digital requer investimentos significativos em tecnologia e infraestrutura, o que nem sempre é possível em circunstâncias de recursos limitados.

1.4 Breve comparação de dados da governança digital do Brasil com outros países

Procede-se à comparação dos dados de governança digital no Brasil com outros países com base em diversos indicadores, tais como: acesso à internet, adoção de tecnologias digitais na Administração Pública, nível de desenvolvimento do setor de tecnologia e inovação, entre outros. A seguir, delineiam-se alguns dados comparativos entre o Brasil e outros países (GLOBAL E-GOVERNMENT RANKING, 2020; ORGANISATION FOR ECONOMIC CO-OPERATION AND DEVELOPMENT, 2022; AFONSO; FERNANDES, 2001):

- acesso à internet: segundo dados da União Internacional de Telecomunicações (UIT), em 2020, o percentual de cerca de 66% da população brasileira tinha acesso à internet. Esse

número é inferior ao de países como Estados Unidos (89%), Reino Unido (94%), Alemanha (88%) e Japão (93%);
- adoção de tecnologias digitais na Administração Pública: em um estudo realizado pela Organização das Nações Unidas (ONU) em 2018, o Brasil ficou na 55ª posição em um *ranking* de 193 países, relativamente à adoção de tecnologias digitais na Administração Pública. Países como Estados Unidos, Reino Unido, França e Austrália ocupam as primeiras posições;
- desenvolvimento do setor de tecnologia e inovação: de acordo com o Índice Global de Inovação, de 2021, produzido pela Organização Mundial da Propriedade Intelectual (OMPI), o Brasil ocupa a 62ª posição num conjunto de 132 países em relação ao desenvolvimento do setor de tecnologia e inovação. Países como Estados Unidos, China, Coreia do Sul e Alemanha ocupam as primeiras posições;
- uso de serviços digitais pelos cidadãos: segundo dados da Eurostat, em 2020, cerca de 60% dos cidadãos da União Europeia utilizaram serviços públicos digitais nos últimos 12 meses. No Brasil, segundo dados do Instituto Brasileiro de Geografia e Estatística (IBGE), em 2019, cerca de 40% dos brasileiros utilizaram a internet para acessar serviços públicos.

Ao se proceder ao cotejamento dos dados de governança digital no Brasil com Portugal, utilizando indicadores idênticos, o resultado é o que está na sequência:

- acesso à internet: segundo dados da União Internacional de Telecomunicações (UIT), em 2020, cerca de 73% da população portuguesa tinha acesso à internet. Esse número é superior ao do Brasil, que é de 66%;
- adoção de tecnologias digitais na Administração Pública: num estudo realizado pela Organização das Nações Unidas (ONU) em 2018, Portugal ficou na 28ª posição em um *ranking* de 193 países no que concerne à adoção de tecnologias digitais na Administração Pública. O Brasil ficou na 55ª posição;
- desenvolvimento do setor de tecnologia e inovação: de acordo com o Índice Global de Inovação 2021, produzido pela Organização Mundial da Propriedade Intelectual (OMPI), Portugal ocupa a 32ª posição em um *ranking* de 132 países em

relação ao desenvolvimento do setor de tecnologia e inovação. O Brasil ocupa a 62ª posição;
- uso de serviços digitais pelos cidadãos: segundo dados da Eurostat, em 2020, cerca de 47% dos cidadãos portugueses utilizaram serviços públicos digitais nos últimos 12 meses. No Brasil, consoante indicadores do Instituto Brasileiro de Geografia e Estatística (IBGE), em 2019, cerca de 40% dos brasileiros utilizaram a internet para acessar serviços públicos.

Portugal exprime melhores indicadores em relação ao acesso à internet, adoção de tecnologias digitais na Administração Pública e no desenvolvimento do setor de tecnologia e inovação. O uso de serviços digitais pelos cidadãos, no entanto, ainda é um desafio para ambos os países, com Portugal expressando um índice um pouco superior ao do Brasil.

2 O futuro da governança digital

No futuro, espera-se uma evolução constante da governança digital, com a utilização de tecnologias cada vez mais avançadas e sofisticadas para melhorar a eficácia, transparência e participação dos cidadãos nas tomadas de decisão política.

O futuro da governança digital é promissor, com a tecnologia evoluindo rapidamente e novas soluções surgindo para tornar a Administração Pública mais eficiente, transparente e participativa. Evidenciem-se, então, algumas tendências (KAUFMANN, 2003; ORGANISATION FOR ECONOMIC CO-OPERATION AND DEVELOPMENT, 2022) que devem marcar o futuro da governança digital, consoante demarcado no seguimento:

- a utilização de tecnologias de inteligência artificial e *machine learning* auxilia a tornar a Administração Pública mais eficiente, automatizando processos, analisando dados e gerando *insights* para a tomada de decisão. A IA e a aprendizagem automática são utilizáveis para analisar grandes quantidades de dados e prever resultados de políticas públicas, dando azo a uma tomada de decisão mais informada e precisa;
- a tecnologia *blockchain* está disponível ao emprego para aumentar a transparência e a segurança nas transações e na

gestão de dados governamentais, conduzindo a que informações importantes sejam compartilhadas com maior confiança e mais eficiência. Asseguram-se, com efeito, a segurança e a integridade dos dados, o que é suscetível de ajudar a reduzir a corrupção, porquanto tem curso uma transparência maior e mais participação cívica;
- a internet das coisas (IoT) é exercitada para coletar dados e gerar informações em tempo real, ensejando que a Administração Pública tenha uma visão mais abrangente e precisa das necessidades da população e dos serviços públicos. Também está disposta para criar cidades inteligentes e melhorar a qualidade de vida dos cidadãos, com vistas a uma gestão mais eficiente de serviços públicos, como transporte, energia e água;
- realidade virtual (RV) e realidade aumentada (RA) estão à disposição para criar ambientes virtuais, visando à participação cívica, dando aos cidadãos o momento propício de debater e votar em políticas públicas desde qualquer lugar do mundo;
- *chatbots* e assistentes virtuais estão habilitados a fornecer informações em tempo real e apoio aos cidadãos, ensejando mais participação na governança. A participação cidadã na tomada de decisão e na gestão de políticas públicas deve ser cada vez mais valorizada, com o uso de ferramentas digitais, objetivando a colaboração, a consulta e o engajamento da população.

Essas são algumas tendências que devem marcar o futuro da governança digital, mas é importante lembrar que a evolução da tecnologia e a implementação de novas soluções dependem, também, da vontade política e do engajamento da sociedade.

Assim como há possibilidades promissoras na governança digital, também, entretanto, há riscos que precisam ser considerados (DINIZ, 1995; ORGANISATION FOR ECONOMIC CO-OPERATION AND DEVELOPMENT, 2022). Por exemplo, a coleta e o armazenamento de grandes quantidades de dados são suscetíveis de ocasionar preocupações com a privacidade e a segurança das informações pessoais dos cidadãos. Algumas pessoas temem que seus dados sejam mal utilizados ou expostos a *hackers*. O aumento do uso da tecnologia na governança aumenta o risco de ciberataques e vazamentos de indicadores sensíveis.

Os governos precisam garantir a segurança cibernética para proteger a privacidade e os direitos dos cidadãos.

Outro fator observado é a possibilidade de falta de transparência e *accountability*. De fato, embora a governança digital seja divisada como uma maneira de aumentar a transparência e a responsabilidade, há críticas conforme as quais as decisões tomadas por algoritmos e sistemas automatizados são opacas e difíceis de entender. Alguns argumentam que isso reduz a *accountability* das organizações e dos governos.

A governança digital é capaz de excluir aqueles que não têm acesso ou habilidades para lidar com tecnologia. Isso aumenta a desigualdade social e política e limita o acesso de algumas pessoas aos serviços governamentais. Num outro ângulo, a governança digital cria uma dependência excessiva da tecnologia, o que é, indubitavelmente, problemático, se ocorrerem falhas no sistema ou interrupções no fornecimento de energia ou internet. Também, se há de considerar a possibilidade da discriminação algorítmica, se os algoritmos usados na governança digital forem sujeitos a preconceitos e discriminação, o que é conducente a decisões injustas ou discriminatórias.

A governança digital, que aumenta a participação cívica e amplia as práticas democráticas, paradoxalmente, transporta à concentração de poder em algumas empresas de tecnologia, que controlam a infraestrutura e os dados necessários para que a governança digital funcione. Isso origina preocupações com relação ao monopólio e à falta de concorrência.

A governança digital constitui instrumento valiosíssimo de incremento da participação democrática e de aproximação dos cidadãos dos centros democráticos decisórios. Para tal, é importante que as organizações e governos considerem tais pontos e trabalhem para mitigar esses riscos à medida que avançam na adoção de práticas de governança digital. Também de relembrar que, tratando-se de "governança digital", a ênfase está em "governança", e não em "digital". As TICs são meios que devem estar ao serviço das pessoas, e não no sentido inverso.

Sem dúvida, por intermédio das tecnologias de informação e comunicação (TIC), é possível aprimorar a eficiência nas tarefas de tratamento coletivo e Administração Pública. As aplicações baseadas na internet reduzem custos na coleta e transmissão de dados, fornecem informações e se comunicam com os usuários de maneira eficiente. Os serviços bem-sucedidos, tanto *online* quanto *offline*, devem se concentrar nas necessidades dos usuários, sem exigir que se entendam as complexas estruturas governamentais para interagir com o governo. A internet está à disposição para ajudar o governo a aparecer como uma organização unificada, oferecendo serviços *online* homogêneos. A governança digital auxilia a reduzir a corrupção e aumentar a transparência e a confiança no governo, contribuindo para os objetivos da política econômica (DIAS; GOMES, 2021). O uso das TICs é capaz de promover um governo responsável e aberto, aumentando o envolvimento do cidadão no processo político e ajudando a prevenir a corrupção. Os governos devem estar preparados para enfrentar os desafios das novas tecnologias, à medida que a sociedade da informação se generaliza. O sucesso será medido por critérios como: melhor governo, melhores resultados políticos, qualidade superior de serviços, maior compromisso com o cidadão e melhoria dos serviços identificados como essenciais.

Considerações finais

A governança digital é uma área em constante evolução e se fez sempre mais relevante em uma sociedade constantemente mais conectada. Com a crescente digitalização da vida moderna, a demanda por governança digital eficaz está em ininterrupto aumento. Sob esse aspecto, o Brasil não será diferente das tendências mundiais, embora seja importante dar atenção às suas especificidades.

No futuro, a governança digital será ainda mais importante a fim de garantir que as instituições governamentais estejam equipadas para enfrentar os desafios de uma sociedade digital. A tecnologia continuará a evoluir e a influenciar todas as áreas da vida, incluindo a governança. Para lidar com esses desafios, a governança digital precisará sempre se atualizar e adaptar às novas tecnologias. As instituições governamentais terão que investir em tecnologias inovadoras e talentos em tecnologia para garantir que estejam à frente das últimas tendências e ameaças. Além disso, a governança digital é fundamental para assegurar a transparência, a responsabilidade e a participação do público nas decisões governamentais. Com a governança digital eficaz, os governos afiançam que suas políticas e práticas sejam justas e equitativas, e que atendam às necessidades da sociedade em geral.

Em suma, o futuro da governança digital é muito promissor. A tecnologia continuará a evoluir, mas, com a governança digital eficaz, os governos – incluindo o brasileiro – vão atestar que suas instituições estejam preparadas para enfrentar esses desafios e proporcionar benefícios significativos para a sociedade em geral. A governança digital é uma ferramenta poderosa para socorrer os governos com vistas aos seus objetivos de maneira mais eficiente e eficaz. Mediante uma abordagem baseada em dados, os governos estarão aptos a tomar decisões mais informadas e fornecer serviços mais personalizados aos cidadãos. Demais disso, a governança digital coadjuva na melhoria da transparência, aumenta a participação cidadã e reduz a corrupção, isto é, constitui um instrumento da e para a democracia.

Referências

AFONSO, José Roberto R.; FERNANDES, Andréa G. *e-Governo no Brasil*: Experiências e Perspectivas. Rio de Janeiro, RJ: BNDES, 2001.

ALVES, P. S.; MONTEIRO, J. L. Measuring digital government maturity: A framework and a case study in Portugal. *Government Information Quarterly*, v. 36, n. 4, 101415. DOI: 10.1016/j.giq.2019.101415. 2019. Acesso em: abr. 2023.

CATALÁ, Joan Prats I. Governabilidade democrática na América Latina no final do século. *In*: PEREIRA, Luiz Carlos Bresser; SPINK, Peter. XX. *Reforma do Estado e Administração Pública Gerencial*. São Paulo: Editora FGV, 1998.

COMISSÃO SOBRE GOVERNANÇA GLOBAL. *Nossa Comunidade Global*. O Relatório da Comissão sobre Governança Global. Editora FGV. 1996.

DIAS, Ricardo Cunha; GOMES, Marco Antônio Santana. Do Governo eletrônico à Governança Digital: Modelos e Estratégias de Governo Transformacional. *In*: *Public Sciences and Policies/Ciências e Políticas Públicas*, v. VII, n. 1, 2021, p. 93-117. DOI: 10.33167/2184-0644.CPP2021.VVIIN1/.

DINIZ, Eli. Governabilidade, Democracia e Reforma do Estado: Os Desafios da Construção de uma Nova Ordem no Brasil dos Anos 90. *DADOS – Revista de Ciências Sociais*, v. 38, n. 3, p. 385-415, 1995.

EUROPEAN COMMISSION. *Digital Government Factsheets*. 2021. Disponível em: https://ec.europa.eu/info/publications/digital-government-factsheets_en. Acesso em: abr. 2023.

FARIAS, Cristiano Ferri Soares; PIMENTEL, Marcio Sampaio. *Governo Eletrônico*: Conceitos, Modelos, Barreiras e Sucessos. São Paulo: Editora Atlas, 2012.

FERNANDES, M. A.; ALVES, R. B.; PEREIRA, J. A. Governança Digital no Brasil e em Portugal: Uma Análise Comparativa da Implementação do eSocial e do e-Fatura. *Revista Gestão Pública em Debate*, Salvador, v. 8, n. 4, p. 7-26, 2019.

GLOBAL E-GOVERNMENT RANKING. A Comparative Analysis of E-Government Development Index (EGDI) in Developing Countries. *International Journal of Business and Society*, v. 21, n. 2, p. 501-516, 2020.

GRECCO, Marco Aurélio. *Internet e Direito*. 2. ed. São Paulo: Dialética, 2000.

HOLZER, Marc; ZHENG, Yueping; MANOHARAN, Aroon; SHARK, Alan. *Digital Governance in Municipalities Worldwide* (2013-14). State University of New Jersey-Campus at Newark: Rutgers National Center for Public Performance. 2014.

KAUFMANN, Daniel. *Rethinking Governance*: Empirical lessons Challenge Orthodoxy. 2003. Disponível em: http://www.worldbank.org/wbi/governance/pdf/rethink_gov_stanford.pdf. Acesso em: abr. 2023.

ORGANISATION FOR ECONOMIC CO-OPERATION AND DEVELOPMENT. The Leaders Handbook on the Governance of Digital Government. *OECD Digital Government Studies*. January 2022.

PIERRE, J.; PETERS, B. G. *Governance, Politics, and the State*. London: Macmillan Press, 2000.

PINHEIRO, Patrícia Peck. *Direito Digital*. 4. ed. São Paulo: Saraiva, 2011.

UNITED NATIONS. UN E-Government Survey. *Digital Government in the Decade of Action for Sustainable Development*. 2020. Disponível em: https://publicadministration.un.org/egovkb/Portals/egovkb/Documents/un/2020-Survey/2020%20UN%20E-Government%20Survey%20-%20Full%20Report.pdf. Acesso em: abr. 2023.

Informação bibliográfica deste texto, conforme a NBR 6023:2018 da Associação Brasileira de Normas Técnicas (ABNT):

CASTRO, Kamile Moreira; COSTA, Fernando Manuel Alves Mendonça Pinto da. O presente e o futuro da governança digital no Brasil. In: LINS, Rodrigo Martiniano Ayres; CASTRO, Kamile Moreira (Org.). O futuro das eleições e as eleições do futuro. Belo Horizonte: Fórum, 2023. p. 241-259. ISBN 978-65-5518-611-6.

NOVAS TECNOLOGIAS, ANTIGOS FORMATOS: LOCALIZAÇÃO DO CNPJ NAS PROPAGANDAS DIGITAIS DO FACEBOOK

LÍGIA VIEIRA DE SÁ E LOPES

Introdução

A propaganda eleitoral tem por escopo divulgar as ideologias e afinações dos candidatos que disputarão os cargos eletivos, concedendo espaço de conhecimento e escolha das melhores propostas, destacando-se sobremaneira nos últimos tempos a propaganda digital.

Ocorre que, diante do avanço e incremento das formas de promoção e propagação dos candidatos nas campanhas eleitorais, se verificou um maior volume de gastos, podendo muitas vezes desembocar em abusos econômicos, impelindo um controle pelo Judiciário, através das prestações de contas de campanha que aferem a obediência aos parâmetros autorizados dos gastos efetuados.

Esse controle visa promover a divulgação de candidaturas de forma igualitária, com a mínima ingerência financeira na formação de opinião e consequente decisão de voto, tendo a Lei nº 13.488/2017 regulamentado a propaganda paga na internet, na modalidade impulsionada, contendo o CNPJ ou número de inscrição no Cadastro de Pessoas Físicas (CPF) do responsável, a fim de servir de indicativo e elemento de controle cruzado dos gastos, por ocasião da prestação de contas, em que se verificará se constam na declaração de despesas os valores de cada propaganda impulsionada.

Em pormenores, através do número do CPF/CNPJ do responsável pela contratação do serviço digital, pode-se fazer a identificação do candidato que realizou a despesa e do valor que foi despendido na mesma, atrelando todo o valor gasto em campanha, com o correspondente valor declarado, protegendo o pleito de eventuais omissões.

Acontece que, com a evolução dos meios de propaganda, demandou-se uma necessidade de alinhamento e adequação da legislação que antes se aplicava somente às propagandas impressas, à realidade atual e urgente das propagandas digitais, a fim de evitar possíveis interpretações equivocadas, causando punição ao exercício genuíno de expressão democrática.

Nesse diapasão, busca-se, através do presente resumo, uma reflexão aprofundada, crítica e atualizada da nova realidade, fixando e esclarecendo os pontos controversos na interpretação da norma através da utilização de recursos oferecidos na plataforma digital, no caso, o Facebook, que garante de forma até mais transparente a concretude das aspirações presentes na legislação eleitoral regulamentadora.

O estudo da matéria se deu pelo método dedutivo, com leituras e fichamento de doutrinas jurídicas e, principalmente, de recentes julgados sobre o tema.

1 Propaganda eleitoral como exercício democrático e legislação eleitoral

Segundo Olivar Coneglian, a propaganda política é uma forma de comunicação decorrente da publicidade política, juntamente com a eleitoral e institucional. A propaganda política, por sua vez, subdivide-se em partidária, não partidária para políticos e não partidária informal (CONEGLIAN, 2010).

O enfoque do artigo será a propaganda eleitoral, largamente utilizada nas eleições, de forma periódica, relativa a cada pleito de renovação dos cargos políticos ocupados, característico da forma republicana de governo.

A propaganda eleitoral é a ferramenta democrática de "venda" de propostas pelo aspirante ao cargo político, na qual lança o seu nome e justifica, através de propostas, a razão de ser uma boa opção para ocupar o cargo de gestor da coisa pública, muitas vezes se utilizando de ferramentas que vão além do convencimento argumentativo, fazendo uso de inúmeros recursos, como músicas, desenhos e demais expressões (CRUZ, 2018, p. 37).

Dessa forma, podemos simplificar que a propaganda é uma espécie de consagração antecipada de garantia de incursão ao processo democrático, justificada, assim, a importância de seu livre exercício e garantia de acesso por todos ao seu conteúdo.

Existem várias formas de promoção através da propaganda: a de convencimento pessoal, conhecido como corpo a corpo, forma mais rudimentar de apresentação e que predominou nos períodos iniciais da democracia; as propagandas impressas, por exemplo, santinhos, volantes e *outdoors*; a propaganda midiática, através de rádio e televisão; e, mais recentemente, a propaganda através da internet, que contempla uma infinidade de formas de persuasão.

Os meios de realização da propaganda eleitoral são inomináveis, pois, como dito, a propaganda eleitoral em si não é um conceito hermeticamente fechado, permitindo inimagináveis variações, que encontram limitação nas permissões ou vedações oriundas da legislação eleitoral.

Por ter esse conceito aberto de definição, o princípio basilar que norteia o direito à realização da propaganda eleitoral é o da liberdade de expressão, ou seja, quando a lei não veda a propaganda, a mesma poderá ser utilizada em sua plenitude, bem como o princípio da disponibilidade, que concilia o princípio da liberdade e da igualdade, de forma que partidos e candidatos possam se utilizar da propaganda, desde que permitida, sem sofrer sanções (NEVES, 2012).

Por ter parâmetros de limite e de vedação, essa liberdade não é absoluta, haja vista a necessidade de não gerar desvirtuamento através da utilização do espaço de promoção para ofensa, desrespeito e depreciação das demais candidaturas, estando imbuído nessa restrição o dever de obediência à outra faceta democrática, o da igualdade de acesso e divulgação de campanha por todos os candidatos, com consequente evitação de abusos.

Então, ao tempo que essa ausência de conceito fechado de propaganda facilita o exercício do direito constitucional de liberdade de expressão, surgem, de outro lado, as vedações em vários regramentos legais e que, em maior parte das vezes, resultam em interpretações e subjetividades que nem sempre retratam a finalidade legal, podendo gerar distorções na aplicabilidade de sanções (CRUZ, 2018, p. 38).

A partir daí, evidencia-se uma problemática recorrente, que impinge em uma renovação de proibido e permitido a cada pleito eleitoral, e muitas vezes, dentro do próprio pleito, dentro da subjetividade do intérprete, uma mesma conduta é punida em uma localidade e liberada em outro local, abrindo espaço para verdadeiros cerceamentos da liberdade de expressão em algumas ocasiões e, em outras, em caminho diametralmente oposto, liberando lacuna para prática de abusos.

2 Apresentação do CNPJ nas mídias digitais do Facebook

A regra de exercício da propaganda eleitoral é a liberdade de expressão; por isso, a necessidade de criação de mecanismos de coibição de excessos, a fim de combater o abuso de ordem econômica. Uma dessas formas é a obrigatoriedade de identificação no material de propaganda eleitoral, contemplando a norma, em um primeiro momento, e o material impresso, até por não existir na época propaganda na internet.

Com a virtualização das relações, decorrente do avanço dos recursos trazidos pela internet, a propaganda eleitoral no meio digital vem ganhando cada dia mais adeptos, haja vista a sua rápida difusão, alcance aos mais diversos grupos e com custos e danos ambientais menores, oportunizando o convencimento de forma econômica, ampla e irrestrita.

Diante desse novo cenário, a legislação, que já reconhecia de forma genérica a propaganda virtual, na medida em que a previa como gasto eleitoral, por muito tempo teve como incerta a possibilidade de sua realização, tendo sido objeto de inúmeras demandas no TSE (Tribunal Superior Eleitoral) que permeavam um viés de proibição por ausência de positivação expressa, posicionamento questionável por contrariar o princípio da livre manifestação (NEVES, 2012, p. 90).

Dessa forma, em 2017, a Lei nº 9.504/97, com a inclusão do art. 57-C, §§2º e 3º, pela Lei nº 13.488, de 6 de outubro de 2017, fez regulamentação da propaganda eleitoral paga na internet, a ser realizada exclusivamente por partidos, coligações, candidatos e seus representantes, não podendo ser praticada por pessoas jurídicas, com ou sem fins lucrativos, e por órgãos ou entidades da Administração Pública direta ou indireta da União, dos estados, do Distrito Federal e dos municípios (BRASIL, 2017).

A partir daí, a matéria passou a ser regulamentada por meio das resoluções do TSE (Tribunal Superior Eleitoral). Primeiramente para as eleições de 2018, foi editada a Resolução nº 23.551/2017 e, na sequência, para eleições de 2020, a Resolução nº 23.610/2019, que, em seu artigo 29, §5º, previu que, no caso de impulsionamento, a propaganda deverá conter, de forma clara e legível, o número de inscrição no Cadastro Nacional da Pessoa Jurídica (CNPJ) ou o número de inscrição no Cadastro de Pessoas Físicas (CPF) do responsável, além da expressão "Propaganda Eleitoral", vedando o impulsionamento por terceiros, pessoas físicas ou jurídicas, e possibilitando o controle da despesa através da prestação de contas (BRASIL, 2019).

A medida visa garantir a possibilidade de realizar consultas nas bases de dados da Receita Federal e no *site* da Justiça Eleitoral durante a realização da propaganda, acessando todas as informações relativas à campanha do candidato, bem como confrontar as informações, por ocasião da prestação de contas, a fim de verificar se o valor despendido com aquela propaganda foi devidamente declarado e está dentro dos limites aceitáveis de mercado.

Ocorre que, em razão da existência, por muito tempo, somente de propaganda impressa, o cumprimento de tal exigência legislativa se dava somente através da simples e imediata visualização da informação no conteúdo do material de campanha impresso, como nos conhecidos "santinhos", largamente utilizados para propagação dos nomes concorrentes aos pleitos.

A cultura advinda da propaganda impressa, de imediata visualização no corpo da propaganda, sedimentou a ideia de que a única forma de apresentação do CNPJ deveria ser essa, furtando-se de observar as peculiaridades da propaganda digital.

A demonstração de que a forma de apresentação do CNPJ nas propagandas eleitorais não se submete aos mesmos regramentos é que a Resolução nº 23.610/2019 fez distinção das situações utilizando-se das previsões em tópicos separados, exigindo a apresentação do CNPJ na propaganda digital no artigo 29, §5º, e, em tópico apartado, fez a exigência da propaganda impressa no art. 21, §1º, especificando que, nesse último caso, a apresentação do CNPJ/CPF deve ser no próprio conteúdo da propaganda impressa.

Essa previsão normativa reveste-se de coerência, uma vez que a propaganda em plataformas digitais, mais especificamente o Facebook, possui uma infinidade de recursos não contemplados na propaganda impressa, possibilitando o fácil acesso ao CNPJ/CPF do responsável através do ícone "i" (relativo à palavra "informações"), que aparece na imagem do anúncio impulsionado (https://ptbr.facebook.com/business/help/2405092116183307).

Essa ferramenta direciona o eleitor para inúmeras informações, bem além do simples CNPJ/CPF, fornecendo telefone, *e-mail*, *site* do candidato, demonstração de alcance do conteúdo, valor empenhado na contratação, percentual de gênero para qual o anúncio foi mostrado, enfim, uma imensidão de dados que garantem a transparência e o controle da divulgação realizada.

As informações disponibilizadas pela plataforma abundam, o que é pedido, uma vez que a norma requer o cadastro de identificação nacional da pessoa física ou jurídica de forma clara e legível na propaganda eleitoral digital, e não na imagem digital, e essa informação é ofertada, atendendo a finalidade de transparência da campanha eleitoral e oferecendo meios de fiscalização dos gastos com impulsionamento de propagandas eleitorais (https://ptbr.facebook.com/business/help/2405092116183307).

A forma de apresentação é matéria da seara publicitária, dizendo respeito a conceitos visuais, que, por razões de adequação à plataforma e evolução dos veículos propagandísticos, são oferecidos de forma diversa, não devendo apresentar relevância na seara jurídica, principalmente como medida penalizadora.

Cumpre ficar claro que a opção de inserção do CNPJ no próprio corpo do anúncio deve ser vista como possibilidade, e não como cogência, uma vez que os rótulos disponibilizados cumprem o requerido pela legislação, que deve se adequar ao novo produto comercializado, sob pena de censura ao direito de liberdade de expressão e pensamento.

3 Enfrentamento da matéria nos tribunais eleitorais

A presente matéria foi fortemente debatida nas últimas eleições pelo TRE/CE ao apreciar várias ações em grau de recurso, de tese firmada pelo juízo da 94ª Zona Eleitoral de Fortaleza, que entendeu isoladamente que há cumprimento do regramento legal a propaganda eleitoral digital impulsionada na plataforma Facebook, que disponibiliza, através do ícone de informações, todos os dados do candidato, inclusive CNPJ.

Ocorre que, por ocasião da apreciação do recurso eleitoral, a egrégia corte, ratificando precedentes firmados, entendeu pela irregularidade da propaganda, apontando que foram violados o artigo 29, §5º, da Resolução TSE nº 23.610/2019 e o artigo 57-C da Lei das Eleições;

dessa forma, reformou a decisão do juízo da 94ª Zona Eleitoral e aplicou por consequência a multa eleitoral em todos os casos análogos (BRASIL, 2021).

Com entendimento alinhado ao Tribunal Regional Eleitoral do Ceará, mas com motivação diversa, entendeu o TRE/RJ que haveria violação aos dispositivos legais, enfrentando a motivação trazida pelo candidato de que, nas postagens, havia informação do patrocínio da publicação, e as ausências de CNPJ e da expressão "propaganda eleitoral" seriam decorrentes de novas configurações utilizadas pela rede social Facebook. Assim, entendeu serem insuficientes para atender as necessidades legais da norma.

Verifica-se no enfrentamento da matéria pelas cortes acima citadas uma tendência de conservação e preservação de entendimentos solidificados em normas pregressas, em que não havia os recursos de informações na plataforma Facebook relativos aos dados requisitados pela norma, que atualmente supre, demasiadamente, a finalidade de informar os gastos para fins de combate do abuso econômico na propaganda eleitoral.

Devem ser cotejadas pelo direito as novas realidades; afinal, a norma existe para regular a vida em sociedade, devendo acompanhar os avanços que nela ocorrem, e as relações dialógicas nos meios virtuais, com a utilização de novas tecnologias, não podem ser olvidadas, sobretudo quando restringem e penalizam o candidato e, por via de consequência, privam o eleitor de informações, muitas vezes importantes para o seu convencimento.

Repisando que a liberdade da propaganda política tem desdobramento direto da liberdade constitucional de expressão, que só deve sofrer sopesamento, evitando-se em regra o cerceamento, quando há colisão entre princípios constitucionais, indica a doutrina, conforme verificamos nesse recorte da análise do caso *Lebach*, por Robert Alexy (2008, p. 99-100):

> Depois da constatação de uma colisão entre princípios cujo valores abstratos estão no mesmo nível, o Tribunal Constitucional Federal, em um segundo passo, sustenta uma precedência geral da liberdade de informar (/'2) no caso de uma "informação atual sobre atos criminosos" (Ci),49 ou seja; (P2 P Pi) Cl.·Essa relação de precedência é interessante, porque nela se sustenta apenas uma precedência geral ou básica.
> (...)

A condição de precedência e, com isso, o suporte tático da regra que corresponde ao enunciado de preferência segundo a lei de colisão incluem uma cláusula ceteris paribus, a qual permite o estabelecimento de exceções.

De outro turno, com posicionamento oposto e de vanguarda, enfrentaram com entendimento diverso a matéria os TREs de Goiânia, Paraná, Mato Grosso e Rio Grande do Sul, entendendo que, quando possibilitada a aferição do CNPJ do contratante no ícone "sobre o anúncio" na própria publicação da propaganda no Facebook, há integral cumprimento do §5º do art. 29 da Resolução TSE nº 23.610/19, por isso lícita a propaganda (BRASIL, 2021).

O Tribunal Regional Eleitoral de Goiânia sopesou em seu julgado que:

> Explícito está que é o próprio operador do serviço quem disponibiliza a ferramenta e define a forma como o contratante informará seu CNPJ/CPF. Nesse ínterim, resta incontroverso que as postagens veiculadas pelo segundo recorrente atendeu às exigências constantes na legislação eleitoral, com indicação do CNPJ do contratante ou possibilidade de sua obtenção facilmente por qualquer cidadão, de forma clara e legível, bem como da menção de que se tratava de propaganda eleitoral. (TRE-GO, RECURSO ELEITORAL nº 060058230, Acórdão, Relator(a) Des. ATILA NAVES AMARAL, Publicação: DJE - DJE, Tomo 62, Data 09/04/2021).

O Tribunal Regional Eleitoral do Rio Grande do Sul explicitou:

> (...) a finalidade da norma ao exigir que o anúncio esteja identificado de forma inequívoca reside na possibilidade de fiscalização de gastos de campanha de candidatos, partidos e coligações. Sendo assim, no caso dos autos, estando o CNPJ acessível ao público em geral, evidencia-se atendida a finalidade da norma. (...) (TRE-RS, Recurso Eleitoral n 060040818, ACÓRDÃO de 12/05/2021, Relator ARMINIO JOSÉ ABREU LIMA DA ROSA, Publicação: PJE - Processo Judicial Eletrônico).

São interpretações opostas do mesmo fato, uma com notável e necessária evolução jurisprudencial, uma vez que a sociedade está em constante renovação, e outra que se mantém atrelada à propaganda impressa, o que gera instabilidade nas decisões, uma vez que o mesmo candidato pode ser condenado através de postagem a uma multa de R$5.000,00 a R$ 30.000,00 (trinta mil reais) no TRE/RJ ou TRE/CE e não sofrer nenhuma sanção nos TREs do Paraná, Mato Grosso, Goiânia ou Rio Grande do Sul.

A controvérsia parece estar dentro da seara interpretativa, com solução hermenêutica, na qual a Constituição, através do princípio da liberdade de expressão, demonstra o real conteúdo da norma. Preleciona o ministro Barroso:

> É comum dizer-se que uma nova Constituição é uma reação ao passado e um compromisso para o futuro.
> (...) o texto constitucional de 1988 foi verdadeiramente obsessivo ao tratar da matéria, o que fez em uma pluralidade de dispositivos. *Em lugar de assegurar a liberdade de expressão de genericamente, vedando a censura e outras intervenções estatais, a Constituição dedicou diversas normas específicas ao tema.* Nessa linha, a Constituição protege expressamente a manifestação de pensamento, a atividade intelectual, artística e científica, bem como a comunicação *e o direito a informação.*
> (...) *O Supremo Tribunal Federal tem um conjunto de decisões em matéria de liberdade de expressão, sendo que a maior parte de suas intervenções foi no sentido de assegurá-la e ampliá-la* (BARROSO, 2020, p. 113-115).

Sintetizando, diante de uma controvérsia de interpretação normativa, como a apontada neste artigo, que gira em torno da problemática de suprimento ou não da informação do CNPJ, dependendo da localização em que se encontra disposto, tem-se que utilizar da hermenêutica constitucional, até porque é dela que decorre toda a normatividade da matéria, devendo-se usar como baliza o princípio da máxima efetividade da Constituição; nesse ponto, a garantia da liberdade de expressão, que é regra, e não exceção.

O entendimento de que a forma como está posicionado o CNPJ deverá ser fator determinante de aplicação de sanção e consequente censura do conteúdo da propaganda parece comprometer a estrutura democrática, até porque não existe conflito entre princípios constitucionais, mas na aplicação da norma de forma literal ou aplicação por critérios jurídico-constitucionais.

O próprio Tribunal Superior Eleitoral já se posicionou diversas vezes pela liberdade de expressão como regra, conforme verificamos no julgado abaixo:

AGRAVO INTERNO. RECURSO ESPECIAL. ELEIÇÕES 2016. PREFEITO. AÇÃO DE INVESTIGAÇÃO JUDICIAL ELEITORAL (AIJE). USO INDEVIDO DOS MEIOS DE COMUNICAÇÃO. ART. 22 DA LC 64/90.

MÍDIA IMPRESSA. ATOS DE GESTÃO. LICITUDE. NEGATIVA DE PROVIMENTO.1. No decisum agravado, proveu-se o recurso especial interposto pela terceira colocada no pleito majoritário de Caldas Novas/GO em 2016 e outros para julgar improcedentes os pedidos formulados em Ação de Investigação Judicial Eleitoral (AIJE) proposta por suposto uso indevido dos meios de comunicação social, nos termos do art. 22 da LC 64/90.2. O uso indevido dos meios de comunicação social caracteriza-se por se expor desproporcionalmente um candidato em detrimento dos demais, ocasionando desequilíbrio na disputa eleitoral. Precedentes.3. Permite-se à mídia impressa posicionar-se favoravelmente à determinada candidatura sem que isso caracterize de per si referido ilícito, devendo ser punidos pela Justiça Eleitoral eventuais excessos. Precedentes.4. Em caso análogo julgado recentemente – REspEl 0000357-73/SP, sessão de 9/3/2021 –, esta Corte Superior, por maioria, nos termos do voto do e. *Ministro Alexandre de Moraes, assentou que a Constituição Federal assegura a livre manifestação do pensamento, a liberdade de expressão e o direito à informação a fim de "fortalecer o Estado Democrático de Direito e à democratização do debate no ambiente eleitoral, de modo que a intervenção desta Justiça especializada deve ser mínima em preponderância ao direito à liberdade de expressão. Ou seja, a sua atuação deve coibir práticas abusivas ou divulgação de notícias falsas, de modo a proteger a honra dos candidatos e garantir o livre exercício do voto".* 5. No caso, ainda que o Jornal Local e o Gazeta tenham assumido posição favorável aos candidatos diante das menções elogiosas, as matérias possuem conteúdo meramente informativo sobre práticas de campanha e perfil dos candidatos, sem pedido explícito de votos, sendo insuficientes para demonstrar excesso punível na esfera eleitoral. 6. Ademais, apesar de no aresto regional se consignar que as notícias foram divulgadas em diversas edições dos jornais no período de 16/8 a 16/9/2016, não há informação sobre a tiragem dos periódicos, tampouco o número de eleitores atingidos, o que impede extrair a gravidade da repercussão das publicações tidas por promocionais. 7. Esses fatores, acrescidos da circunstância de que eles obtiveram apenas a terceira colocação no pleito, impõem reconhecer que a sanção de inelegibilidade por oito anos afigura-se desproporcional.8. Agravo interno a que se nega provimento (RECURSO ESPECIAL ELEITORAL nº 44.228, Acórdão, Relator(a) Min. Luis Felipe Salomão, Publicação: DJE - Diário da justiça eletrônica, Tomo 78, Data 03/05/2021, Página 0).

Considerações finais

A propaganda eleitoral via internet, através de impulsionamento, potencializa o alcance e a divulgação da informação; por isso, com a finalidade de resguardar o pleito de influências do poder econômico, exige-se, assim como nas propagandas impressas, que as mesmas contenham, de forma clara e legível, o número do Cadastro Nacional de Pessoa Jurídica (CNPJ) ou o número de inscrição no Cadastro de Pessoas Físicas (CPF) do responsável pela veiculação da propaganda eleitoral, além da expressão "Propaganda Eleitoral", nos termos do art. 29, §5º, da Resolução nº 23.610/19 c/c o art. 57-C, §2º, da Lei nº 9.504/97.

Com as inovações tecnológicas, restou controverso sobre o atendimento desses preceitos legais quando presente o CNPJ no campo de informações relativos ao anúncio, fora do próprio conteúdo do mesmo, de forma que, para alguns tribunais, a medida relativa ao campo da publicidade atende o previsto na norma e, para outros tribunais, o local em que se encontra a localização da informação implica na irregularidade da propaganda, devendo ser objeto de penalidade, por descumprimento da norma.

Dessa forma, diante de uma análise sistemática, com enfoque constitucional da liberdade de expressão e uma confrontação entre o fundamento da exigência legal e a necessidade de adaptação a um novo contexto de modernidade e evolução das propagandas eleitorais realizadas através de plataformas digitais, conclui-se pela necessidade de uma releitura em relação à interpretação da norma acerca da exigência de localização do CNPJ dentro de parâmetros de outrora, passando-se a considerar a evolução dos meios de propaganda e a nova forma de apresentação dos conteúdos exibidos nesse meio.

Referências

ALEXY, Robert. *Teoria dos Direitos Fundamentais*. Tradução de Virgílio Afonso da Silva. São Paulo: Malheiros, 2008. Título original: *Theorie der Grundrechte*.

BARROSO, Luís Roberto. *Sem data venia*: um olhar sobre o Brasil e o mundo. 1. ed. Rio de Janeiro: História Real, 2020.

BRASIL. *Lei nº 9.504, de 30 de setembro de 1997*. Estabelece normas para as eleições. Brasília: TSE.

BRASIL. *Lei nº 13.488, de 06 de outubro de 2017*. Disponível em: http://www.planalto.gov.br/ccivil_03/_ato2015-2018/2017/lei/l13488.htm. Acesso em: 11 abr. 2018.

BRASIL. Tribunal Superior Eleitoral. *Resolução 23.551/2017*. Min. Gilmar Mendes, publicada no DJE-TSE, nº 26, de 5.2.2018, p. 248-273 e republicado no DJE-TSE, nº 94, de 14.5.2018, p. 98-124. Disponível em: https://www.tse.jus.br/legislacao/compilada/res/2017/resolucao-no-23-551-de-18-de-dezembro-de-2017. Acesso em: 13 jul. 2021.

BRASIL. Tribunal Superior Eleitoral. *Resolução 23.610/2019*. Min. Luís Roberto Barroso, publicada no DJE-TSE, nº 249, de 27.12.2019, p. 156-184. Disponível em: https://www.tse.jus.br/legislacao/compilada/res/2019/resolucao-no-23-610-de-18-de-dezembro-de-2019. Acesso em: 13 jul. 2021.

BRASIL. Tribunal Superior Eleitoral. TRE-CE, RECURSO ELEITORAL n. 0600090-96, ACÓRDÃO n. 0600090-96 de 01/02/2021. Relator JOSÉ VIDAL SILVA NETO, Publicação: DJE - Diário de Justiça Eletrônico, Tomo 28, Data 09/02/2021, Página 76/8. Disponível em: https://www.tse.jus.br/jurisprudencia/decisoes/jurisprudencia. Acesso em: 13 jul. 2021.

BRASIL. Tribunal Superior Eleitoral. RECURSO ESPECIAL ELEITORAL nº 44228, Acórdão, Relator(a) Min. Luis Felipe Salomão, Publicação: DJE - Diário da justiça eletrônica, Tomo 78, Data 03/05/2021, Página 0. Disponível em: https://www.tse.jus.br/jurisprudencia/decisoes/jurisprudencia. Acesso em: 23 jul. 2021.

BRASIL. Tribunal Regional Eleitoral do Ceará - TRE-CE. TRE-CE, RECURSO ELEITORAL n. 0600122-26, ACÓRDÃO n 0600122-26 de 27/01/2021, Relator KAMILE MOREIRA CASTRO, Publicação: DJE - Diário de Justiça Eletrônico, Tomo 20, Data 29/01/2021, Página 15/24. Disponível em: https://www.tse.jus.br/jurisprudencia/decisoes/jurisprudencia. Acesso em: 13 jul. 2021.

BRASIL. Tribunal Regional Eleitoral do Ceará - TRE-CE, RECURSO ELEITORAL n. 0600186-11, ACÓRDÃO n 0600186-11 de 22/01/2021, Relator FRANCISCO ERICO CARVALHO SILVEIRA, Publicação: DJE - Diário de Justiça Eletrônico, Tomo 23, Data 02/02/2021, Página 80/90. Disponível em: https://www.tse.jus.br/jurisprudencia/decisoes/jurisprudencia. Acesso em: 13 jul. 2021.

BRASIL. Tribunal Regional Eleitoral de Goiânia. TRE-GO, RECURSO ELEITORAL nº 060034844, Acórdão de Relator(a) Des. Vicente Lopes da Rocha Júnior, Publicação: DJE - DJE, Tomo 151, Data 01/07/2021, Página 0. Disponível em: https://www.tse.jus.br/jurisprudencia/decisoes/jurisprudencia. Acesso em: 13 jul. 2021.

BRASIL. Tribunal Regional Eleitoral de Goiânia. TRE-GO, RECURSO ELEITORAL nº 060058230, Acórdão, Relator(a) Des. ATILA NAVES AMARAL, Publicação: DJE - DJE, Tomo 62, Data 09/04/2021, Página 0. Disponível em: https://www.tse.jus.br/jurisprudencia/decisoes/jurisprudencia. Acesso em: 13 jul. 2021.

BRASIL. Tribunal Regional Eleitoral do Paraná, TRE-PR, REPRESENTAÇÃO n. 0600662-56.2020.6.16.0034, ACÓRDÃO n 59321 de 27/07/2021, Relator LUIZ FERNANDO WOWK PENTEADO, Publicação: DJ - Diário de justiça, Tomo DJE, Data 30/07/2021. Disponível em: https://inter03.tse.jus.br/sjur-pesquisa/pesquisa/actionBRSSearch.do?toc=true&docIndex=0&httpSessionName=brsstateSJUT297879406&sectionServer=PR&grupoTotalizacao=0. Acesso em: 24 set. 2021.

BRASIL. Tribunal Regional Eleitoral do Paraná, TRE-PR, REPRESENTACAO n 0600205-50.2020.6.16.0090, ACÓRDÃO n 58380 de 18/03/2021, Relator(aqwe) ROBERTO RIBAS TAVARNARO, Publicação: DJ - Diário de justiça, Tomo DJE, Data 23/03/2021. Disponível em: https://inter03.tse.jus.br/sjur-pesquisa/pesquisa/actionBRSSearch.do?toc=true&docIndex=0&httpSessionName=brsstateSJUT297879406&sectionServer=PR&grupoTotalizacao=0. Acesso em: 24 set. 2021.

BRASIL. Tribunal Regional Eleitoral do Rio de Janeiro-RJ, RECURSO ELEITORAL nº 060093148, Acórdão, Relator(a) Des. Kátia Valverde Junqueira, Publicação: DJE - DJE, Tomo 71, Data 05/04/2021, Página 0. Disponível em: https://inter03.tse.jus.br/sjur-pesquisa/pesquisa/actionBRSSearch.do?toc=true&docIndex=0&httpSessionName=brsstateSJUT60 5684850&sectionServer=RJ&grupoTotalizacao=1. Acesso em: 24 set. 2021.

BRASIL. Tribunal Regional Eleitoral do Rio Grande do Sul. TRE-RS, Recurso Eleitoral n. 060040818, ACÓRDÃO de 12/05/2021, Relator ARMINIO JOSÉ ABREU LIMA DA ROSA, Publicação: PJE - Processo Judicial Eletrônico-PJE. Disponível em: https://www.tse.jus.br/jurisprudencia/decisoes/jurisprudencia. Acesso em: 13 jul. 2021.

CONEGLIAN, Olivar. *Propaganda Eleitoral de acordo com o Código Eleitoral e com a Lei 9.50-4/97*. 10 ed. Editora Juruá, 2010.

CRUZ, Francisco Brito *et al*. *Direito eleitoral na era digital*. Belo Horizonte: Letramento; Casa do Direito, 2018.

NEVES FILHO, Carlos. *Propaganda eleitoral e o princípio da Liberdade da propaganda política*. Belo Horizonte: Fórum, 2012.

Informação bibliográfica deste texto, conforme a NBR 6023:2018 da Associação Brasileira de Normas Técnicas (ABNT):

LOPES, Lígia Vieira de Sá e. Novas tecnologias, antigos formatos: localização do CNPJ nas propagandas digitais do Facebook. In: LINS, Rodrigo Martiniano Ayres; CASTRO, Kamile Moreira (Org.). O futuro das eleições e as eleições do futuro. Belo Horizonte: Fórum, 2023. p. 261-273. ISBN 978-65-5518-611-6.

AS CONTRATAÇÕES PÚBLICAS SUSTENTÁVEIS NAS ELEIÇÕES E A IMPLEMENTAÇÃO DA META 12.7 DOS OBJETIVOS PARA O DESENVOLVIMENTO SUSTENTÁVEL (ODS) NO BRASIL

OLIVIA ELIANE LIMA DA SILVA
PATRÍCIA FORTES ATTADEMO FERREIRA

Introdução

A matéria tratada aqui nesta pesquisa se limita às contratações públicas sustentáveis federais com foco nas contratações públicas sustentáveis a serem realizadas na esfera federal, mormente, o impacto das contratações públicas sustentáveis nas eleições e sua importância para fomentar o desenvolvimento de atividades e produtos para o desenvolvimento sustentável.

Isto posto, o presente artigo adstringe-se unicamente à legislação federal no que se refere à contratação pública sustentável, sem menções a outras normas e legislações estaduais ou municipais.

O trabalho ora proposto não tem intenção de esgotar o assunto ou de abranger todos os enfoques relacionados à matéria. Almeja-se tão somente uma reflexão sobre a legislação federal relativa às contratações públicas, apontando experiências do Poder Executivo federal nas contratações públicas sustentáveis, verificando o impacto das contratações públicas de eleições no produto interno bruto (PIB) como consequência para fomentar um desenvolvimento de atividades e produtos voltados positivamente para o desenvolvimento sustentável.

Assim, este artigo analisará a situação das contratações públicas sustentáveis em períodos eleitorais e sua relação de importância para a meta 12.7, ou seja, a relação de importância das contratações públicas sustentáveis para as eleições e sua relação com a meta 12.7 dos Objetivos para o Desenvolvimento Sustentável (ODS) no Brasil.

Para tanto, o estudo será divido em três partes: a primeira trará definições do que venha a ser contratações públicas sustentáveis e sua análise em períodos de eleição, bem como será verificado o impacto das compras públicas sustentáveis no produto interno bruto (PIB); a segunda seção verificará experiências do Poder Executivo federal e as possibilidades de contratações públicas sustentáveis em eleições, bem como serão verificadas as possibilidades de contratações públicas sustentáveis nas eleições que se avizinham (2022).

Delimitou-se o presente trabalho às experiências federais, sem remissões a outras experiências estaduais ou municipais, por dois motivos: a União é o ente federativo com maiores recursos para compras de bens e contratações de serviços; a presente pesquisa tem corte temático "eleições e compras públicas sustentáveis" realizadas em períodos eleitorais por entes federais.

Por fim, a última seção deste trabalho analisará as contratações públicas sustentáveis nas eleições e sua importância para implementação da meta 12.7 dos Objetivos para o Desenvolvimento Sustentável no Brasil. Assim, a presente pesquisa, ao final, pretende responder o seguinte problema: as contratações públicas sustentáveis em períodos eleitorais têm relevância para implementação da meta 12.7 dos Objetivos para o Desenvolvimento Sustentável, bem como apresentam dados consolidados a fim de servirem como parâmetros de consumo sustentável?

Este trabalho foi desenvolvido a partir da análise dos pontos de contato que poderiam ter a contratação pública sustentável e as aquisições e serviços contratados para as eleições. Nesse sentido, estabeleceu-se o método de abordagem dedutivo para esta pesquisa.

De acordo com as condições e objetivos finais a serem alcançados, fora realizado o levantamento bibliográfico referente à temática abordada, a fim de apresentar uma pesquisa com base teórica e descritiva através de uma abordagem qualitativa. Priorizaram-se a interpretação e a compreensão do tema com base em levantamentos teóricos que aportam sobre a correlação dos institutos sustentabilidade e desenvolvimento sustentável.

Por fim, considerando a perspectiva para o tratamento do problema, utilizou-se a melhor doutrina, que aponta a sustentabilidade em seus aspectos sociais, ambientais e econômicos, o que permitiu uma interpretação de forma inter-relacionada com fatores variados, privilegiando contextos, ou seja, a pesquisa qualitativa.

1 As contratações públicas sustentáveis para as eleições e o impacto no produto interno bruto (PIB)

De acordo com o Programa das Nações Unidas para o Meio Ambiente (PNUMA) e a Comissão Europeia (UNEP, 2015), as contratações públicas representam o impacto econômico de 30% do PIB dos países em desenvolvimento. Soma-se a isto o fato de as contratações públicas assumirem o relevante papel no fomento do mercado de circulação de bens e serviços sustentáveis.

Já as compras públicas que envolvem a aquisição de produtos finais, insumos diversos, serviços, bens de capital e tecnologia para o uso do governo correspondem a uma importante parcela do produto interno bruno (PIB), conforme estimativas a seguir:

> Segundo estimativas do Sistema Econômico Latinoamericano y de Caribe (SELA) (2015), as compras públicas correspondem a 17,9% do produto interno bruto (PIB) mundial, chegando a quase 22% do PIB da União Europeia e a 15,5% entre os países da América Latina (INSTITUTO DE PESQUISA ECONÔMICA APLICADA, 2018, p. 7).

Considerando o volume que representam no PIB, as contratações públicas têm posição privilegiada para criar economias de escala. Noutro giro, as contratações públicas são propulsoras de competições e inovações das indústrias, isto quer dizer que possuem volume para modificar ou adequar mercados (MOURA, 2013, p. 23). Diante da representação volumosa de poder de compra pública, elas aparecem voltadas ao desenvolvimento sustentável.

A expressão desenvolvimento sustentável é resultado da Comissão Mundial sobre Meio Ambiente e Desenvolvimento, conhecida como Comissão Brundtland. Essa comissão tinha como objetivo analisar as implicações do desenvolvimento econômico em relação ao meio ambiente natural. Como resultado do trabalho da comissão, foi entregue relatório denominado *Nosso futuro comum* em 1987, no qual constam dimensões ambientais, econômicas e sociais para o desenvolvimento. Assim, o estudo realizado por aquela comissão trouxe o conceito do que vem a ser desenvolvimento sustentável, sendo aquele que atende às necessidades do presente sem comprometer a possibilidade de as gerações futuras atenderem suas próprias necessidades.

Ensinam Melo e Jereissati (2020, p. 496) que, a partir da Conferência das Nações Unidas sobre o Meio Ambiente e o Desenvolvimento (ECO-92), o desenvolvimento sustentável veio a ter uma composição tridimensional, ou seja, ambiental, social e econômica.

Juarez Freitas (2018, p. 947) também ensina que o critério de sustentabilidade nas compras públicas deve contemplar os impactos econômicos e ambientais; caso contrário, o procedimento de compras públicas, a despeito de ser ato discricionário sua oportunidade, estará eivado de nulidade. Veja: "(...) a decisão de licitar é discricionária, contudo o procedimento será nulo se deixar de contemplar os critérios de sustentabilidade ambiental, social e econômica (CF, arts. 170, VI, e 225)".

De fato, as contratações públicas têm como objetivo o desenvolvimento sustentável, ou seja, dentro do paradigma do desenvolvimento sustentável, buscam alcançar as dimensões ambientais, sociais e econômicas, com reflexos diretos e indiretos entres essas dimensões, sendo as três dimensões igualmente importantes, conforme ressaltam Melo e Jereissati (2020, p. 498):

> Esta afirmativa, no entanto, não deve induzir o leitor a pensar que a dimensão ambiental é a única importante, deixando de lado as demais. Longe disso, as três dimensões têm grande relevância, devendo ser trabalhadas em conjunto, obedecendo e respeitando, porém, os limites ecológicos do planeta.

O princípio do desenvolvimento sustentável trata-se de meta a ser perseguida a fim de equilibrar exigências de economia e ecologia, sendo a sustentabilidade o atingimento desse objetivo e tendo a sustentabilidade uma amplitude bem maior: campo ético, jurídico, político, tecnológico, social (OLIVEIRA, 2019, p. 159).

O Departamento de Assuntos Econômicos e Sociais das Nações Unidas (UNDESA, 2008) define contratações públicas sustentáveis como processos pelos quais:

(...) organizações públicas atendem a suas necessidades por bens, serviços, trabalhos e utilidades de forma a agregar valor por dinheiro com base no ciclo de vida completo em termos de geração de benefícios não apenas para a organização, mas também para a sociedade e a economia, enquanto significativamente reduzindo impactos sobre o meio ambiente.

Ao definir o que venha a ser compras públicas sustentáveis, Moura ensina (2013, p. 23):

> (...) compras públicas sustentáveis (CPS) são aquelas que incorporam critérios de sustentabilidade nos processos licitatórios; ou seja, são consistentes com os princípios abarcados pelo desenvolvimento sustentável – um conceito complexo que busca promover uma sociedade mais justa e equitativa para as gerações atuais e futuras -, desenvolvendo-se nos limites (ou na capacidade suporte) do meio ambiente.

Portanto, as contratações públicas sustentáveis atuais diferem-se das contratações públicas tradicionais, pois estas visavam tão somente ao menor preço do produto ou bem pretendido, enquanto aquela, hoje realizada, visa ao valor mais econômico para a aquisição do bem ou contratação do serviço, com especificações sociais e ambientais, além do menor valor.

As compras públicas hoje representam uma parte substancial da economia do país. Contudo, não é demasiado lembrar que a contratação pública depende de prévia positivação do direito, na maneira como deve se ater o gestor público.

Ocorre que, ao compulsar o artigo 225, *caput*, da Constituição Federal de 1988, verifica-se que se atribuiu ao poder público o dever de defender e preservar o meio ambiente para as presentes e futuras gerações. Somente por esse comando constitucional já se teria fundamento para as compras públicas sustentáveis no país (VILLAC, 2019, p. 82). Também o artigo 170 da Constituição Federal fornece fundamento para as compras públicas sustentáveis ao dispor que a ordem econômica deve observar o princípio da defesa do meio ambiente.

As leis e normas infralegais vigentes no Brasil visam adequar as contratações públicas para possibilitar o desenvolvimento sustentável, fomentando o mercado e o modo de produção voltados à produção de bens sustentáveis. Como exemplos de dispositivos, podem-se citar: (i) o art. 10 da Lei nº 9.605, de 12 de fevereiro de 1998 (Lei de Crimes Ambientais), ao proibir o condenado por crimes ambientais a contratar com o poder público; (ii) os arts. 5º, 11, IV, e 144 da Lei nº 14.133, de

1º de abril de 2021 (Lei de Licitações e Contratos Administrativos), ao preverem critérios de sustentabilidade ambiental e desenvolvimento nacional sustentável; e (iii) o art. 6º da Lei nº 12.187/09 (Política Nacional de Mudanças Climáticas), ao dispor sobre critérios de preferência nas licitações e concorrências públicas.

Assim, importa registrar que não mais prevalece a ideia de que a melhor compra é representada pelo menor preço. Hoje, a contratação pública deve pautar-se pela proposta mais vantajosa, ou seja, aquela que gerará benefícios econômicos, sociais e ambientais.

É bem verdade que a legislação que trata sobre contratações públicas sustentáveis já dispõe de muitos regramentos que permitem ao gestor público uma realidade sustentável. Contudo, percebe-se que, mesmo com o desenvolvimento do direito positivo nessa seara, ainda não é suficiente, sendo necessária uma reflexão e mudança de postura dos atores sociais envolvidos. Para Caúla (2017, p. 513), "a realidade reclama uma atitude e uma postura entusiastas de que o ambiente poderá ser o motor da paz no mundo". Nesse sentido, verifica-se que os fundamentos do direito ambiental perseguem valores éticos, morais e de solidariedade (HAONAT, 2011, p. 213).

A seguir, serão verificadas algumas experiências do Poder Executivo federal referentes às contratações sustentáveis, gerando modelos de contratações públicas para outros órgãos ou mesmo experiências a serem ações-modelos para contratações públicas sustentáveis nas Eleições 2022.

2 Experiências do Poder Executivo federal e as possibilidades das contratações públicas sustentáveis nas eleições

O governo federal baseia-se na Instrução Normativa (IN) nº 01/2010, adotando critérios de sustentabilidade em suas contratações, bem como se observa no Decreto nº 7.746/2012, alterado pelo Decreto nº 9.178, de 23 de outubro de 2017, que estabelece critérios para as contratações sustentáveis. Referido decreto instituiu a Comissão Interministerial de Sustentabilidade na Administração Pública (CISAP), que tem por finalidade propor a implementação de critérios, práticas e ações de logística sustentável.

Ainda como medida implantada pelo governo federal, foi criado o Portal Eletrônico de Contratações Públicas Sustentáveis para orientar as licitações sustentáveis.

Um parâmetro de ajuda para contratações sustentáveis é o Catálogo de Materiais (CATMAT) do sistema de compras do governo federal, repositório no qual constam materiais considerados sustentáveis. Isto permite ao gestor adquirir os materiais sustentáveis previamente cadastrados.

Em 2011, o governo federal elaborou o Plano de Ação para Produção e Consumo Sustentáveis (PPCS), que consiste na responsabilidade do consumidor na demanda por produtos sustentáveis, por meio de uma agenda de ações voltadas para: compras públicas sustentáveis, varejo e consumo sustentáveis, educação para o consumo sustentável, construções sustentáveis, aumento da reciclagem e agenda ambiental na Administração Pública.

Muitas são as ações e caminhos possíveis que levam o Poder Executivo federal na busca de contratações públicas, como as acima citadas.

Desta feita, o Estado, ao abrir caminhos na busca de serviços/produtos sustentáveis, fomenta um mercado e nova forma de produção, pois o papel da empresa é manter o que o mercado exige (TRENNEPOHL, 2017, p. 139).

Considerando o orçamento da União nas últimas eleições de 2020 e compulsada a Lei Orçamentária Anual (LOA) de 2020, verifica-se que foi destinado um pouco mais de R$2,1 bilhões do orçamento da União para o Tribunal Superior Eleitoral (TSE). Segundo dados do Tribunal Superior Eleitoral, cerca de R$1,28 bilhão foram destinados às eleições municipais de 2020 (TSE, 2020).

Para a proposta orçamentária da Justiça Eleitoral, para o exercício financeiro de 2022, o Tribunal Superior Eleitoral informou que "os padrões adotados foram os mesmos dos anos anteriores, apenas com reajustes próprios e devidamente dentro do teto orçamentário. (...) o processo foi realizado em conformidade com as normas legais e constitucionais, em especial a Emenda Constitucional nº 95/2016 e o Projeto de Lei de Diretrizes Orçamentárias (PLN nº 3/2021)" (TSE, 2021).

A Resolução nº 23.530, de 26 de setembro de 2017, regulamenta as aquisições e a prestação de serviços para o processamento das eleições gerais e municipais. Define que as aquisições e os serviços podem ser conduzidos nas formas centralizada, descentralizada e mista (art. 2º): centralizadas são aquisições e serviços gerenciados e contratados pelo próprio TSE; descentralizadas são aquisições e serviços efetivados pelos TREs; e aquisições e serviços mistos são aqueles em que os TREs atuam como partícipes.

Além das aquisições e serviços descritos na Resolução nº 23.530, de 26 de setembro de 2017, outras aquisições e serviços de logística e outros de eleições são realizados diretamente pelos tribunais regionais eleitorais, que representam parcela importante nas contratações públicas sustentáveis com consequência ao desenvolvimento sustentável.

As eleições gerais de 2022 e sua gestão de aquisições e contratações públicas representam uma grande parcela para a implementação e fomento das contratações públicas sustentáveis e a implementação da meta 12.7 dos Objetivos para o Desenvolvimento Sustentável no Brasil, importando em uma parcela das compras públicas sustentáveis no Brasil, como será demonstrado no próximo item.

3 As contratações públicas sustentáveis nas eleições como implementação da meta 12.7 dos Objetivos para o Desenvolvimento Sustentável (ODS) no Brasil

Em setembro de 2015, representantes dos 193 Estados-Membros da ONU reuniram-se em Nova Iorque. Na ocasião, foi aprovada a Agenda 2030, com 17 Objetivos para o Desenvolvimento Sustentável (ODS), em 169 metas para estimular a ação das Nações Unidas para o desenvolvimento sustentável até o ano de 2030, cabendo a cada país as adaptações necessárias à sua realidade, justificando as alterações. Adotaram o documento *Transformando o Nosso Mundo: Agenda 2030 para o Desenvolvimento Sustentável*.

A Agenda trata-se de um plano de ação para as pessoas, para o planeta e para a prosperidade. Busca fortalecer a paz universal com mais liberdade, ao passo que reconhece que a erradicação da pobreza em todas as suas formas e dimensões, incluindo a pobreza extrema, é o maior desafio global e um requisito indispensável para o desenvolvimento sustentável (AGENDA 2030, preâmbulo).

Dentre os objetivos para o desenvolvimento sustentável, destaca-se a meta 12.7, a qual se refere à efetivação de compras públicas sustentáveis como forma de promover o desenvolvimento sustentável, uma vez que, como já exposto neste artigo, as compras públicas representam parcela substancial do produto interno bruto.

Como já citado, a Agenda 2030 prevê 17 Objetivos para o Desenvolvimento Sustentável, incluindo as três dimensões do desenvolvimento sustentável.

Dentre os Objetivos para o Desenvolvimento Sustentável, destacam-se o Objetivo de Desenvolvimento Sustentável 12, "assegurar padrões de produção e de consumo sustentáveis", e sua meta 12.7, que visa promover práticas de compras públicas sustentáveis, de acordo com as políticas e prioridades nacionais, influenciando as condutas dos agentes públicos a fim de contribuir ao desenvolvimento sustentável através do consumo e produção responsáveis. Cite-se um dos compromissos previstos na Agenda 2030:

> (...) fazer mudanças fundamentais na maneira como nossas sociedades produzem e consomem bens e serviços. Governos, organizações internacionais, setor empresarial e outros atores não estatais e indivíduos devem contribuir para a mudança de consumo e produção não sustentáveis, inclusive via mobilização, de todas as fontes, de assistência financeira e técnica para fortalecer as capacidades científicas, tecnológicas e de inovação dos países em desenvolvimento para avançar rumo a padrões mais sustentáveis de consumo e produção. (UNITED NATIONS, The 2030 Agenda for Sustainable Development, 2015)

A meta 12.7 sofreu adaptações à realidade brasileira, passando a ser adotada nos seguintes termos: "Promover práticas de contratações e gestão públicas com base em critérios de sustentabilidade, de acordo com as políticas e prioridades nacionais".

Ensinam Melo e Jereissati (2020, p. 503) que a adaptação da meta 12.7 à realidade nacional se deveu ao fato de que o termo "compras sustentáveis" é mais restritivo do que contratação pública. O termo "contratação pública" abrange, além de compras, as obras e serviços, e está de acordo com a legislação brasileira desde 2001, bem como a terminologia "contratações sustentáveis" abrange o momento da aquisição dos bens, serviços e obras, o planejamento e a execução contratual.

Portanto, o consumo e produção responsáveis podem ser fomentados mediante a prática de compras públicas sustentáveis, como um dos objetivos da Agenda 2030 no Brasil. Nesse ponto, não é demasiado lembrar a grande influência das contratações públicas/estatais no mercado privado. As contratações públicas sustentáveis fomentam o comportamento dos agentes econômicos que se veem compelidos a adequar as suas produções às necessidades da Administração Pública.

Lecionam Melo e Jereissati (2020, p. 500) que, quanto à meta 12.7, pela qual os Estados devem promover práticas de compras sustentáveis, a ONU promoveu "(...) grande relevância à participação estatal na economia como forma de transformar os modos de produção e consumo, atualmente em crise, na busca de desenvolvimento sustentável, integrando as compras públicas sustentáveis como meio de efetivação dos ODS".

Outro ponto relevante é o indicador de mensuração da meta 12.7, que foi elaborado para saber se os países possuem planos e políticas para contratações públicas sustentáveis, bem como se os planos estão sendo implementados. Verifica-se, portanto, que a meta 12.7 demanda a elaboração de um plano de ação para contratações públicas sustentáveis. O mencionado índice destaca a existência de políticas e/ou legislação de contratações públicas sustentáveis; esforços e meios dedicados pelos países para a implementação de políticas acerca do referido tipo de contratação; os resultados desenvolvidos por meio dessas políticas; e os resultados alcançados por essas políticas.

Sobre o indicador de mensuração da meta 12.7, no Brasil ainda não foram criados indicadores para a sua mensuração. A legislação pátria disciplina a questão das contratações públicas sustentáveis, mas não traz meio para mensurar sua efetiva implementação. Fora proposto pelo One Planet Network um complexo indicador para a avaliação do cumprimento da meta 12.7, podendo ser utilizado em razão da ausência de um indicador nacional.

Em 18 de junho de 2021, o Conselho Nacional de Justiça (CNJ) publicou a Resolução nº 400, de 16 de junho de 2021, que disciplina a política de sustentabilidade no âmbito do Poder Judiciário, na qual constam ações que visam à promoção das contratações sustentáveis e criam a Comissão Gestora do Plano de Logística Sustentável.

Referida comissão abrange as áreas de gestão estratégica, sustentabilidade e compras ou aquisições, deliberando sobre indicadores e metas, podendo ser um instrumento para as contratações de eleições, gestão de aquisições/contratações públicas e implementação da meta 12.7, que visa promover práticas de compras públicas sustentáveis.

Considerações finais

Do exposto, verificou-se que a legislação agregou o valor da sustentabilidade nas contratações públicas e sua consequente ressignificação sob os aspectos sociais, ambientais e econômicos. Pelo princípio constitucional, é responsabilidade do Estado e da sociedade a concretização solidária do desenvolvimento material e imaterial socialmente inclusivo, com modo preventivo e precavido, protegendo o bem-estar tanto do presente como do futuro (FREITAS, 2012, p. 41).

As contratações públicas sustentáveis visam à adequação da contratação ao consumo sustentável. Isso significa escolher a proposta mais vantajosa para a Administração, não considerando apenas o menor preço, mas o melhor custo-benefício econômico, social e ambiental, almejando a manutenção da vida no planeta e o bem-estar social.

Durante muitos anos, a Administração Pública não considerava o impacto ambiental na aquisição de produtos ou contratação de serviços/obras. Porém, com o surgimento do conceito de desenvolvimento sustentável que foi inserido na legislação em 2010, com a Lei nº 12.349, de 15 de dezembro de 2010, ao introduzir a expressão "desenvolvimento nacional sustentável" ao *caput* do art. 3º da Lei nº 8.666, de 21 de junho de 1993, as contratações passaram a ser sustentáveis, traçando um novo caminho que hoje a legislação atual consagra. Assim, a Administração Pública desempenha um papel importante para o consumo sustentável, uma vez que, de acordo com o Programa das Nações Unidas para o Meio Ambiente (PNUMA) e a Comissão Europeia (UNEP, 2015), as contratações públicas representam o impacto econômico de 30% do PIB dos países em desenvolvimento.

A despeito das contratações públicas possuírem um bom arcabouço normativo atual acerca da matéria no que se refere ao desenvolvimento sustentável, a ausência de monitoramento sólido dificulta o interesse de alguns agentes públicos no que se refere à efetivação das contratações públicas sustentáveis.

Particularmente, no âmbito da União, faz-se necessária a construção de indicadores que permitam acompanhar a implementação da meta ou mesmo consolidar os números de termos de referências (TR) sustentáveis por órgão público federal.

As eleições gerais de 2022 que se avizinham e sua gestão de aquisições e contratações públicas representam uma grande parcela para a implementação das contratações públicas sustentáveis e a implementação da meta 12.7 dos Objetivos para o Desenvolvimento Sustentável no Brasil, importando em uma parcela das compras públicas sustentáveis, sendo possível a construção de indicadores que permitam acompanhar a implementação da meta 12.7, que visa promover práticas de compras públicas sustentáveis, de acordo com as políticas e prioridades nacionais, influenciando as condutas dos agentes públicos a fim de contribuir com o desenvolvimento sustentável através do consumo e produção responsáveis.

As contratações públicas sustentáveis em períodos eleitorais têm relevância para a implementação da meta 12.7 dos Objetivos para o Desenvolvimento Sustentável, embora não apresentem dados consolidados a fim de servirem como parâmetros de consumo sustentável.

Assim, no que concerne às contratações públicas, o embasamento científico é fundamental. Acredita-se que a criação de indicadores para acompanhar a implementação da meta 12.7 em períodos eleitorais possa se concretizar em um futuro próximo, na eleição do futuro que se espera, sendo tema de pesquisa científica, com abordagem de legislação e de gestão. Dessa forma, concretizar-se-á um maior benefício às presentes e futuras gerações, fomentando o cumprimento do objetivo 12, meta 12.7 (AGENDA 2030).

Referências

ARAÚJO JÚNIOR, Ignácio Tavares de. *Análise comparada sobre medidas de favorecimento de micro e pequenas empresas (MPEs) em Compras Públicas com Avaliação de Eficácia e Identificação de Melhores Práticas*. Rio de Janeiro: IPEA, 2018. 47p.

BRASIL. *Constituição da República Federativa do Brasil*. Proclamada em 05 de outubro de 1988.

BRASIL. TSE. Assessoria de Comunicação. *Orçamento da União destinou 2,1 bilhões ao TSE em 2020*. Disponível em: https://www.tse.jus.br/imprensa/noticias-tse/2020/Outubro/orcamento-da-uniao-destinou-r-2-1-bilhoes-ao-tse-em-2020. Acesso em: 24 set. 2021.

BRASIL. TSE. Assessoria de Comunicação. *TSE aprova Proposta Orçamentária da Justiça Eleitoral para 2022*. Disponível em: https://www.tse.jus.br/imprensa/noticias-tse/2021/Agosto/tse-aprova-proposta-orcamentaria-da-justica-eleitoral-para-2022-1. 2021. Acesso em: 24 set. 2021.

CAÚLA, Bleine Queiroz. *A aplicabilidade das Normas Constitucionais Ambientais à Luz dos Ordenamentos Brasileiro e Português*. Tese de Doutorado – Departamento de Direito Público, Universitat Rovira I Virgili, Tarragona, 2017.

FREITAS, Juarez. Sustentabilidade: novo prisma hermenêutico. *Revista Univali*, v. 24, n. 3, p. 940-963, 2018. Disponível em: https://periodicos.univali.br/index.php/nej/article/view/13749. Acesso em: 24 jun. 2021.

FREITAS, Juarez. *Sustentabilidade*: direito ao futuro. 2 ed. Belo Horizonte: Fórum, 2012.

HAONAT, Ângela Issa. *O devido processo legal e o processo administrativo ambiental*. A (in)visibilidade do Hipossuficiente Ambiental. Tese de Doutorado – Doutorado em Direito do Estado. Pontifícia Universidade Católica de São Paulo, São Paulo, 2011.

JEREISSATI, Lucas Campos; MELO, Alisson José Maria. As contratações públicas sustentáveis e a implementação da meta 12.7 dos objetivos para o desenvolvimento sustentável (ODS) no Brasil: avanços e retrocessos. *Revista Brasileira de Políticas Públicas*, v. 10, n. 3, p. 492-519, dez. 2020.

MOURA, Adriana Maria Magalhães de. As compras públicas sustentáveis e sua evolução no Brasil. *Revista Boletim Regional, Urbano e Ambiental*, n. 7, p. 23-33, jan. 2013.

OLIVEIRA, Dinalva Souza de; ARTICO, Marcos Giovane. Sustentabilidade Social. *Revista Saberes da Amazônia, Ciências Jurídicas, Humanas e Sociais*, vol. 04, n. 09. 2019. Disponível em: https://www.fcr.edu.br/ojs/index.php/saberesamazonia/article/view/354/309. Acesso em: 30 ago. 2021.

UNDESA (UNITED NATIONS DEPARTMENT OF ECONOMIC AND SOCIAL AFFAIRS). *Public Procurement as a tool for promoting more Sustainable Consumption and Production patterns Sustainable development innovation briefs*, issue 5, Aug. 2008.

UNEP (UNITED NATIONS ENVIRONMENT PROGRAMME); EUROPEAN COMMISSION. *Arcabouço jurídico para compras públicas sustentáveis no Brasil e o uso de rotulagem e certificações*. Projeto Sustainable Public Procurement and Ecolabelling (SPPEL). Paris: UNEP, 2015.

UNITED NATIONS. General Assembly. *Transforming our world*: the 2030 Agenda for Sustainable Development. A/ 70/ L.1, 18 sep. 2015. Geneva: UN, 2015.

TRENNEPOHL, Terence. *Direito ambiental empresarial*. São Paulo: Saraiva, 2017.

VILLAC, Teresa. *Licitações sustentáveis no Brasil*: um breve ensaio sobre ética ambiental e desenvolvimento. Belo Horizonte: Fórum, 2019.

Informação bibliográfica deste texto, conforme a NBR 6023:2018 da Associação Brasileira de Normas Técnicas (ABNT):

SILVA, Olivia Eliane Lima da; FERREIRA, Patrícia Fortes Attademo. As contratações públicas sustentáveis nas eleições e a implementação da meta 12.7 dos Objetivos para o Desenvolvimento Sustentável (ODS) no Brasil. In: LINS, Rodrigo Martiniano Ayres; CASTRO, Kamile Moreira (Org.). O futuro das eleições e as eleições do futuro. Belo Horizonte: Fórum, 2023. p. 275-287. ISBN 978-65-5518-611-6.

ABUSO DE PODER ALGORÍTMICO: CONSIDERAÇÕES INICIAIS

RODRIGO MARTINIANO AYRES LINS

Introdução

A humanidade se encontra em meio a uma nova revolução, decorrente das claras transformações sociais e culturais causadas pelas novas tecnologias da informação e comunicação (TICs). Há uma sobre-exposição a conteúdos e uma busca constante por conexão e atualização instantâneas. As pessoas estão, cada vez mais e voluntariamente, submetendo-se à vigilância, compartilhando sua privacidade e abandonando sua autonomia em favor de um desejo incessante por evidência e validação social.

À medida que as pessoas se voluntariam para partilhar seus dados pessoais – sobre suas preferências, hábitos e opiniões –, eclode o risco de manipulação dessas informações, que são transformadas em poder nas mãos de quem as detém. Não se está mais falando apenas de uma mudança nas relações interpessoais, mas de um novo ciclo em curso que desafia os alicerces das democracias.

Os algoritmos, conjuntos complexos de instruções utilizadas por máquinas para processar dados e executar tarefas programadas por seres humanos, têm o poder de moldar a opinião pública e, em consequência, são capazes de manipular o processo eleitoral em direções imprevisíveis. Eles podem aumentar ou suprimir vozes e opiniões específicas e excluir certos grupos da discussão pública, minando a diversidade de ideias, um dos pilares fundamentais de uma sociedade democrática (MUELLER, 2018, p. 28).

Na perspectiva habermasiana, os algoritmos podem comprometer a integridade da esfera pública diante da capacidade de distorção do debate democrático. Essa manipulação é incompatível com o ideal de uma comunicação aberta e igualitária, o que pode implicar na erosão da confiança e da legitimidade no processo democrático (HABERMAS, 2020).

A onipresença das novas tecnologias da informação e comunicação e a mudança nas relações de poder que elas trazem consigo exigem um debate profundo e urgente sobre os limites da privacidade, a proteção dos dados, a regulamentação necessária e a definição das responsabilidades pelos abusos passíveis de ocorrer.

Ao contrário das formas anteriores de poder, impostas de modo vertical, os mecanismos atuais são internalizados, autoimpostos. O poder, até então detido pelos proprietários dos meios de produção, agora se concentra naqueles que são possuidores de dados. "Em oposição ao regime disciplinar, não são *corpos* e *energias* que são explorados, mas informações e dados" (HAN, 2022, p. 7).

É preciso, pois, investigar qual o papel efetivo que essas plataformas desempenham na formação da opinião pública e que podem influenciar na definição de votos no âmbito das eleições. Um dos problemas está no fato de que os algoritmos que moldam o ambiente digital e as interações humanas são amplamente desconhecidos e não regulamentados, "o que cria riscos para a liberdade, privacidade e democracia" (GALSTON, 2019, p. 441). "Existe, de fato, uma caixa preta quando o assunto é algoritmo" (LEAL; MORAES FILHO, 2019, p. 354).

Diante disso, é crucial entender e aprimorar a regulamentação do uso dessas plataformas digitais, especialmente porque as eleições são elementos essenciais da democracia, que requerem um compromisso com o discurso aberto, o debate público e o confronto de ideias divergentes.

1 Ferramentas eletrônicas de manipulação do debate público

1.1 *Microtargeting*

Uma das formas mais conhecidas para manipulação de opiniões pessoais é a utilização de publicidade personalizada, o que se tem chamado de *microtargeting*. Os algoritmos criam anúncios direcionados, adaptados aos eleitores de forma individual, com base no seu histórico de navegação, termos de pesquisa e atividade em geral nas redes sociais. Esses anúncios podem ser utilizados para divulgar propagandas eleitorais legítimas, mas também servem para disseminar informações não verificadas ou falsas (*fake news*), que podem influenciar opiniões e o comportamento do eleitorado nas urnas.

Uma pesquisa conduzida por Michal Kosinski, David Stillwell e Thore Graepel (2013), da Universidade de Cambridge, sugere que aspectos significativos da personalidade de um indivíduo podem ser inferidos a partir de suas preferências expressas no Facebook. Conforme o referido estudo, um número médio de 68 interações do tipo "curtir" poderia, com elevada precisão, fornecer informações como a raça, a orientação sexual e a filiação partidária do usuário. 300 (trezentas) "curtidas" tornam essa rede social capaz de conhecer mais sobre o usuário que seu próprio cônjuge.

Apesar de a legislação eleitoral brasileira prever que toda publicidade de natureza eleitoral só pode ser impulsionada por candidatos ou partidos políticos (BRASIL, 1997) e que deve estar devidamente identificada como tal, não há como se afirmar que não exista burla à regra pelas pessoas naturais, diante da complexidade em que está inserido o *microtargeting*. Os anúncios personalizados são direcionados de forma tão específica, no mais das vezes de modo subliminar, que se torna difícil para os atores do processo eleitoral (candidatos, partidos, coligações, federações, ministério público, eleitores) e a Justiça Eleitoral rastreá-los e fiscalizá-los efetivamente.

Além disso, a agilidade e o alcance desses anúncios em plataformas digitais podem fazer com que as informações falsas ou enganosas se espalhem rapidamente antes que qualquer ação possa ser tomada para corrigi-las ou removê-las. Isso representa um desafio significativo para a manutenção da integridade das eleições. Segundo pesquisa publicada na Revista Science (VOSOUGHI; ROY; ARAL, 2018), a velocidade de disseminação de notícias falsas supera a de notícias verdadeiras em até 70%.

Nesse contexto, é crucial que a legislação e as práticas regulatórias se adaptem para enfrentar esses novos desafios. Isso pode envolver a promoção de maior transparência por parte das plataformas de mídia social sobre como os anúncios são direcionados e a implementação de ferramentas de rastreamento mais robustas por parte da Justiça Eleitoral.

1.2 Câmaras de eco ("*echo chambers*")

Outro risco potencial é a criação de *câmaras de eco* ("*echo chambers*"). Os algoritmos das redes sociais são concebidos para mostrar aos utilizadores os conteúdos que mais provavelmente os manterão envolvidos na plataforma. Isso pode levar a que os utilizadores só vejam conteúdos que reforcem as suas crenças preexistentes, o que pode tornar mais difícil considerar pontos de vista alternativos.

As câmaras de eco geram preocupações significativas em países democráticos (GARIMELLA *et al.*, 2018), pois podem contribuir para a disseminação de desinformação e notícias falsas, polarização política e social, e podem limitar o entendimento e a empatia entre diferentes grupos dentro de uma sociedade. Uma análise comparativa realizada nos Estados Unidos revelou, por exemplo, que os usuários do Twitter, de forma significativa, estão expostos a opiniões políticas alinhadas às suas (GARIMELLA *et al.*, 2018).

Tal fenômeno exige uma reavaliação séria dos princípios que regem a liberdade de expressão e o acesso à informação. Deve-se considerar novas regulamentações e supervisões para garantir que as plataformas digitais não subvertam o diálogo democrático. O desafio é equilibrar a inovação e a eficiência das tecnologias digitais com a necessidade de preservar os espaços públicos, onde o discurso deve ser livre, diverso e imune à manipulação. Essa é uma questão constitucional premente, que exige atenção imediata dos legisladores e do Tribunal Superior Eleitoral, que devem encontrar meios para garantir que o ambiente digital complemente, e não prejudique a democracia.

1.3 *Social bots*

Também é possível utilizar algoritmos para tentar manipular eleições através de *bots* (robôs), que são contas automatizadas concebidas para imitar o comportamento humano em plataformas de comunicação social (redes sociais). Eles podem ser utilizados para amplificar mensagens, difundir informação falsa e, em consequência, manipular a opinião pública. Podem também ser utilizados para criar a ilusão de um apoio generalizado a um candidato ou questão específica.

Os *bots* têm a capacidade de multiplicar a distribuição de conteúdo manipulativo, transformando efetivamente uma única fonte de desinformação (*fake news*) em centenas ou mesmo milhares de repetições quase instantâneas. Isso cria uma ilusão de prevalência e de consenso difícil de combater.

Adicionado a isso, o uso de algoritmos sofisticados pode ajudar a direcionar essas mensagens para grupos de usuários com predisposições políticas específicas, aumentando a probabilidade de essas mensagens serem aceitas e compartilhadas. O problema é agravado pela falta de regulamentação adequada no espaço digital. Embora a Lei das Eleições (BRASIL, 1997) vede expressamente a realização de propaganda negativa na internet, o combate efetivo ao conteúdo instantâneo gerado a cada segundo nas redes sociais é praticamente impossível.

A eleição presidencial americana de 2016 talvez seja o exemplo mais conhecido de manipulação algorítmica por meio dos robôs. Os *bots* foram amplamente utilizados para difundir informação falsa e manipular a opinião pública, especialmente em plataformas como o Twitter, segundo relatam Alessandro Bessi e Emilio Ferrara (2016). É preciso, portanto, que a formação de opinião democrática na rede tenha a devida proteção contra esses comportamentos não autênticos (UNGERN-STERNBERG, 2022), o que, inclusive, é objeto do chamado PL nº 2.630 (das *"Fake News"*) (BRASIL, 2023), em tramitação no Congresso Nacional.

2 As plataformas digitais de informação e comunicação social e sua influência no processo eleitoral

2.1 Redes sociais

As redes sociais, incluindo plataformas populares como Twitter, Facebook, Instagram e TikTok, têm um papel cada vez mais influente no processo eleitoral. A sua capacidade de conectar eleitores, candidatos e organizações de notícias em tempo real mudou fundamentalmente a maneira como as campanhas são conduzidas e como os eleitores recebem informações.

O Twitter (agora X), por exemplo, tornou-se um fórum-chave para o discurso político. Políticos, analistas e cidadãos comuns usam a plataforma para compartilhar suas visões, debater questões e reagir a eventos em tempo real. Ele oferece aos candidatos uma maneira direta e imediata de se comunicar com os eleitores, mas também tem sido usado para espalhar informações falsas e inflamar a retórica divisória.

O Facebook, com sua base de usuários massiva e sofisticados recursos de direcionamento de anúncios, oferece uma plataforma poderosa para a divulgação de mensagens de campanha. Ele permite que os candidatos atinjam os eleitores de maneira altamente personalizada, mas também tem sido criticado por sua falta de transparência e potencial para abuso.

O Instagram, que é particularmente popular entre os jovens, é frequentemente usado para humanizar os candidatos e envolver os eleitores de maneiras mais visuais e emocionais. No entanto, também tem sido usado para espalhar desinformação por meio de memes e outras formas de conteúdo compartilhável.

O TikTok, embora seja uma plataforma mais recente, já demonstrou um potencial significativo para influenciar o discurso eleitoral. Seus vídeos curtos e atraentes oferecem uma maneira única de engajar os eleitores, especialmente a geração mais jovem, mas também levantam preocupações sobre a disseminação de informações errôneas e conteúdo manipulativo.

Em suma, as redes sociais têm o poder de influenciar significativamente o processo eleitoral, tanto positiva quanto negativamente. Elas oferecem novas maneiras de os candidatos se conectarem com os eleitores e de os eleitores se envolverem com a política, mas também apresentam novos riscos e desafios que exigem atenção e regulamentação adequadas. É fundamental que os eleitores, os candidatos e os reguladores entendam essas dinâmicas e trabalhem para garantir que as redes sociais sejam usadas de maneira a apoiar, e não prejudicar, o processo democrático.

Em 2018, o escândalo da Cambridge Analytica revelou os riscos associados à manipulação de dados e ao uso de tecnologia para influenciar o resultado das eleições. No livro *Manipulados* (2019), Britney Kaiser, ex-funcionária da Cambridge Analytica, apresenta uma visão interna sobre as práticas controversas da empresa e seu papel na eleição presidencial dos Estados Unidos em 2016.

A empresa utilizou técnicas de mineração de dados e psicometria para criar perfis psicológicos de eleitores americanos e direcionar mensagens políticas específicas para esses perfis. A Cambridge Analytica também foi acusada de coletar dados sem o consentimento dos usuários do Facebook, o que gerou preocupações sobre a privacidade dos usuários e fez ressaltar a necessidade de regulamentação mais contundente e transparência na utilização de tecnologias de análise de dados em eleições, visando evitar a manipulação dos resultados. Conforme adverte Harari (2018, p. 349), a "manipulação da informação é a principal ameaça à democracia atualmente".

2.2 Buscadores de conteúdo

Os buscadores de conteúdo, como o Google, desempenham um papel fundamental na maneira como as informações são acessadas *online*. O mecanismo de busca do Google, utilizado por bilhões de pessoas em todo o mundo, opera por meio de algoritmos sofisticados. Quando um usuário faz uma pesquisa, esses algoritmos selecionam e classificam os resultados com base em uma série de fatores, incluindo relevância, autoridade e popularidade. Essa abordagem busca apresentar aos usuários as informações mais pertinentes e confiáveis em relação à sua consulta.

Em relação à influência nas eleições, o Google pode ter um impacto significativo. Por exemplo, se um usuário pesquisa sobre um candidato ou um tema político específico, os resultados que aparecem no topo da página de pesquisa podem afetar a sua percepção sobre o candidato ou o tema em questão. Se esses resultados não são precisos, imparciais ou completos, eles podem distorcer a opinião pública e afetar o resultado das eleições.

Além disso, o Google também pode ser utilizado para exibir anúncios políticos personalizados, adaptados às preferências e ao comportamento de navegação de cada usuário. Esses anúncios podem ser utilizados para divulgar desinformação (*fake news*) ou propagandas falsas, influenciando opiniões e o comportamento do eleitorado nas urnas. Por meio da referida técnica de *microtargeting*, esses anúncios podem ser direcionados a grupos específicos de eleitores, ampliando ainda mais o seu impacto.

É importante ressaltar, contudo, que o Google tem, em tese, políticas rigorosas para impedir a manipulação eleitoral em suas plataformas, incluindo a proibição de anúncios políticos enganosos ou falsos (GOOGLE, 2023a), bem como um conjunto de diretrizes mais amplas sobre o uso da plataforma para manipulação política, que podem ser encontradas em sua página de Transparência e Responsabilidade (GOOGLE, 2023b). Essa página inclui informações sobre as políticas do Google para a identificação de anúncios políticos e eleitorais, bem como informações sobre como o Google está trabalhando para combater a desinformação e a manipulação nas eleições.

No entanto, o Google continua tendo dificuldades em lidar com a manipulação de eleições em suas plataformas, e a regulamentação atual pode ser insuficiente para lidar com o problema. As empresas de tecnologia precisam assumir mais responsabilidade e trabalhar de forma mais transparente para combater a desinformação e a manipulação nas eleições (GILLESPIE, 2018).

2.3 ChatGPT

Além dos algoritmos das redes sociais e dos buscadores de conteúdo, há também uma nova aplicação que precisa ter suas funcionalidades analisadas para o fim de identificar se podem ou não influenciar eleições: o ChatGPT, que é um modelo de linguagem de inteligência artificial desenvolvido pela OpenAI, baseado na arquitetura GPT (*Generative Pre-Trained Transformer*). Ele é capaz de gerar textos em linguagem natural, respondendo de forma direta a perguntas realizadas pelos seus usuários (OPENAI, 2023).

O funcionamento do ChatGPT é baseado em um processo de aprendizado de máquina (*machine learning*), no qual o modelo é treinado com grandes quantidades de dados de texto para aprender a reconhecer padrões e estruturas na linguagem natural. Uma vez treinado, o modelo pode ser utilizado para gerar novos textos, responder a perguntas e realizar outras tarefas com base no conhecimento adquirido durante o treinamento (OPENAI, 2023).

Essa capacidade de gerar textos em linguagem natural torna o ChatGPT uma ferramenta potencialmente poderosa e alerta para preocupações significativas no contexto democrático. Não é impossível crer em sua capacidade de ter viés e ser explorada pelos desenvolvedores para manipular a opinião pública, reforçar câmaras de eco ou até mesmo criar e disseminar desinformação.

À luz das discussões sobre algoritmos em redes sociais e buscadores de conteúdo, a análise do potencial impacto do ChatGPT nas eleições torna-se, portanto, imperativa. É necessário um escrutínio cuidadoso para entender como esses modelos de inteligência artificial podem ser usados ou abusados. Isso inclui a consideração das implicações éticas, legais e constitucionais, assim como a necessidade de desenvolver normas e regulamentações que assegurem que tais tecnologias sejam implementadas de forma responsável e transparente.

A emergência do ChatGPT e tecnologias similares é um lembrete de que a paisagem digital está em constante evolução e de que as respostas legais e constitucionais devem ser igualmente ágeis e robustas. Como destacado na análise das plataformas de redes sociais e mecanismos de busca, a interação entre tecnologia e democracia é complexa e multifacetada, exigindo uma abordagem holística que equilibre inovação, liberdade de expressão e integridade do processo democrático.

3 Abuso de poder algorítmico

É importante que exista regulamento que garanta a transparência, a justiça e a liberdade nas eleições e que sejam tomadas medidas para garantir que as plataformas de mídia social não ocasionem interferências diretas nos processos eleitorais, não só no âmbito civil e criminal, mas também sanções de cunho eleitoral, dentre as quais a declaração de inelegibilidade dos envolvidos.

No Brasil, o Marco Civil da Internet (Lei nº 12.965/2014) (BRASIL, 2014) estabelece princípios, garantias, direitos e deveres para o uso da internet. Trata-se de uma lei geral, que aborda questões como neutralidade de rede, privacidade e guarda de registros. Seu artigo 19 emprega-se às redes sociais, uma vez que trata da responsabilidade dos provedores de aplicações de internet por danos decorrentes de conteúdo gerado por terceiros. De acordo com o dispositivo, o provedor somente poderá ser responsabilizado civilmente por danos decorrentes de conteúdo gerado por terceiros se, *após ordem judicial específica*, não tomar as providências para, no âmbito e nos limites técnicos do seu serviço e dentro do prazo assinalado, tornar indisponível o conteúdo apontado como infrator.

Pelo que se percebe, diante de todos os desafios que foram relatados, a lei brasileira em vigor não é suficiente para lidar com questões emergentes mais relacionadas às redes sociais e aos provedores de pesquisa *online*, como *fake news* e discurso de ódio, nem com as demais manipulações possíveis e que podem afetar a integridade do processo eleitoral.

Dentro do esforço de conseguir regular essas questões mais problemáticas que até então apresentamos relacionadas à internet, o Projeto de Lei nº 2.630/2020 (BRASIL, 2020) intenta fazer aprovar a Lei Brasileira de "Liberdade, Responsabilidade e Transparência na Internet", mais conhecida como "PL das *Fake News*". Essa proposição introduz mecanismos destinados a contrariar a propagação de informação enganosa em redes sociais, incluindo Facebook e Twitter ("X"), assim como em plataformas de mensagens privadas, tais como WhatsApp e Telegram.

No que diz respeito a contas falsas e *bots*, o projeto estipula que as plataformas de redes sociais e serviços de mensagens devem proibir contas falsas – criadas ou utilizadas "com o objetivo de assumir ou simular a identidade de terceiros para enganar o público" –, exceto no caso de conteúdo humorístico ou paródico ou contas com nome social ou pseudônimo.

As plataformas também devem proibir contas automatizadas (gerenciadas por *bots*) não identificadas como tal para os usuários. Os serviços devem implementar medidas para identificar contas que apresentam movimentação incompatível com a capacidade humana e devem adotar políticas de uso que limitem o número de contas controladas pelo mesmo usuário. O projeto determina, ainda, que, em caso de denúncias de violação da lei, de uso de *bots* ou contas falsas, as empresas podem exigir que os responsáveis pelas contas confirmem sua identificação, inclusive por meio de documento de identidade.

Quanto ao envio de mensagens, o projeto prevê que as plataformas restrinjam o número de envios a usuários e grupos e também o número de membros por grupo. Além disso, devem verificar se o usuário autorizou sua inclusão no grupo ou na lista de transmissão e desabilitar a autorização automática para essa inclusão.

Essa proposição, apresentada pelo senador Alessandro Vieira (Cidadania-SE), já aprovada pelo Senado, tem sido objeto de intenso debate na Câmara dos Deputados e suscitou uma confrontação com as corporações de tecnologia. Tamanha foi a controvérsia que o relator do projeto, deputado Orlando Silva (PCdoB-SP), solicitou o adiamento da votação até que houvesse uma maior probabilidade de aprovação (BRASIL, 2023).

Os defensores do PL nº 2.630 sustentam que ele vai potencializar a luta contra a desinformação e a fala de ódio na rede mundial de computadores. Por outro lado, os críticos alegam que ele não será eficaz contra o conteúdo enganoso e pode acabar promovendo a censura de informações.

Um ponto crucial a ser ponderado nesse debate é a moderação de conteúdo nas mídias sociais. De acordo com o referido Marco Civil da Internet, as grandes empresas de tecnologia não são responsáveis pelo conteúdo compartilhado pelos usuários de plataformas sociais. Ou seja, atualmente há uma *faculdade* para as plataformas decidirem o que vão excluir caso entendam que houve a violação de suas normas internas, estando obrigadas a apagar o conteúdo *apenas se receberem uma ordem judicial*.

O PL das *Fake News*, se aprovado, mudaria esse cenário. As mídias sociais passariam a ser responsabilizadas por conteúdos que se enquadrem em alguns crimes definidos na lei brasileira, como atos de terrorismo, instigação ao suicídio ou automutilação, crime contra o Estado Democrático de Direito, crimes contra crianças e adolescentes, racismo, violência contra a mulher, entre outros.

Isso nos leva ao segundo ponto em discussão no projeto: quem vai supervisionar o que deve ser removido ou não das mídias sociais? Como isso seria aplicado durante o processo eleitoral? O texto não indica uma entidade reguladora. Poderia o TSE regulamentar a lei e fiscalizar os candidatos considerando as suas disposições? O PL apenas propõe a criação de um conselho da transparência e responsabilidade na internet, que terá como atribuição a realização de estudos, pareceres e recomendações sobre liberdade, responsabilidade e transparência.

Essa é uma das grandes disputas em curso. As empresas de tecnologia argumentam que uma lei desse tipo incentivaria a remoção de qualquer tipo de controvérsia, incluindo conteúdo legítimo. O Google, proprietário do YouTube, também afirma que a Lei das *Fake News* pode aumentar a confusão sobre o que é verdade ou mentira no Brasil, contrariando, inclusive, seu objetivo original, que é o combate à desinformação (LACERDA, 2023a). A empresa diz apoiar os objetivos da iniciativa, mas demanda por mais discussão em certos pontos da proposta (LACERDA, 2023b).

No que é atinente a aspectos eleitorais, o PL faz referência expressa em seu art. 2º que o disposto na lei deve considerar os princípios e garantias previstos na Lei nº 9.504, de 30 de setembro de 1997 (Lei das Eleições). Seu art. 15, em acréscimo, repete algumas disposições já contidas na Lei das Eleições acerca da necessidade de constar no anúncio que se trata de propaganda eleitoral, a identificação do responsável pelo impulsionamento do conteúdo e o valor total gasto pelo candidato ou partido. Mas vai além. Solicita que também se informem seu tempo da veiculação e as características gerais da audiência contratada. Isto é, pretende-se identificar exatamente o *microtargeting*, tudo considerando a baliza da transparência.

O uso de *microtargeting*, como visto, tem sido criticado por seu potencial para ser usado de forma manipulativa. Ao exigir a divulgação do tempo de veiculação do anúncio e as características gerais da audiência contratada, o PL parece estar tentando combater essa prática.

Dito isso, a eficácia dessas medidas certamente dependerá de vários fatores, dentre eles a necessária existência de uma fiscalização pujante para garantir que os anúncios políticos cumpram essas regras. Por isso, embora essas mudanças pareçam ser um passo na direção certa, é improvável que resolvam todos os problemas associados ao uso de redes sociais e demais plataformas usadas em campanhas eleitorais. É provável que seja necessário um esforço mais amplo para combater a desinformação.

Dentre esses esforços para garantir a integridade das eleições, é preciso que se responda quais as consequências de uma eventual manipulação promovida pelas próprias redes sociais em favor de algum candidato. Pode se caracterizar abuso de poder econômico ou dos meios de comunicação para os fins do art. 22 da Lei Complementar nº 64/90, o que implicaria em inelegibilidade dos envolvidos? Seria possível auditar os algoritmos para se descortinar eventual fraude?

No âmbito da legislação eleitoral, a Constituição Federal de 1988 (BRASIL, 1988) estabelece no §9º de seu art. 14 que deverão ser protegidas a normalidade e a legitimidade das eleições contra a influência do poder, remetendo à lei complementar a criação de hipóteses de inelegibilidade. O citado art. 22 da Lei Complementar nº 64, de 18 de maio de 1990 (BRASIL, 1990), enquadrou como modalidades de "abuso de poder", que ocasiona inelegibilidade de 8 (oito) anos, o "uso indevido, desvio ou abuso do poder econômico ou do poder de autoridade, ou utilização indevida de veículos ou meios de comunicação social, em benefício de candidato ou de partido político".

A princípio, entendemos possível que se integre ao conceito de abuso de poder a utilização do poder informacional gerado pelas diversas plataformas mencionadas para entrega manipulada de conteúdos ou de dados a terceiros, visando influir na decisão política fundamental do eleitor de escolher livremente em quem proferir o seu voto.

Em relação à disseminação de notícias falsas por meio de redes sociais por candidato, o Tribunal Superior Eleitoral, no RO nº 060397598, decidiu que esse meio de veiculação de informações também poderia ser considerado para apurar "abuso do poder dos meios de comunicação" (BRASIL, 2021), superando o entendimento de que esse tipo de abuso só poderia ser apurado se ocorresse pelos veículos tradicionais de imprensa. No caso concreto, o parlamentar foi cassado e declarado inelegível em razão de alegações falsas sobre fraude no sistema eletrônico de votação em uma transmissão ao vivo no Facebook. As plataformas, que não interromperam a transmissão, não sofreram qualquer sanção.

No julgamento das Ações de Investigação Judicial Eleitoral (AIJEs) nº 601968-80 (BRASIL, 2022a) e 0601771-28 (BRASIL, 2022a), o Tribunal Superior Eleitoral (TSE) avaliou alegações de abuso de poder econômico e uso indevido dos meios de comunicação contra a chapa presidencial vencedora de 2018. As acusações incluíam a contratação de disparos massivos de mensagens de WhatsApp durante a campanha, que a teriam beneficiado e prejudicado o adversário.

O voto do relator, ministro Luis Felipe Salomão, concluiu que a Lei das Inelegibilidades, ao expressamente se referir a "meios de comunicação social", possibilita classificar como ilícitas as condutas praticadas através de instrumentos de comunicação de difusão em massa, incluindo aplicativos de mensagens instantâneas.

O TSE estabeleceu a tese de que o uso exacerbado de aplicativos de mensagens instantâneas para disparos massivos, promovendo desinformação, diretamente por um candidato ou em seu benefício e em prejuízo de adversários políticos, pode caracterizar abuso de poder econômico e uso indevido dos meios de comunicação social, conforme o art. 22 da LC nº 64/90. Essa caracterização, diante do que estabelece essa lei, vai depender da gravidade da conduta, que deve ser avaliada em cada caso específico.

A avaliação da gravidade, segundo restou decidido, deve considerar: (a) o conteúdo das mensagens e se elas continham propaganda negativa ou informações falsas; (b) como o conteúdo repercutiu no eleitorado; (c) o alcance da infração em termos de mensagens veiculadas; (d) o grau de participação dos candidatos nos fatos; e (e) se a campanha foi financiada por empresas para esse fim.

Nesse caso concreto, o TSE entendeu que o autor da AIJE não conseguiu comprovar nenhum desses critérios de gravidade. A maior parte das alegações baseou-se em relatórios jornalísticos, insuficientes para justificar uma condenação na esfera eleitoral. Portanto, as AIJEs tiveram seus pedidos julgados improcedentes por unanimidade. Contudo, firmou-se a tese de que o disparo em massa de conteúdo em aplicativos de mensagens instantâneas também pode ser considerado uso indevido dos meios de comunicação social e abuso de poder econômico.

O TSE, todavia, ainda não analisou a hipótese de se considerarem responsáveis os desenvolvedores e proprietários das plataformas que geram conteúdos, se estas vierem a intervir deliberadamente, por meio das programações dos algoritmos, em favor de ideias que venham a favorecer ou prejudicar determinadas candidaturas ou, ainda, pela entrega espontânea de dados para que empresas possam de alguma forma tentar macular a formação das opiniões públicas.

É preciso, pois, investigar os riscos potenciais do poder algorítmico à integridade do processo eleitoral, a fim de contribuir para o desenvolvimento de políticas públicas e regulamentações que garantam a transparência, a justiça e a liberdade nas eleições.

Considerações finais

A crescente influência da tecnologia na vida moderna tem levantado questões significativas sobre o impacto dos algoritmos em nossa sociedade. Em particular, o seu uso no processo eleitoral tem sido objeto de preocupação em todo o mundo, à medida que a automação e a análise de dados se tornam cada vez mais sofisticadas, embora vulneráveis a vieses e erros.

Essa revolução digital, pelo que se observou, impactou diretamente as campanhas eleitorais e, diante da ascensão de movimentos populistas autoritários e nacionalistas que ameaçam as democracias liberais contemporâneas (MOUNK, 2018), há a premente necessidade de que se tenham definições claras sobre a responsabilidade de todos os atores desse emaranhado processo. "A Internet pode ser utilizada para promover a democracia e a cidadania, mas também pode ser utilizada para minar a confiança nas instituições democráticas e na liberdade individual" (NORRIS, 2019, p. 80).

São naturais os conflitos e divergências na sociedade e é essencial que existam espaços para o embate político e a pluralidade de vozes (MOUFFE, 2020). A democracia não pode ser vista como um processo passivo de escolha de representantes, mas, sim, como um processo ativo de participação e engajamento cívico (MÜLLER, 1999). As redes sociais e demais plataformas constituem hoje essa grande ágora que permite o debate e que mobiliza milhares de pessoas instantaneamente. O problema está na inexistência de moderação e na possibilidade de vieses determinados pela colocação dos usuários em verdadeiras "bolhas", que limitam a visão mais aberta das ideias.

É importante que governos e empresas de tecnologia trabalhem juntos para estabelecer regulamentações claras sobre o uso de tecnologias de análise de dados em eleições e garantir que os direitos de privacidade dos usuários sejam protegidos. Morozov (2019) adverte que, se essas práticas não forem regulamentadas, elas poderão ser usadas para manipular as eleições e a opinião pública, o que poderia erodir a confiança nas instituições democráticas e na integridade do processo eleitoral.

Se a democracia não é um fim em si mesma, mas, sim, um meio para alcançar uma sociedade mais justa e solidária (BOBBIO, 2006), é preciso que se garantam acesso equitativo à informação, combate à desinformação e *fake news*, proteção da privacidade e dos dados pessoais, participação cidadã e engajamento político, regulação adequada das plataformas digitais e responsabilização de todos aqueles que praticarem abusos. Além disso, a opacidade dos algoritmos pode afetar a transparência e a *accountability* do processo eleitoral, limitando a capacidade dos indivíduos e grupos de responsabilizar algoritmos, seus criadores e a quem eles eventualmente queiram beneficiar.

Diante dessas preocupações, é fundamental que sejam estabelecidas regulamentações claras sobre o uso de dados pessoais em eleições e que sejam tomadas medidas para garantir a privacidade dos usuários. Além disso, é necessário que as empresas de tecnologia sejam responsabilizadas por suas práticas, além dos respectivos beneficiários, e que a população esteja ciente dos riscos do uso de *big data* para manipular a democracia.

É preciso evitar que as plataformas digitais se tornem o "ministério da verdade" (ORWELL, 2009), diante de individualidades suprimidas e de realidades que podem ser apresentadas distorcidas. O "*Big Brother* está te observando", e ele não é mais o Estado, de modo vertical, disciplinar. As pessoas autorizaram a intrusão daquelas em suas vidas em detrimento de sua privacidade. Como as proteger é objeto de estudo em todo o mundo.

Referências

BESSI, Alessandro; FERRARA, Emilio. Social Bots Distort the 2016 US Presidential Election Online Discussion. *First Monday*, v. 21, n. 11, 2016. Disponível em: http://firstmonday.org/ojs/index.php/fm/article/view/7090/5653. Acesso em: 03 maio 2023.

BOBBIO, Norberto. *O futuro da democracia*: uma defesa das regras do jogo. Tradução de Marco Aurélio Nogueira. 11. ed. São Paulo: Paz e Terra, 2006.

BRASIL. Câmara dos Deputados. *PL 2.630*. Disponível em: https://www.camara.leg.br/propostas-legislativas/2256735. Acesso em: 13 maio 2023.

BRASIL. Orlando Silva pede retirada de pauta do projeto das fake news. *Agência Câmara de Notícias*. Disponível em: https://www.camara.leg.br/noticias/957788-orlando-silva-pede-retirada-de-pauta-do-projeto-das-fake-news-acompanhe/. Acesso em: 20 maio 2023.

BRASIL. *Constituição da República Federativa do Brasil de 1988*. Disponível em: http://www.planalto.gov.br/ccivil_03/Constituicao/Constituicao.htm. Acesso em: 19 fev. 2023.

BRASIL. *Lei Complementar nº 94 (Lei das Inelegibilidades), de 18 de maio de 1990*. Disponível em: https://www.planalto.gov.br/ccivil_03/leis/lcp/lcp64.htm. Acesso em: 08 abr. 2023.

BRASIL. *Lei nº 9.504 (Lei das Eleições), de 30 de setembro de 1997*. Disponível em: http://www.planalto.gov.br/ccivil_03/LEIS/L9504.htm. Acesso em: 10 abr. 2023.

BRASIL. *Lei nº 9.504 (Lei das Eleições), de 30 de setembro de 1997*. Disponível em: http://www.planalto.gov.br/ccivil_03/LEIS/L9504.htm. Acesso em: 09 abr. 2023.

BRASIL. *Lei nº 12.965 (Marco Civil da Internet), de 23 de abril de 2014*. Disponível em: https://www.planalto.gov.br/ccivil_03/_ato2011-2014/2014/lei/l12965.htm. Acesso em: 09 abr. 2023.

BRASIL. Tribunal Superior Eleitoral. Ação de Investigação Judicial Eleitoral nº 060196880, Acórdão, Relator(a) Min. Luis Felipe Salomão, Publicação: DJE - Diário de Justiça Eletrônico, Tomo 160, Data 22/08/2022.

BRASIL. Tribunal Superior Eleitoral. Ação de Investigação Judicial Eleitoral nº 060177128, Acórdão, Relator(a) Min. Luis Felipe Salomão, Publicação: DJE - Diário da Justiça Eletrônico, Tomo 158, Data 18/08/2022.

BRASIL. Tribunal Superior Eleitoral. Recurso Ordinário Eleitoral nº. 060397598, Acórdão, Relator(a) Min. Luis Felipe Salomão, Publicação: DJE – Diário da justiça eletrônica, Tomo 228, Data 10/12/2021.

GALSTON, W. A. Political realism and the crisis of democracy. *Political Theory*, v. 47, n. 3, p. 439-458, 2019.

GARIMELLA, Kirian *et al*. Political discourse on social media: echo chambers, gatekeepers, and the price of bipartisanship. *Proceedings of the 2018 World Wide Web Conference*, p. 913-922 (2018). Disponível em: https://dl.acm.org/doi/abs/10.1145/3178876.3186139. Acesso em: 24 maio 2023.

GILLESPIE, Tarleton. *Custodians of the internet*: platforms, content moderation, and the hidden decisions that shape social media. New Haven: Yale University Press, 2018.

GOOGLE. *Políticas de Anúncios Políticos do Google*. Disponível em: https://support.google.com/adspolicy/answer/6012382?hl=pt-BR. Acesso em: 04 maio 2023a.

GOOGLE. *Google Transparency Report*. Disponível em: https://transparencyreport.google.com/political-ads/home. Acesso em: 04 maio 2023b.

HABERMAS, Jürgen. *Facticidade e validade*: contribuições para uma teoria discursiva do direito e da democracia. Tradução de Felipe Gonçalves Silva e Rúrion Melo. São Paulo: Unesp, 2020.

HARARI, Yuval Noah. *21 lições para o século 21*. São Paulo: Companhia das Letras, 2018.

KAISER, Britney. *Manipulados*: como a Cambridge Analytica e o Facebook invadiram a privacidade de milhões e estão redirecionando a democracia. Tradução de Pedro Maia Soares. Rio de Janeiro: HarperCollins Brasil, 2019.

KAKUTANI, Michiko. *A morte da Verdade*: notas sobre a mentira na Era Trump. Tradução: André Czarnobai, Marcela Duarte. Rio de Janeiro: Intrínseca, 2018.

KOSINSKI, Michal; STILLWELL, David; GRAEPEL, Thore. Private traits and attributes are predictable from digital records of human behavior. *Proceedings of the National Academy of Sciences*, Estados Unidos, v. 110, n. 15, 2013. DOI: https://doi.org/10.1073/pnas.1218772110. Disponível em: https://www.pnas.org/content/110/15/5802. Acesso em: 16 mar. 2023.

LACERDA, Marcelo. PL das Fake News pode aumentar a confusão sobre o que é verdade ou mentira. *Blog do Google Brasil*. Disponível em: https://blog.google/intl/pt-br/novidades/iniciativas/pl2630-2/. Acesso em: 20 maio 2023a.

LACERDA, Marcelo. Como o PL 2630 pode piorar a sua internet. *Blog do Google Brasil*. Disponível em: https://blog.google/intl/pt-br/novidades/iniciativas/como-o-pl-2630-pode-piorar-a-sua-internet/. Acesso em: 20 maio 2023b.

LEAL, Luziane de Figueiredo Simão; MORAES FILHO, José Filomeno de. Inteligência artificial e democracia: os algoritmos podem influenciar uma campanha eleitoral? Uma análise do julgamento sobre o impulsionamento de propaganda eleitoral na internet do Tribunal Superior Eleitoral. *Direitos Fundamentais & Justiça*, Belo Horizonte, ano 13, n. 41, p. 343-356, jul./dez. 2019.

MOUFFE, Chantal. *Sobre o político*. Tradução de Vera Casa Nova e Luiz Gustavo de A. Oliveira. Rio de Janeiro: Zahar, 2020.

MOUNK, Yascha. *O Povo Contra a Democracia*. Tradução de Luís Carlos Borges. São Paulo: Companhia das Letras, 2018.

MOROZOV, Evgeny. *Big Tech*: A Ascensão dos Dados e a Morte da Política. Tradução de Gilson César Cardoso de Sousa. São Paulo: Ubu Editora, 2019.

MÜLLER, Friedrich. *Quem é o povo?* A questão fundamental da democracia. Tradução de Peter Naumann. São Paulo: Max Limonad, 1999.

MUELLER, J. L. Democracy and the dangers of politicized algorithms. *Daedalus*, v. 147, n. 1, p. 26-39, 2018.

OPENAI. *GPT-3.5*. Disponível em: https://openai.com/blog/gpt-3-5b-parameters/. Acesso em: 14 abr. 2023.

RODOTÀ, Stefano. *A vida na sociedade da vigilância*: a privacidade hoje. Rio de Janeiro: Renovar, 2008.

SEDGEWICK, Robert; WAYNE, Kevin. *Algorithms*. 4th ed. Boston: Addison-Wesley Professional, 2019.

SILVA, F. C. *et al*. Algoritmos: definição, propriedades e aplicações. *Revista Brasileira de Computação*, São Paulo, v. 28, n. 2, p. 57-70, 2018.

STROPPA, Tatiana *et al*. Seção 230 do CDA e o artigo 19 do Marco Civil da Internet. *ConJur*, 4 maio 2022. Disponível em: https://www.conjur.com.br/2022-mai-04/direito-digital-secao-230-cda-artigo-19-marco-civil-internet. Acesso em: 19 maio 2023.

VOSOUGHI, Soroush; ROY, Deb; ARAL, Sinan. The spread of true and false news online. *Science Magazine*, Estados Unidos, jan. 2018. Disponível em: https://science.sciencemag.org/content/359/6380/1146/tab-article-info. Acesso em: 11 abr. 2023.

Informação bibliográfica deste texto, conforme a NBR 6023:2018 da Associação Brasileira de Normas Técnicas (ABNT):

LINS, Rodrigo Martiniano Ayres. Abuso de poder algorítmico: considerações iniciais. In: LINS, Rodrigo Martiniano Ayres; CASTRO, Kamile Moreira (Org.). O futuro das eleições e as eleições do futuro. Belo Horizonte: Fórum, 2023. p. 289-306. ISBN 978-65-5518-611-6.

CONSTRUÇÃO DO CONCEITO DE VIOLÊNCIA POLÍTICA DE GÊNERO NAS CAMPANHAS ELEITORAIS

VÂNIA SICILIANO AIETA

Introdução

O presente trabalho versa sobre a participação das mulheres na política pelo aspecto da misoginia e do preconceito, infelizmente sempre presentes contra as mulheres nas estruturas de poder da política.

Historicamente, as mulheres não são eclipsadas tão somente no alcance de cadeiras nas casas legislativas e no Poder Executivo, mas também nas próprias estruturas de poder *interna corporis* dos partidos políticos.

Nas eleições brasileiras de 2020, para prefeitos e vereadores, observamos o pioneirismo de, pela primeira vez em um julgamento na Justiça Eleitoral, se discutir a construção doutrinária do *conceito de violência política de gênero*, em uma tese arguida pelo Ministério Público Eleitoral, atendendo ao apelo da defesa de uma candidata a prefeita da capital do estado do Rio de Janeiro, vitimada com ataques odiosos dirigidos à sua intimidade sexual.

Não se nega a tentativa das instituições vigentes de estabelecer níveis igualitários de representatividade política da mulher, mas ainda não se pode dizer que não seja usual a reprodução de assimetrias nas democracias ocidentais, democracias estas que majoritariamente alimentam a divisão estéril "público *versus* privado" e são ainda incipientes nas soluções contra a desigualdade de gênero.

A teoria feminista há muito se debruça sobre tais matérias e na condição de ferramenta intelectual indispensável à conquista de patamares de representação justos para as mulheres, carregando, sobretudo, o caráter "político", visto que compreende que a política, em sua acepção tradicional, não abarca a vivência real.

1 Considerações históricas acerca da problemática

Desde o início do século XX, com a icônica pauta feminista das sufragistas, que o tema do acesso à esfera pública, configurado na representatividade política simbólica, é uma questão central, visto que o nocivo conceito de que o público pertence aos homens e que às mulheres caberia a seara privada e familiar vigia à época e vige até hoje. Contudo, mais de cem anos depois, a sub-representação política das mulheres ainda é uma constante.

Em que pese a observância de que a exclusão ou inclusão de certos grupos no âmbito das tomadas de decisão política influencia a maneira como cidadãs e cidadãos enxergam as instituições públicas, entendendo-as como mais democráticas se as mulheres ocupam cargos eletivos, a desigualdade de gênero nos espaços políticos ainda é a regra, e uma de suas manifestações mais drásticas é a violência política.

A evidência do sexismo nas corridas eleitorais traz à luz a fragilidade da representatividade feminina nos espaços públicos de poder. Um exemplo largamente conhecido da misoginia na política brasileira pode ser ilustrado pela agudização das reações contra os direitos das mulheres a partir de 2015, no contexto de *impeachment* da primeira presidenta eleita no Brasil.

No Brasil, o voto feminino só foi permitido a partir de 1932. Naquele ano, por decreto do presidente Getúlio Vargas, foi criado o Código Eleitoral Provisório, primeiro código eleitoral do país. O Código fazia a previsão do direito das mulheres de votar e de serem votadas, além de instituir a Justiça Eleitoral, o voto secreto e o sistema proporcional de representação.

As reformas que estenderam o voto às mulheres tornaram, também, o voto obrigatório. Entretanto, a obrigatoriedade dos votos se dirigia apenas aos homens. Já para as mulheres, em 1932 o exercício do sufrágio era condicionado a uma série de restrições. Assim, poderiam votar somente as mulheres casadas, com autorização dos maridos, e as viúvas e solteiras que tivessem renda própria.

Em 1934, as restrições ao voto feminino foram eliminadas do Código Eleitoral Brasileiro, mas a obrigatoriedade do voto permaneceu como um dever exclusivamente masculino. Esse dispositivo dificultou a universalização do sufrágio e a participação feminina na vida política do país. Apenas em 1946 a obrigatoriedade do voto foi estendida às mulheres.

2 A evolução jurídica dos direitos eleitorais das mulheres

Décadas mais tarde, ao longo dos anos 1990, entraram em vigência as primeiras leis de ações afirmativas para mulheres em eleições proporcionais, com a previsão de no mínimo 20% da lista de candidatos de cada partido ou coligação a ser preenchida por candidatas mulheres.

Essas leis, advindas das ações afirmativas, apresentavam um fato inegável: a existência de discriminação contra as brasileiras, cujo resultado mais visível é a exasperante sub-representação feminina em um dos setores-chave da vida nacional – o processo político.

A chamada Lei de Cotas resultou, em parte, de um contexto internacional mais amplo. De fato, meses antes da promulgação da Lei nº 9.100/1995, o Brasil havia assinado a Plataforma de Ação Mundial da IV Conferência Mundial da Mulher, que ocorreu em 1995, em Pequim, na China.

A resolução da Organização das Nações Unidas (ONU), naquela Conferência de Pequim, recomendava ações afirmativas para acelerar a diminuição das defasagens de gênero na participação do poder político.

Dois anos depois, em 1997, discutia-se no país a importante edição de um conjunto de normas que regulamentasse o processo eleitoral, já que o Brasil carecia de um sistema eleitoral unificado e permanente. No bojo dessa intensa discussão, foi forjada a chamada Lei das Eleições no Brasil.

Conjuntamente, houve um aumento no percentual mínimo de candidaturas para as listas de candidatas de partidos e coligações. Passou-se, assim, do mínimo de 20%, instituído em 1995, para 30%, com a ressalva de que, em 1998, na eleição um ano após a vigência da Lei das Eleições, as cotas seriam transitoriamente de 25%, atingindo 30% apenas nas eleições subsequentes.

A Lei nº 12.034/2009 tornou obrigatório o preenchimento do percentual mínimo de 30% para candidaturas femininas, e o resultado foi um aumento expressivo do número de candidatas mulheres, significativamente maior do que o experimento nos anos anteriores.

Porém, a questão mais significativa em relação às mulheres no Brasil, nos últimos tempos, se deu com a questão do financiamento.

A política de cotas, em especial após a regulamentação de 2009, foi capaz de incentivar consideravelmente o número de candidaturas femininas. No entanto, o número de mulheres eleitas para as casas legislativas não aumentou na mesma proporção. Isso porque, além da dificuldade em se candidatar, as mulheres também enfrentam desafios no que diz respeito ao apoio interno nos partidos. A quantidade de recursos e verbas que são destinados às campanhas determinam, significativamente, as chances de sucesso e a eleição dos postulantes aos cargos legislativos.

O desenho da legislação, contudo, abria brechas para a criação de candidaturas meramente formais, já que os partidos podiam apresentar candidatas mulheres apenas para preencher os requisitos legais. Na prática, essas candidaturas foram chamadas de "candidatas laranja", pois não integravam de fato a corrida eleitoral. Sem qualquer investimento monetário, muitas delas eram boicotadas ou não apresentavam reais condições de se elegerem.

Esse problema levou à percepção de que, para maximizar a eficácia da política de cotas, era preciso vincular candidatura a investimento. Assim, já no bojo das discussões da Reforma Política de 2015 no Brasil, foram criados incentivos ao investimento em campanhas femininas. A Lei nº 13.165/2015, produto final da reforma, previa que os partidos obrigatoriamente empenhassem recursos nas campanhas de mulheres.

No entanto, o artigo 9º da lei previa a destinação de um mínimo de 5% dos recursos de campanha e, ainda, de um limite, que não poderia ultrapassar 15% de todos os recursos do fundo partidário destinados a essa finalidade. Embora destinada a incentivar o repasse de recursos, a redação da lei ficou muito aquém do esperado. Na prática, ela acabou por instituir uma desigualdade formal odiosa entre homens e mulheres na política: o mínimo de 30% das mulheres candidatas pelas cotas teria acesso, pelo fundo partidário, a, no máximo, 15% dos recursos.

Assim, ao invés de aprimorar a participação de mulheres na política, a Lei nº 13.165/2015 dificultava a correção de sub-representação feminina.

Por essa razão, ela foi objeto da Ação Direta de Inconstitucionalidade (ADI) nº 5.617.

Em 2018, o Supremo Tribunal Federal (STF) julgou a ADI e definiu ser inconstitucional o dispositivo previsto na Reforma Eleitoral. A maioria dos ministros entendeu que se deveria equiparar o patamar legal mínimo de candidaturas femininas ao mínimo de recursos de fundo partidário a serem destinados, que deve ser interpretado como de 30% do montante do fundo alocado em cada partido para eleições majoritárias e proporcionais.

Em caso de haver percentual mais elevado ao mínimo de candidaturas femininas, os recursos deveriam ser alocados, pelo menos, na mesma proporção.

No ano passado, a Emenda Constitucional nº 111/2021 estabeleceu contagem em dobro dada a candidatos negros e às mulheres, e a resolução do Tribunal Superior Eleitoral, em matéria de prestação de contas, estabeleceu serem possíveis o pagamento de despesas comuns com candidatos do gênero masculino e de pessoas não negras; e a transferência ao órgão partidário de verbas destinadas ao custeio da sua cota-parte em despesas coletivas, desde que haja benefício para campanhas femininas e de pessoas negras.

Além disso, foi sancionada a Lei nº 14.192/2021, que estabelece normas para prevenir, reprimir e combater a violência política contra a mulher durante as eleições e no exercício de direitos políticos e de funções públicas. Oriundo do Projeto de Lei nº 349/2015, da deputada Rosângela Gomes, do Partido Republicanos, do Rio de Janeiro, o texto foi aprovado pela Câmara dos Deputados e pelo Senado Federal, considerando violência política contra as mulheres toda ação, conduta ou omissão com a finalidade de impedir, obstaculizar ou restringir os direitos políticos delas.

A lei alterou também o Código Eleitoral brasileiro para proibir a propaganda partidária que deprecie a condição de mulher ou estimule sua discriminação em razão do sexo feminino ou em relação à sua cor, raça ou etnia.

A nova norma incluiu também no Código Eleitoral o crime de assediar, constranger, humilhar, perseguir ou ameaçar, por qualquer meio, candidata a cargo eletivo ou detentora de mandato eletivo, utilizando-se de menosprezo ou discriminação à condição de mulher ou à sua cor, raça ou etnia, com a finalidade de impedir ou de dificultar a sua campanha eleitoral ou o desempenho de seu mandato eletivo.

Os crimes de calúnia, difamação e injúria durante a propaganda eleitoral também terão penas aumentadas em 1/3 até metade caso envolvam menosprezo ou discriminação à condição de mulher ou à sua cor, raça ou etnia; ou sejam praticados por meio da internet ou de rede social ou com transmissão em tempo real.

O ato de divulgar, na propaganda eleitoral ou durante período de campanha eleitoral, fatos sabidos inverídicos em relação a partidos ou a candidatos e capazes de exercer influência perante o eleitorado também terá pena aumentada em 1/3 até metade se envolver menosprezo ou discriminação à condição de mulher ou à sua cor, raça ou etnia; ou ser for cometido por meio da imprensa, rádio ou televisão, por meio da internet ou de rede social, ou transmitido em tempo real.

Uma novidade ocorreu em se tratando dos estatutos partidários. A nova lei também alterou a Lei dos Partidos Políticos para determinar que os estatutos dos partidos brasileiros sejam obrigados a conter regras de prevenção, repressão e combate à violência política contra a mulher. Do mesmo modo, foi alterada a Lei das Eleições para definir que, nas eleições proporcionais (para cargos do Legislativo), os debates sejam organizados de modo a respeitar a proporção de homens e mulheres fixada na própria Lei Eleitoral – ou seja, de no mínimo 30% de candidaturas de mulheres.

A promulgação da Lei nº 14.192/2021 tirou o Brasil do grupo de países da América Latina que ainda não tinham regras para prevenção, repressão e combate à violência política contra a mulher.

A lei trouxe, pela primeira vez no país, a conceituação da *violência política contra a mulher* como "toda ação, conduta ou omissão com a finalidade de impedir, obstaculizar ou restringir os direitos políticos da mulher" (artigo 3º). O aludido normativo possui como um dos objetivos punir práticas que reduzam a condição da mulher na política, que estimulem a discriminação em razão do sexo ou também em relação à raça e etnia.

Ao acrescentar o artigo 326-B ao Código Eleitoral, tipificou como crime eleitoral "assediar, constranger, humilhar, perseguir ou ameaçar, por qualquer meio, candidata a cargo eletivo ou detentora de mandato eletivo, utilizando-se de menosprezo ou discriminação à condição de mulher ou à sua cor, raça ou etnia, com a finalidade de impedir ou de dificultar a sua campanha eleitoral ou o desempenho de seu mandato eletivo", estabelecendo pena de reclusão de um a quatro anos e multa, além de trazer hipóteses de aumento de pena (mulher gestante, maior de 60 anos ou com deficiência).

Como se observa, as alterações promovidas pela Lei nº 14.192/2021 ampliam os instrumentos para combate à violência de gênero e à discriminação político-eleitoral contra as mulheres em todos os momentos relacionados ao exercício dos direitos políticos (não apenas durante a campanha eleitoral), tornando crime a divulgação de notícias falsas sobre as candidatas.

3 A candidatura objeto de análise – estudo de caso

Nas eleições municipais brasileiras de 2020, observamos violências variadas e constantes nas campanhas das candidatas mulheres por todo o país. Malgrado muitos sejam os casos, notadamente de burla aos recursos destinados às candidaturas femininas pelos partidos políticos, um em especial chamou a atenção: o de uma deputada estadual, na vigência de seu mandato na Assembleia Legislativa do Estado do Rio de Janeiro, cuja candidatura é analisada neste presente estudo de caso. Para tanto, utiliza-se a perspectiva metodológica sistêmico-construtivista, considerando a realidade como uma construção de um observador. Usar-se-á como metodologia de trabalho o uso de fontes diretas, tais como: os vídeos nos quais podem ser encontradas as veiculações de propaganda eleitoral objeto de análise, peças processuais de ambas as partes envolvidas e o parecer da Douta Procuradoria Regional Eleitoral, da lavra da então Exma. Procuradora Regional Eleitoral do Estado do Rio de Janeiro Dra. Silvana Batini Cesar Góes, que pioneiramente cria nesse processo, pela primeira vez na Justiça Eleitoral do estado do Rio de Janeiro, o *conceito de violência política de gênero*.

4 A violência sofrida pela candidata

À medida que os índices de sua candidatura subiam, a candidata começou a ser vítima de campanha de desinformação, sofrendo um intenso massacre e devassa na sua vida privada, notadamente em uma busca desenfreada por informações distorcidas de seu universo sexual. Os ataques referiam-se à existência de um suposto "namorado" que a candidata teria tido há muitos anos e que, tempos depois, o dito parceiro havia sofrido um processo em que era acusado de corrupção.

Seus adversários faziam uma ilação entre ela, que nenhum processo sofreu e era uma candidata sem qualquer mácula, vulgarmente chamada de "ficha limpa" no jargão eleitoral, e um namorado de seu passado.

No entanto, a propaganda questionada, em sede de direito de resposta, não teria o condão de gerar a indignação coletiva que gerou se estivesse amoldada na seara da liberdade de expressão, pois ensejaria crítica política afeta ao período eleitoral, cuja contestação deve emergir do debate político natural, não sendo capaz de atrair o disposto protetivo do direito de resposta para ofensas gravosas e veiculação de informação falsa.

No entanto, a ferocidade com que a propaganda visava atingir a candidata no seu universo sexual, com marcas acentuadas de misoginia, gerava estados mentais que induziam a compreensão de que a candidata teria cometido prevaricação, falsidade ideológica eleitoral e participação em corrupção. Além disso, esse quadro se consolidava na mentalidade coletiva com ofensas pessoais marcadas por acentuado preconceito de gênero.

Embora saibamos que o debate eleitoral, ainda que em tom exacerbado, deve ser amplo e o mais livre possível e que, em especial, aqueles e aquelas que ocupam ou ocuparam cargos públicos devem se sujeitar à crítica ácida e dura que faz parte do jogo corriqueiro da política, há limites. As veiculações de mensagem abusivas que visavam denegrir a imagem da candidata deixaram o balizamento da razoabilidade e da proporcionalidade para um quadro de verdadeiro massacre da pessoa enquanto ser humano, ferindo-a, sobretudo, na sua condição de mulher.

5 A pioneira construção do conceito da violência política de gênero: o reconhecimento da violência sofrida pela Procuradoria Regional Eleitoral

O parecer da Douta Procuradoria Regional Eleitoral do TER-RJ, no Recurso Eleitoral nº 0600079-81.2020.6.19.0230, trouxe a pioneira construção do conceito de violência política de gênero, que será transcrito no presente item. Asseverou a Douta Procuradora que, para se entender o caráter abusivo da violência sofrida pela candidata, é preciso estar consciente de que vivemos no Brasil, um ambiente de tolerância com a violência política de gênero, pela qual a mulher pública está sempre exposta e vulnerável no seu aspecto íntimo. A violência política de gênero pode ser definida como "todo e qualquer ato com o objetivo de excluir a mulher do espaço político, impedir ou restringir seu acesso ou induzi-la a tomar decisões contrárias à sua vontade". Vale aduzir que as mulheres podem sofrer violência quando concorrem, já eleitas e durante o mandato.

Tolera-se, no Brasil, que a mulher que ingressa na política seja regularmente criticada por sua aparência ou sua vida sexual, e isso precisa ser repelido enfaticamente. Esse aspecto, aliado a tantos outros, forma o quadro de desestímulo e desconforto que está na raiz da sub-representação histórica e crônica das mulheres na política. O limite que se deve impor no discurso político e eleitoral, nesse aspecto, deve ser mais rigoroso, porque importa em mudar uma cultura.

Como já reconhecido na jurisprudência brasileira, a livre manifestação do pensamento, a liberdade de imprensa e o direito de crítica não encerram direitos ou garantias de caráter absoluto, atraindo a sanção da lei eleitoral no caso de seu descumprimento (Rp nº 1975-05/DF, Rel. Ministro Henrique Neves, PSESS de 2.8.2010). Devemos destacar que o parâmetro de aferição do que é ofensivo não é único nem trivial. A régua que mede a gravidade da ofensa deve levar em conta o aspecto pessoal da vítima, bem como o contexto cultural e social em que se insere. No Brasil, onde as mulheres vêm encontrando dificuldades em conquistar espaços de poder institucional, é lícito afirmar que não devem ser tolerados os ataques que fujam rigorosamente do debate político leal e que migrem para a violência de gênero, mal dissimulada. E a razão dessa necessária vigilância reside na evidência que essa forma de fazer política, além de ofensiva, perpetua a desigualdade que a Constituição determinou que fosse vencida e superada. No caso ora analisado, era muito nítida a crítica subliminar, de caráter misógino e preconceituoso, contra mulheres que, como a candidata, exercem cargos públicos.

As frases constantes nas veiculações, com sensacionalismo desmedido, traziam um efeito de degradação e certamente foram capazes de induzir o eleitorado a interpretar as assertivas como se a candidata fosse emocionalmente vinculada a ilicitudes de seu ex-namorado especialmente porque é mulher, pois, se teve um relacionamento amoroso com uma pessoa em seu passado longínquo, deveria se impor a essa mulher a responsabilidade eterna por tudo que essa pessoa faria ao longo da vida. Se um ataque desborda do mero jogo político ou da crítica política, afeta ao período eleitoral, para criar estados mentais, emocionais ou passionais, especialmente pela exploração e pela exposição do relacionamento pessoal da candidata, o que caracteriza a propaganda irregular negativa, atraindo o disposto no art. 58 da Lei nº 9.504/1997, eis que fere o art. 242 do Código Eleitoral, *verbis*:

> Art. 242. A propaganda, qualquer que seja a sua forma ou modalidade, mencionará sempre a legenda partidária e só poderá ser feita em língua nacional, não devendo empregar meios publicitários destinados a criar, artificialmente, na opinião pública, estados mentais, emocionais ou passionais. (Redação dada pela Lei nº 7.476, de 15.5.1986) Parágrafo único. Sem prejuízo do processo e das penas cominadas, a Justiça Eleitoral adotará medidas para fazer impedir ou cessar imediatamente a propaganda realizada com infração do disposto neste artigo.

Desse modo, a candidata, ao ter que se defender de um ataque que evoca um suposto relacionamento afetivo pretérito, vê-se forçada a expor sua esfera íntima e a sua própria subjetividade, e não a sua figura pública, esta, sim, passível de crítica pública legítima.

Considerações finais

Finalmente, é de se ressaltar que é legítima a atuação do Poder Judiciário para assegurar direitos fundamentais de grupos historicamente vulneráveis, como mulheres, negros ou homossexuais, contra discriminações, diretas ou indiretas, estando as propagandas de massacre misógino a merecer a reprimenda da Justiça Eleitoral.

A esperança de todos pode ser resumida na bela lição deixada no 1º Encontro Nacional de Magistradas Integrantes das Cortes Eleitorais, no qual, às vésperas de assumir a Presidência do Tribunal Superior Eleitoral (TSE) e comandar as eleições no Brasil, o ministro Edson Fachin destacou a importância de participação de mais mulheres no cenário político, destacando o seguinte, *in verbis*: "Nós todos sabemos que é urgente vacinar o país contra o vírus do autoritarismo, da misoginia e da discriminação. Vacina sim! Contra o vírus da autocracia, democracia sempre" .

Do mesmo modo, Luís Roberto Barroso, ministro do Supremo Tribunal Federal (STF) e ex-presidente do Tribunal Superior Eleitoral do Brasil (TSE), considera que: "Não é só a violência física, a violência psicológica é uma violência que é mais difícil, porque é muito entranhada, que é a violência da linguagem e que envolve transformações mais profundas nas sociedades machistas e patriarcais".

Oxalá tenhamos dias mais justos no século XXI para as mulheres de todos os países, de modo a que tenhamos a possibilidade de garantir *"mais mulheres na política"*.

Referências

BIROLI, F.; MIGUEL, L. F. *Feminismo e política*: uma introdução. Boitempo Editorial, 2015.

BIROLI, F. Uma mulher foi deposta: sexismo, misoginia e violência política. *O golpe na perspectiva de gênero*, v. 1, n. 1, 2018.

OKIN, Susan Moller. Gênero, o público e o privado. *Revista Estudos Feministas*, v. 16, n. 2, p. 305-332, 2008. Disponível em: https://periodicos.ufsc.br/index.php/ref/article/view/S0104-026X2008000200002. Acesso em: 04 fev. 2022.

BRASIL. Tribunal Regional Eleitoral (Rio de Janeiro). Recurso Eleitoral 0600079-81.2020.6.19.0230. Recorrente: Martha Mesquita da Rocha. Recorrido: Eduardo da Costa Paes. Relator: Desembargador CLAUDIO LUIS BRAGA DELL ORTO. Rio de Janeiro, 26 de novembro de 2020. Diário de Justiça Eletrônico, Rio de Janeiro, RJ, ano 2020, n. 347, p. 39, 30 nov. 2020.

CLAYTON, A.; O'BRIEN, D. Z.; PISCOPO, J. M. All Male Panels? Representation and Democratic Legitimacy. *American Journal of Political Science*, v. 63, n. 1, p. 113-129, 2019. Disponível em: https://www.amandaclayton.org/uploads/2/5/7/1/25717216/ajps.12391.pdf. Acesso em: 01 fev. 2022.

MELO, Karine. Fachin: É urgente vacinar o país contra o autoritarismo e a misoginia. *Agência Brasil* (ebc.com.br).

Informação bibliográfica deste texto, conforme a NBR 6023:2018 da Associação Brasileira de Normas Técnicas (ABNT):

AIETA, Vânia Siciliano. A construção do conceito de violência política de gênero nas campanhas eleitorais. In: LINS, Rodrigo Martiniano Ayres; CASTRO, Kamile Moreira (Org.). O futuro das eleições e as eleições do futuro. Belo Horizonte: Fórum, 2023. p. 307-317. ISBN 978-65-5518-611-6.

O ELEITOR NARCISISTA E A BUSCA PELO VOTO IMPRESSO: UMA CONJURAÇÃO CONTRA A DEMOCRACIA BRASILEIRA?

VOLGANE OLIVEIRA CARVALHO

Introdução

O Congresso Nacional brasileiro recentemente, uma vez mais, buscou recriar a figura do voto impresso; definitivamente, não se trata de uma novidade legislativa, mas não há dúvidas de que o tema continua cercado de muita polêmica, especialmente quando se verifica a persistência legislativa em fazer ressurgir projetos que busquem a criação de registros físicos para o voto, que, hoje, é totalmente eletrônico.

É importante salientar que o Supremo Tribunal Federal (STF), em passado não tão remoto, em julgamento de ação decorrente do controle concentrado de constitucionalidade, já havia sido chamado a se pronunciar sobre o tema. Naquela ocasião, no julgamento da Ação Direta de Inconstitucionalidade (ADI) nº 4.543, a corte considerou inconstitucional a impressão de votos no Brasil por representar risco ao sigilo do voto e afrontar outros direitos fundamentais, podendo configurar verdadeiro retrocesso democrático.

A decisão do STF, embora tenha sido proferida há uma década, não foi suficiente para convencer parte dos legisladores acerca da inconveniência da modificação do sistema de votação adotada no Brasil a partir de 1996 e já consolidado. O debate acerca dos benefícios e inconvenientes da impressão do voto, entretanto, permanece vivo e tenaz. É necessário amadurecer a discussão a fim de que se possa, com a necessária segurança, determinar qual o melhor caminho para a democracia brasileira, sem se esquecer dos interesses e necessidades dos cidadãos, a quem, afinal, destinam-se em última instância os processos e mecanismos de votação.

O presente estudo pretende perscrutar os argumentos apresentados contrários à impressão de votos pelas urnas eletrônicas, bem como investigar se existe adequação constitucional para a adoção de um modelo de impressão de votos pelo ordenamento jurídico brasileiro. Para tanto, será realizada revisão bibliográfica sobre o tema e utilizado o método hipotético-dedutivo para busca de resposta às questões norteadoras.

1 Um espelho desfocado: o eleitor narcisista e sua incansável busca pelo protagonismo

A modernidade líquida desnudou, sem quaisquer pruridos, a sociedade do século XXI, principalmente o frenético ambiente de hiperinformação, onde todos são produtores e consumidores em potencial de qualquer tipo de informação, permanecendo continuamente atingidos de modo inclemente por uma massa de conhecimento sobre o qual é muito difícil estabelecer qualquer juízo de valor. Em outra frente, é possível identificar a elevação do individualismo à máxima potência, o que acaba impedindo que o indivíduo se permita ouvir e compreender o que é dito pelos outros. A conjugação desses fatores forma um caldo de cultura potente para a difusão, de modo viral, de novas formas de pensar e se comportar em uma sociedade em que todos falam tudo e ninguém ouve quase nada.

O anseio por falar e o desprezo pela tarefa de ouvir jamais estiveram tão em voga. Os resultados mais delineados disso podem ser facilmente percebidos nos espaços públicos:

> Se o indivíduo é o pior inimigo do cidadão, e se a individualização anuncia problemas para a cidadania e para a política fundada na cidadania, é porque os cuidados e preocupações dos indivíduos enquanto indivíduos enchem o espaço público até o topo, afirmando-se como seus únicos ocupantes legítimos e expulsando tudo mais do discurso público. O "público" é colonizado pelo "privado"; o "interesse público" é reduzido à curiosidade sobre as vidas privadas de figuras públicas e a arte da vida pública é reduzida à exposição pública das questões

privadas e a confissões de sentimentos privados (quanto mais íntimos, melhor). As "questões públicas" que resistem a essa redução tornam-se quase incompreensíveis (BAUMAN, 2021, p. 46).

Os novos hábitos arrastam seus efeitos por todas as sendas do comportamento humano e da vida em sociedade e, desse modo, inevitavelmente repercutem no ambiente político, sendo perceptíveis as modificações nos critérios de escolha adotados por cada um dos cidadãos para decidir quem devem ser os destinatários do seu voto; da mesma maneira, é possível reconhecer um novo *modus operandi* na participação política ativa, na atuação político-partidária, na comunicação dos candidatos com os seus potenciais apoiadores, na interlocução dos representantes eleitos com a sociedade.

O eleitor egoísta, antecedente histórico do eleitor narcisista, adotava como parâmetro mais valioso para a definição de suas decisões políticas o senso de preservação e proteção dos interesses daqueles que compunham seu núcleo próximo. Nesse cenário, o voto era regido pelo temor de sofrer perseguições de toda ordem, pela necessidade de conservação das relações de compadrio e o desejo de manutenção do *status quo* em todas as suas nuances e mínimos poderes. Esse comportamento possuía um indelével verniz patrimonial, o que levava à conclusão de riqueza como garantia de sucesso eleitoral. O eleitor narcisista subverte essa lógica e passa a privilegiar interesses ideológicos variados e personalíssimos (CARVALHO, 2017). A mudança de paradigma deixa os políticos tradicionais completamente perdidos e com grande dificuldade de acompanhar a forma de pensar do novo eleitor e incapacidade de atender satisfatoriamente as suas necessidades.

Na escala de prioridades do votante, assumem a dianteira os candidatos que defendem interesses que coincidam mais proximamente com os seus próprios, em especial aqueles anseios personalíssimos que são difíceis de confessar publicamente pelo temor da repreensão coletiva ou por comodidade. Essa liberdade plena para aderir até os que defendem o absurdo produz uma sensação de liberdade até então desconhecida pelo eleitor e, concomitantemente, a impressão de que o cidadão é detentor de um poder invejável, buscado por muitos.

O voto e o apoio político recebem novos significados pelo eleitor. Um dos maiores motores desse processo de modificação comportamental do eleitor é a atuação vigorosa da Justiça Eleitoral no combate às modalidades de fraude, especialmente o abuso de poder e a compra de voto. O novo eleitor:

> [...] luta por direitos e reconhecimento, não por poder. Não sacrifica a vida pessoal em nome de uma causa coletiva ou da glória de uma organização. Não se referência por líderes ou ideologias. [...] É multifocal, abraça várias causas simultaneamente. Muitos atuam de modo programático, profissionalizam-se como voluntários, buscam resultados mais do que confrontação sistêmica (NOGUEIRA, 2013, p. 54).

O eleitor narcisista é mais indivíduo e menos cidadão. Não aceita abdicar ou ver reduzido qualquer dos seus direitos para garantir o respeito à vontade da maioria; aliás, muitas vezes sequer reconhece a possibilidade de a democracia ser formada pelo respeito às decisões apoiadas pela parcela majoritária da sociedade, colocando sempre na escala de prioridades seus anseios e posicionamentos em posição de precedência sobre qualquer outra ideia. Apenas as escolhas que coadunam com seu modo de pensar devem ser respeitadas; todas as demais, não importa de onde venham, possuem deturpações e devem ser ignoradas ou descartadas solenemente.

Na sociedade contemporânea, tendo em vista a sua complexidade e a plêiade de temas de interesse nacional e local que são objetos de debate, é absolutamente irrealizável que duas pessoas concordem em absoluto sobre todo e qualquer tema, ainda mais se uma delas for um representante político, seja pela infinidade de temas, seja pela diversidade da formação humanística de cada indivíduo, seja pelos interesses pessoais envolvidos.

A situação é muito mais grave quando se coloca em perspectiva a necessidade de um representante político atender aos interesses de todos os seus eleitores, uma massa humana que deve ser contada, não raro, às dezenas de milhares de pessoas. Assim, mesmo que os políticos procurem se adaptar às novas expectativas dos eleitores, o seu sucesso será parcial e temporalmente limitado, visto que, na primeira ocasião em que ocorrer uma discordância, haverá um atrito entre ambos.

Essa impossibilidade material de satisfação permanente ou, ao menos, pelo período do mandato de seus representantes eleitos faz com que o eleitor narcisista se vista para a guerra e grite a plenos pulmões, especialmente nas suas redes sociais e aplicativos de mensagens instantâneas – seu habitat intelectual de preferência –, sua insatisfação com a classe política, repetindo o seu bordão preferencial: não me representam!

Outra possibilidade corriqueiramente observada é o comportamento absentista, motivado pela insatisfação com os políticos, levando muitos eleitores a se recusarem a participar do processo político, deixando de comparecer às urnas, votando em branco ou anulando o voto. Muitos cidadãos, aliás, não se limitam a isso e fazem verdadeiras campanhas de convencimento para que outras pessoas se afastem das urnas, inclusive, com a difusão de notícias falsas que insinuem, por exemplo, que uma grande abstenção resultaria na anulação ou repetição de um pleito, o que não é verdade.

O narcisismo eleitoral é filho do mal-estar pós-moderno: a sensação de ausência de pertencimento, a estranheza causada pelo ambiente contemporâneo que não é capaz de acolher a todas as necessidades e anseios de cada pessoa individualmente. O conjunto de ruídos decorrente da profusão de oradores e da baixa disposição da audiência em acompanhar suas perorações desestrutura o indivíduo que não escuta os outros, mas se revolta quando não é ouvido em sua fala. Slavoj Žižek (2013, p. 103) conseguiu enxergar esses elementos nas jornadas de junho de 2013, ocorridas em diferentes cidades brasileiras:

> [...] não existe um único objetivo "real" perseguido pelos manifestantes, algo capaz de, uma vez concretizado, reduzir a sensação geral de mal-estar. O que a maioria dos manifestantes compartilha é um sentimento fluido de desconforto e descontentamento que sustenta e une demandas particulares.

No caso brasileiro, grande parte dessa insatisfação decorre do sistema eleitoral arquitetado para garantir o *status quo* de determinados grupos políticos e que muitas vezes é responsável pelo afastamento do eleitor tratado de forma negligente e distante por muitos dos seus representantes – situação que pode ser agravada com a adoção do sistema distrital único para as eleições parlamentares, outra medida seguidas vezes rejeitada pelo parlamento brasileiro, mas que ressurge das cinzas a cada legislatura, travestindo-se como salvadora do modelo político nacional e portadora da solução de todos os males da nação.

O sistema de eleição de parlamentares pelo modelo de distritos uninominais é altamente excludente, pois considera como vitoriosos apenas os candidatos que conseguiram acumular mais votos em seu cesto. Essa ideia desnatura os partidos políticos, que perdem parte de sua função de arregimentação de candidatos que representem os diferentes matizes sociais; solapa qualquer possibilidade de respeito aos critérios de proporcionalidade; e, consequentemente, ignora os interesses e esforços de minorias políticas. Por fim, o efeito prático de tudo será o descarte de milhões de votos depositados nas urnas pelos eleitores, cujos candidatos não conseguiram se manter entre os mais populares dentre o eleitorado.

O aumento substancial do número de eleitores que serão efetivamente excluídos do processo de escolha dos representantes e que terão seus votos inutilizados, visto que na prática não servirão para nada, acaba servindo de fermento para o processo de desencantamento com o sistema eleitoral como um todo.

O desejo de protagonismo que o eleitor da modernidade líquida ambiciona é focado em um forte individualismo. Assim, ele se transformou em um narcisista que acha feio e inaceitável tudo aquilo que não é o espelho de suas opiniões e ambições políticas e sociais. Apenas o próprio reflexo pode motivar o avanço no debate político e, nesse contexto, ele acaba exigindo que o candidato perfeito seja aquele que anua com todas as suas opiniões e pensamentos – desejo que, como visto, é impossível de ser concretizado (CARVALHO, 2016).

Esse cenário estimula o comportamento de alguns candidatos, que perdem o pudor de defender temas reprováveis e, não raro, ilegais, fazendo florescer discursos extremados focados no ódio e distantes de qualquer conteúdo lógico e científico. Populariza-se a defesa desbragada do racismo, da homofobia, da misoginia e de toda sorte de preconceitos, do terraplanismo, de teorias antivacina, da defesa de medicamentos sem a comprovação científica dos seus efeitos e do estímulo à adoção de sistemas de educação excludentes e outras ações que colidam frontalmente com o conhecimento científico, que é desqualificado em todas as oportunidades. Enfim, abandona-se a racionalidade e ingressa-se sem ressalvas no mundo das conspirações.

A defesa do voto impresso é apenas mais um dos muitos discursos utilizados pelo eleitor narcisista em sua permanente busca pelo protagonismo do ambiente político. A ideia de segurança ignora qualquer prova científica e se baseia apenas em depoimentos pessoais, impressões distorcidas da realidade e no desejo de confrontar o sistema e fazer prevalecer sua vontade e sua percepção das coisas, não importando as consequências que resultem desse tipo de comportamento.

2 Dom Quixote e os moinhos de vento: a busca do voto impresso

A posição de vanguarda do Brasil em termos de informatização do sistema eleitoral decorre do fato de ter sido o primeiro e único país do mundo a informatizar todas as etapas de uma eleição – a identificação do eleitor, a votação secreta, a apuração (a contagem dos votos de cada urna) e a totalização (a soma dos votos de todas as urnas). Além disso, o Brasil se destaca por ter englobado as três primeiras fases eleitorais em um mesmo equipamento, ou seja, na urna eletrônica, o que é uma característica própria do sistema eleitoral informatizado brasileiro e um dos seus diferenciais (SILVA, 2002).

Atualmente, mesmo que se insista em tentar provar o contrário, o modelo de votação brasileiro é amplamente aceito pela sociedade e, em grande parte, o sucesso dessas medidas decorre da existência de um órgão judicial independente como fiador do sistema, diferentemente de outros países, que preferem atribuir tal mister a departamentos do Poder Executivo que dificilmente conseguem comprovar a necessária imparcialidade nas tomadas de decisão que podem impactar no resultado do pleito. Conforme Tavares e Moreira (2011, p. 23):

> Esse controle, exercido por órgão desincumbido de qualquer interesse político e apoiado no prestígio conquistado pela imparcialidade habitual nas funções jurisdicionais, permitiu um alto grau de confiança entre o eleitorado e a Justiça Eleitoral, o que é fundamental para a formação da atmosfera jurídica necessária para a votação por meio da urna eletrônica.

A aceitação social decorre, também, das vantagens apresentadas pelo modelo eletrônico de votação, de onde emergem, com maior destaque, a economicidade, a celeridade e a segurança. O voto eletrônico traz uma segurança elevada por um custo relativamente baixo, vez que as urnas eletrônicas empregadas no Brasil podem ser utilizadas em seguidas eleições, sofrendo apenas atualizações de seus *softwares* e banco de dados (CARVALHO, 2018).

Além disso, também cumprem uma importante função social, tendo em mente que a sua utilização não se resume aos pleitos oficiais, podendo ser disponibilizadas livremente para eleições parametrizadas, ou seja, processos eleitorais realizados por órgãos públicos ou de interesse público, como ocorre em votações comandadas por autarquias especiais (Ordem dos Advogados do Brasil, por exemplo) e na escolha dos membros componentes dos conselhos tutelares nos diferentes municípios brasileiros.

É notório o ganho de tempo com a realização de eleições lastreadas no voto eletrônico, uma vez que os resultados são apurados rapidamente e com um alto nível de segurança. E a necessidade de respostas rápidas, quase imediatas a todas as demandas e questionamentos da coletividade, é mais uma das características da modernidade líquida, que "fez da instantaneidade seu ideal último" (BAUMAN, 2021, p. 145).

Por fim, os mecanismos de segurança e fiscalização desenvolvidos para a urna eletrônica minoraram consideravelmente a possibilidade de fraude eleitoral, o que se resumiria, na prática, apenas à atividade humana de identificação e liberação do voto para o cidadão. Conforme Coelho (2016, p. 292):

> Será designado pelo juiz eleitoral dia e hora, notificando fiscais e delegados dos partidos e coligações para presenciar, quando se dará "carga nas urnas eletrônicas por meio da inclusão das tabelas, utilizando-se de cartão de memória". Após, serão efetuados os testes de funcionamento e lacradas as urnas. Dispõe o art. 9º da Instrução do TSE no 47 que "aos fiscais e delegados de partidos políticos e de coligação é garantida a ampla fiscalização da carga das urnas eletrônicas, sendo admitida a conferência por amostragem, em até 3% das máquinas".

Não fossem suficientes todos os mecanismos de proteção apontados, a legislação eleitoral obriga a realização de votação paralela no dia da eleição para fiscalizar o funcionamento das urnas eletrônicas e comprovar a idoneidade dos programas nelas instalados. O evento consiste em uma eleição simulada, em que todos os votos são filmados e anotados em uma tabela e, ao fim do dia, os resultados apurados da urna eletrônica são comparados com as informações arquivadas em busca de qualquer discrepância que demonstre fragilidades ou vícios no sistema da urna (BARREIROS NETO, 2018).

Na realidade, pode-se dizer que a hipótese de burla ao sistema admissível hodiernamente se centraria, basicamente, na possibilidade de um eleitor votar utilizando-se da identidade de outrem. Contudo, persistem inquietações relacionadas com a segurança do modelo de votação brasileiro no que tange aos sistemas insertos nas urnas, sendo grande parte dessas manifestações em decorrência de um temor inato dos cidadãos já calejados por um longo histórico de fraudes devidamente decantado alhures. Sobre o tema, afirma Pinto (2010, p. 186):

Até aqui, as eleições realizadas através desse sistema (eletrônico) não ensejaram qualquer suspeição de fraude. O limite da ambição e os desvios de conduta de alguns, que buscam poder a qualquer custo, recomendam, porém, uma crescente busca no aprimoramento da segurança nesse mecanismo de votação para evitar surpresa desagradável. Afinal, pessoas especializadas em computação invadem contas bancárias e até o sistema de defesa dos países mais sofisticados, exigindo-se, com base nessa constatação, redobrada vigilância para que a vontade dos eleitores não seja adulterada.

Essa preocupação específica não merece prosperar, tendo em vista que o sistema utilizado pelas urnas eletrônicas não possui qualquer ligação com a internet. Mesmo a transferência dos dados referentes à votação, para que seja viabilizada a sua totalização, é realizada através de um sistema hermeticamente fechado (intranet), ao qual somente os computadores credenciados pela Justiça Eleitoral têm acesso e, ainda assim, mediante a inserção de senhas alfanuméricas previamente distribuídas em regime de confidencialidade aos magistrados eleitorais e submetidas a um rígido protocolo de controle.

Temor fundado que persegue o sistema de votação brasileiro, a possibilidade de um eleitor votar em lugar de outro, talvez seja, como referido, a última possibilidade concreta de fraude que remanesce no sistema (ZÍLIO, 2020). Contudo, desde o ano de 2008, o TSE iniciou o processo de recadastramento de todos os eleitores do país; dessa maneira, quando for concluído todo o processo, os cidadãos serão identificados na urna eletrônica através da leitura das suas impressões digitais.

> Vale frisar que a efetivação da biometria encerra um ciclo na Justiça Eleitoral, colocando-a em posição radicalmente oposta àquela existente na época em que as eleições eram realizadas a bico de pena. A implantação da nova tecnologia permite concretizar princípios como veracidade, sinceridade e autenticidade do voto e das eleições, aspirações antigas de todos os sistemas democráticos conhecidos (GOMES, 2020, p. 147).

Mesmo suprindo as necessidades locais e com aceitação e respaldo social, os dois sistemas não escapam de ser atingidos por denúncias de irregularidades e ameaças de fraudes, mas esta é uma das consequências esperadas da livre manifestação do pensamento e da liberdade individual inata ao jogo democrático. Afinal, não haverá, jamais, sistema de votação que satisfaça completamente a todos; do mesmo modo, não haverá democracia plena com o silenciamento das manifestações de opinião construídas em obediência aos ditames da norma constitucional.

Esteve em tramitação, até recentemente, no Congresso Nacional proposta de emenda à Constituição com o objetivo de instituir o voto impresso nas eleições brasileiras. A iniciativa legislativa foi mais uma vez rejeitada pela maioria dos parlamentares; contudo, persistem o debate social, os clamores e manifestações em favor da adoção de um sistema eleitoral que assegure a impressão dos votos depositados nas urnas eletrônicas.

Faltam justificativas plausíveis para tal clamor, especialmente diante da inexistência de elementos incontestáveis da ocorrência de qualquer possibilidade, ainda que remota, de fraude no sistema eletrônico de votação brasileiro, que levem a ressuscitar um procedimento dessa ordem, que, além de dispendioso economicamente, trará ameaças reais a princípios basilares do direito ao sufrágio, como o são o sigilo, a segurança e a confiabilidade.

3 Quem poderá nos salvar do voto impresso? A Constituição, oras!

A proposta mais comum de adoção de um sistema com impressão dos votos afirma que, após a digitação das escolhas pelo eleitor na urna eletrônica, aparecerá um resumo de todas as escolhas distribuídas por cargo, que seria impresso e permaneceria aparente sob a proteção de uma tela de acrílico transparente para ser conferido pelo eleitor; após a realização da vistoria, se aqueles dados estivessem de acordo com as informações digitadas na urna, o eleitor confirmaria suas escolhas. Nesse instante, o voto impresso seria depositado em uma sacola inviolável anexada à urna e, somente nesse momento, o voto previamente digitado seria computado. Sempre que algum candidato desconfiasse do resultado do pleito, poderia requerer a contagem dos votos impressos para verificar se os dados confirmavam aqueles obtidos eletronicamente.

Aqui, deve-se afiançar, desde logo, que todos ou quase todos os derrotados vão usufruir do seu direito de solicitar que seja realizada a recontagem sempre que houver a mínima possibilidade de deferimento do pedido. O brasileiro é naturalmente um ser beligerante, gosta de se engendrar em disputas judiciais intermináveis, despreza mediadores e conciliadores e, muito raramente, costuma reconhecer seus erros. Além de tudo, não foi acostumado a reconhecer o próprio fracasso, o que se agrava quando se trata de rejeição eleitoral. Prefere crer na falibilidade e corrupção dos sistemas do que na traição dos eleitores que lhe garantiram apoio.

Desse cenário, quais problemas emergem mais nitidamente? O primeiro problema é bastante comezinho: o que se pode fazer quando um eleitor deliberadamente mentir, afirmando que os dados impressos diferem dos dados que foram digitados por ele? É impossível que haja a conferência do que efetivamente está sendo digitado na urna eletrônica em razão do dever constitucional de preservação e respeito ao sigilo do voto. Então, como proceder? Esse ponto é especialmente preocupante, pois os defensores do voto impresso não têm demonstrado grande apreço à verdade dos fatos (BRETAS, 2018).

Em segundo lugar, o fato de o voto exigir a impressão e confirmação pelo eleitor para que possa ser computado segmenta o processo de votação em duas fases e faz renascer antigos problemas relacionados à confiança entre os eleitores analfabetos ou portadores de deficiência visual. Impossibilitados, por meios e habilidades próprias, de verificar a correção dos dados impressos, os cidadãos que não sabem ler ou o fazem precariamente e aqueles que não enxergam ou possuem graves problemas de visão teriam de buscar auxílio de terceiros para concretizar o processo de votação com plena segurança.

Estamos falando de uma massa de votantes não ignorável, que pode representar, se considerado o analfabetismo funcional, entre 30% e 40% de todo o eleitorado brasileiro. Em certas regiões do país, pode atingir percentuais superiores a esses. Jairo Nicolau (2012, p. 135-136) reconhece, inclusive, que um dos avanços da urna eletrônica consiste nessa confirmação visual do voto através da imagem do candidato:

> Dois dispositivos da urna eletrônica facilitaram, particularmente, o voto dos eleitores de baixa escolaridade: o uso de um teclado cujos números têm a mesma disposição dos teclados telefônicos e a apresentação da fotografia do candidato na tela após a digitação do seu número. Esse aspecto é importante de ser considerado já que o Brasil nunca utilizou uma cédula que contivesse fotografias e imagens que facilitam a escolha do eleitor.

A situação é mais grave do que o panorama que antecedia ao voto eletrônico, oportunidade em que os eleitores poderiam se valer de instrumentos mecânicos (normógrafos) que auxiliassem o exercício do voto, como cartões perfurados com o número ou nome do candidato que eram apostos sobre a cédula oficial e preenchidos. Na urna eletrônica, é impossível o auxílio de tais petrechos (GOMES, 2020).

Ademais, no caso dos deficientes visuais, havia cédulas especialmente produzidas em *braille* para facilitar a leitura, o que é impossível de ocorrer na hipótese de se estabelecer a necessidade de confirmação do voto impresso, tendo em mente que o acesso do eleitor ao comprovante é estritamente visual, sendo vedada qualquer possibilidade de contato físico com os votos impressos, diante do risco elevado de fraude.

Desse modo, a certeza de correção do voto representada pela imagem do candidato (para o analfabeto) e pela repetição do nome do escolhido através do uso de fones de ouvido (para o deficiente visual) torna-se inócua frente à incerteza do que consta do cartão impresso e da exigência de sua conferência para validação do sufrágio.

Essas pessoas não poderiam votar sozinhas. Precisariam, obrigatoriamente, romper o sigilo dos seus votos para que cumprissem todo o protocolo de votação, hipótese claramente inconstitucional. Outra alternativa disponível seria a confirmação aleatória do conteúdo impresso, sem qualquer segurança ou certeza de que estava confirmada a igualdade. A urna eletrônica foi desenvolvida para dotar de autonomia os dois atores, e retirar a liberdade desses eleitores é inaceitável e configura enorme retrocesso democrático e restrição indevida ao livre exercício dos direitos políticos.

Terceiro problema, ainda que se insista na tese de que é possível o voto assistido, no caso dos deficientes visuais há que se considerar o que determina a Convenção de Nova Iorque, da qual o Brasil é signatário:

> Os Estados Partes garantirão às pessoas com deficiência direitos políticos e oportunidade de exercê-los em condições de igualdade com as demais pessoas, e deverão:
> a) Assegurar que as pessoas com deficiência possam participar efetiva e plenamente na vida política e pública, em igualdade de oportunidades com as demais pessoas, diretamente ou por meio de representantes livremente escolhidos, incluindo o direito e a oportunidade de votarem e serem votadas, mediante, entre outros:
> I) Garantia de que os procedimentos, instalações e materiais e equipamentos para votação serão apropriados, acessíveis e de fácil compreensão e uso;
> II) Proteção do direito das pessoas com deficiência ao voto secreto em eleições e plebiscitos, sem intimidação, e a candidatar-se nas eleições, efetivamente ocupar cargos eletivos e desempenhar quaisquer funções

públicas em todos os níveis de governo, usando novas tecnologias assistivas, quando apropriado;

As pessoas portadoras de deficiência, portanto, têm direito ao voto secreto e ao uso de equipamentos de votação acessíveis, que as dotem de autonomia completa, ou seja, que garantam a possibilidade de exercer o seu direito ao voto sem precisar da assistência de nenhuma pessoa, ainda que seja de sua confiança (JORGE *et al.*, 2020). É muito importante anotar que esse tratado foi a única norma internacional até hoje recebida sob o regime especial criado pela Emenda Constitucional nº 45/04, ou seja, possui *status* de emenda constitucional.

Em outras palavras, estamos afirmando que o regime constitucional brasileiro protege o sigilo do voto, mas não só. Ele também criou mecanismos que buscam assegurar e fomentar o exercício dos direitos políticos por eleitores portadores de deficiência para que não seja necessário nenhum suporte de terceiros a fim de assegurar a concretização da atividade de sufragar candidatos. É, portanto, inconstitucional a criação de qualquer sistema de voto impresso no Brasil nos moldes em que estiveram sendo propostos. Sem maiores discussões, sem maiores delongas.

Quarto problema, o voto impresso leva ao rompimento do sigilo do voto em outras situações. Todas as vezes em que houver recontagem dos votos impressos, será possível verificar e manipular um sufrágio em sua inteireza, ou seja, a escolha realizada para todos os cargos ficará completamente exposta ao público. Em seções eleitorais que um candidato a vereador recebeu um único voto, se ele identificar a quem pertenceu esse sufrágio de brinde, saberá em quem ele votou para prefeito, por exemplo.

No caso de votos casados, prefeito e vereador, deputado federal e deputado estadual, senador e deputado federal, vai ser plenamente possível identificar dentro de uma seção eleitoral o respeito a compromissos previamente assumidos entre candidatos e eleitores através do rompimento do segredo do voto. A recontagem pode ser utilizada, inclusive, como mecanismo para acessar os votos, independentemente do desejo de confirmar o quantitativo de sufrágios recebidos por cada candidato. Essa situação se torna ainda mais grave quando se imagina a realidade de determinadas comunidades que são dominadas por integrantes de grupos criminosos, como traficantes e membros de milícias. Nesses casos, o rompimento do sigilo e a conferência dos votos poderiam, inclusive, colocar em risco a vida de muitas pessoas que não se submeteram a pressões e exerceram livremente seu direito de voto e escolha. Mais uma afronta grave a uma das pilastras da nossa democracia.

Considerações finais

O discurso apresentado em favor do voto impresso é sedutor e envolvente. Para o eleitor narcisista, pode ser muito difícil resistir a uma teoria conspiratória tão bem engendrada e repetidas *ad nauseam* em sucessivos gritos internet a dentro, quase sempre secundada por uma música de suspense ao fundo e imagens de impacto. Quanto mais mirabolantes a tese e os relatos, maior a chance de êxito na captura de corações e mentes.

A adoção de um modelo de votação em que os sufrágios sejam impressos e só podem ser computados após a sua conferência configuraria um enorme retrocesso democrático, por diferentes fatores. Os principais problemas de tal modelo estão relacionados com a impossibilidade de verificar a boa-fé de quem alega incompatibilidade entre os dados digitados na urna e aqueles que constam no cartão impresso para a conferência, a impossibilidade de exercício do voto de forma individual e autônoma por analfabetos e deficientes visuais, a incompatibilidade do modelo com as diretrizes da Convenção de Nova Iorque e a possibilidade de identificação dos votos de alguns eleitores durante o processo de análise dos votos impressos.

Esse conjunto de elementos deveria, em condições de normalidade democrática, bastar para a imediata rejeição de um sistema que se baseie no voto impresso condicionado à verificação e confirmação do eleitor. Contudo, se a racionalidade não tiver vigor suficiente para fazer prevalecer o bom senso e garantir a manutenção do atual sistema eletrônico de votação, certamente, a Constituição o fará, com a sua habitual calma, tranquilidade e poder de correção.

Não se opera coração sadio. Ações invasivas destinam-se à salvação, e não à destruição de vidas. Impossível, portanto, que admitamos que nosso sistema democrático seja ferido no local em que seu coração pulsa mais vivo: a plenitude do exercício dos direitos políticos.

Referências

BARREIROS NETO, Jaime. *Direito Eleitoral*. 8. ed. Salvador: JusPodivm, 2018.

BAUMAN, Zygmunt. *Modernidade líquida*. Rio de Janeiro: Zahar, 2021.

BRETAS, Carla Panza. *Urna eletrônica e (des)confiança no processo eleitoral*. Rio de Janeiro: Lumen Juris, 2018.

CARVALHO, Volgane Oliveira. *Direitos políticos no Brasil*: o eleitor no século XXI. Curitiba: Juruá, 2016.

CARVALHO, Volgane Oliveira. O eleitor narcisista e a reforma política no Brasil: caminhos e perspectivas. *Estudos Eleitorais*, v. 12, n. 1, 2017, p. 59-82.

CARVALHO, Volgane Oliveira. Voto impresso: nuances e críticas. *In*: FUX, L. *et al*. *Direito Eleitoral*: temas relevantes. Curitiba: Juruá, 2018.

COELHO, Marcus Vinicius Furtado. *Direito eleitoral, direito processual eleitoral e direito penal eleitoral*. 4. ed. Belo Horizonte: Fórum, 2016.

GOMES, José Jairo. *Direito eleitoral*. 16. ed. São Paulo: Atlas, 2020.

NICOLAU, Jairo. *Eleições no Brasil*: do Império aos dias atuais. Rio de Janeiro: Zahar, 2012.

NOGUEIRA, Marco Aurélio. *As ruas e a democracia*: ensaios sobre o Brasil contemporâneo. Brasília: Contraponto, 2013.

PINTO, Djalma. *Direito eleitoral*: improbidade administrativa e responsabilidade fiscal. 5. ed. São Paulo: Atlas, 2010.

RODRIGUES, Marcelo Abelho; JORGE, Flávio Cheim; LIBERATO, Ludgero. *Curso de Direito Eleitoral*. 3. ed. Salvador: JusPodivm, 2020.

SILVA, Mônica Correa da. *Voto eletrônico*: é mais seguro votar assim? Florianópolis: Insular, 2002.

TAVARES, André Ramos; MOREIRA, Diogo Rais Rodrigues. O voto eletrônico no Brasil. *Estudos Eleitorais*, v. 6, n. 3, 2011.

ZÍLIO, Rodrigo Lopez. *Direito Eleitoral*. 7. ed. Salvador: JusPodivm, 2020.

ŽIŽEK, Slavoj. Problemas no paraíso. *In*: MARICATO, Ermína *et al*. *Cidades rebeldes*: passe livre e as manifestações que tomaram as ruas do Brasil. São Paulo: Boitempo; Carta Maior, 2013.

Informação bibliográfica deste texto, conforme a NBR 6023:2018 da Associação Brasileira de Normas Técnicas (ABNT):

CARVALHO, Volgane Oliveira. O eleitor narcisista e a busca pelo voto impresso: uma conjuração contra a democracia brasileira?. In: LINS, Rodrigo Martiniano Ayres; CASTRO, Kamile Moreira (Org.). O futuro das eleições e as eleições do futuro. Belo Horizonte: Fórum, 2023. p. 319-333. ISBN 978-65-5518-611-6.

SOBRE OS AUTORES

Ana Cláudia Santano
Estância Pós-Doutoral em Direito Constitucional, na Universidad Externado de Colombia, e em Direito Público Econômico, na Pontifícia Universidade Católica do Paraná (PUCPR). Doutora e Mestra em Ciências Jurídicas e Políticas pela Universidad de Salamanca, Espanha. Professora de Direito Constitucional, Eleitoral, Parlamentar e Direitos Humanos em diversas instituições no Brasil e no exterior.

Ana Luísa Junqueira
Mestre em Direitos Humanos pela Universidade do Minho, Portugal, e Doutoranda pela Universidade de Coimbra, Portugal. Advogada parceira do Escritório Barbosa e Dias Advogados Associados, Brasília-DF.

Anna Paula Oliveira Mendes
Mestre em Direito da Cidade pela UERJ. Professora da Pós-Graduação em Direito Eleitoral do IDP, da UERJ e da UNIFOR. Professora da Universidade Iguaçu. Assistente da Vice-Presidência e Corregedoria do TRE/RJ.

André Garcia Xerez Silva
Doutor em Direito do Estado (USP). Mestre em Direito Constitucional (UFC). Advogado.

Bleine Queiroz Caúla
Doutora em Direito pela Universitat Rovira i Virgili, Tarragona, Espanha. Professora Assistente da Universidade de Fortaleza. Pedagoga. Advogada agraciada com o V Prêmio Innovare, 2008 (Projeto Cidadania Ativa – gestão 2005-2008). Coordenadora Científica do Seminário Diálogo Ambiental, Constitucional e Internacional.

Carina Barbosa Gouvêa
Professora permanente do Programa de Pós-Graduação em Direito, Mestrado e Doutorado da Universidade Federal de Pernambuco (PPGD/UFPE). Pós-Doutora em Direito Constitucional pela Universidade Federal de Pernambuco (PPGD/UFPE). Doutora e Mestre em Direito pela UNESA. Coordenadora do Grupo de Estudos e Pesquisa *Teoria da Separação dos Poderes e Crise do Sistema Democrático Brasileiro*, vinculado ao PPGD/UFPE. Vice-Líder do Grupo de Pesquisa Direito Internacional e Direitos Humanos (UFPE).

Dayane Nayara Alves

Mestra em Direito Econômico e Desenvolvimento pela UCAM-RJ. Especialista em Direito Fiscal pela PUC-Rio (2018). Professora do Curso de Direito da Uninassau.

Fernando Manuel Alves Mendonça Pinto da Costa

Doutor em Ciência Política pelo ISCSP – Universidade de Lisboa. Professor Auxiliar da Universidade Aberta de Portugal. Investigador do CAPP da Universidade de Lisboa nas linhas de *Política e Políticas Públicas* e *Política e Direito*. Membro da Fundação de Ciência e Tecnologia.

Giuseppe Dutra Janino

Matemático. Analista de Sistema. Gestor em Tecnologia da Informação. Ex-Secretário de TI do TSE. Coautor do Projeto da Urna Eletrônica Brasileira. Consultor em Eleições Digitais e Identificação Biométrica. Autor do livro *O Quinto Ninja*.

Hian Silva Colaço

Mestre em Direito Constitucional nas Relações Privadas e Especialista em Direito e Processo Constitucionais pela Universidade de Fortaleza (UNIFOR). Extensão em Inteligência Artificial e Direito pela PUC-Rio. Coordenador do Grupo de Pesquisa em Direito e Tecnologia do FBUni. Pesquisador do Grupo de Pesquisa *Diálogo Ambiental, Constitucional, Internacional* e Coordenador da linha Inteligência Artificial, Direito e Dignidade vinculado ao CNPq e à Universidade de Fortaleza (UNIFOR). Membro da Diretoria Estadual do Instituto Brasileiro de Direito Contratual (IBDCont). Professor do Centro Universitário Farias Brito (FBUNI). Assessor de Desembargador da 2ª Câmara Criminal do Tribunal de Justiça do Estado do Ceará (TJCE), com especialidade nos processos vinculados ao Órgão Especial do TJCE.

Joelson Dias

Mestre em Direito pela Universidade de Harvard. Advogado, Sócio do escritório Barbosa e Dias Advogados Associados, Brasília-DF. Ex-Ministro Substituto do Tribunal Superior Eleitoral (TSE). Atual Secretário do Conselho de Colégios e Ordem dos Advogados do Mercosul (COADEM) e Membro da Comissão Especial dos Direitos da Pessoa com Deficiência do Conselho Federal da OAB. Foi Procurador da Fazenda Nacional e servidor concursado do Tribunal Superior Eleitoral e da Câmara Legislativa do Distrito Federal. Foi assistente da Promotoria no Tribunal Penal Internacional para a Ex-Iugoslávia, em Haia, na Holanda (1997) e atuou como Consultor na Missão Civil Internacional da Organização das Nações Unidas (ONU) e da Organização dos Estados Americanos (OEA) no Haiti (1993-1994).

Kamile Moreira Castro

Doutoranda em Direito pela UFPE. Mestre em Direito pela Uninove e em Ciências Políticas pela Universidade de Lisboa (ISCSP). Especialista em Direito e Processo Eleitoral pela ESMEC (PUC Minas). Especialista em Direito Processual Penal pela UNIFOR. Juíza Eleitoral e Ouvidora Judicial da Mulher do TRE-CE. Presidente do COJE.

Lígia Vieira de Sá e Lopes

Especialista em Direito Eleitoral pela Pontifícia Universidade Católica de Minas Gerais. Especialista em Processos Educacionais pela Universidade Católica de Fortaleza. Também é Especialista em Direito Processual pela Universidade Anhanguera Uniderp. Atualmente é Analista Judiciária no Tribunal Regional Eleitoral do Ceará, tendo atuado como Chefe de Cartório, Assistente Nível I, e atualmente Assistente Nível IV da Ouvidoria do TRE-CE. Membra da ABRADEP e do Grupo de Pesquisa e Extensão ÁGORA.

Olivia Eliane Lima da Silva

Graduada em Direito pela Universidade Federal do Amazonas. Especialista em Direito Previdenciário. Mestre em Direito Ambiental pela Universidade do Estado do Amazonas. Servidora do Tribunal Regional Eleitoral do Amazonas. Experiência em Contratação Pública (2005-2020). Membro do Núcleo de Sustentabilidade do TRE/AM.

Patrícia Fortes Attademo Ferreira

Pós-Doutora pela Universidade de Santiago de Compostela. Doutora em Ciências Jurídicas pela Universidad Castilla La Mancha. Mestre em Direito pela Universidade Gama Filho. Graduada em Direito pela Universidade Presidente Antônio Carlos. Professora titular da Universidade do Estado do Amazonas (UEA). Membro da Coordenação do Programa de Pós-Graduação *Stricto Sensu* em Direito Ambiental da Universidade do Estado do Amazonas (UEA).

Pedro H. Villas Bôas Castelo Branco

Doutor em Ciência Política (IUPERJ). Mestre em Teoria do Estado e Direito Constitucional (PUC-Rio). Professor Associado do Instituto de Estudos Sociais e Políticos da Universidade do Estado do Rio de Janeiro (IESP-UERJ). Professor do Programa de Pós-Graduação em Direito da Universidade Veiga de Almeida (PPGD-UVA). Coordenador do Laboratório de Estudos de Defesa e Segurança Pública (LEPDESP-UERJ).

Rodrigo Martiniano Ayres Lins

Doutorando e Mestre em Direito Constitucional pela Universidade de Fortaleza (UNIFOR) (Capes 6). Especialista em Direito Eleitoral (PUC Minas), em Direito Processual Civil (Unicap), em Direito Público (ESMAPE) e em Políticas Públicas para Cidades Inteligentes (USP). Atualmente é Procurador-Geral da Assembleia Legislativa do Estado do Ceará e Professor de Cursos de Pós-Graduação em

Direito. Membro Fundador da Academia Brasileira de Direito Eleitoral e Político (ABRADEP).

Vânia Siciliano Aieta

Pós-Doutora pela Universidade de Santiago de Compostela e pela PUC-Rio, em Direito Público. Doutora em Direito Constitucional pela PUC-SP. Mestre em Direito Constitucional e Teoria Geral do Estado pela PUC-Rio. Presidente da Comissão de Direito Eleitoral do IAB. Vice-Presidente do Fórum de Direito Eleitoral e Político da EMERJ. Coordenadora-Geral da Academia Brasileira de Direito Eleitoral e Político (ABRADEP). Advogada. Professora do Programa de Pós-Graduação em Direito da UERJ.

Volgane Oliveira Carvalho

Mestre em Direito pela PUCRS. Doutorando em Políticas Públicas pela UFPI. Servidor do Tribunal Regional Eleitoral do Maranhão. Membro da Coordenação Acadêmica da ABRADEP.

Esta obra foi composta em fonte Palatino Linotype, corpo 10 e impressa em papel Pólen Bold 70g (miolo) e Supremo 250g (capa) pela Artes Gráficas Formato.